21世纪普通高校会计学系列精品教材

基础会计学

李现宗　叶忠明　主编

清华大学出版社
北　京

内容简介

本书以会计信息需求和会计目标为逻辑起点，以我国企业会计准则为指导，以财务报表为核心内容的会计信息形成过程和会计行为为主线，以财务会计（报告）概念框架和账务系统为重点，以培养学生会计基础语言和基本思想、会计基本技能和基本方法为目标，积极吸收和借鉴国际财务报告准则的最新内容，借此体现本教材的特色和前瞻性。

本书分10章，各章内容主要包括：第一章为会计的概念、目标、主要领域与功能、基本前提与基础、会计信息质量特征、会计行为与会计方法；第二章为交易和事项、财务报表及其功能、财务报表要素及其内容；第三章为会计确认与计量的基本原理、财务报表要素的确认与计量要求；第四章为会计科目与账户设置、借贷复式记账原理与应用；第五章为会计凭证及其填制、传递、整理与保管要求；第六章为会计账簿及其种类、各种会计账簿的登记方法与使用；第七章为会计信息流程及其设计原理；第八章为各种会计信息披露及其相关要求；第九章为会计机构、人员、会计档案等会计工作组织与管理的基本要求；第十章为会计法律、法规、准则、职业道德等会计行为约束系统。

本书尽可能收集设计趣味型案例，便于学生参与和讨论，淡化专业术语的晦涩难懂，缩短专业距离，各章均附有案例型练习题，以便逐步培养学生的会计思维能力。本书适用于高等院校会计学、财务管理、审计学本科专业的教学，也可作为其他人员学习基础会计知识的参考书。

图书在版编目（CIP）数据

基础会计学 / 李现宗，叶忠明主编．—北京：清华大学出版社，2012.9（2023.2重印）
（21世纪普通高校会计学系列精品教材）
ISBN 978-7-302-29709-3

Ⅰ．①基… Ⅱ．①李…②叶… Ⅲ．①会计学－高等学校－教材 Ⅳ．①F230

中国版本图书馆CIP数据核字（2012）第188176号

责任编辑：杜　星
封面设计：漫酷文化
责任校对：王凤芝
责任印制：曹婉颖

出版发行：清华大学出版社
网　　址：http：//www.tup.com.cn，http：//www.wqbook.com
地　　址：北京清华大学学研大厦A座　　邮　　编：100084
社 总 机：010-83470000　　邮　　购：010-62786544
投稿与读者服务：010-62776969，c-service@tup.tsinghua.edu.cn
质 量 反 馈：010-62772015，zhiliang@tup.tsinghua.edu.cn
课 件 下 载：http：//www.tup.com.cn，010-83470298
印 装 者：三河市龙大印装有限公司
经　　销：全国新华书店
开　　本：185mm×230mm　**印　张**：20.75　插　页：1　**字　　数**：417千字
版　　次：2012年9月第1版　**印　　次**：2023年2月第8次印刷
定　　价：49.80元

产品编号：047381-02

21世纪普通高校会计学系列精品教材

编委会名单

总　序

郑州航空工业管理学院是新中国成立以来较早开设会计学专业的院校,其师资力量雄厚,教学严谨,认真负责,已在会计教育方面积累了丰富的经验,在教材建设方面奠定了基础。改革开放后,为适应社会主义市场经济建设的要求和会计改革在制度与理论、实务方面发生的变化,自20世纪90年代,郑州航空工业管理学院已组织骨干教师编撰出版了多部会计专业教材,使教材建设得到显著推进。从2010年起,郑州航空工业管理学院又着手"21世纪普通高校会计学系列精品教材"编撰工作。经过精心策划与组织研究,以及在全院教学骨干努力撰稿与反复修订之后,目前已全部完稿,将与清华大学出版社合作出版这套系列精品教材。这套最新系列教材在总结以往教材使用经验的基础上,全面地、具有创新性地改革了教材结构与内容,在改革中推陈出新,形成了完善的会计专业教材体系。精品教材体系涵盖了会计本科教学的全部主干课程,它由16本教材组成,包括《基础会计学》、《财务会计学》、《成本会计学》、《管理会计学》、《高级财务会计学》、《会计学》、《审计学》、《会计信息系统》、《财务管理学》、《税务会计学》、《政府与非营利组织会计》、《银行会计学》、《财务报表分析》、《会计基础实验教程》、《会计综合实验教程》、《会计信息系统实验教程》。从整体上研究,这套精品教材的基本特色在于:

首先,教材体系框架设计完整,内容衔接、布局合理,体现了专业知识的全面性、系统性和层次性。精品系列教材不仅为开展会计本科专业教学提供了具有教学引导力度与科学研究深度的内容,而且还为非财会类专业学生学习提供了具有针对性、切实性的教科书。在会计专业本科教学方面,这套教材体现了三个层次的结合:一是初级、中级和高级专业课程教材的结合,如初级层次的《基础会计学》,中级层次的《成本会计学》和《管理会计学》等,和高级层次《高级财务会计学》的结合;二是体现了会计一般业务和特殊业务的结合,如讲授会计一般业务的《财务会计学》和讲授特殊业务的《政府与非营利组织会计》的结合等;三是体现了会计理论和实践教学的结合,如这套教材中包含的三本实验教程,做到了以实践实证理论,以理论指导、提高实践。

其次,教材编写定位清晰,注重于培养综合能力,契合了会计专业本科培养目标。随着市场经济改革的深入,政府与实务界对会计人才培养提出了更高的要求和期望,面向未来的会计专业学生培养不能仅仅依靠传统会计类课程的教学,而且还必须融入更多相关学科和跨学科领域知识的结合与储备,以实现学生专业能力的整合提升与兼融。这套教材以培育财经复合型实用人才为目标,注重培养学生的综合能力,采用统一、规范的教材编写体例,通过大量案例、习题和启发性思考题,为学生综合专业素质的提升进行了有益的尝试,体现了学科之间的交叉、渗透与融合,破除了就会计讲会计与研究会计问题的传统作法。

其三,教材内容丰富新颖,写作深入浅出,突出了课程的实用性和可操作性。如在引导学生研究新问题方面,基于实体经济和虚拟经济协调发展对会计学教育提出的更高要求,以及随着市场经济的深入发展,虚拟经济在市场经济中显示出来的不可忽视的重要作用,在教材中通过对虚拟经济环境下会计新问题的研究,引导学生正确认识实体经济与虚拟经济之间的关系,以此提高学生的知识面和研究新问题的能力。近些年来国际会计准则的改革和发展明显地反映与体现了虚拟经济对实体经济的影响与冲击,在这一背景下,会计作为协调经济社会发展的重要支撑力量,必须直面这些变化和趋势,做出相应调整。这套教材较好地处理了新经济问题对经济社会发展带来的影响,积极引入实务中出现的最新经济业务实例,尤其是引入了具有典型虚拟经济特征的案例与业务,正确而通俗易懂地对其进行研讨性讲解,并在教学案例和课后习题的编写上体现了这一特点。

其四,教材之间的内容组织得当,避免了重复和方便了教学。这套教材在内容设计上有合理分工,如《财务会计学》不涉及税务处理的内容,而集中在《税务会计学》中系统进行阐述;再如《会计基础实验教程》设计的实验内容侧重培养学生基本的分析和解决专业问题的能力,而《会计综合实验教程》设计的实验内容则侧重培养学生综合的分析能力,使学生熟练掌握会计核算的全部工作流程。

最后,内容新颖,兼顾稳定性与前瞻性,显示了教材的先进性。精品教材在全面、系统地介绍各门课程基础知识的同时,注重吸收国内外的最新理念,体现会计学科的发展趋势。如《基础会计学》吸收了国际财务报告准则的最新改革成果,将《财务报告概念框架:报告主体》、《财务报告概念框架第一章:通用目的财务报告的目标》等内容反映其中,其他相关教材均以我国2007年执行的会计准则体系为指导撰写,并融入我国会计改革和发展的最新成果,使学生在系统掌握相关知识结构的基础上,能够及时了解学科发展的前沿动态。

会计教材建设是会计教育改革的重要基础性环节,没有优秀教材便不能培养出优秀的学生。我向读者推荐这套具有一定创新力度的精品教材,并衷心期望郑州航空工业管理学院今后能不断总结教材在实际教学应用中的经验,推出更多更好的专业教材,为会计教育事业的发展作出贡献!是为序。

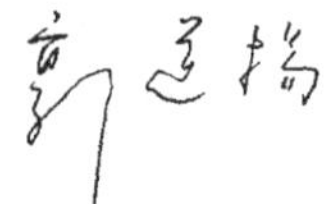

2012年8月于武昌南湖

前 言

进入21世纪以来,以国际财务报告准则为中心的国际趋同成为世界会计领域变革的显著标志。我国2006年企业会计准则体系全面建成并发布实施,不仅完成了企业会计制度模式的实质性变革,而且还标志着中国企业会计准则与国际会计准则已基本实现趋同,达到国际先进水平。从此,为我国高等院校会计学专业系列教材建设以及教学内容的改革指明了方向和建设框架。

学习任何专业知识,首先都必须学习专业语言。《基础会计学》是会计学系列教材中的第一本专业基础教材,在会计学、财务管理、审计学等专业教学中可以说是专业语言入门教材。本教材属于"会计学"国家级特色专业建设和"基础会计学"省级精品课程建设的主要内容之一。在编写中,编写组成员达成并坚持以下共识:以会计信息使用者的需求和会计目标为逻辑起点,以企业会计准则为指导,以财务报表为核心内容的会计信息形成过程和会计行为为主线,以财务会计概念框架和账务系统为重点,以向学生传授会计基础语言和基本思想、会计基本技能和基本方法等入门教育训练为目标,积极吸收和借鉴国际财务会计改革的最新成果,力求避免"小财务会计"现象的发生,在继承的前提下进行大胆更新。

在编写中我们力求做到:全面吸收国际财务报告准则和中国会计准则变化与变革的最新内容,尽可能体现会计改革的最新成果;充分考虑中国大学生的阅历等现实情况,从现实可见的例子入手,遵循从感性到理性的认知规律,逐步引导进入概念;按照由简单到复杂、由具体到抽象的逻辑思维过程,逐步传授会计语言,建立会计知识体系;尽可能设计趣味型案例,便于学生参与,淡化专业术语的晦涩难懂,缩短专业距离;尽可能收集设计案例型练习题和思考型案例,方便学生讨论,逐步培养学生的会计思维能力。

本次编写由李现宗、叶忠明任主编,负责教材的总体框架设计、编写大纲的拟定以及全部书稿的审定、总纂等工作。全书共分10章,各章执笔人员为:第一章 李现宗教授,第二章 王秀芬教授,第三章 谢海洋副教授,第四章 叶忠明教授,第五章 王佳凡讲师,第六章 李晓东副教授,第七章 董红星副教授,第八章 王海东副教授,第九章 张俊霞副教授,第十章 陈新宁副教授。

本教材初稿形成后,专门组织作者进行相互审核、校对、修改,力求呈现精品。但是,一方面,国际财务报告准则和中国会计准则仍处在不断变革中,今后出现新的变革内容将会影响到本教材的先进性;另一方面,由于作者水平有限,仍担心会存在错误和不当之处。因此,恳请读者在使用中多提宝贵意见,以便我们在今后进一步完善和提高。对读者的不吝斧正和指教,本书全体作者将致以诚挚的谢意!

本书主编

2012 年 6 月

目 录

第一章 绪 论

本章重点：会计定义、会计目标、会计功能、会计核算基本前提、会计信息质量特征、会计方法

本章难点：权责发生制、会计信息质量特征、会计方法

第一节 会计的产生与发展

钱，在现代社会是每个人、每个单位都不可缺少的，其增减变化情况也是人们所关注的。会计作为一种商业语言，可以反映和传递大量与钱相关的信息，在现代社会的各个领域发挥着重要作用。生活在现代社会的人，客观上都需要学习一些会计知识，以便了解其所处的经济环境，并对自己所从事的日常事务进行有效的管理。

一、会计的产生

在人类社会里，不论是政府、企业，还是由多个人所组成的社会团体、家庭乃至个人，总是在不停地从事着各种各样的活动，这就必然会发生货币金钱的收入、支出以及其他财产物资的增加、减少。为了使所从事的活动更加合理有效，就需要将所发生的货币金钱收支和财产物资的增减进行记录、计算和整理，这样的记录、计算、整理活动就是人们所说的会计。当然，对于复杂的社会生产活动，需要会计的活动内容远非如此简单。学习会计，就需要对会计的产生与发展有所了解，以便认识到会计不仅是一种社会客观存在和必需，而且随着社会、经济的不断发展，会计显得越来越重要。

会计产生于何时、发源于何地,至今为止尚无定论。但是,人们在研究会计历史的过程中已经认识到,会计的产生最终与人类社会生产实践活动以及经济管理的客观需要是分不开的。也就是说,自人类产生以来就开始从事着各种有目的的社会生产实践活动,即物质资料的生产活动,从而创造了人类生存和发展的基础。人类欲望的本能将驱使人们逐渐并日益强烈地考虑应以尽可能少的劳动消耗(包括生产和生活资料消耗、劳动时间消耗),创造出尽可能多的物质财富,这就自然产生了人们对"所得"与"所费"比较的要求。为了满足这些要求,就需要进行记录和计算,哪怕是最简单的头脑记忆和计算,这是否可以认为是会计的萌芽呢?从有关史料中可以证实,会计是随着人类社会生产实践活动的产生而产生的。

在原始社会,人类社会生产实践活动极其简单,生产力水平极其低下,主要是通过采集野果、狩猎等简单的生产活动谋生,劳动产品所剩无几,这时仅靠人脑记忆和计算即可满足需要,因此,没有发现有任何记录的遗迹留下。人类社会出现了第一次、第二次大分工之后,社会生产力有所发展,劳动产品开始出现剩余,有了交换劳动产品的条件。于是便出现了伏羲时期的结绳记事、简单刻记,黄帝、尧舜时期原始社会后期的书契(即用文字、数码刻记)的简单记录和计算方法,这就是最原始的处于萌芽状态的会计记录与计量行为。据有关考古发掘证实,距今 18 000 多年前的北京山顶洞人时代,已有了这种刻记书契记事的会计萌芽行为。当然,这时的会计还只是作为"生产职能的附带部分",生产还未曾社会化,独立的会计并未产生。由此可见,人们进行生产实践活动的同时,客观上需要对生产耗费和生产成果进行观察、记录、计量和比较,这就是会计产生的根本原因。

二、会计的发展

社会生产导致了会计的产生,社会生产的发展也带动和促进了会计的发展。

社会生产的发展使生产规模不断扩大,生产过程日益复杂化,社会分工越来越细,生产力水平和科技水平不断提高,对节约劳动耗费和提高经济效益的必要性日益增强并且难度也不断增加,从而在对会计的发展提出越来越高要求的同时,也为会计的发展提供了许多有利条件。正如马克思所概括的那样:"过程越是按社会的规模进行,越是失去纯粹个人的性质,作为对过程控制和观念总结的簿记就越是重要;因此,簿记对资本主义生产,比对手工业和农民的分散生产更为必要,对公有生产,比对资本主义生产更为必要。"[1]不仅如此,会计的发展也有力地促进了社会生产的发展。

综观整个会计发展的历史,从人们对历史划分的时间观念习惯来讲,可将其分为古代会计、近代会计和现当代会计三个阶段。但是,这三个阶段的划分在具体起止时间上却较为模

[1] 马克思.资本论[M].北京:人民出版社,1975:152.

糊，缺乏严格的佐证，下面暂以较为通行的观点来加以说明。

（一）古代会计阶段

古代会计阶段的起始时间至今无法考证，有人认为是旧石器时代的中晚期，但截止时间一般都认为是1494年世界上第一部专门论述复式簿记的书籍——《算术、几何、比及比例概要》出现之前，这是会计发展史上最漫长的一段时期，与社会发展阶段是相适应的。

这一阶段，社会经济形态处在原始社会、奴隶社会和封建社会，社会特征是生产发展缓慢，生产力水平比较低下，商品经济尚不发达，商品货币的交换关系没有全面展开。因此，会计的发展自然也十分缓慢，但在后期已经出现了明显地具备会计特征的会计行为。

中国是世界文明古国之一，我国封建社会经过了春秋、战国、秦、汉、三国、两晋、南北朝、隋、唐、五代、宋、辽、金、元、明、清，逐步将封建社会政治经济推向了最高潮，会计也不断得以利用和发展。中国古代会计在世界会计发展史上曾一度处于领先地位，有以下标志为证：公元前一千多年前的夏代，“会计”一词率先有文字记载；到了周朝，就有专门掌管中央、地方政府钱粮收支的政府官员“司会”出现在官厅组织中，使会计成为一个独立的经济职能部门，进行“月计岁会”工作；春秋时期开始普遍使用筹算(算盘的雏形)；汉代已出现用珠子计算的珠算方法及理论，东汉《数术记遗》一书有记载；唐宋时代，我国封建社会发展到了巅峰，于是就出现了“四柱清册”(即“旧管＋新收＝开除＋实在”)，与现今的“期初余额＋本期增加发生额＝本期减少发生额＋期末余额”的结账方法已基本接近，形成了让中国引以为自豪、让世界为之赞誉的中式簿记的早期形态；宋代的《谢察微算经》将算盘正式命名；封建社会末期的明末清初，又出现了能够满足盈亏计算需要的“龙门账”、“四脚账”等较为完善的中式会计。这些客观历史表明，中国封建社会早期的强盛为中国会计初始发展提供了肥沃的土壤，并为世界会计发展做出了杰出贡献。

在国外，著名的文明古国巴比伦，由于商业的发展，爱好组织管理的巴比伦人，大约在四千多年前，就开始在金属或瓦片(黏土版)上记录大部分与会计记录有关的楔形文字。古埃及与巴比伦大体相同，并且还建立了较为严格的内部控制制度，如仓库记录官与仓库监督官的设置等。公元前5世纪前后是奴隶社会发展的巅峰时期，产生了著名的古希腊文化和古罗马文化等地中海沿岸的文明，会计也达到了一定的水平。如公元前630年古希腊发明了铸币，并应用到会计记录中。古罗马的国家档案中已经有将政府收入、支出分设项目的记载，并在政府设有会计官员。13世纪以后，意大利沿海城市率先出现了资本主义的萌芽，借贷资本家开始以“借主”、“贷主”的形式登记债权、债务项目，为以后借贷记账法的产生奠定了记账符号的基础和由单式簿记向复式簿记过渡的基础等。

由以上可以看出，古代会计仍处于会计实践阶段，其特征表现为：会计发展十分缓慢；会计并没有真正独立，难以与统计、数学等学科划分清楚；会计方法非常原始、简单，且没有单独存在;缺乏会计理论的支持;民间会计发展较多,但缺乏文字记载;会计与官厅财政关系密切。因此,这时的会计只有实践的摸索和零散的方法,无理论,与封建的官厅制度相联,还构不成科学,只是处于朦胧的初始状态。

(二)近代会计阶段

关于近代会计的时间段,有较多人认为应该是从15世纪末至20世纪50年代初期。在这一时期,西方国家的商品经济得到了快速发展。中世纪末,十字军的东征沟通了中西方经济的贸易往来,使得地处地中海沿岸的一些城市的经济空前繁荣,尤其是意大利沿海城市佛罗伦萨、热那亚、威尼斯等地,商业和金融业率先得以发展,成为当时世界经济贸易中心,奠定了社会形态向资本主义迈进的关键一步。为了经济发展的需要,人们开始将原来借贷资本家所用的“借主”、“贷主”的记录方式逐步改进和提高后,形成了早期的借贷复式记账法,并在这些城市广为流行。1494年,意大利传教士、数学家、会计学家卢卡·帕乔利(Luca Paciolo)在威尼斯出版了一部耗费他30年心血的世界名著——《算术、几何、比及比例概要》(也可译为数学大全)。其中有专门论述簿记的一章,对意大利威尼斯簿记和借贷记账法做了全面系统的理论描述和总结,成为当今人们赞誉的第一部会计理论书籍,并为会计由自然存在推向科学奠定了重要基石,被后人称为近代会计发展史的第一个里程碑,卢卡·帕乔利也被史学家尊称为“近代会计之父”。著名的德国大诗人歌德曾将借贷记账法赞誉为“人类智慧的一种绝妙创造,以致使每一个精明的商人在他的经济事业中都必须运用它”。

从16世纪末到19世纪,意大利经济逐渐走向衰落,资本主义在荷兰、德国、法国、英国等欧洲国家得到迅速发展,使得意大利的复式簿记在欧洲得以迅速传播和发展。17世纪初,荷兰借助强大海军进行大规模的海外殖民掠夺,使之成为当时最为发达的、被马克思称为“17世纪标准的资本主义国家”,因此,荷兰曾一度成为意大利复式簿记在欧洲传播和发展的中心。17世纪初荷兰王子的教师西蒙·斯蒂文(Simon Stevin)出版了一本最杰出的会计著作《数学惯例法》,所论述的复式簿记部分被会计史学界称为“王子簿记”,有人甚至将他与卢卡·帕乔利相提并论。再后来,德国、法国、英国等国家资本主义的迅速发展,尤其是英国工业革命的兴起,使得复式簿记不仅在这些国家迅速传播与发展,而且出版了许多专门研究和论述簿记、会计的理论书籍,会计知识得到广泛普及。尤其值得一提的是,1600年世界上第一个公司制企业——英国东印度公司诞生,社会经济生活中的委托和受托关系真正摆在了人们面前,对会计公正性的要求随之日益增强,促使公共会计惯例和公认会计原则得以提出和研究。1853年,英国在苏格兰又成立了世界上第一个注册会计师专业团体——“爱丁堡会计师协会”,并于1854年被授予皇家特许证,允许它的会计师冠予“特许会计师”的头衔,会计开始成为一种社会性专门职业和通用的商务语言,这被称为会计发展史上的第二个里程碑。

在这一段时间里，会计在西方国家迅速发展的实例不胜枚举。然而在中国，长期的封建社会以及后来半殖民地半封建的高度闭关锁国和故步自封，使得会计在中国几乎没有多大进展。到了1905年，中国第一个注册会计师谢霖才从日本引进并在大清银行第一次运用了西方的借贷复式记账法，以后外国商人在中国开办的工厂中也带进了西方的会计文明。

综观近代会计发展历史，随着封建社会的消亡、资本主义的建立与发展，会计也随之迅速发展起来。其主要标志除了《算术、几何、比及比例概要》以及以后簿记、会计书籍的不断出现，使其由实践到理论，从而真正发展成为一门科学之外，会计实践水平也得到了迅速提高，会计职业开始走向社会化、专门化，会计的内容也从单一的复式簿记，发展到了成本会计、损益会计、资产负债会计、折旧会计、会计报表、公认会计原则等更高的层次，会计理论与方法日趋成熟起来，逐步形成了一门独立的科学，会计活动不再仅是官厅会计，而是开始向社会民间普及，尤其是企业会计开始取代官厅会计的主导地位。

（三）现当代会计阶段

现当代会计阶段可以从20世纪50年代以后起直到今天。在这一阶段，虽然历史较短，但会计发展极为迅速，最终原因仍应归于社会生产的迅速发展和进步所带来的社会全方位的变化。

在这段时间里，资本主义高速发展，社会主义迅速崛起，生产力水平快速提高，市场经济席卷全球，信息时代、知识经济时代、数字化时代接踵而至，人们的文化水平、思维方式、道德观念、创新能力等都发生了巨大变化，从而使会计理论日益丰富、会计方法技术日益先进、会计作用日益增强，真正出现了“办经济离不开会计，经济越发展，会计越重要”的局面。1946年美国第一台电子计算机诞生，1953年便在会计中得以运用。1952年世界会计学会正式批准使用“管理会计”一词，由此将会计一分为二，形成了以服务于企业外部信息利用者为主要目的的“财务会计”和以服务于企业内部管理为主要目的的“管理会计”两大门类，并被认为是会计发展史上的第三个里程碑。会计的学科名称不断增多，物价变动会计、标准成本会计、跨国公司会计、衍生金融工具会计、国际会计、外币折算会计、环境会计、社会会计、责任会计、行为会计、质量会计、人力资源会计、增值会计、法学会计、伦理会计、公允价值会计等不胜枚举。由此可见，会计发展的速度之快，令人惊奇。中国自1978年改革开放以来，社会主义市场经济体制得到正式确立和迅速发展，为中国会计的巨大变革和发展也带来了强大的动力，会计的科学化、规范化、现代化步伐不断加快，以2006年2月15日新的会计准则体系的正式确立和发布为标志，正式向世界宣布，中国会计准则与国际会计准则已基本实现趋同，完成了跨世纪、宏伟的会计变革工程。世界各国围绕会计准则国际趋同的会计准则国际化时代即将到来。1998年4月，美国注册会计师霍夫曼(Hoffman)等对用于电子财务报告的XML技术进行研究，后又得到美国注册会计师协会(American Institute of Certified Public Accountants,AICPA)的大力资助,使之发展成为可扩展商业报告语言(eXtensible Business Reporting Language,XBRL),并成立专门的 XBRL 国际组织,随后世界许多国家以及国际会计准则委员会都纷纷颁布了以各自公认会计原则(Generally Accepted Accounting Principles,GAAP)为基础的 XBRL 明细分类标准,2010 年 5 月 6 日,XBRL 国际组织宣布批准 XBRL 中国地区组织成为正式地区组织成员,会计全球数字化时代即将到来。2010 年 10 月,我国国家标准化管理委员会和财政部联合发布 XBRL 技术规范系列国家标准和企业会计准则通用分类标准,将全面推进我国会计信息化水平的提升和会计信息质量及其监控的质的飞跃。

三、会计的含义

会计的含义是会计本质属性的理性描述。由于会计与社会经济活动密切相关,受社会经济发展水平的影响非常大,所以,人们对会计含义的理解至今仍处于不断发展变化的过程中。

据会计史学者的考证,“会计”一词在我国最早出现是夏代。我国著名的《史记·夏本纪》一书中记载了这样一段话:“自虞、夏时,贡赋备矣。或言禹会诸侯江南,计功而崩,因葬焉,命曰会稽,会稽者,会计也。”战国时期,《周礼》和《孟子》两部先秦时代的著作曾出现过“会计”一词。《周礼》一书中在记述周王朝“司会”(掌管中央、地方政府钱粮收支的官员)的职责时曾写道:“凡在书契版图着之式,以逆群吏之治,而听其会计。”《孟子》一书描述孔子经历时也称:“孔子尝为委吏矣,曰‘会计当而已矣’”。但我国著名的会计史学家郭道扬教授则认为,以上两个时期虽然字面上说的是“会计”,但并不是真正对会计的命名,真正从会计意义上给会计命名应是起源于西周时代。清代学者焦循所著的《孟子正义》一书中,针对西周时代的会计解释为:“零星算之为计,总合算之为会。”至此可以认为是站在会计意义上对“会计”一词所进行的命名或定义。当然,受当时历史条件的制约,这一解释与现在的要求还相差甚远。

随着会计的不断发展,人们对会计的认识程度也在不断加深,对会计定义的讨论也越来越激烈,加之会计学属于社会科学的范畴,必然体现出社会科学的共同特性,即受人们视觉、思维方法、社会发展的需要等约束,对其定义总是难以取得完全统一,“百花齐放,百家争鸣”的局面在会计定义的讨论中至今仍然体现得非常充分。

在西方国家,20 世纪初人们将会计视为一门艺术。到了 20 世纪中后期,认为会计应当是一个信息系统,为会计信息利用者提供决策信息服务;会计是组织并总结经济活动信息的重要工具,这些信息将以财务会计报告的形式,提供给有关决策者而被利用。

在中国,20 世纪五六十年代,会计定义曾是会计理论研究中的一个热点,讨论的结果最后趋向于"会计是一种经济管理工具",即会计界所说的"工具论"。1966～1976 年文化大革命期间,对此的研究一度中止。到了 20 世纪 80 年代,随着改革开放的进行,对会计定义的讨论又一次达到了高潮,出现了"信息系统论"和"管理活动论"两大主要流派。

信息系统论认为:会计是一个以提供财务信息为主的经济信息系统。"会计系统是指确认、计量、记录、报告、分析、预测(计划)、评估等一系列元素(环节)有机构成的集合,它们共同实现着独特的目标,跟踪着生产和经营的全过程,捕捉应由会计系统处理的数据,通过加工转换,使之成为可用于评估企业生产经营效率和效益,反映企业的经济与财务实力,可用货币予以量化的信息。"❶这种观点将会计看成是为经济管理提供价值信息服务,但本身并不是经济管理活动,以信息服务管理来对会计定性,这与西方国家流行的说法相似。然而,在指明会计信息用途时,还是没有离开管理。

管理活动论是我国会计理论界于 20 世纪 80 年代初提出的,认为"会计不仅仅是管理经济的工具,它本身就有管理的职能,是人们从事管理的一种活动"❷。并认为会计管理的对象是企业乃至社会资金运动,管理的目的是提高经济效益,管理的方法主要是以价值管理为主的计划、控制、分析、考核、评价等。但是,会计管理无论如何离不开会计所提供的价值信息。

我们认为,对会计本质进行界定时需要注意以下几个方面:

(1) 会计活动的结果表现是一系列有机构成的以货币反映的价值信息,最终以财务会计报告的形式汇总表现出来;

(2) 形成会计信息时需要有一系列的专门方法和程序;

(3) 会计信息的特征是货币性、连续性、系统性、全面性、综合性;

(4) 会计信息的使用者是各种与单位有利害关系的利益阶层,目的是为这些利益阶层的有效决策提供信息服务,最终使之效益和财富能够实现最大化。

鉴于以上分析和认识,我们试图对会计定义为:会计是以货币为主要计量单位,运用一系列专门方法,通过对主体的生产经营活动过程进行连续、系统、全面的确认、计量、记录和报告,形成各种富有经济意义的会计信息,为提高经济效益和增大经济财富所从事的各种管理活动提供决策服务的一门科学。可以说,会计是一门具有技术、信息、管理与艺术等特征的学问。

四、会计发展与社会生产发展的关系

社会生产的发展是会计得以产生和发展的根本源泉与动力,会计的发展反过来又促进

❶ 葛家澍,刘峰. 会计学导论[M]. 第 2 版. 上海:立信会计出版社,1999:5,22.

❷ 杨纪琬,阎达伍. 开展我国会计理论研究的几点意见——兼论会计学的学科属性[J]. 会计研究,1980(1).

了社会生产的发展和进步。不仅如此，社会生产发展的不同阶段又创造了不同的社会环境，会计生存于不同的社会环境中，包括生产力水平、文化水平、科技水平、风俗习惯、政治意识形态等，为会计的发展起到了催化剂的作用。“经济越发展，会计越重要”，已成为会计发展的历史规律。随着市场经济的快速发展和经济的全球化，建立国际统一的会计标准体系和数字化会计时代指日可待。

第二节　会计信息与会计目标

一、会计信息的含义

信息是指包含新知识、新内容，并可以进行传递的消息。在现代社会里，数据已发展成为人们经常依赖的信息，因此，信息又成为人们利用数据的约定而对数据赋予意义的东西，如信息库、信息源、信息社会、信息资源、信息经济、信息服务、信息高速公路等。信息是任何一个事物的运动状态及其形式的变化，如日出日落、花开花谢、股市涨跌、物价变动等，是一种客观存在，是一种接受主体所感觉到并能被理解的东西，具有新颖性、可传递性、可复制性、可利用性等特征。如今我们已经进入了信息技术高度发达并被普遍应用的信息时代，从而为各门科学的快速发展提供了一种新的契机，会计科学同样如此。

会计信息是指通过会计活动所形成并可用来传递的、分类集中体现某会计主体的、主要以货币表现的有用的价值信息。

【案例 1-1】 哈飞航空工业股份有限公司(简称“哈飞”，股票代码 600038)拥有其合资子公司安博威(简称“安博威”)接近 25%的股权，2005 年安博威销售 ERJ 飞机 5 架，净利润接近 1 亿元，为哈飞贡献投资收益 2 500 万元左右。2006 年 6 月，安博威与海南航空集团公司(简称“海航集团”)谈判销售 ERJ 飞机的业务，8 月 31 日公司与海航集团签订了 50 架 ERJ145 支线客机的销售合同，合同目录总价值约为 11 亿美元，在 2006 年 9 月 1 日通过上海证券交易所发布公告称，从 2007 年 9 月开始到 2010 年年底交付这些飞机。

这是一条财经新闻，包含了会计信息、营销信息、生产信息等一系列信息；也包含了现在的信息和潜在的信息。其中会计信息的内容包括：哈飞对其合资子公司的股权结构、哈飞的投资收益状况、哈飞未来四年(2007～2010 年)的预期投资收益等。

会计信息的内容不仅是价值信息，还包括生产经营所需要的场所、设备、各种商品及材料物资甚至技术等非货币性的资产，这些非货币性资产还需要用货币形式予以表现。其信息的形成过程非常复杂，需要采取专门的会计方法、一系列的会计标准规范，进行复杂的会计确认、计量、记录，并将其分类汇总后，报告传递给投资者、贷款人、政府机构、企业经营管理者等更广泛的会计信息使用者，以便他们利用此有用的价值信息进行更长远、更重大的经济决策。

会计信息是会计的生命线和赖以存在的基础，也是会计的价值所在。会计信息一旦形成并公布，在一定范围乃至社会上将具有直接的经济后果，即会计信息一旦公布和发挥作用，将会影响社会资源的有效配置和社会财富的重新分配，并影响有关利益相关者的决策行动。

如上例的哈飞公司在 2006 年 9 月 1 日正式公布信息之前，一些媒体在七八月份对其合资子公司安博威与海航集团的谈判过程和进展进行过连续性报道。恰逢 2006 年 7 月和 8 月是哈飞公司股权分置改革(简称“股改”)时期，这期间按规定股票交易停牌，因此这些报道的价值无法从股票交易中得到表现。2006 年 8 月 24 日哈飞股改完成，股票交易复牌后以每股 9.66 元开盘，此时谈判工作进入尾声，哈飞股票市价一路上扬，8 月 31 日以每股 14.18 元报收，6 个交易日内上涨 46.7%。9 月 1 日哈飞按照规定立即发布股票异常波动提示公告称：截至目前，公司生产经营情况正常，除同日披露的提示性公告外无应披露而未披露的信息。2006 年 10 月 10 日，哈飞发布第三季度业绩预增公告称：经哈飞公司财务部门初步测算，预计 2006 年 7～9 月实现净利润比上年同期增长 50%以上(上年同期净利润为 17 013 894.99元)；2006 年 1～9 月实现净利润比上年同期增长 50%以上(上年同期净利润为 24 092 512.66 元)。该公告公布后的次日，哈飞的股票市价每股最高达 16 元。

这说明了销售飞机的信息直接引起哈飞公司投资者的积极行动，使其股票价值在 6 个交易日内上涨 46.7%，业绩预增公告发布后股票市价又一次上涨。同时也告诉我们，利用会计信息要充分关注信息和信息之间的联系，这样可以判断潜在信息的价值，即股权和投资收益之间的关系、生产和收益之间的关系等，表现在：哈飞拥有安博威 25%的股权，安博威每生产一架 ERJ 飞机可以实现利润接近 2 000 万元，哈飞就可以获得 500 万元的投资收益。而面临未来四年安博威可以生产销售 50 架飞机的大好形势，哈飞也就将获得 2.5 亿元的投资收益。

会计信息主要是借助于财务报告的形式进行披露的，因此，以后所说的会计信息就是指财务报告所披露的信息。

二、会计信息的使用者及其需求

会计信息的加工者是会计人员，提供者是企业管理当局，使用者却是与主体利益有关的利害关系者。会计信息使用者为了自身决策的需要，将会对会计信息的提供提出各种各样的需求。对于企业来说，会计信息的使用者非常广泛，对会计信息的需求也是多样化的。主要包括以下几种。

1. 投资者

投资者是企业开始进行生产经营所需资本的提供者,包含现有的和潜在的。投资者将其资本投入企业后,与企业的经营者就形成了资源的委托和受托关系,并承担其资本运用所带来的风险及其报酬。投资者为了保证其投资的安全性,并尽可能获得更多的投资报酬,减少投资风险,就需要借助于会计信息,分析评估投资企业的盈利和成长能力以及利润分配、支付股利等,从而帮助他们决定是否追加新投资(买进新的股票),或继续持有,或收回投资(卖出手中的股票)。

2. 雇员

雇员是企业聘用的各类员工以及为了维护员工利益所成立的代表性组织(如工会等劳工组织)。雇员为了保证在企业工作的稳定性,并获取尽可能多的劳动报酬以及丰厚的福利待遇,将会利用会计信息来关心有关雇主的稳定性和获利能力,并能使他们评估企业提供报酬、退休福利和就业机会的能力。

3. 贷款人

贷款人是为企业经营提供长短期贷款的金融机构或个人等。企业经营所需的资金首先来自于投资者投入的资本,但资本的投入将会受到法律等限制,而企业经营所需的资金有时可能超过甚至远远大于资本的数额,这时就需要通过向投资者以外的银行等借入资金。而这些借入资金一方面要按约定的借款期限偿还;另一方面还要定期支付约定的利息。为此,贷款人就需要利用会计信息来了解企业的偿债能力,从而判断确定自己的贷款和贷款利息能否按期得到支付的情况。

4. 供应商和其他商业债权人

即向企业销售材料物资等的供应者以及企业在购买材料物资等过程中因欠款而形成的债务收款人。他们需要利用会计信息了解企业的营运能力,判断商业合作的诚信度、资金偿还保障度等,从而确定是否可以继续进行供货合作等。

5. 顾客

顾客是企业产品或商品的购买者以及劳务的接受者。他们通过会计信息试图了解产品的质量和经营的可持续性,特别是在与企业有长期性联系或是依赖关系的情况下,确定是否具有可信赖和建立长期购货关系。

6. 政府机构

政府机构所关心的是企业成长性及资源分配,将利用会计信息来判断企业的税收支付情况、对社会贡献大小,并为政府宏观管理、决定税收政策和国民收入计算等提供依据。

7. 社会公众

企业通过各种方式，如对当地经济的贡献、可雇用人数、对当地供应商的惠顾等会影响到社会公众，因此，企业兴衰趋势、近期发展和活动范围等资料都可对社会公众有所帮助。

8. 企业管理者

企业管理者不仅对编制和提供财务报告负首要责任，而且也更需要通过会计信息以及财务分析资料，判断企业计划执行、决策和控制等效果与经济效益，为绩效考核和未来的管理决策提供依据。

由此可见，会计信息使用者的范围相当广泛，尽管他们的需求各不相同，但集中到一点，都是为了各种经济决策的需要，因为几乎所有的使用者都需要进行经济决策。2010 年 9 月 28 日，国际会计准则理事会(International Accounting Standards Board，IASB)与美国财务会计准则委员会(Financial Accounting Standards Board，FASB)联合发布了《财务报告概念框架第一章：通用目的财务报告的目标》，其中规定，大多数现实的和潜在的投资者、贷款人和其他债权人，无法要求报告主体直接向他们提供信息，他们所需要的大部分财务信息必须依赖通用目的财务报告。因此，他们是通用目的财务报告所针对的主要使用者。

我国财政部 2006 年 2 月 15 日修订发布的《企业会计准则——基本准则》(以下简称“基本准则”)指出的企业会计信息使用者包括：投资者、债权人、政府及其有关部门和社会公众等。

三、会计目标

目标是指想要达到的境地或标准。目的是通过努力最终要达到的目标或称最终的结果。

会计是一种有目的的社会实践活动，因此，必然有其自身的目标限定。会计目标是指会计在实施行为过程中所期望达到的境地。会计活动生产出会计信息，但会计信息的使用者不是会计，因此，会计目标是受会计信息使用者的信息需求限定的，满足这种信息需求的方式，是由会计及时、准确编制出财务报告，并由企业对外提供，帮助人们利用会计信息去了解企业。所以，会计目标实际上就是通过编制和提供财务报告而期望满足会计信息使用者信息需求的程度。从目前国际上对会计目标的研究来看，现代会计目标主要表现为以下两种观点。

1.“受托责任论”

这主要是针对投资者相对较少，且不以资本市场进行资本筹措的企业来说的，即在企业经营资源的所有权和经营权分离的情况下，企业经营者(受托方)接受企业所有者(委托方)

交付的经济资源，从事生产经营活动，从而就承担了有效管理与应用受托资源、使其保值增值的责任，并有义务定期如实向委托方报告受托责任履行过程与结果。因此，会计的目标主要是通过财务报告向投资者解释受托者业绩，并用来解除过去经营期间的受托责任。这种观点的提出者是德国。

2."决策有用论"

这主要是针对日益发达的资本市场的需要来说的，即在所有权与经营权分离，并且资源的分配是通过资本市场进行的情况下，委托方与受托方的关系不是直接而是通过资本市场建立起来的。因此，对会计的目标强调的是通过适当、公正、充分地揭示和表述会计信息，以便帮助会计信息使用者尽可能更好地做出经济决策。这种观点的提出者主要是美国。

IASB 和 FASB 在 2011 年 4 月 9 日联合发布的《财务报告概念框架:报告主体 》中第一条规定:通用财务报告的目标是提供关于报告主体的、有助于决策是否需要向企业提供资源和这些资源是否被管理层有效利用的财务信息。实际上采用的是双目标论。但是，在 2010 年9 月 28 日，IASB 与 FASB 联合发布了《财务报告概念框架第一章:通用目的财务报告的目标》中则规定，通用目的财务报告的目标是提供报告主体的财务信息，而且所提供的财务信息应有助于现实的和潜在的投资者、贷款人和其他债权人做出是否向主体提供资源的决策。此类决策涉及购买、出售或者持有权益工具和债务工具、提供或者结清贷款或其他信用工具。对于这一目标，还做出了如下几点解释。

(1) 现实的和潜在的投资者做出购买、出售或者持有权益工具和债务工具的决策，取决于他们对投资这些工具的期望回报，例如股利、本利支付以及市价上升。类似地，现实的和潜在的贷款人和其他债权人做出提供或者结清贷款或其他信用工具的决策，取决于本金返还、利息支付以及他们期望的其他回报。投资者、贷款人和其他债权人的期望回报，取决于他们对主体未来现金净流入金额、时间和不确定性前景的评估。因此，现实的和潜在的投资者、贷款人和其他债权人，需要有助于他们评估主体未来现金净流入前景的信息。

(2) 为了评估主体的未来现金净流入前景，现实的和潜在的投资者、贷款人和其他债权人需要掌握关于主体所拥有资源方面的信息、对主体要求权方面的信息以及主体管理层和董事会为解除其运用主体资源的责任在效率和效果方面的信息。此类责任的例子包括保护主体资源免受诸如价格和技术变化等经济因素的不利影响、确保主体遵守相关法律、规章和合同条款。管理层解除其责任方面的信息，对于那些拥有投票权或者拥有管理层行动影响力的现实投资者、贷款人和其他债权人的决策，也同样有用。

(3) 通用目的财务报告既不提供，也不可能提供现实的和潜在的投资者、贷款人和其他债权人所需要的全部信息。使用者必须考虑其他来源的相关信息，例如，一般经济形势和展望、政治因素和政治趋势以及行业和公司前景。通用目的财务报告并不企图展示报告主体的价值，仅提供信息来帮助现实的和潜在的投资者、贷款人和其他债权人估计报告主体的价值。这一点指出了通用目的财务报告的局限性，要求会计信息使用者要正确对待和利用。

我国2006年修订的“基本准则”首次明确了财务报告的目标，即“向财务会计报告使用者提供与企业财务状况、经营成果和现金流量等有关的会计信息，反映企业管理层受托责任履行情况，有助于财务会计报告使用者做出经济决策”。采用的也是双目标论，这是与我国国情相适应的。

第三节 会计领域与会计功能

一、会计领域

会计发展到今天，不仅形成了日臻完善的理论体系，而且还形成了一系列为经济管理服务的专门的方法体系，使会计学在未来的市场经济发展中成为越来越重要的应用性学科。随着社会生产领域的不断扩展、科学技术的日益现代化，对会计的需求不断扩大；并且随着学科相互交叉与渗透的现象越来越多，现代会计在积极汲取其他学科丰富营养的过程中，使自己不断得以细化、升华，会计领域不断得以拓展，形成了庞大的社会会计系统和多种会计学科分支。

从会计服务的领域来看，会计领域可分为服务于营利组织的企业会计和服务于政府（各种政府机构及其组织）与非营利组织（以社会公益事业为主的组织，如各类学校）的会计两大类。

从会计服务的对象来看，会计领域可分为为单位外部的会计信息利用者（或有关利益关系主体）提供决策信息服务的对外会计（称为财务会计）和仅为单位内部经营管理者提供管理决策信息服务的对内会计（称为管理会计）。

从会计教育中所设置的会计知识体系具体表现为课程体系来看，会计领域可分为主干学科体系、辅助学科体系和边缘学科体系。其中，主干学科体系主要包括：会计学基础（初级会计学）、财务会计学（中级会计学）、成本会计学、管理会计学、财务管理学、审计学、会计信息系统、高级财务会计学等；辅助学科体系主要包括：政府与非营利组织会计、税务会计、国际会计、金融会计、会计制度设计、行业会计比较、会计政策与法规、会计史学等（目前对此的看法还不太统一）；边缘学科体系主要包括：行为会计、人力资源会计、环境会计、伦理会计、法学会计、社会会计、质量会计、会计教育学等，目前这些仍处于不断发展中。

以上这些内容中，会计学基础是会计领域大家族中最具基础性的学科分支，主要阐述会计学的基本理论、基本知识、基本方法和技能等。

二、会计功能

功能是指某一事物正常的、特有的作用、效能。会计功能就是会计本身所具有的作用和效能。目前我国一般都说的是会计的职能,即从"会计是干什么的"角度来说明会计所具有的功能。按照《中华人民共和国会计法》(以下简称《会计法》)的要求,会计的基本职能包括会计核算和会计监督。

会计核算职能或称会计反映职能,是指通过会计的确认、计量、记录、报告等会计行为,主要以货币计量方式,运用专门方法,从价值量上反映会计主体已经发生或完成的各项交易或事项及其结果,为会计信息利用者提供具有连续、系统、全面、综合的会计信息的功能。这是会计职能中最基本的职能,是会计履行其他职能的基础。

会计监督职能是指利用会计核算所提供的各种会计信息,按照一定的目的和要求,对会计主体的经济活动过程进行控制、指导和纠错,使之达到预期经营目标的功能。会计监督包括合法性监督和效益性监督两大方面,并且贯穿于经济活动的全过程。最终目的都是为了保证会计主体在合法、合规运营的前提下,力求提高经济效益。

但是,我们认为功能与目标直接相关,会计功能的发挥是保证会计目标实现的必需途径,因此,讲会计功能更有利于理解会计。从保证会计目标实现的角度来说,会计的功能主要是报告传递、决策支持和受托责任解除等。

(一)报告传递

会计系统的运行将会计主体所发生的各项经营业务以货币的形式全部记录下来,并加以归类汇总,形成了反映财务状况及其利用情况的财务会计报告这样一种会计信息,这就是会计的核算过程。而会计信息最终的使用者并不是会计本身,这就如同商品的生产者并非是该商品的消费者一样,会计加工生产出的会计信息是供会计信息的使用者来使用的。因此,及时地向有关会计信息使用者报告和传递会计信息,如同将生产出的商品尽快提供给市场一样,以便能够被会计信息使用者及时有效地利用,将成为会计所具备的首要功能。

(二)决策支持

会计系统产生的以财务报告为主要载体的会计信息,不仅对会计主体的财务状况及其利用情况以财务报表的形式进行了结构性描述,而且还以报表附注的形式说明了这些会计信息产生所面临的会计政策环境及其变化,对会计主体未来经营发展趋势进行了必要的预测。这样,一方面方便了会计信息利用者对会计信息的阅读和理解;另一方面也为会计信息

利用者据此做出合理判断和有效的决策提供了依据，从而使会计具有了不可或缺的决策支持功能。

（三）受托责任解除

会计向资源委托者报告和传递的会计信息，说明了会计主体目前持有的财务状况、报告期内财务状况的利用及其效果（即利润），并以现金流量表的形式进一步说明了财务状况及其利用效果的质量，资源的委托者据此就可以判断所委托资源的安全性及其增值情况，从而决定是否可以解除该报告期间资源受托者的受托经营管理责任。因此，会计自然就具有了帮助解除资源受托者受托经营管理责任的功能。

以上三个会计功能的关系可如下图 1-1 所示。

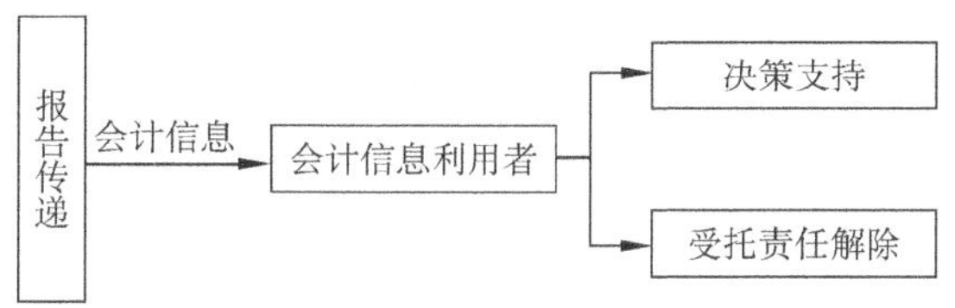

图 1-1　会计功能关系图

第四节　会计核算的基本前提与基础

一、会计核算基本前提

会计信息的产生过程就是会计核算的过程。但是，会计始终处于不断变化的市场经济环境中，进行会计核算，必然受这些环境的限制和约束。如一个企业在经营过程中可能合并了另一个企业，也可能被其他企业合并；企业的经营在一定时期内可能非常顺利，而在另一时期可能面临种种困难甚至破产；企业一般应当提供年度会计信息，但有时可能需要提供特定时期的会计信息；随着企业经营范围的扩大，可能在国外建立了分公司，进行跨国经营。等等这些，都可能使会计核算所面临的空间范围、企业经营的可持续性、会计信息的期间范围以及会计核算中所需采用的计量单位等不断发生变化。然而，会计信息必须是在既定条件下形成的，没有这些既定条件，一方面会计核算过程无法进行；另一方面形成的会计信息将成为一堆单纯的数字而无法理解。所以，必须为产生会计信息的会计核算设定前提条件。

会计核算的基本前提，有人称为基本假定或基础假设，是指为了保证会计核算的正常进行而事先设定的合乎逻辑的推理、判断或者先决条件。会计核算的基本前提并非凭空想象，而是根据会计实务加以总结和归纳形成的，形成后，便成为人们进行会计核算的一种惯例。早在20世纪60年代美国就有人提出，而且把它作为研究会计概念、处理会计业务的先决条件。在现代社会，它是由市场经济环境所决定的一种规律性的知识范畴。

按照我国现行“基本准则”的规定，企业会计核算的基本前提包括：会计主体、持续经营、会计分期和货币计量。

（一）会计主体

会计主体也称为会计个体、报告主体，或简称主体，是指需要独立进行会计核算的特定经济组织。IASB和FASB于2010年联合发布的《财务报告概念框架：报告主体》将报告主体定义为：报告主体是现有及潜在权益投资者、贷款人及其他资源提供者所关注的经济活动的特定领域，而且这些资源提供者不能直接获得是否需要向企业提供资源和这些资源是否被管理层有效利用的决策有用的信息。这一定义并没有将主体做出明确的指定，将随着需要而确定。会计主体从空间范围上对会计信息进行了限定，使会计所提供的信息能够有所指。一个企业必然需要进行独立的会计核算，因此，企业应当对其本身发生的交易或者事项进行会计确认、计量、记录和报告，这就是指企业的会计核算应当以企业为基本会计主体。

会计主体是根据管理和核算的需要事先确定的，可否列为会计主体，需要进行判断。IASB和FASB指出，报告主体有以下三个特征：①主体正在从事、已经从事或者将从事经济活动；②这些经济活动能够与其他主体的经济活动和主体所在的经济环境客观地区分；③有关主体经济活动的财务信息是资源提供者决定是否需要向企业提供资源和这些资源是否被管理层有效利用的决策有用的信息。这三个特征是界定报告主体的必要但非充分条件。界定报告主体在某些情况下需要考虑正在从事、已经从事或者将从事经济活动的界限。法律主体不是报告主体界定的必要条件，也不是充分条件。报告主体可能包括不止一个法律主体，也可能包括一个法律主体的某一个部分。大多数情况下，法律主体都可能是报告主体，但是单一的法律主体也可能不是报告主体。这就是说，会计主体不同于法律主体。法律主体以能够独立承担法律责任为确定依据，可以是自然人，也可以是法人；而会计主体以是否需要进行独立会计核算，以及是否其经济活动能够与主体的剩余部分的经济活动客观地区分，并且与主体该部分有关的财务信息对于是否应向其提供资源使潜在决策有用为确定依据。例如，法人一般都需要进行会计核算，但每个自然人在成为法律主体后不一定都要进行会计核算；法人应当作为会计主体，自然人不一定都要作为会计主体。反过来，作为会计主体的不一定就是法律主体，例如，一个企业是独立法人，需要进行会计核算，自然应当成为会计主体；但企业正在考虑购买主体的一个分支机构或者部门，该分支机构或者部门就可以作为一个报告主体，却构不成法律主体。也就是说，企业作为独立法律主体的只有一个，但作为会计主体的可能有多个。企业集团不是独立法人，但为了编制合并财务报表，也应当作为会计主体。

（二）持续经营

持续经营，是指某一会计主体在可预见的将来能够持续不断地从事经营活动。会计以此为前提，在正常的会计活动中就将会计建立在非清算的基础上，运用一系列的会计原则、程序、方法、政策、规定，连续不断地进行会计核算。“基本准则”规定，企业会计确认、计量和报告应当以持续经营为前提。在市场经济条件下，作为企业来说，虽然永远的持续经营愿望将会受到市场的种种威胁而难以全部实现，停业、兼并、破产的现象时有发生，但任何一个企业决不会因此而“自我休战”，都在为持续经营而不断抗争。为此，会计核算就应当服务于这个现实，除非清算来临。

持续经营为会计分期提供了前提，也为权责发生制、收入费用的配比、债权债务的处理、资产的合理计价、损益的合理计算等提供了充足的依据，并为企业的持续经营做好了各种服务。

（三）会计分期

会计分期，是指为了及时计算盈亏和对外提供会计信息，而人为地将可预见的持续经营划分为若干相等的时间区间，是持续经营前提的必要补充。“基本准则”规定，企业应当划分会计期间，分期结算账目和编制财务会计报告。

企业需要及时考核经营业绩，发现和改进经营中的问题，会计信息利用者需要及时了解财务状况、经营成果、现金流量等方面的信息，会计就应当满足这种要求，将长期的持续经营期间再划分为若干较短的期间，这就是会计分期。划分会计期间的基本单位是“年度”，称为“会计年度”。一般的说，各国的会计年度都是按政府财政预算年度来确定的。我国《会计法》第十一条规定：“会计年度自公历 1 月 1 日起至 12 月 31 日止。”在会计年度的基础上，还可分为半年度、季度、月份等，称为“中期”。按照习惯，按年度编制的财务会计报告称为“年报”或“决算报告”，按短于一个完整的会计年度编制的财务会计报告称为“中期报告”。

（四）货币计量

计量是用一个规定的标准已知量测定同一类型的未知量的过程，是定量的影像，是日常生活中极为常见的现象。计量必然需要计量单位，即计量时所采用的标准已知量。

由于会计核算的主要功能是进行资产计价和盈亏计算，因此，会计计量构成了会计活动的主要内容之一。随着社会的不断发展与进步，货币逐步发展成为经济交换的主要媒介。会计核算是一种价值核算，而货币为价值核算提供了可以统一的价值量度，因此，现代会计均以货币作为统一的计量单位，从而使会计计量的结果能够建立在统一可比的基础上。具体来说，货币计量就是指对会计主体的交易活动计列为财务报表要素而确定其金额的过程。

但是，随着经济的全球化发展，经济交易出现了多货币性，因此就需要选定一种货币作为统一的计量单位，否则又会出现新的不可比的价值信息，财务报表也难以编制。如在同一期间，一个企业既向国内出售商品获得了按人民币计价的销售收入 100 万元，又向国外出售商品获得了按美元计价的销售收入 20 万美元，那么该期间的销售收入总额是多少呢？我们不能将 100 万人民币收入和 20 万美元收入直接相加，而需要选用一种货币作为计量单位(如人民币)，将另一种货币(美元)计量的收入折算为该计量单位的货币，再进行相加。这种在会计上被选用的统一计量货币，称为统一的记账本位币。选用记账本位币时，一般是依据会计主体所面临的经济交易的主要货币环境，即主要是以何种货币进行交易。通常情况下会计主体所面临的是本国货币环境，所以一般都首选本国货币作为计量单位。但是，根据不同货币交易数量的多少，考虑会计核算的简便性，也允许选用交易量较多的某一外国货币作为记账本位币。

会计以货币为计量单位，一般是指观念上的货币，并非现实的货币。观念货币与现实货币的差别主要在于，前者只是作为一种计量工具，而不用作交易，所以，可以不考虑币值变动因素；后者是一种交换媒介，必须面对币值变动的现实。会计上若以现实货币计量，就需要经常对会计核算资料进行调整，这几乎是做不到的。但是，现实货币如果发生较大变动时，会计上完全无视这种现实，必然会导致会计信息失真，引起决策失误，这就需要考虑币值变动的影响对会计信息做出必要的修正，这又涉及会计计量的另一问题，即计量属性问题，将在第三章予以说明。

二、会计核算基础

会计核算基础也称会计处理基础，是指在确认和归属一定会计期间的收入、费用时所采用的处理原则和标准。这是合理确认当期损益的基础或前提。会计核算基础有两个，即应计制和现金制，但国际会计准则将应计制归属于会计核算的基本前提，而我国则习惯称为会计处理基础。

(一) 应计制

应计制，又称权责发生制或应收应付制，是指在交易或事项发生时(而不是在收到或支付现金或现金等价物时)，如果产生了应该取得收入的权利或应该承担费用的责任(义务)，就应当在交易或事项发生当期确认为收入或费用，进而计算当期损益，并在该期间的财务报告中予以报告。据此编制的财务报告，不仅告诉会计信息使用者过去发生的、关系到现金收付的交易，而且告诉他们未来支付现金的义务和代表未来将要收到现金的资源。

这是以营利为目的的经济组织中进行会计核算时设定的一个重要会计处理基础，目的在于阐明确认收入和费用归属期的基本原则。“基本准则”规定，企业应当以权责发生制为基础进行会计确认、计量和报告。

【案例 1-2】 一个学生在学校的一个报亭购买了几种杂志，共计 30 元，但由于该学生留下生活费后只有 20 元可以支付，征得报亭老板的同意，在下月该同学家长将钱寄来后再偿还剩余的 10 元钱。那么，该报亭的老板应该按 30 元计列这笔收入呢，还是应该按 20 元计列这笔收入？如果该报亭一直在持续经营，那么，站在交易完成的角度，杂志已售出，就应该按 30 元计入本月的收入，而不是实际收到的 20 元；并且，这样记录的结果还表明该报亭下月即使没有再卖给这位学生报刊，但仍将收到该学生需要偿还的 10 元欠款。

（二）现金制

现金制，又称收付实现制或现收现付制，是指交易或事项发生时，如果引起现金或现金等价物的实际收付，就应当在实际收付现金或现金等价物的当期确认为收入或费用，并在该期间的财务报告中予以报告。企业现金流量表的编制就是采用现金制。

【案例 1-3】 一个学生班不是一个以营利为目的的组织，本学期按照学校的资金预算可以分配给 500 元作为其活动经费，那么该学生班只有在收到这 500 元时，才可以作为本学期的收入，并按 500 元的限额安排本学期各项活动所需的支出。如果本学期学校因资金紧张，将所有班级的活动经费暂按 400 元拨付，剩余 100 元并入下学期，那么该学生班本学期只能按 400 元作为收入，而不能按 500 元。

在我国传统的政府和非营利性经济组织的会计中一直采用这一会计核算基础，目的在于阐明可用的收入和收支平衡的基本原则。但近几年的会计改革也都将其取消，改用了应计制。

第五节 会计信息质量特征

一、会计信息质量特征的含义

会计信息质量特征，也称财务信息质量特征，是指财务报告提供的会计信息对使用者有用的那些性质，是为实现会计目标而对财务报告所提供的信息提出的约束性要求，因此，也称为会计信息质量要求或会计信息质量标准。会计信息利用者以报告主体的财务报告信息

（财务信息）为基础做出有关报告主体的决策时，利用有用的会计信息质量特征能够识别哪种类型的信息最为有用。会计主要以提供信息的方式对有关方面的经济决策产生效用。这种信息与其他信息相比，从形式上看主要体现在经济活动的价值方面；而从决策有用性上来看，重点是讲究信息质量。会计信息质量具有明显的特征和层次性，这些特征是财务会计实践过程中不断总结出来的，也是财务报告使用者对会计信息质量的基本要求，因此，成为衡量会计信息质量的基本标准和会计应当遵循的共同原则。

二、会计信息质量特征的内容

会计信息质量特征在国际会计准则中属于财务报告概念框架中所规定的范畴，财务报告概念框架统领着会计准则的制定、修订和使用。随着 2005 年以来会计准则国际趋同的不断推进，会计准则将发生颠覆性的国际变革，财务报告概念框架是其最重要、难度最大的变革项目，IASB 将其拆分成八个项目进行修订，目前已发布了阶段性成果。以下将主要介绍 IASB 已发布的“有用财务信息的质量特征”和我国现行“基本准则”所规定的会计信息质量要求的相关内容。

（一）国际财务报告准则提出的有用财务信息的质量特征

作为国际财务报告准则改革的重要项目之一：“财务报告概念框架”由 IASB 与 FASB 联合进行修订。2010 年 9 月 28 日，IASB 与 FASB 联合发布了概念框架第一阶段工作成果——通用目的财务报告的目标和有用财务信息的质量特征，其中，“有用的财务信息质量特征”是作为财务报告概念框架的第二章发布的。在表述这些质量特征时指出，财务报告提供的信息是关于报告主体经济资源、对报告主体的要求权以及改变上述资源和要求权的交易、其他事项和环境的影响方面的信息（在本框架中，上述这些信息是指经济现象方面的信息）。部分财务报告还包括管理层对报告主体的预期和战略方面的解释性资料以及其他类型的预测信息。财务信息要有用，它就必须相关，而且还必须忠实地陈报意欲陈报的现象。财务信息如果可比、可验证、及时且可理解，其有用性会得以放大和增强。有用财务信息的质量特征分为以下三个层次：即基本质量特征、强化质量特征、有用财务报告的成本约束。

1. 基本质量特征

财务信息的基本质量特征是相关性和忠实陈报。

（1）相关性。相关性，是指财务信息可以让使用者做出差别决策时，财务信息就具有相关性，纵使部分使用者未充分利用信息或者已经从其他渠道获得信息，但并不影响信息具有做出差别决策的能力。若让财务信息具有做出差别决策的能力，财务信息应具有预测价值、确认价值或者二者兼而有之；反之亦然。

财务信息的预测价值，是指使用者在预测未来结果时，如果能够将财务信息作为加工处理的输入变量，该财务信息就具有预测价值。具有预测价值的财务信息本身并不一定就是预言或者预测，只有当使用者运用它做出各自的预测时，它才具有预测价值。

财务信息的确认价值，是指如果财务信息能够对以前的评估提供反馈(即确认或改变)，它即具有确认价值。

财务信息的预测价值和确认价值相互关联，具有预测价值的信息通常也具有确认价值。例如，本年度的收入信息，既可以作为预测未来年度收入的基础，也可以与以前年度所做的本年收入预测数进行比较。比较的结果能够帮助使用者更正和改进预测的过程和方法。

在相关性中与特定主体有关的一个方面是重要性。如果信息被遗漏或误报影响使用者基于特定主体财务信息所做出的决策，信息即为重要。换言之，重要性是相关性中与特定主体有关的一个方面，它基于某一主体财务报告中与信息相关的经济业务性质或强度(或二者兼而有之)。但是，准则制定者无法为重要性规定一个统一的数量界限，也无法预先裁定特定情况下的重要性，重要性取决于需做判断的项目大小或在出现省略或发生误报的特定情况下，所导致差错的大小。因此，重要性与其说是信息要成为有用所必须具备的基本质量特征，倒不如说是提供一个分界线或取舍点。

(2) 忠实陈报。财务报告是使用文字和数字来表达经济现象的一种结构性描述。

忠实陈报，是指财务信息要具有有用性，它不仅要陈报相关的现象，而且还必须忠实地陈报意欲陈报的现象。要实现完美的忠实陈报，财务报告的描述应具有三项特征，即完整、中立、无误。当然，完美的陈报几乎很少能够实现，准则制定者的目标是最大限度地提升这些质量。

完整，是指在财务报告的描述中，应包括使用者理解所描述现象所必需的所有信息(含所有必需的描述和解释)。例如，对一个资产组的描述，至少应该包括对资产组性质的描述、对资产组中所有资产金额的描述以及对金额代表的含义所进行的说明(例如，原始成本、调整成本还是公允价值)。对于某些经济业务，完整的描述还需要包括对重要事实的解释，如经济业务的特征和性质、影响经济业务特征和性质的因素与环境以及确定金额的方法和过程。

中立，是指财务信息的选择或表述不存在偏见。中立的描述既不有所偏向，也不故意拔高；既未过分强调，也未轻描淡写，更不存在通过人为操纵而让使用者有利地或不利地获取财务信息。中立的信息并不意味着它漫无目的，也不意味着它对行为毫无影响。恰恰相反，相关的信息理应具有导致使用者的决策产生差别的能力。

无误,是指对现象的描述不存在错误或遗漏,在生成报告信息的过程中,方法的选择和应用不存在错误。因此,无误并不意味着在所有方面都精确完美。例如,对一个可观察的价格或者价值的估计,就无法确定其是否精确。但是,如果对所估计金额的描述清晰准确,说明了估计方法的性质和局限,而且做出估计时选择并运用了恰当的方法,对该估计的陈报当属忠实。

但是,忠实陈报本身并不必然生成有用的信息。例如,报告主体可能通过政府补助而收到不动产、厂房、场地和设备。显然,报告主体无偿地获得资产,忠实地陈报了其成本,但该信息却没有多少有用性。一个更为恰当的例子是:为反映资产价值的减损,一项资产的账面价值应予调整,需要估计其金额。如果报告主体使用了正确的方法,恰当地描述了估计,解释了影响估计的重大不确定性,该估计当属忠实陈报。但是,如果估计的不确定性水平太高,该估计则不具有特定有用性。换言之,被忠实陈报的资产,其相关性值得怀疑。当然,如果没有其他视为忠实的陈报方法,该估计也提供了可供利用的最佳信息。

在运用上述基本质量特征时,应当注意这些特征的相互关系。即要使信息有用,它必须具有相关性而且还要忠实陈报。忠实陈报不相关现象,或者未忠实陈报相关现象,都无助于使用者做出满意的决策。运用上述基本质量特征最有效率、最有效果的方法通常是:①识别那些对报告主体的财务信息使用者具有潜在有用性的经济现象;②辨别该经济现象的哪些信息最为相关(前提是信息可以获得而且能够忠实地陈报);③确定该信息是否可以获取,是否能够忠实地加以陈报。如果没有问题,这个过程结束时,即可满足基本质量特征的要求。否则,就应再从具有次相关性的信息开始重复上述过程。

2. 强化质量特征

强化质量特征,是指有助于提升那些相关且忠实陈报信息的有用性的质量特征,这些质量特征包括可比性、可验证性、及时性和可理解性。如果描述现象的两种方式具有同等的相关性和忠实陈报,强化质量特征还有助于确定应该采用何种方式。

(1) 可比性。可比性,是指能够让使用者识别和理解不同经济业务的相似性和差别点。使用者进行决策,就是在不同备选方案之间做出抉择。例如,出售还是持有一项投资,投资于此报告主体还是彼报告主体。因此,倘若能够与其他主体的类似信息具有可比性,能够与同一主体不同期间或不同时日的类似信息具有可比性,报告主体的信息将更为有用。与其他质量特征不同,可比性并非与单项经济业务有关,因为比较至少需要两个项目。

为了保证财务信息的可比性,还需要一致性的支持。一致性,是指对于相同的经济业务,一个报告主体的不同期间或者相同期间的不同主体采用相同的方法进行会计处理。尽管一致性与可比性有关,但毕竟不同。可比性是目标,一致性将是为实现这一目标提供帮助。

但是，可比性不等于统一性。可比的信息必须使相同的事物看起来相同，不同的事物看起来不同。把不同的东西统一化使其具有貌似的相似性，与把相同的东西故意差异化一样，财务报告信息的可比性丝毫没有增加。

如果基本质量特征得以满足，某种程度的可比性即可实现。因为一个主体对相关经济现象的忠实陈报，自然地与其他报告主体忠实陈报的类似相关经济现象具有某种程度的可比性。

忠实陈报单一经济现象的方式多种多样。但是，如果对相同的经济现象允许采用不同的备选会计方法，将会有损可比性。

(2) 可验证性。可验证性，是指具有不同知识水平的独立观察者，对一项特定描述的忠实陈报能够达成共识(当然没有必要完全一致)。可验证性有助于让使用者确信该信息忠实地表达了意欲表达的经济现象。定量信息要可被验证，未必一定是单一的点估计，一个可能的金额范围及对应的概率同样能够验证。

验证可以是直接的，也可以是间接的。直接验证，是指通过直接观察来验证金额或者其他陈报，如盘点现金。间接验证，是指通过核查模型、公式或其他方法的输入变量并使用相同的方法重新计算结果。通过使用相同的成本流转假设(如先进先出法)，检查输入变量(数量和成本)并重新计算期末存货金额来验证存货的账面金额，就是间接验证的一个例子。

但是，附注信息可能无法验证，而且除非到未来，预测信息也可能无法验证。为帮助使用者决定他们是否希望使用此类信息，通常必须披露基础假设、编报信息的方法以及支撑信息的其他因素和情况。

(3) 及时性。及时性，是指使决策制定者及时地利用能够影响他们决策的信息。一般地，信息越是陈旧过时，其有用性越是微乎其微。但是，某些信息可能在报告期结束后长时间内持续具有及时性，例如，某些使用者可能需要分析和评估发展变化趋势。

(4) 可理解性。可理解性，是指财务报告所提供的信息应便于使用者理解。为了便于理解，财务信息的描述应当清晰、简洁地分类、描述和列报。现实中某些现象本身就复杂难懂，如果从财务报告中剔除这些复杂现象的信息，或许就会使财务报告易于理解。但是，这样的报告可能残缺不全，因而具有潜在的误导性。

为保证可理解性的实现，信息的使用者应具有合理的商业和经济活动知识且勤奋地研究和分析。但是，即使知识渊博和勤免有加的使用者，有时也需要寻求咨询师的帮助，以理解那些涉及复杂经济现象的信息。

运用上述强化质量特征时需要注意两点：①强化质量特征的运用是以基本质量特征为前提的。虽然强化质量特征应尽最大的可能使其最大化，但是，如果信息不相关或者未被忠实陈报，一项强化质量特征或者全部强化特征，都不可能使信息变得有用。②运用强化质量特征是一个反反复复的过程，并不遵循规定的次序。有时，为了提升一项质量特征不得不牺牲其他质量特征。例如，为长期改进相关性和忠实陈报而采用一项新的财务报告准则，即使因运用未来适用法使可比性暂时降低，新的财务报告准则仍然值得采用。恰当的披露，可部分地弥补信息的不可比性。

3. 有用财务报告的成本约束

有用财务报告的成本约束，是指财务信息的提供和使用都需要花费成本，因此，无论是财务信息提供者还是使用者都将受到成本的普遍约束。

报告财务信息必定花费成本。财务信息提供者的绝大部分耗费，涉及财务信息的收集、处理、验证和发布，但是，这些成本将以降低回报的方式，最终由使用者来承担。因此，财务信息的提供者根据所报告信息的效益来判断成本的适当性是至为重要的，而成本和效益存在着若干不同类型，这是需要考虑的。

财务信息的使用者分析和解释所提供的信息，也要花费成本。如果缺乏所需要的信息，使用者为了从其他来源获得信息或者进行估计，还要花费额外的代价。

报告相关的财务信息并忠实陈报意欲陈报的事实，有助于使用者做出决策时更有信心。其结果是，资本市场的功能发挥更有效率，整体经济的资本成本更为低廉。通过做出更有信息含量的决策，个别投资者、贷款人和其他债权人也将获益。但是，通用目的财务报告不可能提供每一个使用者认为相关的全部信息。

准则制定者在考虑成本约束时，将把提供和使用信息所发生的成本与报告特定信息的效益进行比较，以评估成本是否合理。当制定新的财务报告准则时，为考虑成本约束，准则制定者将从财务信息的提供者、使用者、审计师、学术界和其他方面，搜寻新准则预期的效益、成本在定性和定量两个方面的信息。在绝大多数情况下，评估既要基于定量信息，也要考虑定性信息。

上述新修订的有用财务信息的质量特征，没有再设定实质重于形式和审慎性这两项内容。

（二）我国《企业会计准则——基本准则》提出的会计信息质量要求

我国现行的“基本准则”第二章，专门规定了以下八项关于会计信息质量要求的内容，按顺序分别介绍如下。

1. 真实性

企业应当以实际发生的交易或者事项为依据进行会计确认、计量和报告，如实反映符合确认和计量要求的各项会计要素及其他相关信息，保证会计信息真实可靠，内容完整。

2. 相关性

企业提供的会计信息应当与财务会计报告使用者的经济决策需要相关，有助于财务会计报告使用者对企业过去、现在或者未来的情况做出评价或者预测。

3. 清晰性

企业提供的会计信息应当清晰明了，便于财务会计报告使用者理解和使用。

4. 可比性

企业提供的会计信息应当具有可比性。

同一企业不同时期发生的相同或者相似的交易或者事项，应当采用一致的会计政策，不得随意变更。确需变更的，应当在附注中说明。

不同企业发生的相同或者相似的交易或者事项，应当采用规定的会计政策，确保会计信息口径一致、相互可比。

5. 实质重于形式

企业应当按照交易或者事项的经济实质进行会计确认、计量和报告，不应仅以交易或者事项的法律形式为依据。

6. 重要性

企业提供的会计信息应当反映与企业财务状况、经营成果和现金流量等有关的所有重要交易或者事项。

7. 谨慎性

企业对交易或者事项进行会计确认、计量和报告应当保持应有的谨慎，不应高估资产或者收益、低估负债或者费用。

8. 及时性

企业对于已经发生的交易或者事项。应当及时进行会计确认、计量和报告，不得提前或者延后。

第六节　会计行为与会计方法

一、会计行为

行为是受思想支配而表现在外面的活动。人的行为具体来说是人的生理因素、心理因素和社会文化因素经参照系数指引，酿成足够强度的动机而引发的、并产生某种影响和结果的社会实践活动。

会计行为就是指会计行为主体（会计人）依据会计标准，对会计行为客体（交易或事项）进行会计处理，形成并提供会计信息的一种普遍存在的社会实践活动。会计行为的核心是收集、加工、处理、汇总并对外报告会计信息。会计的基本行为是会计确认、会计计量、会计记录和会计报告。

（一）会计确认

确认是指对事物的进一步明确认可，是事物在人们心目中形成的定性影像。会计确认是指将会计主体发生的符合财务报表要素定义并能可靠计量的交易或事项，进一步明确认可纳入财务会计报告的过程。具体来说，就是对会计主体所发生的各种交易或事项，明确应作为资产、负债、所有者权益、收益、费用等的哪项内容，并经过正式记录或记载程序，用文字和数值加以表现，最终使之能够进入财务报表的过程。由此看来，会计确认是将现实中发生的各种普遍性的交易或事项转化为会计语言（各种会计专业术语）进行表述的过程。这是会计行为的第一个行为，只有这一行为开始以后，其他的会计行为才可随之进行。

【案例 1-4】 一个学生班为搞班级的文艺活动，让某位同学用 100 元买回来了一些彩纸、鲜花等物品，那么，负责班级账目的同学如何对这项交易活动进行记录呢？经过确认，一方面要记录现金（资产）的减少；另一方面要记录班级文体活动费用（费用）的增加，并最终要将其列入需要向同学报告的财务报表中。这就是非常简单的会计确认。

（二）会计计量

计量是指用一个规定的标准已知量测定同一类型的未知量的过程，是事物在人们心目中形成的定量影像。会计计量是指对会计确认的交易或事项运用货币计量单位进行量化确定其金额的过程。

会计信息是一种用货币表现的价值信息，因此，必须将会计主体发生的交易或事项通过会计计量进行量化表达。而会计计量的前提则是通过了会计确认，否则计量也无意义。也就是说必须先通过会计确认解决了质的问题，才能再通过会计计量解决量的问题。当然，如果能使会计确认有意义，还必须保证可以进行会计计量。所以，会计确认和会计计量是一对孪生的会计行为，并且，二者存在着完全的依赖性。

（三）会计记录

经过了会计确认和计量，明确了会计主体发生的交易或事项应作为何种财务报表要素以多少金额加以反映，而如何进行反映呢？这就需要进行下一个会计行为，即会计记录。会计记录是指在会计确认与计量的基础上，通过设置相应的会计账簿，采用专门的方法在会计账簿中加以记录的过程，是会计确认与计量结果的书面表达。

会计必须有记录，无记录称不了会计。而会计记录的载体是专用的，称为会计账簿。所以，会计记录就是在会计账簿中所进行的记载。通过会计记录，将会计主体发生的交易或事项不断地转换为以会计语言表达的会计信息，并加以分类汇总，从而为编制财务报告收集所需的会计信息。会计信息的最终表现形式是财务报告，会计行为的最终目的也是通过编制和提供财务报告，为会计信息利用者所应用。因此，会计记录以及所用的会计账簿，实际上相当于为财务报表所登记的备忘录和财务报告系统中的数据库。

（四）会计报告

会计的最终目的是为会计人员以外的会计信息利用者提供所需的会计信息，而实现这一目的的方式就是会计报告。会计报告是指在会计确认、计量和记录的基础上，采用专门的方式向会计信息利用者传递、报送和告知会计信息的过程。其中，专门的方式就是指财务报告，即对外提供的反映会计主体某一特定日期的财务状况和某一会计期间的经营成果、现金流量等会计信息的文件，包括财务报表及其附注和其他应当在财务报告中披露的相关信息和资料。

通过上述会计确认、计量、记录与报告，完成了会计行为在一定期间的循环过程。每个会计期间都需要循环完成这些会计行为，并随着会计期间的不断延续，这种循环都会重复无穷地不间断进行，从而使会计永远富有生命力。

二、会计方法体系

会计方法是从事会计活动，实现会计功能和会计目标的过程中所采用的适应性技术手段。现代会计方法体系，根据从事会计活动的内容不同以及所承担的职能不同，主要分为会计核算方法、会计监督方法、会计分析方法、会计预测方法和会计决策方法等。其中，会计核算方法是信息基础，会计监督方法是质量保证，会计分析方法是信息利用前提，会计预测方法和决策方法是会计功能的扩充。

（一）会计核算方法

会计核算方法是指对会计主体发生的交易或事项进行会计确认、计量、记录、报告，借以反映财务状况、经营成果和现金流量的过程中所采用的专门方法。会计核算方法以会计凭证、会计账簿、财务会计报告等会计信息载体的设计以及使用为核心，主要由设置账户、复式记账、填制和审核会计凭证、设置和登记会计账簿、成本计算、资产清查、编制财务报告七种有机联系的专门方法与技术所组成。其目的是为了收集、整理、加工、汇总和对外提供会计信息。

（二）会计监督方法

会计监督方法是指依据会计法律、法规、准则、制度及其他相关经济法规，对会计信息的真实性、完整性、准确性、合法性、效益性进行检查、判断和纠正所采用的一系列专门方法。由于实施会计监督时往往离不开对会计凭证、会计账簿、财务会计报告的审核和检查，因此，有些将其称为会计监督与检查。会计监督方法又分为以会计主体的会计机构和会计人员为主所进行的内部监督、以政府职能部门为主所进行的政府监督和以注册会计师等中介机构为主的社会公众监督。其中，社会公众实施的会计监督已经形成了一门专门的学科——审计学。会计监督的目的主要在于查错防弊，保证会计信息的真实完整，维护会计信息利用者的合法权益。

（三）会计分析方法

会计分析方法是指以会计信息为主要依据，对一定时期会计主体经济活动过程及其结果进行剖析与评价，及时发现经营管理中存在的问题及缺陷，总结经验教训，以便在以后的经营活动中进一步加强管理，提高经济效益所采用的专门方法。主要由比较分析法、因素分析法、技术分析法等所组成，其目的主要在于发现问题、总结经验、评价业绩、改进提高。

（四）会计预测方法

会计预测方法是以会计核算和会计分析资料为依据，结合市场等其他相关的信息，对未来经营活动所做出的科学判断和推测所采用的方法。它主要运用的是预测学、数学、计算机科学等相关学科的成果与会计信息结合所形成的方法，其目的主要是为预测未来发展趋势和科学决策提供客观依据。

（五）会计决策方法

会计决策方法是依据会计核算、会计分析、会计预测等所提供的资料，针对将要开展的某项经营活动确定可能存在的各种备选方案，进行可行性分析和选优判断，以供有关决策者进行决策所采用的方法。例如，企业进行固定资产购建或更新、对外进行投资、产品结构调整等，事先都需要围绕投资额度、投资回报等，采用如回收期法、盈亏平衡法、投资报酬率法等专门的方法进行测算、分析和选优，从而形成了会计决策的专门方法。会计预测、决策、控制等已经形成了一门专门的学科，称为管理会计学，其目的主要是为单位内部科学决策与管理提供服务。但是，会计从事的决策活动，从功能范围上看还只能是参与性的决策。

三、会计核算方法

由于会计核算方法是其他会计方法的基础，从而构成了基础会计学的主要内容，其他的会计方法基本上都已独立形成学科，所以，在此仅就会计核算方法进行专门说明。

（一）设置会计科目与账户

组织会计核算，首先应当设置会计科目并根据会计科目设置相关账户，这是会计核算方法中首要的方法。会计科目是对财务报表要素的具体内容按照其规律、特性进行具体分类后所形成的具体项目，是设置账户以及对账户命名的依据。账户是根据会计科目开设的具有专门格式和结构，用来分类记录交易或事项的一种会计核算载体。例如，“从银行提取一笔现金 1 000 元”这一事项，会计上就应分别设置“银行存款”和“库存现金”两个会计科目，并按此开设两个账户，一方面在“库存现金”账户上记录增加 1 000 元；另一方面在“银行存款”账户上记录减少 1 000 元。如果不开设这两个账户，会计就无从记录。设置会计科目和账户为以后的会计核算方法提供了基础。

（二）复式记账

复式记账，是指对单位发生的每一项交易或事项所引起的财务报表要素的增减变动，均应在两个或两个以上相互联系的账户中，采用专门的记账符号，做出金额相等、资金变动方向相反的全面记录的一种专门的记账方法。例如，上述从银行提取现金的事项，在记账时要涉及“库存现金”和“银行存款”两个账户，一个记录增加、一个记录减少，增加和减少的金额均为 1 000 元，至于采用什么记账符号来反映其增加和减少，待以后讲述记账方法时再予详细说明。通过这种记录，可以将交易或事项按照会计语言全面、相互联系地在会计上再现出来。由于这种记录方式至少要涉及两个账户才能保证记录的全面性，因此称为复式记账。复式记账因采用的记账符号不同分为借贷记账法、增减记账法和收付记账法等，目前国际上通行的是借贷记账法。

（三）填制和审核会计凭证

填制和审核会计凭证，是指对发生的每一项交易或事项，经过对证明其发生和完成的原始凭证进行合法、合规性审核确认后，按照复式记账的要求填制出记账凭证，以便于确定应记入何种会计账簿的一种方法。它是会计核算工作和会计记录行为的首要环节。会计凭证是记录交易或事项的发生和完成情况，明确经济责任并作为记账依据的书面证明，是重要的会计资料，包括原始凭证和记账凭证。会计记录的首要特征是必须有凭有据，这是保证会计资料真实、完整的基础。

（四）设置与登记会计账簿

设置与登记会计账簿，就是依据会计科目开设会计账簿，并依据会计凭证在有关会计账簿中做出进一步分类登记和汇总的一种方法。它是会计核算和会计记录行为的中心环节。会计账簿是由一定格式和相互联系的账页所组成，用来分类、序时、全面记录和反映某一会计主体发生的交易或事项的会计簿籍，是会计科目和账户的统一体，是会计信息的核心载体。通过登记会计账簿，可以将分散的交易或事项进行分类汇总反映，并为编制财务报告提供依据。

（五）成本计算

成本计算，是指围绕存货采购以及生产过程，按照有关成本计算对象对其应负担的成本费用进行归集与分配，并计算出每一成本计算对象的总成本和单位成本的一种方法。它是会计核算的重要环节，也是正确进行资产计价和盈亏计算的基础。

（六）资产清查

资产清查，是为了确定某会计主体在一定日期资产的实存数，并核查实存数与账存数是否一致，保证会计资料真实完整，充分挖掘资产利用潜力，发现资产管理漏洞而采用的一种方法。这是编制财务报告前的一项重要的基础工作。资产清查方法有实地盘点法、账目核对法和技术推算法等。

（七）编制财务报告

编制财务报告，是指依据真实准确的会计账簿资料，采用专门的编制方法，将会计信息集中综合地反映在财务报告中所采用的一种方法。它是会计核算和会计行为的最后环节，也是会计核算的工作总结。编制和提供财务报告是连接会计信息与会计信息利用者、实现会计目标的桥梁。

上述七种方法前后衔接，互相支持，共同构成了会计核算方法的有机整体。会计核算离不开记账，若要记账，首先应设置会计科目和账户；每一笔账目记录都必须有凭有据，这就必须填制和审核会计凭证；填制和审核会计凭证时需采用专门的复式记账法来对交易或事项做出相互联系的全面记录；之后再记入事先设置的有关会计账簿中，进行系统、综合地归类会计信息；一定期间结束时需计算盈亏，就应根据有关会计账簿的记录，先计算出成本；为了编制真实完整的财务报告，就必须进行财产清查；财务报告编制完成并能够对外合法、合规提供后，一定期间的会计核算工作即告终结。每一会计期间都需要按照这些方法有序往复地进行会计核算，因此，也称为会计核算的循环，或简称会计循环。

练习题

练习题 1

一、目的:练习对会计的初步认识。

二、资料:

张先生拿出自己的积蓄 20 000 元在某大学校园内申请办了一个售报亭,其中 10 000 元从邮局购买了售报刊的亭子,余款用来购买可供出售的报纸、杂志,其工作人员只有两个人,一个是投资办报亭的主人,另一个是该主人从老家聘请的一个亲戚,该报亭每天营业额约 500 元左右。

经批准,思达超市每年向学校支付租金 40 万元,在该大学校园内租用学校 2 000 平方米的铺面开设了一家连锁店,经营日用百货商品,商品由思达超市统一配送。思达超市除派了一名经理和两名副经理外,还雇用了 20 名售货员和 2 名收银员。每天营业额约 20 万元。

三、要求:根据上述资料,请回答下列问题。

1. 你认为这两家商户需要会计吗? 为什么?

2. 你认为这两家商户哪一家需要设置专门的会计人员呢? 为什么?

3. 从上述两个问题中你能体会到会计和会计人员的区别吗?

4. 你从思达超市购买了商品后,思达超市收银台给你的一张计算机打印的票据代表什么意思?

练习题 2

一、目的:练习对会计信息及其影响的初步认识。

二、资料:

2006 年 12 月 7 日,洛阳玻璃发布公告称,根据洛阳市中级人民法院裁定书[2007]洛执字第 18～32 号,于 2006 年 12 月 6 日,洛玻集团公司持有本公司的 199 981 758 股 A 股股份被强制注销。据此,中国洛阳浮法玻璃集团有限责任公司及其有关附属企业占用本公司的资金已全部偿清。

洛阳玻璃是中国玻璃行业最大的浮法玻璃生产商和经销商,2004 年以来,由于重油、煤、电等原材料价格猛涨,以及国内新增产能过快,我国玻璃行业整体进入低谷。而在行业天灾的背景下,大股东占款的人祸也对公司形成较大打击。据有关资料,大股东洛玻集团及其附属企业通过代收款、拆借资金、委托贷款、垫支费用四种方式合计占用了洛阳玻璃 6.299 亿元的资金,在沪市上市公司被占资金排行榜上居第三位。该公司通过向洛阳仲裁委员会申请仲裁追讨，最终裁定以股抵债的方式偿还，采用市场法，以评估基准日 2006 年 11 月3 日洛阳玻璃 A 股每股价格为 3.15 元确定以股抵债的价格，据此，洛玻集团抵债股份数量应为 19 998 万股。在法院主持下，以股抵债的方案终获实施，大股东洛玻集团持有的洛阳玻璃 1.999 亿股 A 股被强制注销，用以抵偿对洛阳玻璃的 6.299 亿元资金占用，大股东占资由此全部得以清偿。据测算，此次注销后，洛阳玻璃的股本总额由 7 亿股变更为 5 亿股，洛玻集团所持股份由原来的 37 900 万股变更为 17 901.82 万股，持股比例由原来的 54.14%变更为 35.80%。由此，其他中小股东的权益则明显增长，当日股价一度出现涨停。

三、要求：根据上述资料，请回答下列问题。

1. 上述资料中提供了哪些会计信息？
2. 这些会计信息对哪些会计信息使用者产生了影响？
3. 以股抵债的公告发出后，洛阳玻璃的股价为什么会出现快速上涨？
4. 以股抵债的方案实施后，对洛阳玻璃会产生什么影响？

第二章 交易与财务报表要素

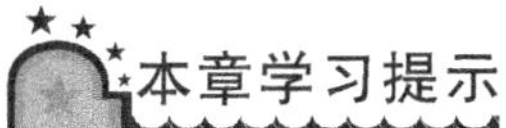

本章学习提示

本章重点：财务报表的定义及功能、与财务报表要素相结合的交易和事项的类型、财务报表要素的定义及其构成、会计等式

本章难点：会计等式及其变化

第一节 交易和事项

一、企业经营活动

在市场经济条件下，商品的生产、销售和消费，是社会再生产过程的核心内容。由于社会再生产过程中分工不同，形成了专门从事商品供应、生产、销售并以营利为目的的企业和不以营利为目的的事业、行政单位等。这些单位在社会再生产过程中的性质和作用是不同的，本教材主要以企业为对象介绍有关会计的基础问题。

企业是以营利为主要目的的经济组织。企业所从事的各项活动称为以营利为目的的经营活动，这种经营活动可以是商品的生产，也可以是提供劳务服务，但最终都要达到用最少的投入带来尽可能多的产出。企业要开展经营活动，必须拥有一定的财产物资作为物质条件。这些财产物资的货币表现在会计上被称为资金。可见，企业要开展生产经营活动是从取得并拥有一定数量的资金开始的。伴随着企业经营活动的进行，资金必然不断地改变形态并发生数量上的变化，也体现着一定的经济关系，这个过程就是资金运动。由于不同类型的单位经济活动的内容不同，其资金运动形式也有差异。下面以制造业企业为例，说明资金运动的具体形式。

在制造业企业，生产经营活动过程主要分为筹资活动、营业活动和投资活动三大类，不同的活动内容，资金的表现形式和变化也不一样。

在筹资活动中，企业要想方设法筹措到经营所需的各种资金（包括投资者投入的资本和取得的各种借入资金），称为资金的筹措或投入。投资者向企业投入的资金，目的是为了通过企业的有效经营赚取利润后从中分配获得投资报酬。向金融机构等借入款项后，一方面要按期按约定支付利息；另一方面在借入款项到期还需支付其本金。这样，向投资者分配利润和偿还债权人的本金与利息，资金就会流出企业。

在营业活动中，企业主要经过供应、生产和销售三个过程，随着这些生产经营过程的不断开展以及不断循环和周转，资金也将随之发生形式上的不断变化，并同样出现不断循环和周转。供应过程是为生产过程做准备，开展的活动是一项基础性工作。企业为了给生产和销售做好各种物质准备，就需要用货币资金购买各种材料物资，购置和建造厂房设备等，从而使货币资金转化为储备资金。生产过程既是产品的制造过程，也是各种财产物资的耗费过程，开展的活动是企业一项最基本的经营活动。在这一过程中，企业一方面要用设备在工厂加工并消耗各种材料物资；另一方面需要支付工资薪金以及其他费用，使有关的储备资金和货币资金转化为生产资金；当商品加工完成达到可销售状态但未销售时，生产资金就转化为成品资金。这个过程既转移了劳动资料、劳动对象的价值，又创造了新的价值。销售过程是产品价值的实现过程，在此期间，企业通过市场将产品销售出去获得销售收入，收回货款，成品资金便又转化为货币资金。这样，企业的资金随着供应、生产、销售的不断进行，由货币资金依次转化为储备资金、生产资金、成品资金，最后又回到货币资金的过程，称为资金的循环。这种循环具有内容上的阶段性、时间上的继起性、过程上的连续性、价值上的增值性等特征。资金随着企业再生产过程的不断往复进行而不断进行的循环，称为资金的周转。企业就是在这种生产经营不断进行、资金不断循环和周转的过程中，实现资金的价值增值，达到增大企业财富的目的。企业从事的生产经营活动，不仅是商品的生产创造过程，也是商品的消耗过程；不仅是价值的消耗过程，也是价值的创造过程；在资金循环与周转过程中，不仅补偿了消耗的资金，也实现了价值的增值。企业用收回和增值的资金，支付各种税金、向投资者分配利润、偿还到期债务，从而导致一部分资金退出企业。

在投资活动中，企业出于某种目的，将资金用于购买其他企业发行的债券、股票等有价证券，从中获取投资收益，并于到期收回资金，称为对外投资及其收回。

因此，企业的经营活动从资金运动的角度来说，应分为筹资活动中资金的筹措与偿还、经营活动中资金在企业内部的循环与周转、税费支付与收益分配，投资活动中资金的投出与收回等。

制造业企业的营业活动中所表现的资金运动过程如图 2-1 所示。

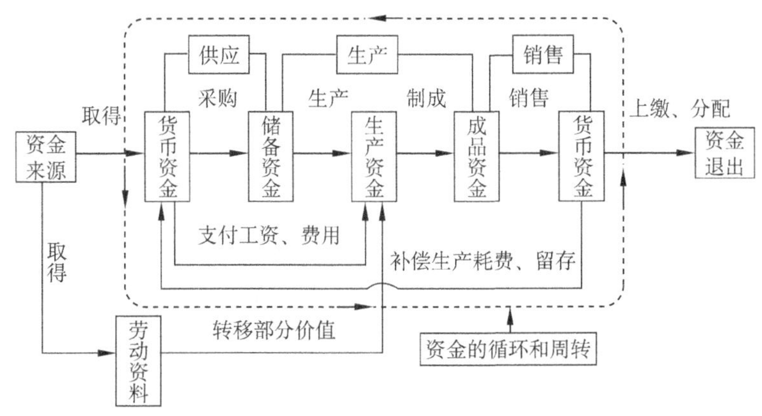

图 2-1　制造业企业营业活动资金运动过程

二、交易和事项

在《新世纪现代汉语词典》中，对交易和事项分别做了如下解释："交易是指通过买卖或以物易物的方式进行的商品（或证券）交换活动，事项是指事情的有关项目。"❶这仅是一般意义上的解释，不能满足会计提供有关信息的要求，还需要从会计的角度对交易和事项的含义进行界定。

交易、事项等概念用于会计工作源于英文会计文献。美国财务会计准则委员会在第 6 号"财务会计概念公告"——《财务报表要素》中，对需要进行会计记录的内容进行了全面讨论，提出了"事项"、"情况"和"交易"三个概念。认为，事项是"某一实体所遭遇的结果"，其既可以是"内部事项"，也可以是"外部事项"；情况是"一种本来不会发生、本来不能预料到的情景"，如"某一债权人面临其债务人破产的前景"；交易是"在两个或几个实体之间转交价值物的外部事项"。

在经济社会中，企业每天都会发生各种各样的业务，但并不是所有的业务都需要进行会计处理，只有会计事项才需要由会计人员进行会计处理。所谓会计事项，是指企业日常所发生的，有赖于会计确认、计量、记录，并最后汇总报告的经济活动。在我国，对会计事项应从"交易"和"事项"两个角度进行理解。

交易原意是指一个会计主体与其他主体发生的，以商品（或劳务）为主要内容的交换行为。从目前来看，交易的主体行为已经远远不止于此，除了商品或劳务的购销以外，还有对

❶ 王同亿．新世纪现代汉语词典[M]．北京：京华出版社，2001：587，1089．

外筹资、投资等理财行为，因此，现在的“交易”概念已经延伸到泛指一个企业与其他经济实体之间所发生的商品或劳务交换、资产转移、款项结算等每一项往来活动，只要这些往来含有会计信息，能够用货币形式加以计量、记录和反映，都称为交易。例如，企业向供应商购货、向客户销货、向银行借款、向投资者融资、偿还各种债务、对外投资等。交易的发生，涉及两个或几个经济实体，即所有的交易均为对外的会计事项。

事项是指不涉及企业本身以外个体、对内形成的，可以用货币形式加以计量、记录和反映的内部经济业务。如生产产品等耗用原材料、机器设备的消耗等。事项主要指发生在主体内部各部门之间的资源转移，即所有的事项均为对内的会计事项。

例如，一个企业与另一个企业经过商业谈判达成了一项 50 万元的购销货物协议，并签订了相应的合同。这是一项购销“交易”活动的内容，但是，在合同未履行之前，购销双方的企业会计都无法作为“交易”进行会计的确认、计量和记录，因为交易活动尚未全部完成，合同是否最终履行以及实际履行的结果如何尚无定论，还存在着许多不确定因素和合同风险，不符合会计确认与计量标准，无法做出会计记录。

再如，一个企业因意外发生火灾，将一座仓库化为灰烬，所幸无人员伤亡，经过火灾损失评估，一共给企业带来损失 8 000 万元，其中各种货物的市场价值为 6 000 万元(账面记录的成本为 5 000 万元)，仓库及各种存放货物的设备账面所记录的价值为 2 000 万元。对于该企业来说，这一事件在会计上就是所谓的“事项”(而非交易)，而会计上应对此事项确认的损失为多少呢？显然不能按照评估的损失进行记录，因为其中包含了各种货物所评估的市场价值损失 1 000 万元，这部分损失不可能再通过市场交易来表现，所以，会计上则要按账面上已经存在的确凿的价值 7 000 万元加以确认、计量、记录和报告。然而，还存在的一个问题是，企业对全部财产进行了投保，那么，对保险公司来说，这场火灾就是一种保险赔偿的交易，并且，进行保险理赔时应确认和计量的财产损失额为全部评估损失 8 000 万元。

由此可见，会计上所说的交易或事项，是指引起财务报表要素变化的，需要在会计上加以确认、计量、记录和报告的各项经济业务，在会计上也统称为“会计事项”。还应看到，会计上所说的交易和事项是有区别且非常复杂的，与日常生活中人们所接触的也是不完全一样的。

综上所述，企业发生的所有经济业务，只有交易和事项才能构成会计反映和监督的内容。此外，企业还需要根据实际对“情况”进行反映。情况是多件事项共同作用后的一种结果。通常，它还可以解释为由于企业外部环境的变化，但既未发生交易又未产生事项而对企业可能产生的影响。一般情况下，确定情况何时发生往往比较困难。一旦确定情况会发生，会计应将其作为会计事项反映。如企业根据以往的经验，估计拥有的债权中有一定比例的款项无法收回，企业应将该种情况在会计上做出反映。本教材以后所讲的“事项”中包含“情况”在内。

第二节　财务报表及其功能

一、财务报表的定义

财务会计的目标是向信息使用者提供有关的会计信息，反映企业管理层受托责任履行情况，有助于信息使用者做出经济决策。在企业日常的生产经营活动中，对发生的交易和事项，通过会计确认和会计计量等会计行为，利用设置账户、复式记账、填制凭证、登记账簿等专门方法已经进行了会计核算，完成了会计记录。这些核算工作在整个会计行为中是大量的、经常发生的，称为经常核算或日常核算。通过记账、算账等经常核算，虽然可以提供经济管理必不可少的信息，但是，这些信息比较分散，数量过多，既不可能直接呈报给信息使用者，也无法使信息使用者从总体上对企业某一特定时期的财务状况和经营成果有全面的了解，更难以做出相应决策。为了准确、及时地反映企业的财务状况、经营成果等会计信息，还应当对分散在会计凭证、账簿中的信息做进一步的加工整理，使这些信息成为一个数量不多，却能综合、全面、系统地反映企业状况的指标体系，并用一定的形式将这个指标体系表现出来，这个形式就是财务报表。编制并提供财务报表是会计工作的最终结果，从信息利用的角度来说，也是会计信息利用者对会计提出的目标要求，会计工作中所进行的填制凭证、登记会计账簿只是一个过程，编制并提供财务报表才是最终目的，会计账簿可以看成是为编制财务报表所必须具备的备忘录或数据库。

财务报表是对企业财务状况、经营成果和现金流量的“结构性表述”。根据国际惯例，企业对外提供的财务报表是通用的，可以满足那些无权要求按其特定信息需求提供信息的使用者的要求。

按照我国《企业会计准则第 30 号——财务报表列报》(以下简称“财务报表列报准则”)的要求，一套完整的财务报表至少应当包括下列组成部分：资产负债表、利润表、现金流量表、所有者权益(或股东权益)变动表和附注。其中：资产负债表又称财务状况表(以下统称为财务状况表)，是指反映企业在某一特定日期的财务状况的会计报表；利润表是反映企业在报告期内的收入、费用和利润情况的会计报表，它揭示了企业在一定时期(如年度、季度、月份)内的经营成果，也称损益表，目前国际财务报告准则将其定位于包含其他综合收益的综合收益表，所以以下均统称为综合收益表；现金流量表是反映企业在报告期内现金流量增减变动情况的会计报表，它揭示企业在一定期间(通常是年度)内现金的流入与流出的原因及金额；所有者权益变动表是反映构成所有者权益的各组成部分当期的增减变动情况的报表，它揭示了企业在一定期间(通常是年度)内所有者权益变动的原因及金额；附注是对财务状况表、综合收益表、现金流量表、所有者权益变动表等报表中列示项目的文字描述或明细资料，以及未能在这些报表中列示项目的说明等[1]。

二、财务报表要素

企业发生的交易或事项，经过会计处理后，最终要以财务报表的形式提供给有关会计信息使用者加以利用。为了在财务报表中反映交易或事项造成的财务影响，根据交易或事项的经济特性把它们分成大类，这些大类称为财务报表要素(即财务报表的构成要素)。在我国，习惯称为会计要素。财务报表要素分为财务状况表要素和综合收益表要素。与财务状况表内财务状况的计量直接联系的要素称为财务状况表要素，与综合收益表内经营业绩的计量直接联系的要素称为综合收益表要素。我国的会计准则体系在定义财务报表要素时坚持采用了与国际惯例一致的资产负债观，即在制定规范某类交易或事项的会计准则时，以权利和义务为核心，以交易或事项引起的资产、负债要素的变化为首要关注点，在此基础上再来对收益和费用进行确认、计量和报告。这实际上是一种更为注重交易和事项的实质的办法，用一种对投资者易于理解的方式在财务报表中反映这些交易和事项的结果。因此，对财务报表要素进行定义时，首先应确定资产、负债要素的变化，在此基础上再来考虑收入、费用等要素。以下章节将对财务状况表要素和综合收益表要素进行详细介绍。

三、财务报表的功能

财务报表的功能就是财务报表本身所具有的作用和效能。企业编制财务报表的主要目的，就是向广大报表使用者提供有助于他们进行经济决策的有关信息，同时反映企业的管理层履行受托资源经管责任的成果。因此，财务报表的功能可以具体描述为以下几项。

(1) 为投资者、债权人等利害关系人进行决策提供信息。在现代企业中，现有的投资者一般不参与企业日常经营，需要通过财务报表了解企业的财务状况、盈利能力；企业潜在的投资者可以通过财务报表了解所要投资企业的风险和报酬，以降低投资风险；债权人通过对财务报表的阅读和分析，了解企业归还本金和利息的能力，对投资者、债权人今后的投资方向、时间、金额做出正确决策。

(2) 为评价企业的管理当局履行受托资源经管责任提供依据。企业的管理当局接受所

---

[1] 根据国际会计准则变革的趋势和目前已经确定的有关内容，财务报表中的资产负债表将更名为财务状况表，利润表已更名为综合收益表，所以，本教材均统一使用“财务状况表”和“综合收益表”两个述语。

有者的经管委托后，有义务保证对所有者交付的资源实现保值和增值。企业的所有者通过阅读和分析财务报表，可以了解企业的管理当局履行受托责任的情况，评价经营者利用受托经济资源产生的经营业绩，了解企业经济资源的增长情况，以决定是否让管理当局继续履行受托责任。

（3）为国家经济管理部门和监督部门进行宏观调控与监督提供依据。在市场经济条件下，国家负有进行宏观调控的任务。财政、税收、工商、审计等国家经济管理和监督部门，通过对财务报表的阅读和分析，了解企业的经济活动和社会资源的分配情况，监督企业遵守财经纪律和市场法则，为政府进行国民经济宏观调控、制定有关经济政策和进一步完善现有法规提供依据。

（4）为企业加强和改善经营管理提供依据。企业内部的经营管理部门，通过对财务报表的阅读和分析，可以了解本企业生产经营活动情况、财务状况和经营成果，及时发现经营活动中存在的问题，以采取有效的措施，加强和改善生产经营管理；同时还可以利用财务报表提供准确可靠的依据，预测经济前景，促使经营计划和方针更为科学合理，使企业的生产经营活动得到良性发展。

第三节　财务状况表要素

一、财务状况表要素及其构成

企业经营，必须拥有一定数量的货币资金、厂房、机器设备、材料物资等财产物资，这些财产物资形成的资金来源可能来自于投资者的投资或从金融机构借入的资金，经企业经营者按照经营的需要变换成各种财产物资。企业拥有财产物资的数量、规模、各种财产物资结构安排的合理性，以及各项资金来源构成的合理性，就构成了企业财务状况。财务状况表要素就是对这些财务状况按照其经济特性所划分的大类，因此，也称为反映企业财务状况的要素。财务状况是指企业为了保证正常生产经营的需要而在一定日期拥有的资产及权益（投资者的投资及借款等各种债务）情况，是资金运动相对静止状态时的表现。财务状况表要素按照财务状况的经济特性在财务上的反映，分为资产、负债和所有者权益三大类。

（一）资产

1. 资产的含义及特征

任何一个企业从事生产经营活动，必须具备相应的物质资源或物资条件，如现金、银行存款、厂房、机器设备、材料物资等，它们是企业从事生产经营活动的物质基础，统称为资产。我国的"基本准则"将资产定义为：资产是指企业过去的交易或者事项形成的，由企业拥有或控制的、预期会给企业带来经济利益的资源。其中：企业过去的交易或者事项包括购买、生产、建造行为或其他交易或者事项，强调交易或事项已经发生而非一般承诺，如前面所说的单就购货合同不能构成企业资产；由企业拥有或者控制是指企业享有某项资源的所有权，或者虽然不享有某项资源的所有权，但该资源被企业所控制；预期会给企业带来经济利益是指直接或间接导致现金和现金等价物流入企业的潜力，简单来说就是在未来可以变换为现金，并且变换的现金应比形成时的还要多，用通俗的话说就是"值钱"。国际财务报告准则采用资产负债观，认为企业拥有一项权利就有可能确认一项资产，这种权利是指企业有可能在未来获得经济利益的权利。资产可以具有实物形态，如房屋、机器设备、材料物资、商品、现金等，也可以不具有实物形态，如以债权形式出现的各种应收款项，以特殊形态出现的专利权、商标权等。

例如，企业在 9 月 1 日与供应商签订了一项 100 000 元的购货合同（未来承诺），9 月 20 日按合同约定企业支付价款、供应商将其全部发送到企业（过去的交易形成），经验收后存放在仓库以备企业生产中使用或以后对外销售（企业能够拥有或控制），该批货物经本企业对外出售时标注的售价为 120 000 元（预期可为企业带来经济利益），企业付出价款并得到的这 100 000 元货物在对外出售之前就构成了企业的一项资产。但是，在以后期间内因为一场水灾使该货物遭到浸泡而严重毁损，无法再对外出售（预期不能再给企业带来经济利益），此时，该货物作为资产的意义已经丧失，会计上就不能再将其作为资产。

资产具有以下基本特征：

(1) 资产从本质上讲是一种经济资源。即资产可以作为要素投入到生产经营中，由此将资产同一些已经不能再投入作为生产经营要素的耗费项目区分开来，如购入的原材料是资产，而支付的广告费则是耗费。

(2) 资产是由企业过去的交易或事项所形成。资产是由过去已经发生的交易或事项产生的结果，预期在未来发生的交易或者事项不形成当前资产。例如，已经发生的购买原材料的交易形成企业的资产，而计划中的原材料购买交易则不会形成企业的资产。虽然目前已经出现的一些现象（如衍生金融工具的出现）已对"过去发生"提出了挑战，但这一特点仍然在实务中被普遍接受。

(3) 资产是由企业拥有或控制。一项经济资源要成为企业的资产，其所有权必须属于企业，企业依法享有占有、使用和处置的权利，包括对该资产享有报酬和承担风险。对于所有权不属于企业而为企业以特殊方式所实际控制的资产，如融资租入固定资产，由于企业承担了与其相联系的收益和风险，应作为本企业的资产。

(4) 资产能为企业带来未来的经济利益。经济利益是指直接或间接地流入企业的现金或现金等价物。如果企业已经取得某项资产，但由于各种原因不会为企业带来未来经济利益，或者作为经济资源的服务能力已消耗殆尽，如陈旧毁损报废的机器，就不能再作为企业的资产。

2. 资产的构成

企业的资产按其流动性不同，可分为流动资产和非流动资产两大类。

流动资产是指满足下列条件之一的资产：①预计在一个正常营业周期中变现、出售或耗用；②主要为交易目的而持有；③预计在财务状况表日起一年内（含一年，下同）变现；④自财务状况表日起一年内，交换其他资产或清偿负债的能力不受限制的现金或现金等价物。

正常营业周期，是指企业从购买用于加工的资产起至实现现金或现金等价物的期间，通常短于一年。但由于生产周期较长等原因导致正常营业周期长于一年的情况下，尽管相关资产往往超过一年才变现、出售或耗用，仍应划分为流动资产。正常营业周期不能确定的，应当以一年（12 个月）作为正常营业周期。

流动资产包括现金、银行存款、交易性金融资产、应收及预付款项、存货等。其中：交易性金融资产是指企业为交易目的而持有的债券投资、股票投资和基金投资等；应收及预付款项是指企业在日常生产经营过程中发生的各项债权，包括应收票据、应收账款、其他应收款和预付账款等；存货是指企业在日常的活动中持有以备出售的产成品或商品、处在生产过程中的在产品、在生产过程或提供劳务过程中耗用的材料和物料等。

非流动资产是指流动资产以外的资产，包括可供出售金融资产、持有至到期投资、长期股权投资、固定资产、无形资产和其他非流动资产等。其中：可供出售金融资产是指企业持有的可供出售的金融资产，包括划分为可供出售的股票投资、债券投资等；持有至到期投资是指到期日固定、回收金额固定或可确定，且企业有明确意图和能力持有至到期的非衍生金融资产；长期股权投资是指企业不可能或不准备在一年内变现或收回的投资；固定资产是指企业为生产商品、提供劳务、出租或经营管理而持有的，使用寿命超过一个会计年度的资产，如房屋、建筑物、机器、机械、设备、运输工具等；无形资产是指企业拥有或控制的没有实物形态的可辨认非货币性资产，包括专利权、非专利技术、商标权、著作权、土地使用权等。

随着企业经营环境的日益复杂和风险多样性的不断出现，这种划分也变得越来越模糊，例如各种金融资产有时很难确定是流动资产还是非流动资产，从而也为会计的确认、计量、记录与报告带来许多困难，需要依据很强的会计职业判断能力进行判断。

（二）负债

1. 负债的含义及特征

负债是企业取得资产的一种资金来源，通常表现为债务人通过某种举债取得资产后对债权人所承担的经济责任。如企业赊购材料，即构成对销货方的一项负债。由于企业部分资产是通过举债取得的，债权人具有对该项资产的索取权，债务人负有满足此项权利要求的义务，因而负债也是债权人付出资产或劳务后取得的、使得债务人承诺履行相应义务的一项权益，被称为债权人权益。

“基本准则”对负债的定义做了如下描述：负债是指企业过去的交易或者事项形成的、预期会导致经济利益流出企业的现时义务。其中：现时义务是指企业在现行条件下已承担的义务。企业承担一项义务就有可能确认为一项负债。

负债具有以下基本特征：

(1) 负债是由过去的交易或事项所引起的经济责任。负债是现时存在的债务，它是由企业过去或当前的经济活动所引起的一种经济义务，需要企业在未来一定时期内进行偿还，如从银行借入资金、赊购商品或劳务等，都会形成企业的负债。而尚未发生的经济业务，即使将来可能会形成需要偿付的经济义务，也不能确认为企业当前的负债。

(2) 清偿负债会导致企业未来经济利益的流出。由于负债需要企业在未来以受偿人接受的方式进行清偿，通常以资产或劳务偿还，在未来清偿债务时必然会导致体现经济利益的经济资源流出企业。如用银行存款偿还借入资金或赊购款项，均会减少企业的资产。

(3) 负债一般具有明确的受偿人和偿付日期。确认一项负债时，一般都有确定的受偿人和偿还日期，到期企业以资产或劳务清偿。但在特殊情况下，企业可能无法确定受偿人和偿还日期，但可以合理估计出受偿人和偿还日期，此时也应将其确认为负债，如企业销售商品进行质量担保所引起的负债即为无确定的受偿人和偿付日期的负债。

2. 负债的构成

企业的负债按其流动性分类，可分为流动负债和非流动负债两大类。

流动负债是指满足下列条件之一的负债：①预计在一个正常营业周期中清偿；②主要为交易目的而持有；③自财务状况表日起一年内到期应予以清偿；④企业无权自主地将清偿推迟至财务状况表日后一年以上。

流动负债包括短期借款、应付票据、应付账款、预收账款、应付职工薪酬、应交税费、应付利息、应付股利等。企业正常营业周期中的经营性负债项目即使在财务状况表日后超过一年才予清偿的，仍应划分为流动负债。经营性负债，指应付账款等构成企业正常营业周期中使用营运资金的一部分的负债项目。

非流动负债是指流动负债以外的负债，包括长期借款、应付债券、长期应付款等。

对于在财务状况表日起一年内到期的负债，企业有意图且有能力自主地将清偿义务展期至财务状况表日后一年以上的，应当归类为非流动负债；不能自主地将清偿义务展期的，即使在财务状况表日后、财务报告批准报出日前签订了重新安排清偿计划协议，该项负债仍

应归类为流动负债。

企业在财务状况表日或之前违反了长期借款协议，导致贷款人可随时要求清偿的负债，应当归类为流动负债。贷款人在财务状况表日或之前同意提供在财务状况表日后一年以上的宽限期，企业能够在此期限内改正违约行为，且贷款人不能要求随时清偿，该项负债应当归类为非流动负债。

（三）所有者权益

1. 所有者权益的含义及特征

企业的资产除部分来自于债权人之外，主要来源于所有者，即债权人和所有者对企业的资产都具有要求权。其中，属于所有者的要求权称为所有者权益。在“基本准则”中明确指出，所有者权益是指企业资产扣除负债后由所有者享有的剩余权益。从量的方面来看，所有者权益是资产扣除负债后的余额，这种余额也称为净资产。所以，所有者权益也等于净资产。净资产是衡量企业财务状况好坏的一个重要经济指标。

与负债相比，所有者权益具有以下特征：

(1) 所有者权益一般无偿还期。所有者投资所形成的资产是可供企业长期使用的，除非发生减资和清算，企业不需要偿还所有者权益。

(2) 所有者对企业的要求权位于债权人之后。在通常情况下，债权人对企业的要求权（即要求支付利息和偿还本金的权利）在所有者之前，所有者对企业的要求权在负债之后。

(3) 所有者以其出资额享有获取企业利润的权利，并承担相应的风险。

(4) 所有者权益的增减变动受所有者增资、减资以及企业经营成果的积累即留存收益多少等影响。

2. 所有者权益的构成

所有者权益包括所有者投入的资本、直接计入所有者权益的利得和损失、留存收益等。

所有者投入的资本是指企业实际收到的、所有权归属于所有者的资本，既包括投资者按照合同、协议或企业章程的约定实际投入企业、构成企业所有者权益主体的法定注册资本（即实收资本或股本），也包括投资者投入企业、所有权归属于投资者，但投入金额超过法定注册资本的部分，如资本溢价或股本溢价等。

直接计入所有者权益的利得和损失是指不应计入当期损益、会导致所有者权益发生增减变动的、与所有者投入资本或者向所有者分配利润无关的利得或者损失。其中：利得是指由企业非日常活动所形成的、会导致所有者权益增加的、与所有者投入资本无关的经济利益的流入；损失是指由企业非日常活动所形成的、会导致所有者权益减少的、与向所有者分配利润无关的经济利益的流出。

留存收益是指企业实现的净利润在企业内部的积累，是企业经营活动所得的税后利润的留存部分，包括盈余公积和未分配利润。盈余公积是指企业按照国家有关规定从税后净利润中提取的各种积累资金；未分配利润是指企业实现的净利润中尚未指明其明确去向的部分。

二、资产、负债与所有者权益的数量关系

企业要开展经营活动，就必须拥有一定的资产。企业的资产主要来源于两个方面：投资者和债权人。投资者和债权人将他们自己拥有的资产提供给企业使用，对企业的资产自然享有要求权和求偿权，包括在一定时期收回本金和利息、获取投资报酬等。这种权利在会计上统称为"权益"，其中属于债权人的部分称为"债权人权益"(即负债)，属于投资人的部分称为"所有者权益"。

一个企业拥有的资产和权益是同一事物的两个不同方面，是从不同的角度去观察和分析资产的结果。前者是从占用的具体形态和分布状况方面反映企业资产价值总量，如企业拥有的资产可以表现为机器设备、现金、银行存款等；后者是从形成、取得渠道方面来反映资产的价值总量，即企业的资产或者是借入的，或者是投资者投入的。企业有一定数额的资产，也就一定有相应的权益；反之，有一定数额的权益也必然表现为一定数额的资产。资产与权益相互依存、相互制约。由于企业所拥有的资产都是债权人或投资者提供的，因此，从数量上看资产与权益总额必然相等。这样，在某一时点两者之间就具有下列数量关系：

$$资产=权益 \tag{2-1}$$

由于权益分为负债与所有者权益两部分，因此等式(2-1)又可以表示为

$$资产=负债+所有者权益 \tag{2-2}$$

等式(2-2)表达了财务状况表三个要素之间存在的数量平衡关系，这种平衡关系是永远存在的，因此又被称为会计恒等式，它是设置账户、复式记账和构建财务状况表的理论依据。

三、交易或事项对财务状况表要素数量关系的影响

企业在日常经营活动中会发生各种各样的交易或事项，如购买材料、支付职工薪酬、偿还负债、向银行借款等，从而引起各个要素发生增减变动。随着交易或事项的发生，资产、负债和所有者权益及其具体项目将发生增减变动，但不论怎样变化，都不会破坏资产、负债和所有者权益的数量平衡关系。因为一个企业的交易或事项虽然数量、形式多样，但与资产、

负债和所有者权益有关的归纳起来不外乎以下九种类型，每种交易或事项的结果均会使等式成立：

(1) 交易或事项的发生，导致资产项目此增彼减，增减金额相等；

(2) 交易或事项的发生，导致负债项目此增彼减，增减金额相等；

(3) 交易或事项的发生，导致所有者权益项目此增彼减，增减金额相等；

(4) 交易或事项的发生，导致资产项目和负债项目同时增加，增加的金额相等；

(5) 交易或事项的发生，导致资产项目和所有者权益项目同时增加，增加的金额相等；

(6) 交易或事项的发生，导致资产项目和负债项目同时减少，减少的金额相等；

(7) 交易或事项的发生，导致资产项目和所有者权益项目同时减少，减少的金额相等；

(8) 交易或事项的发生，导致所有者权益项目增加负债项目减少，增减金额相等；

(9) 交易或事项的发生，导致负债项目增加所有者权益项目减少，增减金额相等。

为便于理解，下面通过例题分析交易或事项对财务状况表要素数量关系的影响。

【例 2-1】 李华与张强签订协议，于 1 月 5 日共同投资开办 A 公司。其中李华投入 450 000元货币资金，价值 450 000 元的机器设备；张强投入 600 000 元的货币资金。

该项交易反映：A 公司在开办之初的总资产为 1 500 000 元，其中银行存款1 050 000元，机器设备 450 000 元，全部来自于投资人，因此负债为 0，此时的资产总额与所有者权益总额均为 1 500 000 元，会计恒等关系成立。用会计等式(2-2)表示为

资产		=	负债	+	所有者权益	
银行存款	1 050 000		0		李华投资	900 000
机器设备	450 000				张强投资	600 000
合计	1 500 000	=	0	+		1 500 000

【例 2-2】 1 月 10 日，A 公司用银行存款购入甲材料 150 000 元。

该项交易导致企业的银行存款减少 150 000 元，甲材料增加 150 000 元。因不涉及负债和所有者权益要素，仅为资产要素的一个项目增加、一个项目减少，资产与所有者权益总额仍为 1 500 000 元，不影响会计恒等关系。用会计等式(2-2)表示为

资产		=	负债	+	所有者权益	
银行存款	900 000		0		李华投资	900 000
甲材料	150 000				张强投资	600 000
机器设备	450 000					
合计	1 500 000	=	0	+		1 500 000

【例 2-3】 1 月 15 日，A 公司赊购乙材料 300 000 元。

该项交易一方面导致资产增加 300 000 元；另一方面导致负债(应付账款)增加300 000

元，资产总额变为1 800 000元，负债为300 000元，与所有者权益的金额合计也为1 800 000元，会计等式关系依然成立。用会计等式(2-2)表示为

资产		=	负债	+	所有者权益	
银行存款	900 000		应付账款 300 000		李华投资	900 000
甲材料	150 000				张强投资	600 000
乙材料	300 000					
机器设备	450 000					
合计	1 800 000	=	300 000	+		1 500 000

【例 2-4】 1月25日，A公司从银行借款150 000元直接偿还购买乙材料的部分货款。

该项交易导致企业的借款增加150 000元，应付账款减少150 000元。因不涉及资产和所有者权益要素，仅为负债要素的一个项目增加、一个项目减少，会计恒等关系不变。用会计等式(2-2)表示为

资产		=	负债	+	所有者权益	
银行存款	900 000		应付账款 150 000		李华投资	900 000
甲材料	150 000		银行借款 150 000		张强投资	600 000
乙材料	300 000					
机器设备	450 000					
合计	1 800 000	=	300 000	+		1 500 000

【例 2-5】 1月30日，A公司用银行存款偿还购买乙材料的剩余货款150 000元。

该项交易一方面导致企业的资产减少150 000元；另一方面导致负债减少150 000元，资产总额变为1 650 000元，负债为150 000元，所有者权益不变，企业资产总额与权益总额相等。用会计等式(2-2)表示为：

资产		=	负债	+	所有者权益	
银行存款	750 000		银行借款 150 000		李华投资	900 000
甲材料	150 000				张强投资	600 000
乙材料	300 000					
机器设备	450 000					
合计	1 650 000	=	150 000	+		1 500 000

【例 2-6】 假定A公司在经营三年后，因外部环境发生变化而缩小经营规模，减资225 000元，已按出资比例返还投资者(假设A公司的财务状况没有发生变化)。

该项交易一方面导致资产项目减少225 000元；另一方面导致所有者权益项目减少225 000元，等式两边同时减少相等的金额。用会计等式(2-2)表示为

资产		=	负债	+	所有者权益	
银行存款	525 000		银行借款 150 000		李华投资	765 000
甲材料	150 000				张强投资	510 000
乙材料	300 000					
机器设备	450 000					
合计	1 425 000	=	150 000	+		1 275 000

将资产、负债和所有者权益三个要素采用结构性的方式汇总表示，就构成了财务状况表。财务状况表一般结构如表 2-1 所示。

表 2-1　　财务状况表结构样式

编制单位　　　　年　　月　　日　　　　单位:元

资　产	期末余额	年初余额	负债及所有者权益	期末余额	年初余额
流动资产 … … 非流动资产 … …			流动负债 … … 非流动负债 … … 负债合计 实收资本(股本) … 所有者权益合计		
资产合计			负债及所有者权益合计		

第四节　综合收益表要素

一、综合收益表要素及其构成

企业是一种以营利为目的的经济组织，其利用持有的各种经济资源通过自身的努力经营，最终需要获得经营成果，即赚取利润。也只有通过不断地赚取收益或利润，一方面使企业自身不断得以发展壮大；另一方面也为各种经济资源的提供者不断分派利润，使其实现投资的目的。但是，由于企业的经营面临各种风险，并非每一期间都能获取利润，有时也可能出现亏损,利润或者亏损都是企业的经营成果,西方国家一般将其简称为"损益"。目前,国际上还把企业根据企业会计准则规定未在当期损益中确认的各项利得和损失(称为其他综合收益)列入了收益表中,因此,将其称为综合收益表。综合收益,是指企业在某一期间除与所有者以其所有者身份进行的交易之外的其他交易或事项所引起的所有者权益变动。综合收益表要素就是对这些经营成果按照其经济特性所划分的大类,因此,也称为反映企业经营成果的要素。经营成果(或称经营业绩)是指企业在一定时期从事生产经营活动所取得的最终成果,是资金运动显著变动状态的主要体现。综合收益表要素按照经营成果的经济特性在财务上的反映,分为收入、费用和利润三大类。

(一)收入

收入是指企业在日常活动中形成的、会导致所有者权益增加的、与所有者投入资本无关的经济利益的总流入,包括销售商品收入、提供劳务收入和让渡资产使用权收入。其中:经济利益是指现金或最终能转化为现金的非现金资产。

收入有广义和狭义两种理解。广义的收入包括除企业净资产增加外的经济活动所导致的各种经济利益的总流入;而狭义的收入仅仅包括企业在经常的、主体性的经营业务中取得的收入。会计上通常所指的收入是狭义收入,我国"基本准则"对收入的定义即为狭义的。

收入具有以下特征:

(1) 收入从企业的日常活动中产生,而不是从偶发的交易或事项中产生。日常活动是指企业为完成其经营目标所从事的经常性活动以及与之相关的活动。如制造业企业销售商品属日常活动,而出售闲置不用的机器设备则属于非日常活动,因此前者会产生收入,而后者则不会产生收入。

(2) 收入可能表现为企业资产的增加或负债的减少。收入为企业带来经济利益的形式多种多样,既可能增加企业的资产,如增加企业的货币资金或者应收账款,也可能减少企业的负债,如以商品或劳务抵偿债务,还可能表现为二者的组合,如实现收入时,部分抵偿债务,部分收取现金。

(3) 收入能导致企业所有者权益的增加。由于收入是经济利益的总流入,能增加资产或减少负债或两者兼而有之,因此,根据"资产=负债+所有者权益"的公式,企业取得收入一定会增加所有者权益。但是,收入扣除相关成本费用后的净额,则可能增加所有者权益,也可能减少所有者权益。

(4) 收入只包括本企业经济利益的流入,不包括为第三方或客户代收的款项。企业代收的款项,一方面增加企业的资产;另一方面增加企业的负债,并不增加企业的所有者权益,也不属于本企业的经济利益,不应当确认为收入。

（二）费用

费用是指企业在日常活动中形成的、会导致所有者权益减少的、与向所有者分配利润无关的经济利益的总流出。费用是与收入相对应而存在的，也有广义和狭义两种理解。广义的费用既包括日常活动导致的经济利益的流出，也包括与日常活动不直接相关而导致所有者权益减少的事项，如与经营过程无关的各项损失等；狭义的费用仅包括为取得一定收入或进行其他经营活动所发生的各种耗费。我国“基本准则”对费用的定义为狭义的，不包括损失。

费用具有以下特征：

(1) 费用是企业在日常活动中发生的经济利益的流出，而不是在偶发的交易或事项中发生的。如制造业企业销售产品支付的运输费用属于日常活动导致的经济利益流出，形成费用；而出售固定资产的净损失属于非日常活动，虽然会导致经济利益流出，但不属于费用，而形成损失。

(2) 费用会导致企业经济利益的减少。费用的发生引起资产的流出，或负债的增加，或者两者兼而有之，最终必然导致经济利益流出企业。如企业销售商品会减少库存资产，负担长期借款利息会增加企业的负债等。

(3) 费用将引起所有者权益的减少。由于费用是经济利益的总流出，因此，一般情况下，费用的增加会减少企业所有者权益。但并非企业所有的经济利益流出均形成费用，如以银行存款偿还一项负债，因其对所有者权益没有产生影响，并不作为费用反映。

（三）利润

利润是指企业在一定会计期间的经营成果，包括收入减去费用后的净额、直接计入当期利润的利得和损失等。其中：直接计入当期利润的利得和损失是指应当计入当期损益、会导致所有者权益发生增减变动的、与所有者投入资本或者向所有者分配利润无关的利得或者损失。利润是一个派生的财务报表要素，本身并不能独立存在，是收入和费用比较的结果。并且，利润的概念还隐含着“亏损”，也就是说，收入和费用比较后前者大于后者的为正利润即收益，反之即为负利润即亏损。

利润在数量关系上主要表现为一定期间内收入和费用相抵后的差额。尽管“基本准则”对收入和费用的界定是狭义的，但在计算利润时则要求以广义的收入与广义的费用相比较。

利润具有以下特征：

(1) 利润是企业一定会计期间的最终经营成果，会导致所有者权益变动。

(2) 利润的多少是收入与费用配比的结果。一定会计期间广义的收入减去该会计期间广义的费用即为当期实现的利润或亏损。

将收入、费用和利润三个要素采用结构性的方式汇总表示，就构成了综合收益表。综合收益表结构如表 2-2 所示。

表 2-2　综合收益表结构样式

编制单位：　　　　年　月　　　　单位：元

项　目	本期金额	上期金额
一、营业收入 　减：营业成本等各种费用		
二、营业利润 　加（减）：营业外收入或支出		
三、利润总额 　减：所得税费用		
四、净利润（或净亏损）		
五、其他综合收益各项目扣除所得税影响后的净额		
六、综合收益总额		

二、收入、费用与利润的数量关系

企业运用债权人和投资者提供的资产开展经营活动，一方面要生产商品和提供劳务，以满足人们生活的各种需要，从而取得收入；另一方面，商品和劳务的提供需要付出代价，即会发生各种费用。一定期间企业的收入和费用的量是可以比较的，以确定该期间的经营成果。当收入大于费用时，表示企业实现利润；当收入小于费用时，意味着企业发生亏损。收入、费用与利润在一定期间就形成了以下关系：

$$收入-费用=利润 \tag{2-3}$$

等式(2-3)揭示了企业综合收益表要素之间内在联系与数量上的函数关系，反映出企业在一定会计期间内的经营成果，是体现经营成果的会计等式，从而构成了企业设计综合收益表的理论基础。

假设某企业开始经营的第一个月营业收入为 100 000 元，共发生相关成本费用64 000 元，则利润就等于 36 000 元。

由于企业获得的利润属于企业的所有者，所发生的亏损最终也应由所有者承担，因此，利润本质上是所有者权益的增加，亏损则是所有者权益的减少。从理论上讲，企业在经营过程中获得的收入与发生的费用，完全可以直接作为所有者权益项目的增加或减少。但是，企业在一定时期内有关收入和费用的交易或事项往往很多，这样处理会使所有者权益项目的内容复杂化，不便于将所有者投资所引起的所有者权益的变化与收入、费用所引起的所有者权益的变化进行区分。更为重要的是，企业一定期间取得的收入、费用和利润数额，是企业内外各利益关系人决策的重要信息，利润又是体现企业在一定期间经营效果的一个重要经济指标，因此，需要以上述等式(2-3)单独反映收入、费用和利润的关系。

三、财务状况表要素和综合收益表要素之间的数量关系

从前述分析可以看出，上述六个财务报表要素在经济上表现的本质特性都是体现一种经济利益，财务状况表要素之间的数量关系式反映某一时点企业的全部资产及其相应的来源，是经济利益以财务状况方式表现，也是资金运动处于相对静止状态下的表现；综合收益表要素之间的数量关系式反映某一时期企业的经营成果，是经济利益以经营成果方式表现，也是资金运动处于显著状态下的表现。经济利益讲求的是归属且具有排他性，资金运动讲求的是静态与动态的辩证统一。例如，1 月 1 日当我们观察资金运动时，它是处于相对静止状态。1 月 1 日至 1 月 31 日，由企业的生产经营活动所引起，这一期间的资金发生了显著的变动，既有经济资源被耗费又有新的经济资源进入企业；既有收入的发生，又有费用的支出。但当我们在 1 月 31 日这个时点对资金运动观察，它又是处于相对静止状态，只不过是 1 月 31 日的资金相对静止状态已经不是 1 月 1 日的情况了，即旧的平衡关系被打破，新的平衡关系随之建立，这就告诉我们企业的资金运动总是一种相对静止→显著变动→新的相对静止→新的显著变动……的不断交替过程。收入和费用的发生带来的是经济利益的流入与流出，利润则是经济利益流入和流出的结果，最终带来净资产的增加。综合收益表的三个要素都是观念上的虚概念，所代表的实际经济利益，最终都体现于财务状况表的三个要素，这就从经济利益的角度使综合收益表要素和财务状况表要素之间建立起了一种天然的渊源关系。因此，根据经济利益的归属关系，可将资产、负债、所有者权益、收入、费用和利润的数量关系综合反映如下：

资产＋(收入－费用)＝负债＋所有者权益＋利润(分配前)　　(2-4)

这一公式的意思是：在某一时日资产、负债、所有者权益平衡的基础上，经过某一期间的经营，发生了收入和费用并得到了利润。收入可视为是增加了企业的资产或减少了负债，而费用可视为减少了企业的资产或增加了企业的负债，利润则可视为增加了所有者的权益。这样，资产、负债、所有者权益又建立了一种新的平衡关系：

资产＝负债＋所有者权益＋(收入－费用)　　(2-5)

其中:资产的数额已发生变化,包含了因实现收入和发生费用而对资产的调整部分。收入扣除费用后的差额形成企业的利润,对实现的利润进行分配后剩余的部分全部归属所有者,应并入所有者权益项目,此时等式(2-5)又恢复为与等式(2-2)相同的形式(但在量上和具体项目的构成上已发生了变化):

$$资产=负债+所有者权益 \tag{2-6}$$

可见,不论在任何一个时点,企业的资产与负债和所有者权益的数量总是保持平衡关系。任何一项交易或事项的发生都不会破坏资产、负债和所有者权益的恒等关系。

下面以具体实例进一步分析交易或事项对财务报表要素的综合影响。

【例 2-7】 承例 2-6,2 月 5 日,A 公司为客户提供了某项服务,获得收入 100 000 元,已存入银行。

该项交易一方面导致企业资产增加 100 000 元;另一方面导致企业收入增加100 000元,从而使资产变为 1 525 000 元。用会计等式(2-5)表示为

资产		=	负债	+	所有者权益	+	收入	−	费用
银行存款	625 000		银行借款 150 000		李华投资 765 000		营业收入 100 000		0
甲材料	150 000				张强投资 510 000				
乙材料	300 000								
机器设备	450 000								
合计	1 525 000	=	150 000	+	1 275 000	+	100 000	−	0

【例 2-8】 2 月 10 日,A 公司用银行存款支付水电费 10 000 元。

该项交易一方面导致企业资产减少 10 000 元;另一方面导致企业费用增加 10 000 元,从而使资产变为 1 515 000 元。用会计等式(2-5)表示为

资产		=	负债	+	所有者权益	+	收入	−	费用
银行存款	615 000		银行借款 150 000		李华投资 765 000		营业收入 100 000		水电费 10 000
甲材料	150 000				张强投资 510 000				
乙材料	300 000								
机器设备	450 000								
合计	1 515 000	=	150 000	+	1 275 000	+	100 000	−	10 000

【例 2-9】 2 月 28 日,A 公司计算本月应付职工薪酬 40 000 元,尚未支付。

该事项一方面导致企业费用增加 40 000 元;另一方面导致企业负债增加 40 000 元,资产总额不变。用会计等式(2-5)表示为

资产		=	负债		+	所有者权益		+	收入		−	费用	
银行存款	615 000		银行借款	150 000		李华投资	765 000		营业收入	100 000		水电费	10 000
甲材料	150 000		应付职工薪酬	40 000		张强投资	510 000					人工费	40 000
乙材料	300 000												
机器设备	450 000												
合计	1 515 000	=		190 000	+		1 275 000	+		100 000	−		50 000

【例 2-10】 2 月 28 日，A 公司计算应上缴的所得税为 16 500 元。

根据权责发生制的会计核算基本前提要求，本月应交所得税的事项虽然尚未发生，但应在本期计算并作为当期的费用反映。因此该事项一方面导致企业费用增加 16 500 元；另一方面导致企业负债增加 16 500 元。用会计等式(2-5)表示为

资产		=	负债		+	所有者权益		+	收入		−	费用	
银行存款	615 000		银行借款	150 000		李华投资	765 000		营业收入	100 000		水电费	10 000
甲材料	150 000		应付职工薪酬	40 000		张强投资	510 000					人工费	40 000
乙材料	300 000		应交税费	16 500								所得税费用	16 500
机器设备	450 000												
合计	1 515 000	=		206 500	+		1 275 000	+		100 000	−		66 500

【例 2-11】 2 月 28 日，A 公司计算本月净利润为 33 500 元。

由于净利润是企业所有者权益的一个项目，待年终时再进行分配，因此，在本期净利润转入所有者权益之后，用会计等式(2-6)表示为

资产		=	负债		+	所有者权益	
银行存款	615 000		银行借款	150 000		李华投资	765 000
甲材料	150 000		应付职工薪酬	40 000		张强投资	510 000
乙材料	300 000		应交税费	16 500		净利润	33 500
机器设备	450 000						
合计	1 515 000	=		206 500	+		1 308 500

【例 2-12】 3 月 5 日，假定 A 公司确定预先向投资人李华和张强分配利润 20 000 元(按出资比例进行分配)。

该事项仅确定向投资人分配利润，但尚未支付，因此一方面导致企业负债增加 20 000 元；另一方面导致所有者权益减少 20 000 元。用会计等式(2-6)表示为

资产		=	负债		+	所有者权益	
银行存款	615 000		银行借款	150 000		李华投资	765 000
甲材料	150 000		应付职工薪酬	40 000		张强投资	510 000
乙材料	300 000		应交税费	16 500		净利润	13 500
机器设备	450 000		应付股利	20 000			
合计	1 515 000	=		226 500	+		1 288 500

通过上述例题可以发现:收入、费用和利润这三个要素的变化实质上都可以表现为所有者权益的变化,因此,前面所述的九种类型实际涵盖了交易或事项的发生对会计恒等式的全部影响。资产、负债、所有者权益、收入、费用和利润这六个财务报表要素之间存在着一种恒等关系,任何交易或事项的发生都不会破坏这种平衡关系。

练习题

练习题 1

一、目的:判断经济业务的类型。

二、资料:某企业 2011 年度发生如下经济业务。

1. 与股东签订投资协议;
2. 股东投入资金、材料物资、机器设备;
3. 与客户签订销售合同;
4. 制订生产经营计划;
5. 与供货商签订采购合同;
6. 从银行获得贷款;
7. 购买材料物资和机器设备;
8. 领用材料投入生产;
9. 对外支付加工费用;
10. 支付员工工资;
11. 产品完工入仓库;
12. 发生火灾,导致财产损失;
13. 计算与生产经营有关的各项成本费用;
14. 计算利润并进行分配;

15. 缴纳税金；

16. 考核材料物资、机器设备的利用情况；

17. 分析企业的财务状况和经营成果。

三、要求：请分析确定哪些业务属于交易，哪些业务属于事项。

练习题 2

一、目的：练习财务报表要素的分类。

二、资料：某企业 2011 年 11 月 30 日有关项目的余额如下。

1. 由出纳保管的现金 8 000 元；
2. 存放在银行的款项 20 000 元；
3. 应收某单位的销售款 7 000 元；
4. 库存生产用材料 55 000 元；
5. 库存完工的产品 20 000 元；
6. 厂房、机器设备共计 150 000 元；
7. 从银行取得的短期借款 12 000 元；
8. 应付给某供货单位的材料款 8 000 元；
9. 投资者投入资本 140 000 元；
10. 盈余形成的留存收益 11 000 元。

三、要求：分析各项目应归属的财务报表要素项目类型，并确定各财务报表要素的金额。

练习题 3

一、目的：练习交易或事项对会计恒等式的影响。

二、资料：王先生开办了一家为在校大学生临时介绍职业的服务中心，该中心由王先生一人投资。2011 年 11 月中心开业，当月发生如下交易和事项。

1. 王先生将个人资产 50 000 元投入该服务中心；
2. 购买办公用品，价值 1 000 元；
3. 赊购一套办公家具，价值 8 000 元；
4. 支付当月的房租 1 000 元；
5. 为多名学生介绍家教工作，收取劳务费 1 000 元；
6. 支付当月的水电费 600 元。

三、要求：分析上述交易或事项对会计等式的影响，并将结果填入下表。

交易或事项对服务中心财务报表要素的影响分析

2011 年 11 月 30 日　　单位：元

序号	交易和事项的影响结果					交易或事项类型
	资　产	负　债	所有者权益	收　入	费　用	

练习题 4

一、目的：练习财务报表要素之间的关系。

二、资料：李斌是一所大学的会计教师，已工作 10 年。为了对自己的财产和收支状况有详细的了解，从 2011 年开始，他对自己的个人财产及变动状况进行记录。1 月 1 日的情况如下表所示。

李斌财产情况明细表

2011 年 1 月 1 日　　单位：元

有关财产及负债	金　额
一套三居室住房	600 000
家具、家庭用品	48 000
一辆已使用两年的汽车	80 000
银行存款	2 000
现金	800
欠银行的借款	50 000

12 月 31 日，李斌将他一年所发生的收支情况及财产情况列表如下。

李斌收支情况明细表

2011 年度　　单位：元

有关收支项目	金　额
收入：	
工资薪酬（已扣除个人所得税）	48 000

续表

有关收支项目	金　额
支出：	
家庭日常生活开销	15 000
汽车养护费等	10 000
旅游费	3 000
购买衣服	2 000
偿还银行贷款(其中 2 000 元为利息)	11 600

李斌财产情况明细表

2011 年 12 月 31 日　　　　单位:元

有关财产及负债	金　额
一套三居室住房	620 000
家具、家庭用品	43 200
一辆已使用三年的汽车	69 000
银行存款	7 300
现金	1 900
欠银行的借款	40 400

三、要求:根据上述资料回答下列问题。

1. 李斌 2011 年的财富是否增加？若增加,来自何种渠道？

2. 李斌 2011 年收支相抵后的盈余是多少？分别增加了什么财产？金额是多少？

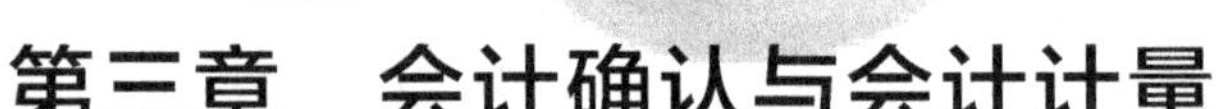

第三章　会计确认与会计计量

本章学习提示

本章重点：会计确认的概念和确认标准、会计计量的概念和计量属性、财务状况表要素的确认与计量、综合收益表要素的确认与计量

本章难点：会计确认标准、会计计量属性

第一节　会计确认与计量原理

一、会计确认

会计信息系统从接受原始信息开始到加工完成最终信息，要经过确认、计量、记录和报告四个运行环节，会计确认是这个信息系统运行环节的第一步。会计确认决定了会计主体何时将本主体发生的交易或事项记录为何种财务报表要素，从而达到向会计信息使用者提供符合要求的信息这一根本目标。

（一）会计确认概念

【案例 3-1】 1990 年 3 月注册成立的山东临朐县秦池酒厂（现已倒闭），1995 年年底一次花费 3.2 亿元一举夺下中央电视台 1996 年“新闻联播”栏目和“天气预报”栏目之间黄金时间段的广告“标王”。会计人员对此应该如何处理呢？

对于此项交易，会计人员首先需要进行辨别认可，明确以下内容：①这是一笔会计上的交易活动，交易的内容是向中央电视台支付巨额广告费；②这笔交易能够按照会计的方法进行反映;③这笔交易的发生会导致秦池酒厂 1995 年年末货币资金巨额减少;④这笔交易发生在 1995 年年底,但其受益期限是 1996 年,因此不能把支付的 3.2 亿元作为 1995 年的费用。但是也不能把 3.2 亿元作为 1996 年某一个月的广告费用,而应该在 1996 年 1~12 月平均摊销这笔广告费用,否则单独计算为 1996 年某一个月的广告费用,当月就会形成巨额亏损;⑤这笔交易的金额为 3.2 亿元。

会计人员进行完上述的分析和辨别认可之后,可以按照要求进行相应的会计处理。而会计人员对这笔交易进行会计处理之前所做的分析、辨认、确定的过程实际上就是会计确认的过程。

确认是指对事物进一步明确认可,是认识事物的开始,是事物在人们心目中定性的影像。日常生活中,人们处理任何事情首先都需要对事物进行确认后,才能确定下一步需要采取的行动。因此,确认是人们的一种日常活动。

会计作为反映企业经济活动的信息系统,需要从企业收集大量的数据信息,但这些数据信息是否应当在会计凭证、账簿中加以记录,以及怎样把账簿中的信息和其他数据转化为财务报表,首先必须经过会计确认进行辨别和认定。

会计确认主要解决以下六个方面的问题:

(1) 确认经营活动与交易或事项的符合程度,即确认经营活动是否属于会计上所说的交易或事项;

(2) 确认交易或事项进入会计系统的适当性,即确认交易或事项能否按照会计的方法加以计量、记录、报告;

(3) 确认交易或事项与财务报表要素的符合程度,即确认交易或事项属于哪一种财务报表要素;

(4) 确认交易或事项引起财务报表要素变化的影响时间,即确认交易或事项的发生时间,以及该交易或事项影响财务报表要素变化的时间长度(期间);

(5) 确认交易或事项对财务报表要素的影响方式,即确认交易或事项影响财务报表要素的增减方式;

(6) 确认交易或事项对财务报表要素的影响程度,即确认交易或事项对财务报表要素的影响金额。

其中第六个问题实际上是会计计量的问题。广义的会计确认包括一项交易或事项应否、何时、如何在账簿中记录和在报表中披露,涉及对会计计量的确认、会计记录的确认和会计报告的确认。狭义的会计确认包括会计记录的确认和会计报告的确认。通常所讲的会计确认是狭义的会计确认。

FASB 发布的《财务会计概念公告(SFAC)第 5 号——企业财务报表项目的确认和计量》指出:“确认是将某一项目,作为一项资产、负债、营业收入、费用等之类正式计入或列入某一个财务报表的过程,它包括同时用文字和数字描述某一项目,其金额包括在报表总计之中。对于一笔资产或负债，确认不仅要记录该项目的取得或发生，还要记录其后发生的变动，包括从财务报表中予以消除的变动。”另外，该公告还指出会计事项确认的四项基本标准：可定义性、可计量性、相关性和可靠性。美国对会计确认的定义包括了会计记录确认、会计计量确认和会计报告确认，是一种广义的会计确认定义。

IASB发布的《编报财务报表的框架》指出：“确认是指将符合财务报表要素定义和规定的确认标准的项目纳入财务状况表或综合收益表(或收益表)的过程。它涉及用文字和金额表述一个项目并将该金额包括在财务状况表或综合收益表(或收益表)的总额中。”也就是说，任何一个项目，必须同时满足符合要素定义和确认标准，才能进行确认。反之，符合要素定义和确认标准的项目也必须在财务状况表或综合收益表中确认，不得用附注或其他披露方式进行修正或替代。

近年来IASB和FASB密切合作，积极促成国际财务报告准则和美国财务会计准则的趋同或统一，未来两者对于确认的定义也会趋向统一。

我国会计准则充分借鉴以上定义，结合我国的实际，得出：会计确认是指将会计主体发生的符合财务报表要素定义并能可靠计量的交易或事项，进一步明确认可纳入财务报表的过程。具体说，就是对会计主体所发生的各种交易或事项，明确应列入的资产、负债、所有者权益、收益、费用的要素类别，并经过正式记录或记载程序，用文字和数值加以表现，最终使之能够进入财务报表的过程。由此看来，会计确认是将现实中发生的各种普遍性的交易或事项转化为会计语言(各种会计专业术语)进行表述的过程。

(二) 会计确认的对象

会计确认的对象是指能够影响财务报表要素变化，需要在会计信息系统中用货币形式加以反映的交易或事项，是对会计信息系统处理对象的总括。这些交易或事项的特征是：①会影响财务报表要素变化，并需要在会计信息系统中加以反映；②可以用货币表述的价值运动或价值增值运动。

客观存在的价值运动实际上是由一笔笔具体的交易或事项所构成，而客观存在的价值信息则通过财务报表要素予以捕捉和刻画。交易或事项与财务报表要素之间是具体与抽象，被反映与反映的关系，即交易或事项是引起财务报表要素变动的原因或根源，财务报表要素是反映交易或事项变动的形式和载体。交易或事项就好比信息加工所用的“原材料”，原材料质量的高低会直接影响“产成品”(财务报表)的质量，所以，会计确认是将交易或事项转换为会计通用语言的第一道关口。

(三) 会计确认的基础

我国会计实务中一直将权责发生制作为会计确认的基础，理解权责发生制可以参见本书第一章第四节的说明。权责发生制作为会计确认基础的原因如下：

(1) 权责发生制以会计目标、会计前提、会计原则、财务报表要素为基本理论依据。会计目标的实现要求使用权责发生制进行会计确认；会计前提为权责发生制的应用解决了时间、内容和范围问题；会计原则和财务报表要素则是权责发生制应用的基本指导，解决了会计确认的方式方法问题。

(2) 权责发生制能够有效地甄别应该进入会计系统的交易或事项。即交易或事项要进入会计系统进行核算，必须首先经过权责发生制这一筛选过程。其筛选标准是：交易或事项对企业的未来经济利益是否产生了影响，并以权利和责任的发生与否来判断。

(3) 权责发生制能够有效地对交易或事项所属财务报表要素进行归类。按照权责发生制进行筛选和甄别，准予进入会计系统的交易和事项，在输入会计系统时，要按照对未来经济利益的影响程度来决定应计入资产、负债、所有者权益、收入、费用等何种财务报表要素。

(4) 权责发生制为会计确认解决了若干个认定。即权责发生制能够提供：哪些交易或事项是会计核算的对象？这些交易或事项何时发生？应纳入哪一期的财务报表？这些交易或事项引起了何种影响？影响程度有多大？这几个方面是相互联系、相互统一的。

随着现代社会经济的不断发展，一些新的交易或事项不断涌现，如自创商誉、养老金负债、衍生金融工具等的出现，利用现金流量表取代财务状况变动表等，难以完全按照权利是否形成、义务是否发生为标准对财务报表要素进行确认。这样就需要在权责发生制的基础上兼顾收付实现制。但是目前我国的会计准则仍然要求企业以权责发生制为基础进行会计确认、计量和报告。

（四）会计确认标准

会计确认的核心问题就是财务报表要素确认的标准。所谓财务报表要素确认标准就是会计系统应予以确认的交易和事项所应具有的特征。依据什么样的标准对交易和事项进行确认，直接关系到会计记录、计量和报告，并影响到会计目标能否得以顺利的实现。我国会计准则中虽然没有关于会计确认标准的专门章节，但在资产、负债、收入、费用等章节内容里规定了各要素的确认标准，这些标准实际上是全面借鉴了国际会计准则的确认标准。具体地说，确认的标准有以下三个方面。

1. 符合财务报表要素定义

一般地讲，凡是企业经营活动过程中能够用货币计量的交易和事项都属于会计确认的范围。但这只是一个抽象的概念。在具体会计工作中具有会计信息属性的交易和事项，应该能具体化为各财务报表要素，按照这些要素的定义和特征加以确认。也就是说，首先应确认发生的交易或事项能否进入会计核算系统，然后对能够进入会计核算系统的交易或事项按照财务报表要素的定义将其具体确认为某一财务报表要素。

2. 未来经济利益的可能性

当交易或事项符合财务报表要素定义后，是否要在财务报表中确认，取决于其未来经济利益流入或流出企业的可能性和计量的可靠性。可能性是指未来经济利益流入或流出企业的不确定程度，必须经济利益很有可能流入或流出企业才能确认资产(及相关的收益)或负债(及相关的费用或损失)。所谓"很有可能"是指可能性大于不可能性。

可能性的估计是以编制财务报表时所有可以获得的证据为基础。比如毕业前夕，甲同学向乙同学借500元，声明工作后尽快归还，这时，考虑到甲同学不会为了500元牺牲同学关系，其归还欠款的可能性很大，乙同学可以将该笔债权确认为一项资产(应收款)。毕业后两人一直保持联系，对于乙同学来讲，甲同学归还欠款的可能性仍然大于不可能性，乙同学还可以将该笔债权确认为一项资产(应收款)。相反，毕业后甲同学杳无音信，没有一个同学知其下落，则说明甲同学归还欠款的可能性很小，这时乙同学不能再将该笔债权继续确认为资产(应收款)。

3. 计量的可靠性

会计是用文字和数字来表达其信息的，文字显示的是财务报表要素的质的内容，而数字是通过计量而显示的财务报表要素变化的量的内容，文字和数字信息必须相互结合，才能使会计信息具有意义，两者缺一不可。因此，交易或事项能否可靠计量其成本或价值是会计确认的另一项标准。可靠计量实际上把会计的对象限定在经济活动中能以货币表现的方面。这也就同时规定了可靠计量是会计确认的一个基本条件：应予以确认的交易和事项必须能够可靠计量。如果交易和事项或加工的会计信息不具备可靠计量的特征，就不能在会计中予以确认。比如上例中，乙同学多次向甲同学催要欠款，甲同学总以各种借口搪塞，三年后乙同学忍无可忍将甲同学诉至法庭，要求甲同学归还欠款，并赔偿因通货膨胀、催款成本、利息等因素给乙同学造成的损失。在法院判决前，该项预期可由诉讼获得的赔偿已经符合资产和收益的定义，并且也达到确认的可能性标准(很有可能流入)，但是我们无法可靠估计法院到底会支持多少赔偿要求，即金额无法可靠计量，因此不能确认为资产和收益，只能在财务报表附注中详细披露该诉讼可能对乙同学财务状况的影响。

关于会计确认的标准，不同的组织有不同的表述。SFAC No.5规定：被确认为财务报表要素的交易和事项，应在符合四条标准的情况下按成本效益或重要性原则予以确认。这四条标准分别是：①符合定义——项目要符合财务报表某一要素的定义；②可计量性——具有一个相关的计量属性，足以充分可靠地予以计量；③相关性——有关信息在用户决策中具有举足轻重的作用；④可靠性——信息是反映真实的、可核实的、无偏向的。

IASB发布的《编报财务报表的框架》则规定："如果符合下列标准，就应当确认一个符合要素定义的项目：①与该项目有关的未来经济利益将很可能流入或流出主体；②对该项目的成本或价值能够可靠地加以计量。评价一个项目是否符合这些标准从而是否有资格在财务报表中得到确认，应当注意重要性原则。”在确认标准中采用可能性的概念，是为了指出与项目有关的未来经济利益将会流入或流出主体的不确定程度，这一概念是与体现主体经营所处环境特点的不确定因素联系在一起的，依据的是编制财务报表时能够得到的证据。例如，如果主体的应收账款很可能得到支付，则在没有相反证据时，就有理由将其确认为资产。

（五）会计确认的过程

会计确认根据会计活动的内容不同分为初始确认、后续确认和最终确认三个过程。

1. 初始确认

初始会计确认是指交易或事项在整个会计核算系统中以某个要素的形式得以确认。初始确认的主要目的是解决交易或事项应属于何种财务报表要素、何时记入何种账簿中、各自的记账金额为多少，也是将原始的各种各样的交易或事项转化为会计语言的一种过程。

初始会计确认是从填制及审核原始凭证开始，对交易或事项所产生的原始信息，诸如交易或事项的种类、执行单位、经手人、时间、地点，业务的数量、单价、金额等，进行具体的识别、判断、选择和归类，以便对其进行正式的会计记录。因此，在初始确认的过程中，主要应完成如下会计核算工作：①填制、审核原始凭证；②编制和审核记账凭证；③登记会计账簿。

初始确认要依据会计目标及会计确认的具体标准，筛选掉多余的或不可接受的信息，将筛选后有用的原始信息进行分类，运用复式记账原理编制记账凭证，将其转化为可加工的会计信息，并登记有关账簿。初始确认实际上是交易或事项能否转化为会计信息，使之进入会计核算系统的筛选过程。

【例 3-1】 确认哪些交易和事项可以进入会计系统。假如企业在 2012 年 1 月 2 日发生三笔业务：第一笔是企业与某供货商签订 5 000 000 元的采购合同，第二笔是企业与银行签订 10 000 000 元的贷款协议，第三笔是企业销售 A 产品 6 000 000 元并收到货款。对该三笔业务进行初次确认。

第一笔业务和第二笔业务仅仅是合同协议的签订过程，合同或协议上反映的金额分别为 5 000 000 元、10 000 000 元，但并没有实际发生，不能进入会计系统进行反映和报告，只有等到今后该两笔业务实际发生后才可以按照会计的方法进行计量、记录和报告。因此这两笔业务都不属于会计交易或事项。

第三笔业务销售产品行为已经发生，而且商品已经转移到客户手中，客户为此支付了 6 000 000元的货款，这笔资金企业已经收到。显然这笔企业对外的商品销售活动业务符合会计交易的特征，应进入会计系统进行反映和报告。

【例 3-2】 确认交易和事项对财务报表要素的影响。企业于 2012 年 1 月 3 日购买了一批原材料，经过会计人员对采购发票等各种原始凭证进行审查后，符合会计确认的要求，通过银行向供货方共支付了 100 000 元货款，并编制出会计记账凭证，记录了资产要素中的"原材料"项目增加 100 000 元，同时记录资产要素中的"银行存款"项目减少 100 000 元，根据该记账凭证将此项交易的结果登记到"原材料"和"银行存款"账目中，从而完成了会计的初始确认工作。

如果企业生产部门把 2012 年 1 月 5 日领用的 40 000 元原材料用于产品加工，这样，就应将该原材料的部分价值经后续确认后以便显示其价值转移情况，并调整有关财务报表要素的具体项目的变化。假如经确认领用的原材料价值为 40 000 元，由于该批原材料已经变换形态转为被加工的产品，构成产品成本的一部分，其价值就应当由"原材料"变为"生产成本"予以反映。

2. 后续确认

后续确认是指对初始确认已经登记入账的会计信息，随着企业经营活动的变化而发生价值变动所进行的确认。经过初始确认的交易或事项，借助于会计的核算方法转化为账簿资料。随着企业经营活动的不断进行，初始确认的有关内容将会在不同的财务报表要素之间发生价值转移，引起财务报表要素具体项目的变化，或者出现有关价值变动，因此，还需要对这些变化进行后续确认，以便能够进行下一步的会计处理。

【例 3-3】 企业于 2012 年 1 月 3 日购入 100 000 元原材料，1 月 5 日用于产品生产 40 000元，到 2012 年 1 月 31 日，该原材料剩余 60 000 元。但是由于近来原材料市场价格下跌，经测试其可变现的净值为 55 000 元，说明该剩余原材料发生减值 5 000 元。为及时反映这一现实，会计上就应当根据减值测试的结果确认并记录其跌价损失，以综合收益表要素中的"资产减值损失"项目列为当期损益，同时以"存货跌价准备"反映其价值下跌情况。这些会计处理过程都是后续确认涉及的内容。

很显然，初始确认与后续确认的任务是不一样的。初始确认决定着交易或事项能否转换成会计信息进入会计核算系统，而后续确认则是对经过加工的信息再提纯，以保证会计信息的真实性和有用性，满足各会计信息使用者的需要。

3. 最终确认

最终确认，即确定交易或事项对财务报表要素的影响情况在财务报表中列报的内容和方式，或者说已经记入账户中的内容有哪些以及以何种方式列入财务报表，这是会计确认的终点。

【例 3-4】 上述企业购入的原材料，如果该批原材料已经变换形态转为被加工的产品，且当期未完工，在编报财务报表时应根据会计账簿记录将这一部分价值在存货项目中列示为在产品。再如，上述剩余的原材料由于市场价值发生了下跌，应将发生的减值 5 000 元在综合收益表中列示为“资产减值损失”，在财务状况表中以“存货”60 000 元减“存货跌价准备”5 000 元的差额反映存货净值 55 000 元，列示为“存货”，同时在报表附注中详细披露“存货跌价准备”的计提情况。

从信息系统的角度来看，初始确认在会计信息的收集阶段，后续确认内含于信息加工处理阶段，最终确认则体现在信息输出（报告）阶段，总之，会计确认是贯穿于会计信息系统全过程的。

二、会计计量

（一）会计计量概念

企业的交易或事项中大量原始经济信息要通过初次确认输入会计核算系统，在会计核算系统内运行的会计信息经过再次确认，以保证信息的正确性、有用性，这些会计信息通过最终确认进入财务报表。在会计确认中离不开计量，只有经过计量，应输入的数据才能被正式记录，输出的数据才能最终列入财务报表。

计量是指用一个规定的标准已知量测定同一类型的未知量的过程，是事物在人们心目中形成的定量影像。日常生活中，人们处理任何事情首先都需要对事物进行确认，而确认之后则需要采取的行动往往是要对该事物进行量化。因此，计量往往是和确认密切相关的后续活动。

会计计量是指运用一定的计量单位对已经确认的财务报表要素进行量化的过程。或者说是指对经过会计确认的交易或事项，运用货币单位衡量、计算和分配，以便在会计信息系统中能被记录和报告的过程。IASB《编报财务报表的框架》指出：计量是为了在财务状况表和综合收益表中确认和计列财务报表要素而确定其金额的过程。真正目的是为会计报告直至会计目标服务。所以会计计量就是采用货币单位量度财务报表要素变化的过程。我国的会计准则借鉴了 IASB 的定义强调会计计量的过程为：将符合确认条件的财务报表要素确定其金额，登记入账，并列报于财务报表及其附注的过程。

由于会计信息是一种用货币表现的价值信息，所有财务报表要素都要经过计量后才能在会计系统中得到反映，因此会计计量是会计的一个基本特征，并且它在整个会计理论和方法中都占有重要地位。会计确认是会计计量的前提和基础，会计计量是会计确认的延续和归宿。也就是说必须先通过会计确认解决了质的问题，才能再通过会计计量解决量的问题。所以，会计确认和会计计量是一对孪生的会计行为，并且存在着完全的依赖性。

对各个财务报表要素进行计量时，资产计量是会计计量的重心，其他要素的计量都需要直接或间接地依赖于资产计量的结果[1]。如:所有者权益计量根据资产计量总额减去负债计量总额的差额得出;收入的增加表现为资产的增加,费用的发生表现为资产的减少;利润实质上是非产权事项导致资产的净增加数量等。

(二)会计计量要求

进行会计计量应遵循以下要求,使会计信息能够达到规定的质量标准:

(1) 客观性。是指会计计量的对象、方法和结果,都应以客观发生的交易或事项的事实为依据,使其计量结果能够被验证,具有可信度。

(2) 有效性。是指会计计量对象的确立应具有目的性,计量的结果具有有用性,不是为计量而计量,而是为满足管理或信息使用者的某种需要而计量。

(3) 经济性。是指会计计量应考虑所费与计量的效用的关系,不能单方面看会计计量是否有用,以及作用大小,还必须把所费与效用结合起来分析。

(三)会计计量单位

根据会计计量的价值特性和计量对象的经济实质,会计计量需要考虑两个方面的内容,即会计计量单位的选择和计量属性的确定,这两个方面构成会计计量的基本要素。

计量单位是指对计量对象按某一属性进行计量时,具体使用的标准量度。计量单位根据不同的计量对象和计量要求,具有不同的表现形式,如货币计量单位、劳动量计量单位、时间计量单位、实物计量单位等。通常一个计量对象选择一种主要计量单位,如果有不同的计量要求,还会采用其他辅助计量单位,如会计计量一般以货币计量单位为主,但为了加强对实物资产的安全管理,则还需选择实物计量单位进行辅助计量。

在进入商品经济时代以来,会计必然地选择了所有商品的一般等价物——货币作为其标准计量尺度,因而有了“货币计量”这一基本前提。显然,作为一种计量尺度,必须要有其自身量度上的统一性,即要求货币单位统一、可比或者它的量度单位在不同时期保持稳定。然而,现实经济中并不存在这样理想的计量单位,货币的量度单位就是它的购买力,而实际的货币购买力则是经常变动的,从理论上说可供选择的货币单位有两种,名义货币单位和一般购买力单位。

1. 名义货币计量单位

也称货币面值计量单位,是指某一国家流通货币的法定单位,比如美元、人民币等。名

---

[1] 关于会计计量的重心在会计界还存在另一种观点,认为会计计量重心包括资产计价(assets valuation)和收益决定(income determination),把对这两个要素的计量作为计量其他要素的基础。

义货币计量单位的特点是：无论各个时期货币的购买力如何发生变动，会计计量都采用法定的货币单位，即不调整不同时期货币的购买力。只要货币一般购买力没有发生大的变化，名义货币计量单位在一定时期内是相对稳定的。它实际上是货币自然属性的计量单位，用它直接作为会计的计量单位具有高度稳定性，所以，它是会计计量单位的基础，在传统的会计计量中长期普遍地被人们使用。

2. 一般购买力货币计量单位

也称为“不变购买力货币计量单位”或“稳值货币计量单位”，是指对名义货币计量单位按一定时日的一般购买能力（如物价指数）进行调整换算后得出的货币计量单位。一般购买力货币单位的特点是：只要不同时期货币的购买力不同，在会计计量中，就必须以一定时日的货币购买力（以一般物价指数近似地表示）调整不同时期的名义货币单位，从而使不同时期的货币保持在一个相同的购买能力基础之上，不至于因自然属性的货币计量单位所代表的实际购买力（价值量）不同，而造成会计计量信息的失实或不相关，使其丧失决策价值。一般购买力货币单位较之于名义货币单位，能够反映物价变动对会计信息的影响，保持会计计量结果的可比性。

【例 3-5】 企业 2011 年以 1 000 万元购入一项房产，2012 年以 1 600 万元购入另一项房产，假定 2011 年的一般物价指数为 105，2012 年的一般物价指数为 115.5，若需以某一年的一般物价指数换算为一般购买力对这两项房产进行价值计量时，其计量结果分别为

以 2011 年为基年，两年购入房产的总成本＝1 000＋1 600×(105/115.5)＝2 454.5(万元)

以 2012 年为基年，两年购入房产的总成本＝1 000×(115.5/105)＋1 600＝2 700(万元)

（四）会计计量属性

计量属性也称计量基础，是被量化描述的客体的特性或外在表现形式。比如对教学楼而言，可以分别从长宽高等方面进行测量描述，这就是不同的计量属性。会计计量属性是指针对会计计量对象的价值特征（原始价值和现时价值的双价值性）而对会计计量所赋予的本质特性，或者是指对交易或事项按照财务报表要素标准进行计量的特性或外在表现形式。交易或事项可以从多个方面进行货币计量，从而有不同的计量属性。会计所采用的货币价值属性表现为：历史成本、重置成本、可变现净值、现值、公允价值等。对于同一个交易或事项而言，采用不同的计量属性，可以计算出不同的货币价值数额，所以，采用不同的计量属性是从不同的角度对交易或事项予以量化，因而可能得到不同的计量结果。

1. 历史成本

历史成本又称为实际成本，是指依据交易或事项发生时的货币购买力进行会计计量的价值额。如果不考虑以后的货币价值变动，这种历史成本就一直表现为名义货币计量额。

我国“基本准则”规定，按照历史成本进行计量时，资产按照购置时支付的现金或者现金等价物的金额，或者按照购置资产时所付出的对价的公允价值计量；负债按照因承担现时义务而实际收到的款项或者资产的金额，或者承担现时义务的合同金额，或者按照日常活动中为偿还负债预期需要支付的现金或者现金等价物的金额计量。

历史成本会计的最大特点是面向过去。从确认的基础看，历史成本计量是建立在过去已经发生的交易或事项的基础上。不论权责发生制还是收付实现制，都是针对已发生的过去交易而言的。前者指因过去交易而引起的权利和义务；后者指因过去交易而引起的现金收付。由于历史成本计量强调交易或事项发生当时的历史真实性，因此采用历史成本计量具有如下优点。

(1) 具有可验证性。历史成本是在过去的交易中形成，并有原始凭证作为依据，因此，具有可验证性，不同的会计人员按照相同的规则会得出大致相同的结果。比如企业购入一台设备，经审核，各种应计入该设备的发票金额共计 10 万元，这就是该设备的历史成本，不管谁来计量，也不论时隔多久，其历史成本都是 10 万元，并且都可以在会计档案中进行查证。在这一点上，其他计量属性是无法比拟的。

(2) 计量方法简便易懂。这是因为历史成本只对交易和事项在发生时进行一次计量，并且具有客观的现实证据加以计算，一旦入账之后，不管环境是否变化，也不管货币的购买力价值如何变化，都不再重新计量其价值。这种操作程序对于会计人员来说容易掌握并运用，长期以来在会计核算中占有重要的历史地位。

(3) 具有相对可靠性。历史信息本身具有反馈价值，由于可验证性而具有相对可靠性，可以作为业绩评价的依据。历史信息又是预测的基础，从而成为预测信息所不能缺少的来源。所谓相对可靠是指历史成本信息如实反映交易或事项的有效程度，但如果价格发生变动，历史成本价值量就可能要随之变动，因此，那些信息不能作为信息使用者的唯一依据。

相应地，历史成本计量属性也存在一定的缺陷，主要表现为：资产、负债、费用按历史成本计量，提供的是面向过去的历史信息，与现实情况相关性不足；历史成本不随着市场条件的改变而改变，所以，与市场价值缺乏相关性；在持续通货膨胀的条件下，按照历史成本提供的会计信息，难以真实地反映一个企业当期的财务状况和经营成果，因为当价格发生剧烈变动时，成本(费用)与收入的配比就缺乏逻辑上的统一性，存货成本、非货币性资产和负债不具有可比性，企业的经营业绩可能严重虚增，会导致财务状况失实，不利于企业的资本保全。

【例 3-6】 甲公司 2011 年 5 月 1 日购进某设备，购买时所支付的买价为 1 000 000 元，运输费 3 000 元、装卸费 2 000 元、保险费等杂费 2 000 元、安装调试费 5 000 元。2011 年 12 月 31 日，受国际市场的影响，该设备的价格飙升到 1 600 000 元。按照历史成本计价，在 2011 年的 5 月 1 日该设备的实际入账成本为

设备的实际成本＝买价＋运输费＋装卸费＋保险费＋调试安装费
＝1 000 000＋3 000＋2 000＋2 000＋5 000
＝1 012 000(元)

2011 年的 12 月 31 日企业对外报告资产状况的时候，该设备的原始价值仍然为当时的 1 012 000 元，并不考虑价格上升的影响。但是，从中可以看出这种按照历史成本计价的设备价值并不符合 2011 年 12 月 31 日该设备的市场价值。

2. 重置成本

重置成本又称现行成本或现时投入成本，是指在当前市场条件下，重新取得同一或类似资产所需支付的现金或现金等价物。在重置成本计量下，资产按照现在购买相同或者相似资产所需支付的现金或者现金等价物的金额计量；负债按照现在偿付该项债务所需支付的现金或者现金等价物的金额计量。

在原始交易日，重置成本与历史成本代表相同的数量，都等同于当时资产的交易价格。原始交易日后，两者在数量上往往是不相同的，会出现偏差，这种偏差来自于市场物价的变动、技术进步及对资产预期等原因。

采用重置成本计量属性的优点是：可以避免在物价上涨时虚计利润；重置成本为现时信息，而不是过去的历史信息，增强了会计信息的有用性；将现行成本与现行收入相配比，具有逻辑上的一致性，可增强收入与费用相配比的可比性和可靠性；便于区分企业的经营收益和持有利得，有助于正确评价管理当局的业绩。但重置成本也有不足之处：由于条件因素影响，事实上难以存在与原有资产完全吻合的重置成本，从而导致含义不明确；在计算上缺乏足够可信的证据，因而影响会计信息的可靠性。

【例 3-7】 2012 年，甲公司进行资产清查发现，上例 2011 年 5 月 1 日购进的设备在账上找不到记录，目前如果购买相同的旧机器，其成本为 70 000 元。企业对此设备运用重置成本进行计量，并重新登记入账 70 000 元。

3. 可变现净值

可变现净值也称预期脱手价值，它是在不考虑货币时间价值的情况下，某项资产在正常经营过程中预计可带来的现金净流入。FASB 将其定义为“通过正常处置出售资产现在所能收到的现金或现金等价物的金额”。在计量的过程中，可变现净值等于资产预计售价减进一步加工成本和销售所必需的预计税金、费用后的差额。按照可变现净值属性进行计量时，资产按照其正常对外销售所能收到现金或者现金等价物的金额，扣减该资产至完工时估计将要发生的成本、估计的销售费用以及相关税费后的金额计量。

【例 3-8】 2011 年 12 月 31 日，甲公司对 2008 年 5 月 1 日购进的设备进行价值测试，该设备账面价值(历史成本)为 100 000 元，市场销售价格为 65 000 元，销售该设备可能发生销售费用 5 000 元。则该设备的可变现净值为 60 000 元(65 000－5 000)。

4. 现值

现值也称为未来现金流量现值,是指对未来现金流量采用一定的折现率计算的折现金额。在现值计量下,资产按照预计从其持续使用和最终处置中所产生的未来净现金流入量的折现金额计量,负债按照预计期限内需要偿还的未来净现金流出量的折现金额计量。

【例 3-9】 2011 年 12 月 20 日,甲公司采用融资租赁方式租入设备一台。甲公司与租赁方签订协议规定:起租日为 2012 年 1 月 1 日;租赁期 2 年;每年年末支付租金 5 000 000 元;租赁期满,设备估计残值为 1 000 000 元,甲公司担保余值 500 000 元。预计该设备使用年限为 3 年,租赁内含报酬率为 6%,甲公司该项固定资产的入账价值应按现值计算确定。计算过程如下:

租赁期限 2 年,利率 6%的年金现值系数＝1.833

租赁期限 2 年,利率 6%的复利现值系数＝0.890

该设备入账的现值＝5 000 000×1.833＋500 000×0.890＝9 610 000(元)

5. 公允价值

2008 年国际金融危机爆发后,公允价值计量受到全世界关注。为应对国际金融危机,二十国集团(G20)和金融稳定理事会提出建立一套全球统一的高质量会计准则。其中,公允价值计量准则就是与国际金融危机密切相关的重要准则之一。为响应 G20 和金融稳定理事会提出的倡议,IASB 加快了对公允价值计量准则项目的研究和制定工作,并于 2011 年 5 月 12 日修订发布了《国际财务报告准则第 13 号:公允价值计量》。我国财政部参考该准则于 2012 年 5 月 17 日发布了《企业会计准则第 30 号——公允价值计量(征求意见稿)》,两者的内容基本相同。在这些准则中将公允价值定义为:公允价值,是指市场参与者在计量日发生的有序(或正常)交易中,出售一项资产所能收到或者转移一项负债所需支付的价格,即退出价格或换出价格/脱手价格。该定义强调了公允价值是基于市场的计量,不是特定主体的计量。其中有序(或正常)交易,是指(假设在计量日前暴露于市场一段期间以允许涉及此类资产或负债交易的一般及惯例市场活动的交易,而非强制交易(例如强制清算或抛售))。在对相关资产或负债进行计量时需要遵循以下基本要求。

(1) 应当考虑相关资产或负债的特征,即市场参与者在计量日对该资产或负债进行定价时考虑的特征,包括资产状况及所在位置、对资产出售或者使用的限制等。

(2) 计量的相关资产或负债可以是单项的,如一项金融工具或者一项非金融资产,也可以是资产或负债组或者资产和负债的组合,如资产减值处理中资产组、企业合并中的业务等。企业是以单项还是以组合的方式对相关资产或负债进行公允价值计量,取决于资产或负债的计量单元,即指资产或负债以单独或者组合方式进行计量的最小单位。

(3) 计量时应当假定出售资产或者转移负债的交易在相关资产或负债的主要市场(即相关资产或负债交易量最大和交易活跃程度最高的市场)进行。不存在主要市场的,应当假定该交易在相关资产或负债的最有利市场(即在考虑交易费用和运输费用后,能够以最高金额出售相关资产或者以最低金额转移相关负债的市场)进行。在识别主要市场(或最有利市场)时,应当考虑所有可以合理取得的信息,但没有必要考察所有市场。通常情况下,企业正常进行资产出售或者负债转移的市场可以视为主要市场(或最有利市场)。企业应当从计量日自身可进入的角度识别主要市场(或最有利市场),但不要求企业于计量日在该市场上实际出售资产或者转移负债。由于不同企业可以进入的市场不同,对于不同企业,相同资产或负债可能具有不同的主要市场(或最有利市场)。

(4) 企业应当以主要市场(或最有利市场)的价格计量相关资产或负债的公允价值,而不应当因交易费用(即在资产或负债的主要市场(或最有利市场)中,发生的可直接归属于资产出售或者负债转移的费用,但不包括运输费用)对该价格进行调整,因为交易费用不属于相关资产或负债的特征,只与特定交易有关。

(5) 当计量日不存在能够提供出售资产或者转移负债的相关价格信息的可观察市场时,企业应当从持有资产或者承担负债的市场参与者角度,假定计量日发生了出售资产或者转移负债的交易,并根据该假定交易的价格计量公允价值。市场参与者,是指在相关资产或负债的主要市场(或最有利市场)中,同时具备下列特征的买方和卖方:

① 相互独立,不存在关联方关系;

② 熟悉情况,能够根据可取得的信息对相关资产或负债具备合理认知;

③ 有能力并自愿进行相关资产或负债的交易。

在进行判断时,应当考虑所计量对象的主要市场(或最有利市场)以及在该市场上与企业进行交易的市场参与者情况等因素,从总体上识别市场参与者的特征。

(6) 当计量日不存在能够提供出售资产或者转移负债的相关价格信息的可观察市场时,企业应当从持有资产或者承担负债的市场参与者角度,假定计量日发生了出售资产或者转移负债的交易,并根据该假定交易的价格计量公允价值。

(7) 计量时应当采用市场参与者在对相关资产或负债定价时为实现其经济利益最大化所使用的假设。

(8) 在计量时应当假定市场参与者在计量日出售资产或者转移负债的交易,是在当前市场条件下的有序交易,即在计量日前一段时期内相关资产或负债具有惯常市场活动的交易。清算等被迫交易不属于有序交易。

【例 3-10】 2012 年 2 月 20 日,甲公司以一台 A 设备交换乙公司库存的 B 商品一批,作为商品对外出售。A 设备原价 500 000 元,累计折旧 100 000 元,公允价值 420 000 元;B 商品成本 250 000 元,公允价值 420 000 元。这样甲公司出售设备的收入为 420 000 元,换取的材料也应按420 000元作为材料采购成本入账。乙公司也应按此公允价值进行相关的会计计量。

6. 各种计量属性之间的关系

在各种会计计量属性中,历史成本通常反映的是资产或负债过去的价值,而重置成本、可变现净值、现值、公允价值通常反映的是资产或负债的现实成本或现实价值,是与历史成本相对应的计量属性。但这种关系也并不是绝对的,比如资产或负债的历史成本有时就是根据交易时有关资产或者负债的公允价值确定的,比如例3-10中,换入资产的入账成本(历史成本)就是根据换出资产的公允价值确定的。公允价值相对于历史成本而言,具有很强的时间概念,也就是说,当前环境下某项资产或负债的历史成本可能是过去环境下该项资产或负债的公允价值,而当前环境下某项资产或负债的公允价值也许就是未来环境下该项资产或负债的历史成本。

我国"基本准则"规定,企业在对财务报表要素进行计量时,一般应当采用历史成本,采用重置成本、可变现净值、现值、公允价值计量的,应当保证所确定的财务报表要素金额能够取得并可靠计量。我国会计准则体系建设中引入公允价值计量属性,是因为随着我国市场经济体系建设的不断完善和企业会计准则体系在国内的广泛应用,公允价值计量在我国经济运行发展中所起的作用越来越重要。

第二节　财务状况表要素的确认与计量

财务状况表要素就是对财务状况按照其经济特性所划分的大类,对财务状况表要素的确认与计量包括对资产、负债和所有者权益要素的确认与计量。

一、资产的确认与计量

(一)资产的确认

根据我国"基本准则"的规定,一种资源符合准则规定的资产定义,但还需同时满足以下两个条件时,方可确认为资产。

1. 与该资源有关的经济利益很可能流入企业

资产是资源的一部分,但资源不等于资产,只有预期能够给企业带来经济利益的资源才是资产,这是资产内在的本质特征。企业拥有或控制资产的目的是取得资产的效能,这一效能将会给企业带来净现金流入。不具备这一特征的不应属于资产。如果一项资产的未来经济利益很可能流入企业，就应当在财务状况表中确认其为资产。相反，如果支出已经发生，但是认为在本会计期间以后经济利益不大可能流入企业，就不应当在财务状况表中确认其为资产，而应在综合收益表中确认为一笔费用，这不代表企业管理层发生支出的目的不是为了产生未来经济利益，而是表示经济利益在本会计期间以后流入的确定性不足，够不上资产确认的标准。

在市场经济环境下，企业取得资产的途径一般只能是已经发生的交易，例如购买或生产，有时资产也可能来自政府的投入和有关方面的捐赠。但是，企业已经发生的支出和预期发生的交易并不一定都导致对现时资产的拥有或控制。这表明，确认资产必须和所有权或其他法定权利相联系。此外，企业通过交易取得资产时，其有关支出是一种垫支，这种垫支的目的是为了价值增值，也即为了在未来取得比当初垫支更多的经济利益。这说明，在确认资产时，强调有未来经济利益这一标准是极其必要的。

由于市场经济的多变性和风险存在的普遍性，对未来经济利益的判断将越来越困难，而会计上信奉的是稳健主义，所以，在这里用到了"很可能"。按照会计上对事件发生概率的判断，一般采用了四种估计范围，即基本确定(95%，100%)、很可能(50%，95%]、可能(5%，50%]和极小可能(0，5%]。现实中如何获得这些判断结论，则需要依靠会计人员的职业判断能力。

【例 3-11】 甲公司有一座房屋，账面价值 100 万元，由于种种原因至今已闲置五年，预计以后也无法利用，若要拆除，经了解一般是以该房屋的废品价值来抵充拆除费用。显然这项资源是企业过去的交易或者事项形成的、由企业拥有或者控制的，但预期不会再给企业带来任何经济利益，因此会计上就不应再将其确认为资产，而应该确认为一种损失或费用。

2. 该资源的成本或者价值能够可靠地计量

会计信息与其他信息最大的区别之一就是其计量手段主要是货币计量，这是包括资产在内的六大财务报表要素计量的共同特征。也就是说，只要是会计核算的对象，就一定以货币为主要计量单位。对于资产要素而言，如果一项支出能够产生未来经济利益，但由于不确定性或确定性程度不足，无法合理地估计其数额，或者如果会计人员不能确定其价值时，该项支出就够不上确认为资产的标准。这里用到的"可靠"，是指在计量时必须有足够的证据证明所计量的金额是正确的。例如各种票据、同类资源的市场价值、评估机构提供的评估价值等。

符合资产定义和资产确认条件的项目，应当列入财务状况表；符合资产定义、但不符合资产确认条件的项目，不应当列入财务状况表。

【例 3-12】 2011 年 10 月 5 日，企业购入一项房产要作为办公用房，包括各种税费等共 1 000 万元。根据资产确认标准，我们要判断它是否属于资产。首先，该房产作为办公用房，满足了企业经营管理的基本物质需求，必然会随着企业正常的生产经营给企业带来经济利益，虽然该项房产也存在火灾、地震等毁损的可能而不能给企业带来经济利益，但这种不可抗力发生的概率是极低的，也就是说，与该项房产有关的经济利益流入企业的概率是非常大的，另外，该项房产的成本1 000万元是客观发生的，能够可靠计量，因此我们把该项房产确认为一项资产。

（二）资产的计量

资产的计量是指对入账的资产应以什么金额予以记录和报告。在资产计量中一直存在着成本与价值的区分，这在上述的计量属性中都可以看到。

对资产的计量，可以为相关成本费用的计量提供基础，也是收益计量的必须步骤；是向投资者反映企业财务状况的重要手段；向债权人提供企业偿债能力的有关信息，向企业管理当局提供经营管理方面的信息。

在资产计量过程中，需要考虑的因素主要有以下几项。

（1）资产取得或形成的方式。资产取得或形成的方式主要有：投资者投入、通过交易活动购买、企业自己加工、接受捐赠等。不同方式下取得或形成的资产，其计量的依据和内容是不同的。

（2）计量的要求，这主要来自于会计的目标。如对存货的计量，除了初始计量采用历史成本外，到了会计期末还需要按照成本与可变现净值孰低的方式计量，这样才能保证财务状况表中所披露的存货信息更加符合财务状况表日的真实价值。

（3）资产的经济特性。不同内容的资产，其经济特性也是不一样的，计量时需要考虑这些不同特性的影响。如应收账款的计量取决于债务人欠款情况；存货的计量取决于存货的取得或形成方式以及存货持有期间市场价格的变化。

（4）资产持有期间的环境变化。因为在资产持有期间各种环境变化会导致其计量要求和资产的价值随之发生变化。如对长期股权投资的计量，在未达到控制的条件下，应当按照成本法以投资的初始成本进行计量，但如果以后又继续加大投资使其达到了控制标准，则应改按权益法进行计量。

（5）各种计量属性的应用条件。虽然会计准则提供了多种计量属性，但这些计量属性需要有相关的应用条件支持，否则将会导致计量结果的混乱，甚至成为经营者操纵利润的工具，其中最主要的是应保证所确定的金额能够可靠的计量。

二、负债的确认与计量

（一）负债的确认

对符合负债定义的义务，在同时满足以下条件时，方可确认为负债。

1. 与该义务有关的经济利益很可能流出企业

任何一种债务，都需要企业在未来以资产或劳务偿还，这将会导致体现经济利益的经济资源流出企业。因此，这一确认条件是与资产的确认条件相对应的。负债是现时义务，但现时义务不都是负债。只有现时义务预期会导致经济利益流出的，才是负债。例如，企业签署的购销合同中规定了双方的责任义务条款，但这些义务在履行前因未形成交易，并未导致企业经济利益的流出，所以不构成负债。如果因企业没有履行合同而给对方带来损失，按照合同条款规定并经司法裁定，则企业因违约责任带来的经济赔偿义务才是负债，因为这一现时义务会使经济利益流出企业。

2. 未来流出的经济利益的金额能够可靠地计量

一个项目能够以货币计量是会计信息的共同特征，而非负债所独有。此处不再赘述。

【例 3-13】　2012 年 3 月 5 日，企业购入一批原材料，其价款为 100 万元，该批材料已验收入库，但款项尚未支付。根据负债确认标准，我们要判断这项交易是否形成负债。首先，该未付款项最终必然要偿付，与该项交易有关的经济利益必然流出企业；其次，该未付款项是客观发生的，有购货合同和购货发票能够可靠计量，因此，应该将该未付款项确认为一项负债。

（二）负债的计量

一个企业的负债实际上就是市场上另一个主体的一项资产。对资产计量强调了企业拥有的一种权利，相应地对负债计量需要明确的是企业的一种义务，这种义务和资产形成的权利一样都可以根据不同的情况按照不同的属性进行计量。

在进行负债的计量时，需要考虑的因素主要有以下几项。

(1) 负债的形成方式。负债的形成方式可能有：因商品购销交易或接受劳务形成；因法律推定形成，如应付的各种违约金、法律诉讼败诉所承担的赔偿金等；因企业惯例推定形成，如应付的职工薪酬、休假薪酬等。对于这些不同方式下形成的负债，需要采取不同的计量方法。

(2) 计量的要求。如对流动负债，一般采取初始计量时的账面价值计量；而对非流动负债，则可能需要考虑货币时间价值采取折现方式计量。

(3) 负债的经济特性。如对金融负债应当按照公允价值计量；企业发行的债券、因购买商品产生的应付账款、长期应付款等应当按其公允价值和相关交易费用之和作为初始入账金额计量等。

如果以公允价值计量负债时，应当假定在计量日将该负债转移给市场参与者，而且该负债在转移后继续存在，由作为受让方的市场参与者履行义务。计量时还应当考虑不履约风险(即企业不履行义务的风险,包括但不限于企业自身的信用风险),并假定不履约风险在负债转移前后保持不变。具体计量时应遵循以下原则。

(1) 存在相同或类似负债报价的,应当以该报价为基础确定负债的公允价值。

(2) 不存在相同或类似负债但其他方将其作为资产持有的,应当在计量日从持有该资产的市场参与者角度,以该资产的公允价值确定负债的公允价值。当该资产的某些特征不适用于所计量负债时,应当根据资产的公允价值进行调整,以调整后的价值确定负债的公允价值。这些特征包括资产的出售受到限制、资产与所计量负债类似但不相同、资产的计量单元与负债的计量单元不完全相同等。

(3) 不存在相同或类似负债报价并且其他方没有将其作为资产持有的,也应当从承担负债的市场参与者角度,采用估值技术确定该负债的公允价值。企业使用估值技术的目的,是为了估计在计量日当前市场条件下,市场参与者在有序(或正常)交易中出售一项资产或者转移一项负债的价格。估值技术主要包括市场法、收益法和成本法。其中,市场法是利用相同或类似的资产、负债或一组资产和负债的价格和其他相关市场交易信息的估值技术;收益法是将未来金额转换成单一现值的估值技术;成本法是反映现行重置成本的估值技术。

三、所有者权益的确认与计量

(一) 所有者权益的确认

"权益"一词,总括起来说是指可以对企业资产提出要求的权利,它应由债权人权益和所有者权益这两方面共同组成,但由于债权人权益实际上表现为企业的负债,在会计中也广泛地应用负债这一概念,并将其作为一个独立的要素加以确认,因此,习惯中权益也就是指所有者权益。所有者权益的具体确认标准取决于资产和负债的具体确认标准。但是所有者权益具有的以下特殊性可以作为确认标准。

(1) 企业投资人对企业净资产的所有权可以确认为所有者权益。具体包括投资人对企业的投入资本以及形成的资本公积金、盈余公积金和未分配利润等。

(2) 所有者权益是一种特殊的财产所有权。财产所有权是对其财产的占有、使用、收益与处分,并排除他人干涉的权利。例如,个人所有的房屋可自用、可捐赠、可出租、可卖掉,其权利在法定范围内不受干涉。而属于企业投资人的所有者权益却不同于一般产权,如投资不得任意抽回、收益不能任意使用等。

(3) 所有者权益是一种剩余经济利益。企业资产必须优先用来偿还负债,有剩余时才归股东所有,故称"剩余权益",即资产总额中,扣除企业债权人对企业资产的要求权之后剩余的经济利益。

（二）所有者权益的计量

所有者权益的金额取决于资产和负债的计量，因此所有者权益数额大小是由资产减负债后的余额决定的。即

所有者权益＝资产－负债

这种计量方式不仅明确了所有者权益的计算方法和数额，而且也明确了所有者在企业资产中享有的经济利益不是全部经济利益，而是剩余经济利益，同时又规定了所有者对企业资产的要求权的地位和顺序。因为，站在债权人角度，企业的负债也是企业债权人对企业资产的要求权，而所有者权益这一要求权排在债权人对资产的要求权之后，为“资产减去负债后的余额”，即剩余经济利益。

【例 3-14】 股东向企业投入一台机器设备，价值 10 万元，该项股东投资形成了企业的所有者权益，而该项所有者权益的确认和计量实际上取决于机器设备这项资产的确认和计量，只有这项机器设备被企业确认为资产了，金额被正确计量了，相应的所有者权益才能得到正确的确认和计量。

第三节　综合收益表要素的确认与计量

综合收益表要素按照经营成果的经济特性在财务上的反映，分为收入、费用和利润三大类。对综合收益表要素的确认与计量包括对收入、费用和利润要素的确认与计量。

一、收入的确认与计量

（一）收入的确认

总的说来，收入确认的标准是实现原则，收入确认的关键在于收入的实现。根据实现原则来确认收入，并以权责发生制为基础。收入只有在经济利益很可能流入从而导致企业资产增加或者负债减少、且经济利益的流入额能够可靠计量时才能予以确认。符合收入定义和收入确认条件的项目，应当列入综合收益表。具体分为商品销售收入、劳务收入和让渡资产使用权收入三种情况。

（1）销售商品的收入确认必须同时具备五项基本条件：

① 企业已将商品所有权上的主要风险和报酬转移给购货方；

② 企业既没有保留通常与所有权相联系的继续管理权，也没有对已售出的商品实施有效控制；

③ 收入的金额能够可靠地计量；

④ 相关的经济利益很可能流入企业；

⑤ 相关的已发生或将发生的成本能够可靠地计量。

【例 3-15】 企业对外销售产品一批，已交付对方，成交价格 10 万元，现金折扣 2/10，根据销售商品的收入确认标准，不管款项是否收到，收入已经实现，应该进行收入确认。

(2) 提供劳务的收入，同时满足四项条件的情况下采用完工百分比法确认：

① 收入的金额能够可靠地计量；

② 相关的经济利益很可能流入企业；

③ 交易的完工进度能够可靠地确定；

④ 交易中已发生和将发生的成本能够可靠地计量。

(3) 让渡资产使用权收入应在同时满足两项条件情况下确认：

① 相关的经济利益很可能流入企业；

② 收入的金额能够可靠地计量。

关于收入确认的时间，FASB 发布的《财务会计概念公告(SFAC)第 5 号——企业财务报表项目的确认和计量》中提出，确认收入的指南是：①已实现或可实现。已实现是指产品(货物和服务)、商品或其他资产已交换成现金或现金要求权，可实现则是指已取得或持有资产已经可以转变为确定数额的现金或现金要求权。②已赚取。即当企业实质上已完成有资格取得收入所代表的利益的努力之后，收入才能确认。

(二) 收入的计量

1. 交换价格、销售退回、销售折扣和销售折让

在计量收入过程中，要根据与收入有关的交换价格、销售退回、销售折扣和销售折让进行计算确定。

(1) 交换价格。交换价格是由交易双方协议确定商品销售、劳务提供或让渡资产使用权的价格。收入实现的数量或金额，一般按照商品、产品或劳务的交换价格来计量，这一交换价格代表引起收入的交易最终可取得的货币或应收账款的现金等值。从理论上说，如果从销售成立、收入实现到收款需要经过一段时间，则收入应当按照商品、产品或劳务的交换价格的贴现值来计量。

但由于收款期限通常较短，贴现折扣不大，对收入的影响并不重要，因而实务中收入多以收到货币或收回债权的到期值(未来现金流量)来计量。但是，用于计量收入的只能是商

品、产品、劳务的交易或生产过程的结果，即最终将收取的货币或现金等值。而企业在交易过程又不可避免会发生销售折扣、销售退回、销售折让，因此，在收入中要扣减企业在销售商品、产品和提供劳务过程中发生的销售退回和销售折让，并要正确计量收入实现过程中的销售折扣问题。

(2) 销售退回。销售退回是指购买者由于商品质量或品种不符合规定要求，而将已购买的商品退还给销货单位。

(3) 销售折让。销售折让则是指购买者对质量或品种不符合规定要求的商品不做销售退回处理，但要求销货单位对这部分商品在价格上给予折让。

(4) 销售折扣。销售折扣分为商业折扣和现金折扣两种，现金折扣是企业为鼓励购买者在一定期限内早日偿还货款而减免的部分货款；商业折扣则是企业为鼓励购买者多买而在商品售价上给予的折扣优惠。由于商业折扣是从商品售价上扣除，买方和卖方都是按扣除商业折扣后的售价来计算货款的，所以商业折扣不存在冲减销售收入的问题。

【例 3-16】 例 3-15 的销售收入的计量根据准则规定，不管对方是否享受折扣，都应按照扣除现金折扣前的金额确定，即收入金额是 10 万元。如果该笔销售业务中存在给予对方的销售折让则需要扣除该折让金额后计算收入。

2. 商品销售收入的计量依据

(1) 有合同或协议的，按合同或协议金额确定；

(2) 无合同或协议的，按购销双方都同意或都能接受的价格确定；

(3) 不考虑各种预计可能发生的现金折扣、销售折让。现金折扣在实际发生时计入当期财务费用；销售折让在实际发生时冲减当期销售收入。

3. 提供劳务收入的计量依据

(1) 总收入按合同或协议金额确定；

(2) 现金折扣在实际发生时确认为当期费用。

4. 让渡资产使用权收入的计量依据

让渡本企业资产使用权收入的计量原则按合同或协议确定的金额计量。

二、费用的确认与计量

(一) 费用的确认

费用和资产密切相联系，费用实质上是已消逝的资产，至少是某一瞬间的资产。一个企业取得各种资产都是为了得到这些资产所提供的劳务或未来经济利益。当资产和劳务被利用,未来经济利益减少以后,资产也就变为费用。而在资产不断转化为费用的过程中,会不断产生以取得新资产为标志的收入,以供生产经营进一步利用。这就必须根据费用与收入的内在联系,确认费用及其归属期。

费用只有在经济利益很可能流出从而导致企业资产减少或者负债增加、且经济利益的流出额能够可靠计量时才能予以确认。实务中,费用应当在遵循权责发生制、划分收益性支出与资本性支出、配比等原则下,采用下列三种方式进行确认。

1. 因果关系直接配属

凡收入与成本能直接确认其因果关系者,则当收入确认时,产生该收入的成本也应在当期转为费用。例如企业为生产产品、提供劳务等发生的可归属于产品成本、劳务成本等的费用,应在确认产品收入、劳务收入时,将已售产品、已提供劳务的成本计入当期损益。

2. 系统而合理的分摊

当成本和收入没有直接的因果关系,但能确知该成本发生会产生未来经济利益时,应采用系统而合理的分摊方法,将成本分摊于各受益期间。如无形资产的摊销、保险费的分摊、预付租金、广告费等。

3. 立即确认费用

企业发生的支出不产生经济利益的,或即使能够产生经济利益但不符合或不再符合资产确认条件的,应当在发生时确认为费用,计入当期损益。如企业因对外担保发生诉讼且法院已判决,从而形成一项预计负债。

(二)费用的计量

费用作为为获取收入所发生的资产流出或资源牺牲,其计量主要表现为所减少的资产的价值。因而费用同已耗用资产一样,也可采用历史成本、重置成本等几种计量属性来计量。历史成本是取得资产的实际交易价格,代表企业的实际投入价值或现金流出。在计算收益时,以实际投入价值与实际产出价值相配比是可靠的。重置成本表示由于收入常根据现行价格进行计量,从配比的要求来说,费用也应当根据耗用资产的现行成本来计量,使收益计算更为可信,也有助于已耗用资产的实物补偿。

【例 3-17】 企业购买办公用品 50 000 元,根据费用确认标准,该项交易是一项经济利益流出并且导致资产减少,其金额 50 000 元能够可靠计量,属于费用的发生,而该项费用发生的金额实际上是减少的资产的金额,因此应记录费用发生 50 000 元。

三、利润的确认与计量

（一）利润的确认

利润通常作为经营绩效的衡量指标，或作为其他指标如投资报酬率或每股收益的计算基础，它不是一个独立的要素，是某一期间收入和费用比较的结果，因此，利润的确认主要取决于收入和费用确认的结果。但是，在进行利润的确认时，还要考虑利润应包含的内容和利润确认的方法。

1. 利润应包含的内容

利润包括收入减去费用后的净额、直接计入当期利润的利得和损失等。其中直接计入当期利润的利得和损失，是指应当计入当期损益、会导致所有者权益发生增减变动的、与所有者投入资本或者向所有者分配利润无关的利得或者损失。这些内容不同，在进行利润确认时也不一样。将收入和费用比较确认的利润，取决于收入和费用的确认。直接计入当期利润的利得和损失，则取决于发生时的净金额。

2. 利润确认的方法

从利润数量方面看，会计上的利润一般有两种确认方法：一为将两个不同日期的净资产加以比较，其差额即为该期间的利润，这种方法为财务状况表法；另一种是对一定期间所发生的交易加以分析，计算损益，这种方法为综合收益表法。

（1）财务状况表法。财务状况表法是指原有的资本必须保持完整，超过原投入资本的部分才是利润。因此计算一定期间的利润，只要计算期初的净资产和期末的净资产，两者的差额即为该期的利润。用等式表述如下：

利润（或亏损）＝期末净资产－期初净资产－投资者的新投资及派得款

这种方法实质上是根据资产负债来决定利润，即立足于净资产存量角度计算利润。由于这种计算方法仅仅比较两个时期的净资产，不能说明这些净资产变动的形成过程、构成内容及具体原因，因此不利于企业进一步开展经营分析，进行经营决策，加强经营管理。此外，财务状况表法的计算是通过净资产的变动来计算利润的，这就不能排除资产、负债项目按不同的方式计量，可能会导致计算出不同的利润的情况。因而，会计实务中很少采用这种方法，而更倾向于采用利润表法计算期间利润。

（2）综合收益表法。传统称为利润表法，是指将一定期间所发生的交易或事项所产生的收入与费用（包括直接计入当期利润的利得和损失）之间的差额作为当期的利润。用公式表述如下：

利润＝收入－费用±直接计入当期利润的利得或损失

这种方法实质上是根据收入、费用来决定利润。也就是说，必须有实际交易（交易或事项）发生，才能确认利润。在会计上，根据利润表法计算的利润称为会计利润。由于这种方法能够详细说明利润的来源情况，有助于预测未来的损益，因而为会计界普遍采用，我国的利润总额就是根据这种原则来确认的。其公式如下：

利润总额＝营业利润＋营业外收入－营业外支出

（二）利润的计量

利润金额取决于收入和费用、直接计入当期利润的利得和损失金额的计量。其中收入减去费用即为营业利润，这是企业在经营活动中实现的财务成果，是企业利润总额的主要组成部分，其计算方法为

营业利润＝营业收入－营业成本－营业税金－管理费用－销售费用－财务费用－资产减值损失净额±投资损益±公允价值变动损益

而营业收入减去营业成本的差额，会计上将其称为“营业毛利”，这是非常重要的一项财务指标。利润总额是企业的经营成果，企业获取利润后，按照所得税法的要求，还要计算缴纳所得税，对于企业来说，这项税金支出类似于企业支付的费用，因此，还应从利润总额中予以扣除，扣除后的利润即为企业的最终利润，会计上称为“净利润”。只有将净利润计算出来，利润的计量工作才算最终完成。

练习题 1

一、目的：理解资产的确认标准。

二、资料：

人力资源，通常是指蕴藏于人体内的各种劳动能力，表现为人的体力、智力、知识和技能，其载体为社会经济活动中最重要、最有创造力的人。它属于企业一项重要的经济资源，与企业拥有或控制的财力、物力等资源一样共同为企业创造着经济效益，且对经济增长的贡献远远大于传统的资本贡献率。

人力资源能否在会计上确认为资产，关键看它是否符合资产的定义以及是否符合会计确认的标准。有人认为，当企业聘用某一劳动者时，企业就向受聘者或有关方面支付工资等费用，这就意味着购买劳动能力的资源这一交易已经在受聘时发生了，因此符合资产确认的第一个条件。其次，人力资源的所有权属于所有者个人，而劳动者具有流动性。人力资源在受

聘任职期间，其必须服从企业管理，接受企业的控制。但是这种控制并不是完全控制，仅仅是部分控制（合同期限内为企业所拥有和控制），所以人力资源不能完全被企业控制成为了人力资源被确认为资产的障碍。再次，资产必须是一项经济资源，能直接或间接地给企业带来经济利益。人力资源通过其生产经营活动可为企业创造经济价值，提供未来收益。只是其提供的未来利益类似无形资产所带来的经济利益一样无法事先准确地确定，因此不符合资产的第三个条件。通过上面的分析，显然人力资源不甚符合资产的定义。最后，人力资源带有极大的不确定性，从会计学上看，人力资源分为人力资源成本和人力资源价值。虽然，人力资源成本仍可遵循历史成本原则来计量，但是，人力资源价值会计只能采用一些管理学的方法，如未来收益折现法、非购入商誉法、评价法等，其可靠性以及操作性都不高，难以用于会计实践。

三、要求：

1. 我国"基本准则"中资产定义及资产确认的标准是什么？

2. 请你根据本章所学会计确认理论，谈一谈你对人力资源是否应该确认为一项资产的看法。

练习题 2

一、目的：通过案例加深对会计计量属性的理解。

二、资料：

2004 年 1 月初，南方证券因"违法违规经营、管理混乱、内控不力、经营不当，财务、资金状况继续恶化"，被中国证监会、深圳市政府会同人民银行、公安部等四方行政接管。这种情况下，作为南方证券的股东们，应该如何在会计记录中估计它们投资的价值呢？南方证券几家上市公司股东在年度报告中披露了它们的投资及估计的资产减值损失。它们分别是：上海汽车和首创股份，各投资南证 3.96 亿元，两企业与深圳市投资管理公司一起，以 10.41％的持股比例同为南证的第一大股东；东电 B 股，投资 2.2 亿元，占 5.78％股权；邯郸钢铁，投资 1.1 亿元，占 2.9％股权；海王生物，投资 7 700 万元，占 2.03％股权；中原油气，投资 4 950 万元，占 1.3％股权。估计资产减值损失的比例分别为上海汽车 100％、首创股份 15％、东电 B 股 82％、邯郸钢铁 47％、海王生物 30％、中原油气 55％。

三、要求：

1. 如果采用历史成本对资产进行期末计量，这些企业的长期股权投资的价值应为多少？它能否反映该项资产的实际价值？

2. 对同一种资产（对南方证券的长期股权投资）的期末计量，不同的企业做出了相差悬殊的判断，请问放弃了历史成本，选择其他计量属性，是否真的更能反映资产的实际价值？

3. 请你据此分析历史成本、公允价值等计量属性对会计信息质量的影响。

第四章　会计科目与记账方法

本章学习提示

本章重点：会计科目、账户结构、复式簿记、借贷记账法、会计分录
本章难点：账户结构、借贷记账法

第一节　会计科目与账户

一、会计科目及其设置

（一）会计科目的含义

会计科目简称“科目”，是为了满足会计核算的需要，对财务报表要素进行具体分类的项目。合理地对财务报表要素具体内容按项目进行分类，设置会计科目是进行会计核算的重要基础。

设置会计科目是根据会计核算目标，按照经营管理的特点和要求，对财务报表要素的具体项目进行分类，据以确定分类核算项目名称、项目编号和分类核算内容的过程。设置会计科目是任何企业开展会计核算之前应进行的一项基础性、规范性工作。完整地说，它包括三个连续的具体工作：

(1) 按照财务报表要素分类后的具体项目名称及相关会计信息披露要求对应地设置会计科目；

(2) 对每一个会计科目按照业务类别进行编号；

(3) 规范每一个会计科目的核算内容、业务范围和核算要求。

如果我们把企业发生的大量交易或事项数据仅仅分成六个财务报表要素进行核算，则显然会使会计信息过于笼统，难以体现会计信息的明晰性和层次性，也难以满足经营管理实行逐级记录、逐级考核和逐级控制的需要。并且六个财务报表要素中，利润要素是收入和费用比较的结果，无须设置对应的会计科目。因此需要根据六个财务报表要素的特性，再结合企业经济管理的需要对该六大要素进行具体分类并设置会计科目。

这些分类项目是企业提供会计信息所要求的基本内容，也是设置会计科目的直接依据。对于设置的单个会计科目而言，每一个科目都应该能够明确地反映特定的经济内容，科目与科目之间在内容上具有排他性；对于设置的全部会计科目而言，应该能够完整、系统地反映财务报表要素的全部内容。

（二）设置会计科目的意义

科学设置会计科目是会计核算方法体系中的重要内容，它对会计核算具有如下现实意义。

1. 设置会计科目是组织会计核算的首要环节和重要依据

如果不能正确设置会计科目、正确运用会计科目，会计核算将无法进行。从单独的一个会计科目核算内容上看：一个科目可以核算一定时期内对财务报表要素某一项目具有增减影响的全部交易或事项状况，这体现了会计核算的全面性要求；一个科目也可以连续地反映同类交易或事项的增减变化情况，这体现了会计核算的连续性要求。从全部的会计科目核算内容上看：不同的单个科目可以核算交易或事项对某一项目影响的增减情况，一类会计科目可以核算交易或事项对一类项目影响的增减情况，所有会计科目可以核算全部对财务报表要素具有影响的交易或事项，这种层次分明、逐级统驭的关系，符合会计核算系统性的要求。

2. 设置会计科目是人们认识和理解交易或事项的重要方式

如果人们要理解和分析某一类别交易或事项的发生和发展过程，就必须依据相应的会计科目；同样，如果人们要理解和分析全部交易或事项的发生和发展过程，就必须运用所有的会计科目。离开会计科目，交易或事项就是零乱分散的，不具有系统性；离开会计科目去分析和了解交易或事项，必然要顾此失彼，尤其是在交易或事项繁多的时候，将无所适从。

3. 设置会计科目是进行会计监督的重要手段

会计科目由于需要事前设置和规范其核算的内容与要求，实质上这也就是对企业核算行为的控制和规范，即会计科目起到事前控制的作用。同时如果企业没有遵循会计科目的核算要求进行核算，监督检查人员可以对照要求和标准迅速地找出错误之处，及时加以纠正。另外，按照会计科目类别提供的会计信息能够为分析、考核提供准确的依据。

（三）设置会计科目的原则

企业核算使用的会计科目不能随心所欲地任意设置，必须满足提供科学、完整、系统会计信息的需要，为此，应坚持以下原则。

1. 统一性原则

设置会计科目是会计核算的首要环节和基础，对于任何企业而言，无论设置什么类别的会计科目，都必须符合国家统一会计制度要求。如遇相关规范和要求进行调整变更，企业也应及时对原有设置的会计科目进行调整。为了适应国家宏观管理的需要，保证对外提供会计信息指标口径的一致性和可比性，国家财政部根据《企业会计准则》制定了统一的《企业会计准则——应用指南 2006》（以下简称“应用指南”），规定了统一的会计科目名称，并对每一会计科目的使用做了详细的说明。要求企业设置会计科目时，应与其保持一致。

2. 全面性原则

设置会计科目应全面、系统地反映和控制财务报表要素，能够明确地区分每个财务报表要素所属具体项目的核算界限，以及区分财务报表要素之间的质的差异，因此，设置会计科目必须围绕财务报表要素的特点进行设置，反映财务报表要素的经济内容，使得企业各项交易或事项能够通过设置的会计科目完整地得到反映，并按照规定方式进行报告。

3. 相关性原则

企业设置的会计科目应当为提供有关各方所需要的会计信息服务，满足对外报告与对内管理的要求。会计科目用于分类、记录和计量交易或事项内容，是会计人员处理会计信息和存储中间会计信息的媒介，成为企业形成的最终会计信息——财务会计报告的基础。一方面企业设置会计科目应适应内部实行经济管理和经济决策的需要，便于企业自身在经济管理和经济决策过程中对各项经济活动所体现的全部会计信息进行分析、评价，调整经营方式、做出经营决策；另一方面企业提供的会计信息还要能够满足外部各种会计信息使用者的需要，包括满足国家有关部门进行宏观调控、外部投资者进行投资决策、债权人进行信贷融资决策等方面的需要。

4. 灵活性原则

灵活性是指在不影响会计核算要求和财务报表指标汇总，以及对外统一提供会计信息的前提下，企业可以根据本单位的具体情况、行业特征和业务特点，对统一规定的会计科目做必要的增设、删减或合并，以便提高会计核算的效率和质量。我国目前采用具有强制约束性的会计准则体系，该体系中的“应用指南”规范了企业应该设置的会计科目和相应的核算内容。但是，在会计实践中，往往有一些预料不到的特殊交易或事项发生，无法直接在会计准则中找到相应的会计科目进行核算。在这种情况下，可以根据这些特殊的交易或事项内容，灵活地设置新的会计科目来进行会计核算。在此基础上，还需要考虑繁简适当。

5. 稳定性原则

为了便于在不同时期分析、比较会计科目所反映的会计核算内容和核算指标，使得会计信息具有可比性，企业设置的会计科目除非确有必要变更外，一般应该保持相对稳定，不得经常变动会计科目的名称、核算内容、核算方式等。

二、会计科目的分类和编号

（一）会计科目的分类

为了充分认识会计科目的性质和作用，理解会计科目之间的相互关系，以便更加科学、规范地设置会计科目，准确从事会计核算和利用会计科目进行会计监督，必须对会计科目的类别进行深入的了解。目前，对会计科目的分类方式主要有三种，即按照会计科目核算的经济内容、会计科目核算信息的详略程度和会计科目的经济用途分别进行分类。

1. 按照会计科目核算的经济内容分类

由于财务报表要素是设置会计科目的依据，因此会计科目的经济内容就是它所反映信息归属何种财务报表要素的问题。会计科目按照其反映的经济内容分类，就是在遵循财务报表要素特性的基础上，结合现实经营管理的需要对会计科目所进行的具体分类，也称为按经济性质对会计科目所进行的分类，或简称科目的性质。这是一种基本分类方式，是了解会计科目性质的最直接依据。根据我国“应用指南”中关于“会计科目和主要账务处理”的规定，企业会计科目按照核算的经济内容可以分为资产类、负债类、共同类、所有者权益类、成本类和损益类会计科目。下面以一般企业会计科目的类别和名称列示如表 4-1 所示。

表 4-1　　一般企业会计科目表

顺序	编号	会计科目名称	顺序	编号	会计科目名称
		一、资产类	80	2202	应付账款
1	1001	库存现金	81	2203	预收账款
2	1002	银行存款	82	2211	应付职工薪酬
5	1015	其他货币资金	83	2221	应交税费
8	1101	交易性金融资产	84	2231	应付利息
10	1121	应收票据	85	2232	应付股利
11	1122	应收账款	86	2241	其他应付款

续表

顺序	编号	会计科目名称	顺序	编号	会计科目名称
12	1123	预付账款	92	2314	代理业务负债
13	1131	应收股利	93	2401	递延收益
14	1132	应收利息	94	2501	长期借款
18	1221	其他应收款	95	2502	应付债券
19	1231	坏账准备	100	2701	长期应付款
25	1321	代理业务资产	101	2702	未确认融资费用
26	1401	材料采购	102	2711	专项应付款
27	1402	在途物资	103	2801	预计负债
28	1403	原材料	104	2901	递延所得税负债
29	1404	材料成本差异			三、共同类
30	1405	库存商品	107	3101	衍生工具
31	1406	发出商品	108	3201	套期工具
32	1407	商品进销差价	109	3202	被套期项目
33	1408	委托加工物资			四、所有者权益类
34	1411	周转材料	110	4001	实收资本
40	1471	存货跌价准备	111	4002	资本公积
41	1501	持有至到期投资	112	4101	盈余公积
42	1502	持有至到期投资减值准备	114	4103	本年利润
43	1503	可供出售金融资产	115	4104	利润分配
44	1511	长期股权投资	116	4201	库存股
45	1512	长期股权投资减值准备			五、成本类
46	1521	投资性房地产	117	5001	生产成本
47	1531	长期应收款	118	5101	制造费用
48	1532	未实现融资收益	119	5201	劳务成本
50	1601	固定资产	120	5301	研发支出
51	1602	累计折旧			六、损益类
52	1603	固定资产减值准备	124	6001	主营业务收入
53	1604	在建工程	129	6051	其他业务收入
54	1605	工程物资	131	6101	公允价值变动损益
55	1606	固定资产清理	132	6111	投资收益
62	1701	无形资产	136	6301	营业外收入
63	1702	累计摊销	137	6401	主营业务成本
64	1703	无形资产减值准备	138	6402	其他业务成本
65	1711	商誉	139	6405	营业税金及附加
66	1801	长期待摊费用	149	6601	销售费用

续表

顺序	编号	会计科目名称	顺序	编号	会计科目名称
67	1811	递延所得税资产	150	6602	管理费用
69	1901	待处理财产损溢	151	6603	财务费用
		二、负债类	153	6701	资产减值损失
70	2001	短期借款	154	6711	营业外支出
77	2101	交易性金融负债	155	6801	所得税费用
79	2201	应付票据	156	6901	以前年度损益调整

注：2006年财政部发布的《企业会计准则——应用指南2006》附录中包含有156个会计科目及其会计处理，为便于本教材的学习利用，本表仅选择性地列示了其中制造企业和商贸企业常用的87个会计科目，表中顺序号是该指南附录中所用的科目序号。

需要注意的是，这种分类原则上遵循了财务报表要素的基本特性，反映了企业的财务状况和经营成果。但是，为了企业经营管理的现实需要，在此基础上还划分出了共同类和成本类。其中共同类会计科目是各企业涉及衍生工具、套期保值业务所设定的，其性质最终需要根据其期末余额的方向归属为资产类或负债类；成本类是企业为了进行成本核算与管理的需要而专门设置的，最终应归属于资产类。另外，还需要特别注意的是，“本年利润”和“利润分配”科目，从名称上看好似损益类，但如前所述，利润是收入和费用配比的最终结果，没有直接对应的会计科目，具体体现在损益类各科目中，而这两个会计科目核算的内容，从产权归属上看，最终应归属于企业的投资者，因此，应列为所有者权益类。损益类科目是从反映经营成果的角度来看的，实际上就是代表收入、费用和利润要素。由此可见，会计科目按所反映的经济内容分类，最终还是体现了财务报表要素的内容特性。

2. 按照会计科目核算信息的详略程度分类

会计科目按照核算信息的详略程度可以分为总分类会计科目和明细分类会计科目两种。

总分类会计科目，简称总科目或总账科目，是指用于总括核算财务报表要素并提供较为概括会计核算信息的科目，又称为一级会计科目。总分类科目所核算的信息主要是为了满足外部信息使用者对会计信息的需求。

明细分类会计科目，简称明细科目，是指对某一总分类科目核算内容进行进一步分类的科目。它可以提供比总分类会计科目更为具体、详细的核算信息。明细分类科目根据明细核算的需要，可以在总分类科目下根据需要设置二级科目、三级科目、四级科目进行核算，每往下设置一个级别的科目都是对上一级科目的进一步分类。明细分类科目所核算的信息主要是为了满足企业内部经营管理对会计信息的需求。

3. 按照会计科目的经济用途分类

会计科目按照经济用途分类，可以分为：盘存类、结算类、资本类、成本计算类、费用支出类、收益类、财务成果类、集合分配类、调整类、跨期摊配类、计价对比类、待处理损溢类。各类别的含义将在本节"账户及其分类"中进行详细说明。

【案例 4-1】 某企业的固定资产种类很多,它们在"固定资产"总账科目下设置"房屋建筑物"、"机器设备"、"专用工具"、"运输设备"、"管理设备"、"其他"等二级科目;其中在"房屋建筑物"二级科目下设置"房屋"、"建筑物"两个三级明细科目;在"房屋"三级科目下设"生产用房屋"、"生活用房屋"、"投资性房屋"、"管理用房屋"、"储存用房屋"、"其他用房屋"等四级明细科目;在"投资性房屋"下设置"建华小区"、"锦秀小区"、"丽水小区"、"蒙山小区"、"阳光小区"等五级明细科目;另外每一个"小区"五级科目下还按照房屋编号设有六级明细科目。你如何评价这个企业设置的会计科目体系?

【分析】 一般企业的明细科目设置到四级就可以满足核算需要,如果设置太细,相应的账户就会设置过细,不仅使会计人员难以准确记忆和分类,影响核算效率,还会导致明细科目编码过长,有的编码甚至会超过会计核算软件预设的科目编码长度,从而导致会计软件不能使用。

该企业会计科目编码还存在的严重问题是,他们把"投资性房屋"作为"固定资产——房屋建筑物"的四级科目,姑且不论该企业这种做法是否出于想多提折旧、多计费用的目的,仅科目设置这种行为本身就违反会计准则关于会计科目设置的规定,应该将该类房屋单独设置"投资性房地产",编码为 1521,该科目下属的"建华小区"等五个明细科目应调整为二级明细科目。

(二)会计科目的编号

为了便于理解掌握会计科目,明确会计科目的性质和所属类别,同时也为了给企业填制会计凭证、登记会计账簿、查阅会计账目、采用会计软件系统等提供便利,正确、迅速地在会计电算化中输入、调用、处理和输出会计科目,"应用指南"对总分类会计科目采用四位数码进行了统一编号,以供企业应用时作为参考,其中:

(1) 科目类别码——编码中的千位数(即从左至右的第一个位数),表示会计科目按照经济内容所属的分类类别,也是通常所讲的会计科目大类:千位数的"1"表示资产类、"2"表示负债类、"3"表示所有者权益类、"4"表示共同类,"5"表示成本类、"6"表示损益类。

(2) 业务类别码——编码中的百位数(即从左至右的第二个位数),表示会计科目在大类下所属的小类代码,凡是小类会计科目核算的内容都具有在业务性质、构成要素、组织管理等方面具有基本一致或类似的特点。

(3) 科目顺序码——编码中的十位数和个位数(即从左至右的第三个和第四个位数),表示会计科目在各小类别中的顺序号。我们从表 4-1 中的会计科目可以看出,会计准则附录提供的会计科目编码中间存在很多空号,这主要是为了企业如果发生相关类别业务,但又

不能在给出的会计科目中进行核算时，可以增加设置会计科目及其编号用以核算。

例如表4-1中的“原材料”科目及其编号为“1403”，其中的“1”是指第1大类即资产类科目，其中的“4”是指资产类下面的第4类资产即存货类资产，其中“03”是指该科目在存货类中的排列顺序码。

上述会计科目的编号只是给企业提供了示范性的参考号码，企业也可结合实际情况自行确定会计科目编号。在实际工作中，很多总分类会计科目都设置有二级、三级甚至四级科目，此时需要按照一定的规律对各级明细科目由企业自行进行编号。对明细科目编号是在总分类科目编号后相应增加代码，一般从二级科目往下是每级科目用两位数作为代码。

三、账户及其设置

账户是会计账户的简称，是以会计科目为依据设置的具有一定格式和结构、可以按照一定方法用来系统、连续地记录交易或事项内容的记账实体或记账载体。会计科目是对财务报表要素具体项目进行再分类结果冠以的名称，在进行会计核算时，不能直接用来记录交易或事项的内容。如果要把交易或事项连续、系统、全面地按照要求记录下来，还必须借助一定的记账实体或载体，这个记账实体或载体就是我们通常所说的账户。

（一）设置账户的意义

企业设置了相应的会计科目后，可以一一对应地设置账户。设置账户是会计核算系统中的一个专门方法。它是在满足经济管理要求的基础上，以会计科目的名称和性质为直接依据，按照每一个会计科目的核算内容，设置具有专门结构和专门格式的记账实体，规定记录各会计科目增减金额和方向的过程。在实际工作中，并没有严格区分设置会计科目和设置账户的过程，而是把两个方面的设置工作结合在一起直接来处理。因此，实际工作中也很少有人去区分会计科目和账户，有的就认为两者是同一过程或同一方法。

（二）设置账户的原则

设置账户应遵循以下原则：①能够连续系统地反映财务报告要素和整个会计核算对象；②能够满足企业编制和对外提供会计信息的需要，同时满足企业内部决策与管理的需要；③各账户之间在形式和结构上具有统一性，在内容上具有独立性。

四、账户的分类

为了便于正确理解账户的性质，正确运用账户进行记录，有必要对账户的分类进行学习和了解。账户的类别与会计科目的类别一致，同样可以从以下三个方面进行分类。

(1) 按照账户核算的经济内容，可以分为资产类、负债类、共同类、所有者权益类、成本类和损益类账户。

① 资产类账户。用于记录和反映企业资产的增减变动及其结存情况。在该类账户中，按照资产的流动性，又可以分为反映流动资产和反映非流动资产的账户。如“库存现金”、“银行存款”、“交易性金融资产”、“应收票据”、“应收账款”、“其他应收款”、“原材料”、“库存商品”、“长期股权投资”、“固定资产”、“无形资产”，包括对资产所计提的减值准备以及价值摊销账户，如“坏账准备”、各类资产的“减值准备”、“累计折旧”、“累计摊销”等账户。

② 负债类账户。用于记录和反映企业债务的增减变化及其实有金额的情况。包括记录和反映流动负债和非流动负债的账户，如：“短期借款”、“应付票据”、“应付账款”、“其他应付款”、“应付职工薪酬”、“应付利息”、“应付股利”、“长期借款”、“应付债券”、“长期应付款”、“专项应付款”等。

③ 共同类账户。用于记录和反映企业衍生金融工具、套期保值工具等具有资产负债共同性质项目的增减变化及其实有金额情况。包括金融企业专用的“清算资金往来”、“货币兑换”和一般企业均可能使用的“衍生工具”、“套期工具”、“被套期项目”五个账户。

④ 所有者权益类账户。用于记录和反映企业所有者权益的增减变化及其结存金额情况。包括记录和反映由所者投入形成的权益账户：“实收资本”、“资本公积”，以及企业自身经营积累形成的权益账户：“盈余公积”、“本年利润”、“利润分配”等账户。

⑤ 成本类账户。用于记录和反映费用归集、成本计算情况。制造业企业可以使用计算直接成本的“生产成本”账户和用于归集、计算和分配共同成本的“制造费用”账户；科研型企业可以使用“劳务成本”、“研发支出”账户；施工企业可以使用“工程施工”、“工程结算”、“机械作业”等账户进行核算。

⑥ 损益类账户。用于记录和反映与当期损益有直接配比关系的收入和费用账户。包括：用来核算营业损益的“主营业务收入”、“主营业务成本”、“营业税金及附加”、“管理费用”、“销售费用”、“财务费用”等账户；核算其他业务损益的“其他业务收入”、“其他业务成本”账户；核算对外投资所获得的收益情况的“投资收益”账户；核算营业外损益的“营业外收入”、“营业外支出”账户；核算利息收支的“利息收入”和“利息支出”账户；以及核算所得税费用的“所得税费用”账户等。

(2) 按照会计科目的经济用途，可以分为盘存类、结算类、资本类、成本计算类、集合分配类、跨期摊配类、收益类、费用支出类、财务成果类、调整类和计价对比类等账户。

① 盘存类账户。也称为“盘点账户”，用于记录和反映可以通过盘存方法确定财产物资实际结存金额的账户。如：“库存现金”、“原材料”、“银行存款”、“交易性金融资产”、“库存商

品”、“固定资产”等账户。

② 结算类账户。用于记录和反映企业与其他经济实体之间的债权债务发生与结算情况的账户。如：反映企业债权的“应收票据”、“应收账款”、“其他应收款”账户等，反映企业债务的“应付票据”、“应付账款”、“其他应付款”、“短期借款”、“长期借款”、“专项应付款”等账户。另外还有一种具有债权债务共同性质的账户，如企业根据需要可以设置“内部往来”账户。

③ 资本类账户。也称为“所有者投资账户”，用于记录和反映投入资本增减变化和期末结余情况的账户。如：“实收资本”、“资本公积”、“盈余公积”等账户。

④ 成本计算类账户。用于记录和反映企业生产经营过程某一阶段发生的全部费用，并据以确定有关成本计算对象的实际成本的账户。如：采购过程的“材料采购”、生产过程的“生产成本”等账户。

⑤ 集合分配类账户。用于记录和反映企业生产经营过程中某一方面费用归集与分配过程的账户，如“制造费用”账户。

⑥ 跨期摊配类账户。也称为“跨期摊提账户”，用于记录和反映在相连接的几个会计期间分摊费用或提取的账户。如“长期待摊费用”账户。

⑦ 收益类账户。用于记录和反映企业生产经营过程中取得各项收入的账户。如“主营业务收入”、“其他业务收入”、“利息收入”、“投资收益”、“营业外收入”等账户。

⑧ 费用支出类账户。用于记录和反映企业生产经营过程中发生费用的账户。如：“主营业务成本”、“营业税金及附加”、“其他业务成本”、“营业外支出”、“管理费用”、“销售费用”、“财务费用”、“所得税费用”等账户。

⑨ 财务成果类账户。用于记录和反映企业一个生产经营周期或一个会计期间结束后的最终经营成果的账户，如“本年利润”账户。

⑩ 调整类账户。用于按照相关规定调整有关资产等要素金额的账户。对应地，作为调整对象的账户则可以称为被调整账户。通常，按照调整方式不同，调整账户可以分为备抵账户、附加账户和备抵附加账户三种。

备抵账户，也称为“抵减账户”，以抵减的方式对被调整户进行调整。如“坏账准备”是“应收账款”的备抵账户，“累计折旧”、“固定资产减值准备”是“固定资产”的备抵账户，其他各种“减值准备”账户是对应资产账户的备抵账户。备抵账户与被调整账户之间存在以下计算关系：

被调整账户的实际余额＝被调整账户的账面余额－备抵账户的余额

附加账户，以附加的方式对被调整户进行调整。附加账户与被调整账户之间存在以下计算关系：

被调整账户的实际余额＝被调整账户的账面余额＋附加账户的余额

备抵附加账户，根据该账户的余额方向不同，以抵减或附加方式对被调整账户进行调整。如“材料成本差异”、“商品进销差价”账户，分别是“原材料”、“库存商品”的备抵附加账户。备抵附加账户与被调整账户之间存在以下计算关系：

被调整账户的实际余额＝被调整账户的账面余额±备抵或附加账户的余额

⑪ 计价对比类账户。在同一账户的不同方向，按照不同的计价标准记录相关交易或事项，并将不同的计价结果进行比较用于确定业务活动成果的账户。如“固定资产清理”账户。

(3) 按照账户提供核算信息的详略程度，可以分为总分类账户和明细分类账户。相关内容可以参照本章第一节的相关内容。

除此之外，账户还可以按照所体现经济内容是否具有实体情况分为“实账户”和“虚账户”。实账户是指在核算中能够体现资产、债权债务人、投资人等具有实际存在实体，并且期末有余额的经常性存在的账户。各种资产类、负债类、所有者权益类、共同类、成本类均属于实账户类。虚账户是指在核算中没有对应的实际存在实体，只是为了会计信息的需要而存在于观念上且期末不应有余额的账户。这类账户一般是指各种损益类账户，是为了反映企业一定会计期间收入、费用的实现情况，并最终确定该期间经营成果而设置的账户，待本期损益计算工作完成后所有记录的结果都将结清，无余额存在，下一会计期间使用时需要重新设置，而发生的具体内容体现在资产或负债类之中，本类账户没有对应存在的实体内容。

五、账户的结构

账户结构是指账户各组成部分的构成要素以及各要素之间的关系。会计人员可以通过使用账户结构，在每个组成部分中记录并反映交易或事项对会计科目影响的增加、减少金额及期末结余金额。

（一）账户的基本结构

账户的基本结构是指账户中各构成要素按照一定的关系或逻辑形成的组合状态，具体地说就是账户中需要记录交易和事项的名称、时间、金额的排列布局，以及通过使用记账符号、记账方向、记账规则等使得金额能够得到连续、准确表示的逻辑关系。尽管各账户核算内容不相同，但是所有的账户都有一个共同的基本结构模式，这是账户结构的共性。账户的基本结构都可以从以下两个方面认识。

1. 一般账户基本结构

包括用于记录交易或事项增减金额的左方、右方和余额方，如表 4-2 所示结构。至于是左方记录交易或事项的增加数(或减少数),还是右方记录交易或事项的增加数(或减少数),这要由该账户的性质和记账方法来决定。

表 4-2　　　　一般账户结构

账户名称：　　　　　　　　　　　　　　　　　　　　　　　　　第　　页

年		凭证编号	摘要	左方	右方	余额方向	余额
月	日						
1	2	3	4	5	6	7	8
×	1						期初余额
×	31		本期发生额合计及余额	本期发生额	本期发生额		期末余额

第 1 栏和第 2 栏为“日期”栏，用来记录会计人员对交易或事项的处理时间；
第 3 栏“凭证编号”栏，用来记录交易或事项所依据的记账凭证号码；
第 4 栏“摘要”栏，用来描述对交易或事项发生情况的扼要说明；
第 5 栏和第 6 栏，用来记录增加或减少的金额；
第 7 栏“余额方向”栏，用来说明本行余额所在的记账方向；
第 8 栏“余额”栏，用来登记本账户的期初期末余额。

2. 借贷记账法下账户的基本结构

具体内容参见本章的第二节借贷记账法。

(二) 账户左右方向与记录增减金额的关系

任何一个账户的左方和右方都是按照相反方向来分别记录增加和减少金额的。也就是说,如果一个账户的左方记录交易或事项的增加数,那么它的右方就记录减少数。

对于每一个账户而言,可以在它的左方或右方连续地记录许许多多的交易或事项金额,会计上把记录每一个业务的金额称为业务发生额,把在一个会计期间内按照账户左方或右方所记录的各项交易或事项金额的合计数称为本期发生额。

账户的余额要根据一定期间内所记录的增减变化结果而定,包括期初余额和期末余额,本期的期末余额就是下期的期初余额。另外,按照记账要求,账户每一行只登记一个交易或事项的金额,并需要计算出本行记录交易或事项发生后的余额(即本行余额)。一般来说,一个账户正常的余额所在方向与记录增加数据的方向一致。任何一个时期的期末余额可以根据期初余额和当期发生的增加额、减少额用下列公式(称为“结账公式”)计算确定：

期末余额＝期初余额＋本期增加发生额－本期减少发生额

（三）简化式账户结构

为了教学和学习便利，可采用账户的简化格式[1]，如图 4-1 和图 4-2 所示。这种简化格式的主体结构与中文的“丁”字或英文字母大写的“T”字相仿，因此称为“丁”字账或“T”型账（也叫“T”字账），本教材一律使用“T”型账这一概念。在“T”型账中，同样存在左方、右方和余额方，并且左右方按照相反方向来记录财务报表要素具体项目的增加和减少金额。

（左方）　　账户名称　　（右方）

期初余额	
本期增加	本期减少
本期增加发生额合计	本期减少发生额合计
期末余额	

图 4-1　“T”型账户结构示意图（一）

（左方）　　账户名称　　（右方）

	期初余额
本期减少	本期增加
本期减少发生额合计	本期增加发生额合计
	期末余额

图 4-2　“T”型账户结构示意图（二）

六、账户和会计科目的关系

在实际工作中往往对账户和会计科目两个概念不加区分，有的甚至认为两者为同一概念。从理论上看，账户和会计科目是两个既相互联系又存在区别的概念，为了规范使用会计术语和规范会计核算行为，应该正确区分这两个概念。

---

[1] 财务会计人员在结账和试算平衡时，也习惯使用简化格式的账户结构作为演算，确定结果无误后才正式填报相关报表数据。

账户和会计科目之间的联系表现为：①两者的经济内容相同，都是会计对象的具体内容，即对财务报表要素的具体分类；②使用两者的目的相同，都是为了能够系统地记录各种交易或事项，反映财务报表要素具体项目的增减变化情况；③会计科目是账户的设置依据，一个会计科目可以对应地设置一个账户。

账户和会计科目之间的区别表现为：①两者体现为“名”和“实”的差别，即会计科目是被核算要素的名称，账户是被核算要素的实体，同样可以理解为会计科目是账户的名称，账户是会计科目的实体；②两者体现为“形式”和“内容”的差别，即会计科目是被核算要素的形式，账户是被核算要素的内容；③两者设置的依据和程序的差异，即为了核算财务报表要素增减变化情况，首先要依据财务报表要素的具体内容分类设置会计科目，然后根据会计科目再设置账户；④两者体现为结构和格式上的差异，会计科目本身不存在结构和格式问题，账户则存在一定的结构和格式。

第二节　复式簿记与借贷法则

一、复式簿记的含义和种类

为了对财务报表要素进行核算和监督，在设置账户之后，需要采用一定的记账方法将交易或事项发生的金额登记在账户之中。记账方法是指会计在核算中利用账户记录交易或事项的具体手段和方式。会计记账方法有单式簿记和复式簿记两种，也分别称为单式记账法和复式记账法。在近代会计产生之前，世界上普遍采用单式记账法，到十二、十三世纪时期，复式簿记方法才在单式记账的基础上得以萌芽和产生，到15世纪时期，复式簿记已经发展得比较完善和成熟，形成了完整的理论体系。1494年，意大利著名数学家卢卡·帕乔利(Luca Pacioli)在其所著的《算术、几何、比及比例概要》一书中系统地论述了复式簿记的基本理论和应用原理。同时随着复式簿记被普遍推广应用，单式记账法逐步失去了它原有的应用价值，慢慢地退出会计历史舞台。[1]

---

[1] 国内外对复式簿记产生时间、地点的争议很多。仅意大利就有古罗马说、中世纪城邦说、13世纪说，直到15世纪说，差距达2000年。归纳起来主要有四种观点：第一种认为复式簿记起源于罗马奴隶为奴隶主的记录库存现金簿和往来账。第二种认为复式簿记起源于公元191—192年古罗马纸莎草纸的双面记录，这种图式以及从字面表义来看，更像我国的流水账，我国2000年前的居延汉简就有流水账的记录。第三种认为复式簿记起源于佛罗伦萨簿记法，即对于各客户间的相互往来，利用贷借作为转账。这种把资金从某一客户贷方转入另一客户借方的转账方法，是以后复式记账的基础。第四种认为复式簿记起源于13世纪佛罗伦萨银行账到15世纪的意大利簿记时期。

为了更好地理解和掌握复式簿记，有必要首先简单回顾和了解复式簿记的演变基础——单式记账法。

（一）单式簿记的含义

单式簿记是对发生的交易或事项引起的财务报表要素增减变化，在一个账户中进行单方面记录的一种记账方法。单式簿记通常仅用来记录货币资金、债权、债务的增减变化，而对引起这种变化的原因所表现的其他要素的变化不做记录。在单式簿记下，通常只设置"库存现金"、"银行存款"、"应收账款"、"应付账款"等少数账户。

【例 4-1】 运用单式簿记对以下业务进行记录。

业务(1)：用银行存款购买原材料 60 000 元；

业务(2)：销售产品 100 000 元，取得的款项存入银行。

分析业务(1)：由于购买行为的发生，一方面导致银行存款减少 60 000 元；另一方面导致原材料增加 60 000 元。在单式记账法下只记录"银行存款"账户减少 60 000 元，而不记录"原材料"账户增加 60 000 元。如果需要核实原材料的结存数量和价值，只有等到对原材料盘存后方可查明。

分析业务(2)：由于销售行为的发生，一方面导致银行存款增加 100 000 元；另一方面导致主营业务收入增加 100 000 元。在单式记账法下只记录"银行存款"账户增加 100 000 元，而不记录"主营业务收入"账户增加 100 000 元。至于说需要核实一段时期以来的主营业务收入情况，只有等到对产成品的增减结存盘点后方可查明。

可以看出，单式簿记虽然记账时仅记录一个账户，简化了会计记账工作量，但是它仍然存在以下缺点：①不利于考核和分析有关业务数据；②各个记录的数据之间不存在牵制关系，一旦记录错误，不易查找；③不能反映每个交易或事项的来龙去脉；④由于其账户体系不完整，因此，单式簿记所记录的数据也是不完整的，不符合现代会计核算要求和信息质量要求。

（二）复式簿记的含义

复式簿记是单式记账法的对称，也称为复式记账，它是把发生的交易或事项以相等的金额，同时在两个或者两个以上的账户中相互联系、相互制约地进行登记的会计记账方法。[1]

[1] 郭道扬教授在《中国会计史稿》专著中指出：作为复式簿记，应当具有下列基本特征：①采用复式会计分录，对每一经济事项都必须同时做出相对应的两笔记录。②采用科学的会计科目体系。按照会计科目体系建设账户体系，并通过这一账户体系统率一切复式记录。③采用科学系统的账簿组织。④根据经济活动的连环性，确定复式记账原理；根据复式记账原理，建立会计平衡公式；根据会计平衡公式检验全部经济账目。⑤要有比较健全的会计方法体系。

【例 4-2】 按照定义所述的要求，对**【例 4-1】**给出的两个业务，运用复式簿记进行记账。

分析业务(1)：在复式簿记下，一方面要记录"银行存款"账户减少 60 000 元；另一方面要记录"原材料"账户增加 60 000 元。这样，既可以根据"银行存款"账户及时查明银行存款的结余数，又可以根据"原材料"账户查明其结存数量和价值。

分析业务(2)：在复式簿记下，一方面要记录"银行存款"账户增加 100 000 元；另一方面要记录"主营业务收入"账户增加 100 000 元。这样，既可以及时查明银行存款的结余数，又可以根据所记的"主营业务收入"账户查明收入的总体实现情况。

与单式簿记相比，复式簿记具有如下优点：

(1) 设置了完整的账户体系，能够完整、全面地反映交易或事项的发生情况；

(2) 至少在两个对应账户中进行记录，使得交易或事项的来龙去脉关系在账面上一目了然；

(3) 对于每一笔交易或事项至少在两个账户中进行"等额"记录，因此形成了账户与账户之间的数据"等额"牵制关系，有利于及时发现记录错误和进行试算平衡；

(4) 有利于对交易或事项的分析、考核和控制，是现代会计监督和经济管理所采用的科学方法。

（三）复式簿记的基础

复式簿记是以事物相互联系的哲学原理为逻辑基础，以会计等式为理论基础演变而成的。事物普遍联系的哲学原理告诉我们，任何一个事物的存在和发生都不是孤立的，它必然和其他事物相互联系，任何事物的形成都存在因果关系，都可以表现为内容与形式的统一。会计恒等式的基本内容告诉我们，一个交易或事项的发生必然影响一个方面财务报表要素的增减变化，同时会影响至少另一个与之相关联的财务报表要素以相同金额的增减变化，只有这样才能保持各财务报表要素之间的数学恒等关系。

据此形成下列记录交易或事项的思路：①设置相应的多个相互关联的账户，直至设置全部的、科学的账户体系；②对于每一笔交易或事项的发生，在相关联的账户中分别以相同的金额做出双向记录。采用这种方法记录交易或事项不仅是科学的，而且是可行的，由此复式簿记的核心内容就得以建立起来。

（四）复式簿记的种类

复式簿记原理形成以后，在实践中被各个国家广泛采用，并形成很多做法，这些做法后来就成为理论上所说的复式记账种类，归纳起来主要有以下几种。

1. 增减记账法

它是以"增"和"减"为记账符号，把发生的交易或事项所引起财务报表要素的增减变动，以相等的金额，同时在两个或者两个以上的账户中，相互联系、相互制约地进行登记的一种复式簿记方法。其优点是容易理解掌握；其缺陷是需要借助增加和减少两类账户的差额进行试算平衡，不利于会计工作检查核对。这是我国20世纪中期所创造并首先在商业企业全面采用的方法，后来曾被全国除了金融、行政事业单位、农业等以外的所有企业采用，随着我国改革开放和市场经济体制的建立，该方法尤其是自身存在无法克服的缺陷而被借贷记账法所取代。

2. 收付记账法

它是以"收"和"付"为记账符号，把发生的交易或事项所引起财务报表要素的增减变动，以相等的金额，同时在两个或者两个以上的账户中，相互联系、相互制约地进行登记的一种复式簿记方法。这个方法是在我国封建社会中式簿记的基础上演变而来的，新中国成立后又根据具体应用单位将其分为资金收付记账法（我国的事业单位曾经全面采用过）、库存现金收付记账法（我国的金融单位曾经采用过）、财产收付记账法（农业曾经全面采用过）等，同样由于其存在无法克服的缺陷目前已停止使用。

3. 借贷记账法

它是以"借"和"贷"为记账符号，把发生的交易或事项所引起财务报表要素的增减变动，以相等的金额，同时在两个或者两个以上的账户中，以相反的记账方向，相互联系、相互制约地进行登记的一种复式簿记方法。这种方法是目前世界上广泛采用的记账方法，我国1992年颁发的《企业会计准则》规定"会计记账采用借贷法记账"，这是为了适应我国会计改革与国际会计惯例接轨的需要。从1993年7月1日起，我国各类企业包括其他行业都全面采用借贷记账法。

二、借贷法则

借贷法则是指借贷记账法的规则。它与其他复式簿记方法相比，在记账符号、账户设置结构和记账规则等方面都有着一定的不同。

（一）记账符号[1]

根据借贷记账法的定义，其记账符号是"借"和"贷"，据以记录财务报表要素的增减

[1] 借贷记账法中记账符号"借"和"贷"字面含义和实际记账规定的特定含义有很大不同，不如收付记账法和增减记账法记账符号那么容易被理解，这是初学会计时需要十分注意的问题，如果不能理解其特定含义，就无法继续学习以后的会计知识。

变化。

作为记账符号的“借、贷”二字，最初的出现与货币的借贷存在着密切的关系。十二、十三世纪时期意大利佛罗伦萨及其他一些城市的银行开办者(借贷资本家)把货币作为商品进行经营，他们以借主的名号作为设置“人名账户”的依据，在账页上垂直划分栏目，并上下对称确定记账地位，上方为借主之地位，下方为贷主之地位。借贷资本家把贷出的款项记录在“借主”(Debitor，简写为 Dr.)的名下，表示自身债权的增加(应收款)；把借入的款项记录在“贷主”(Creditor，简写为 Cr.)的名下，表示自身债务的增加(应付款)。这时的借贷含义与账目的表示方法是一致的，因此当时的“借、贷”二字还不是记账符号。随着时间的推移和商品经济的日益发展，交易或事项越来越复杂，借贷资本家应记录的交易或事项不仅仅包括以前的货币借贷业务，而且还包括财产物资、经营损益、经营资本等诸多方面。为了使得对每一类业务都能进行记录，又要保证对每一个方面业务的记账方式一致，借贷资本家开始用“借”和“贷”记录货币资金和非货币资金业务。这样，“借”和“贷”二字逐渐失去了原来的经济含义，进而转化为一种纯粹的记账符号，变成专门的会计术语。在 15 世纪，借贷记账法被用来反映资本的存在形态和所有者权益的增减变化情况，使得借贷记账法得以完善。

复式簿记法则成熟以后，“借”和“贷”记账符号逐渐演变成具有特定的经济含义，主要用来表示记录财务报表要素的增加金额或减少金额。至于“借”和“贷”在什么情况下表示为增加，什么情况下表示为减少，完全取决于账户的性质。但是，在同一账户中，当“借”表示为增加时，“贷”必然表示为减少，反之亦然。“借”和“贷”在不同性质的账户中的具体含义见表 4-3。

表 4-3　“借”和“贷”含义表

账户类别	借的含义	贷的含义	余额方向
资产类	增加	减少	借
负债类	减少	增加	贷
共同类	增加或减少	减少或增加	借或贷
所有者权益类	减少	增加	贷
成本类	增加	减少	借或无
损益类中的收入类	减少	增加	无
损益类中的费用类	增加	减少	无

说明：①共同类账户的期末余额如果出现在借方，表明该账户的结存金额是一种资产实有额，如果出现在贷方，表明是负债。②成本类账户如果期末有余额，表明是在产品金额。对于制造企业而言，成本类的“制造费用”账户期末应无余额。

【案例 4-2】　某小型企业 2005 年聘请了一名当年退休的会计人员记账，他在 1992 年之前曾一直在事业单位担任会计，1992 年由于工作需要调离会计岗位直至 2005 年退休。该人受聘后处理的第一笔业务是企业购买原材料业务，他把金额分别计入“原材料”收方和“银行存款”付方。他认为企业用自己的资金购买材料，不是从银行贷款购买的，因此不能将金额计入“银行存款”的贷方。你如何评价这名会计人员的思路？你认为他形成这种思路有什么历史原因？你对企业聘请该会计人员有何想法？

【分析】 首先企业聘请会计人员应该是具有会计岗位从业资格的，这名“老会计”在1992年之前就转入其他岗位，一直到2005年都没有从事会计工作，那么按照有关规定在2005年退休时，他是不应该具备会计从业资格的。如果企业聘请这种“会计人员”将会严重影响企业内部财务业绩评价、财务决策、对外报告、涉税事项等各项工作。

由于该会计人员在1992年之前从事事业单位会计工作，当时事业单位一直采用的是收付记账法，在他的观念中资金收入计入“收方”，资金付出计入“付方”已经根深蒂固。1993年我国实行会计制度改革并开始与西方财务会计接轨，根据当时我国会计准则的规定，从1993年7月1日起，我国各类企业包括事业单位等其他行业都开始全面采用借贷记账法。显然这位老会计由于调离财务岗位而并不清楚这种变革，所以会在13年后仍试图采用他原来掌握的资金收付记账方法。

另外通过该“会计人员”对利用自有资金购买材料和设备需要计入相应账户的借方和贷方来看，仅仅按照“借”“贷”的字面意思进行理解是完全错误的。看来他对借贷记账法一窍不通，完全不具备现代会计从业资格。

（二）账户设置与结构

借贷记账法的账户主要是按照会计科目进行设置，即包括资产类、负债类、共同类、所有者权益类、成本类、损益类。如果有必要，企业还可以设置一些具有双重性质的账户，如“内部往来”、“其他往来”等账户，这些账户需根据它们的期末余额来确定所属类别。

借贷记账法下的账户结构需要遵循一般账户结构的规律，包括用于记录交易或事项增减金额的借方、贷方和余额方，如表4-4所示。

表4-4　　借贷记账法下账户基本结构

账户名称：　　　　　　　　　　　　　　　　　　　　第　　页

年		凭证号	摘要	借方	贷方	借或贷	余额
月	日						

在借贷记账法下，上述账户的基本结构是目前最为常见的，这是由国际上通行采用的借贷记账法所决定的。需注意以下几点：

（1）按照国际惯例，每个账户的左方为借方，右方为贷方；

(2) 各账户的期初余额、期末余额与账户记录增加金额的所在方向一致；

(3) 借方记录的各项交易或事项金额的合计数称为本期借方发生额，属于贷方所记录的各项交易或事项金额的合计数称为本期贷方发生额。

以下按照各种性质的账户分别说明其结构、基本内容以及基本的记账方式。

1. 资产类账户结构

资产类账户的借方(左方)表示各类资产在本期增加的金额，贷方(右方)表示各类资产在本期减少的金额，期末余额在该类账户的借方，表示期末持有资产的实有金额。资产类账户的基本结构可以分别参见表 4-5 和图 4-3。资产类账户期末余额的计算公式如下：

资产类账户期末余额＝期初余额(借方)＋本期借方发生额－本期贷方发生额

表 4-5　　资产类账户结构的一般格式

账户名称：　　　　　　　　　　　　　　　　　　　　　　　　　　　第　　页

年		凭证号	摘要	借方(增加方)	贷方(减少方)	借	余额
月	日						
1	2	3	4	5	6	7	8

(其中第 7 栏是余额方向栏，其“借”表示为期初余额和期末余额在借方)

(左方：借方)　　资产类账户名称　　(右方：贷方)

借方		贷方	
期初余额	×××		
本期增加	×××	本期减少	×××
	×××		×××
	×××		×××
本期借方发生额	×××	本期贷方发生额	×××
期末余额	×××		

图 4-3　资产类“T”型账户的基本结构图

2. 负债类账户和所有者权益类账户结构

负债类账户和所有者权益类账户结构完全一致，这两类账户的借方表示各类负债或所有者权益在本期减少的金额，贷方表示各类负债或所有者权益在本期增加的金额，期末余额在该类账户的贷方，表示期末未偿还的负债或所有者权益的实有金额。负债和所有者权益类账户的基本结构可以分别参见表 4-6 和图 4-4。负债和所有者权益账户期末余额的计算公式如下：

负债和所有者权益类账户期末余额＝期初余额(贷方)＋贷方本期发生额－借方本期发生额

表 4-6　　负债和所有者权益类账户结构的一般格式

账户名称：　　　　　　　　　　　　　　　　　　第　页

年		凭证号	摘要	借方(减少方)	贷方(增加方)	贷	余额
月	日						
1	2	3	4	5	6	7	8

(其中第 7 栏是余额方向栏,“贷”表示为期初余额和期末余额在贷方)

(借方)　　负债和所有者权益类账户名称　　(贷方)

		期初余额	×××
本期减少	×××	本期增加	×××
	×××		×××
	×××		×××
本期借方发生额	×××	本期贷方发生额	×××
		期末余额	×××

图 4-4　负债和所有者权益类“T”型账户的基本结构图

3. 共同类账户结构

由于共同类账户同时具有资产和负债账户的性质,因此在记录过程中需要根据交易或事项的发生情况以及该账户的期末余额情况分析确定,期末余额在借方,表明它是资产类账户,以后对发生的交易或事项就按照资产类账户结构进行记录;期末余额在贷方,表明它是负债类账户,以后对发生的交易或事项就按照负债类账户结构进行记录。

4. 成本类账户结构

成本类账户的结构与资产类的账户结构基本一致,在成本类账户中,“生产成本”账户与资产类账户完全一致;“制造费用”账户由于在会计期末要把汇集的各项费用按照一定的标准分配到“生产成本”账户中,所以“制造费用”账户期末一般没有余额。成本类账户的结构和格式可以参考表 4-7 和图 4-5。

表 4-7　　**成本类账户结构的一般格式**

账户名称：　　　　　　　　　　　　　　　　　　　　　　　　　　第　　页

年		凭证号	摘要	借方(增加方)	贷方(减少方)	借	余额
月	日						

(借方)　　　成本类账户名称　　　(贷方)

借方		贷方	
期初余额	×××		
本期增加	×××	本期减少	×××
	×××		×××
	×××		×××
本期发生额	×××	本期发生额	×××
期末余额	×××		

图 4-5　成本类"T"型账户的基本结构图

5. 损益类账户结构

(1) 收入和收益类的账户结构。它们的账户结构与负债类、所有者权益类的账户结构一致，借方记录各类收入在本期减少的金额或转出金额，贷方记录各类收入在本期增加的金额，期末经结账后一般没有余额。这主要是因为到会计期末，需按规定把全部收入转出并与费用比较，计算当期最后财务成果。该类账户的基本结构见表 4-8 和图 4-6。

(2) 费用和支出类账户结构。它们的账户结构与资产类、成本类的账户结构一致，借方记录各类费用和支出在本期增加的金额或转入金额，贷方记录各类费用和支出在本期减少的金额或转出金额，期末经结账后一般没有余额。同样是因为到会计期末，需按规定把全部费用转出并与收入比较，计算当期最后财务成果。该类账户的基本结构可参见成本类账户结构，见表 4-7 和图 4-5。

表 4-8　　**收入和收益类账户结构的一般格式**

账户名称：　　　　　　　　　　　　　　　　　　　　　　　　　　第　　页

年		凭证号	摘要	借方(减少方)	贷方(增加方)	贷	余额(期末无余额)
月	日						
						平	

（借方）	收入和收益类账户名称		（贷方）
本期减少	×××	本期增加	×××
	×××		×××
	×××		×××
本期发生额	×××	本期发生额	×××

图 4-6　收入和收益类“T”型账户的基本结构图

注：“T”型账户下“＝”表示“平”的意思，即期末本账户已结平无余额。

（三）记账规则

在借贷记账法下，根据其应用的基本规律，可将其记账规则描述为“有借必有贷、借贷必相等”。这一规则的基本内容是：①把业务发生的金额记入一个账户借方的同时，必然要记入另一个（或几个）账户的贷方；反之，把业务发生的金额记入一个账户贷方的同时，必然要记入另一个（或几个）账户的借方。②记入账户借方的金额与记入贷方的金额必然相等。

1. 对借贷记账法记账规则的论证

（1）从会计恒等式这一形式进行论证。会计恒等式理论告诉我们：①交易或事项的发生会引起恒等式左右两边财务报表要素同时增加或同时减少。这要求我们必须在记账时用一个账户记录等式左边财务报表要素受影响的金额，同时也要用另一个（或几个）账户记录等式右边财务报表要素受影响的金额，并且两边记账金额是一致的。②当交易或事项的发生仅影响会计恒等式左边（或右边）的有关财务报表要素时，必然是一个项目在数量上增加，同时另一个减少，在记账时仍然需要使用两个或两个以上账户进行相等金额的记录。

（2）从复式簿记原理方面进行论证。作为复式簿记方法的一种，借贷记账法需遵循复式簿记的一般规律，对发生的交易或事项，必须相互联系地在两个或者两个以上的账户中记录受影响的财务报表要素项目，同时记录的金额必须相等。

（3）从借贷记账法的账户结构方面进行论证。借贷记账法的账户结构告诉我们：任何一个账户分为借方、贷方和余额。按照这种账户结构，在记录交易或事项时，把交易或事项发生的金额记录到对应的账户的借方，同时必须把交易或事项发生的金额记录到另一个（或几个）账户的贷方，而且双方金额必须一致。反之亦然。

（4）根据交易或事项对财务报表要素的影响和账户结构方面同时进行理解（或论证）。交易或事项对财务报告要素影响的情形如图 4-7 所示。

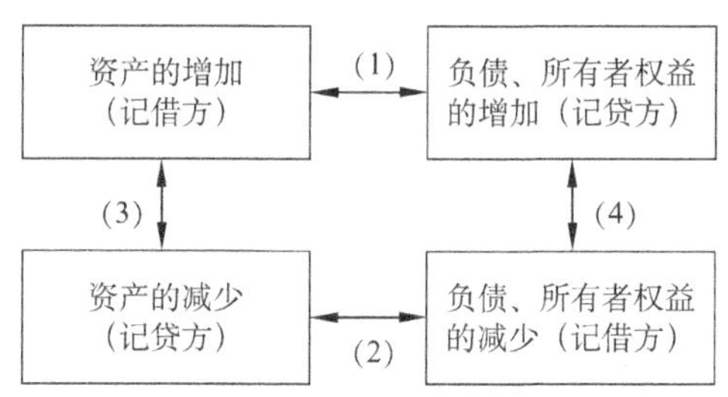

图 4-7　交易或事项对财务报表要素的影响

第一类交易或事项引起资产和负债或所有者权益的同时增加。结合账户的结构分析，对这类业务进行记录时，一方面要将发生的金额记录到资产类账户的借方；另一方面同时要以相同金额记录到负债或所有者权益账户的贷方。

第二类交易或事项引起资产和负债或所有者权益的同时减少。结合账户的结构分析，对这类业务进行记录时，一方面要将发生的金额记录到资产类账户的贷方；另一方面同时要以相同金额记录到负债或所有者权益账户的借方。

第三类交易或事项引起资产一增一减。结合账户的结构分析，对这类业务进行记录时，一方面要将发生的金额记录到某一资产类账户的借方；另一方面同时以相同金额记录到另一个资产类账户的贷方。

第四类交易或事项引起负债或所有者权益一增一减。结合账户的结构分析，对这类业务进行记录时，一方面要将发生的金额记录到某一负债或所有者权益类账户的贷方；另一方面以相同金额记录到另一个负债或所有者权益类账户的借方。

以上四个方面的理解（或论证）从不同角度说明了借贷记账规则的依据、逻辑，充分说明了“有借必有贷，借贷必相等”的科学内涵。

2. 借贷记账规则下的交易或事项类型

结合财务报表要素和账户类型，可以将把交易或事项记入资产、负债、所有者权益、成本和损益类账户借贷方的情形分成如图 4-8 所描述的四种情况。

3. 运用借贷记账规则的基本程序

第一步，正确分析交易或事项对哪些财务报表要素的增减变化具有影响；

第二步，正确分析交易或事项对各类财务报表要素的哪些具体项目（即会计科目）的增减变化具有影响；

第三步，正确使用这些会计科目对应的账户，并分析在哪些账户中记录增加金额、在哪些账户中记录减少金额；

第四步，正确分析这些账户的性质（类别）和结构如何，分析增加金额记入在某一账户的

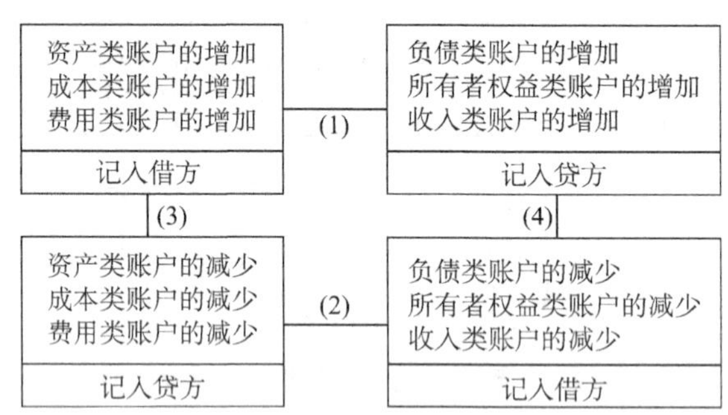

图 4-8　借贷法则下的交易或事项类型

借方(或贷方),同时将减少的金额记入在对应账户的贷方(或借方),然后进行记账。

【例 4-3】 华威制造公司 20××年 4 月 1 日的财务状况如表 4-9 所示。

表 4-9　华威制造公司财务状况表(简化)

20××年 4 月 1 日　　单位:元

资产	金　额	负债及所有者权益	金　额
库存现金	500 000	负债:短期借款	600 000
银行存款	1 000 000	长期借款	1 200 000
应收账款	800 000	应付账款	500 000
原材料	700 000	应交税费	200 000
库存商品	1 300 000	负债合计	2 500 000
固定资产	2 200 000	所有者权益:	
无形资产	500 000	实收资本	3 000 000
		资本公积	900 000
		盈余公积	600 000
		所有者权益合计	4 500 000
资产合计	7 000 000	负债及所有者权益合计	7 000 000

华威制造公司 20××年 4 月份发生以下交易或事项。

(1) 1 日,收到 M 公司归还的前欠货款 600 000 元,存入银行。

【分析】 本业务影响银行存款增加,同时影响应收账款减少,因此应分别将 600 000 元记入"银行存款"账户的借方和"应收账款"账户的贷方。

借方　应收账款	贷方
	(1) 600 000

借方　银行存款	贷方
(1)600 000	

(2) 2 日，购买原材料 1 000 000 元，其中 800 000 元用银行存款支付，另外 200 000 元根据合同在以后支付。

【分析】 本业务影响原材料增加 1 000 000 元、同时影响银行存款减少 800 000 元和应付账款增加 200 000 元，因此应将增加的 1 000 000 元原材料记入"原材料"账户的借方，同时应将减少的 800 000 元银行存款记入"银行存款"账户贷方和将增加的 200 000 元应付账款记入"应付账款"账户的贷方。

借方	银行存款	贷方
		(2) 800 000

借方	原材料	贷方
(2) 1 000 000		

借方	应付账款	贷方
		(2) 200 000

(3) 5 日，用银行存款支付上月应交税金 200 000 元。

【分析】 本业务影响银行存款减少，同时影响应交税金减少，因此应将 200 000 元分别记入"应交税费"账户的借方和"银行存款"账户的贷方。

借方	银行存款	贷方
		(3) 200 000

借方	应交税费	贷方
(3) 200 000		

(4) 8 日，生产部门领用原材料 1 200 000 元用于生产 A 产品。

【分析】 本业务影响原材料的减少，同时影响生产成本的增加，因此应分别将1 200 000 元记入"生产成本"账户的借方和"原材料"账户的贷方。

借方	原材料	贷方
		(4) 1 200 000

借方	生产成本	贷方
(4)1 200 000		

(5) 10 日，销售 A 产品 1 500 000 元，收到货款并存入银行。

【分析】 本业务影响银行存款的增加，同时影响主营业务收入的增加，因此应分别将 1 500 000元记入"银行存款"账户的借方和"主营业务收入"账户的贷方。

借方	主营业务收入	贷方
		(5) 1 500 000

借方	银行存款	贷方
(5)1 500 000		

(6) 15 日，用银行存款支付上月前欠货款 500 000 元。

【分析】 本业务影响银行存款的减少，同时影响应付账款的减少，因此应分别将 500 000元记入“应付账款”账户的借方和“银行存款”账户的贷方。

借方	银行存款	贷方
		(6) 500 000

借方	应付账款	贷方
(6) 500 000		

(7) 20 日，用银行存款支付水电费用 400 000 元，其中 300 000 元属于生产 A 产品的车间耗用，100 000 元属于公司管理部门耗用。

【分析】 本业务影响银行存款的减少 400 000 元，同时影响制造费用增加 300 000 元和管理费用增加 100 000 元，因此，应将 300 000 元记入“制造费用”账户的借方，100 000 元记入“管理费用”账户的借方，同时将 400 000 元记入“银行存款”账户的贷方。

借方	银行存款	贷方
		(7) 400 000

借方	制造费用	贷方
(7) 300 000		

借方	管理费用	贷方
(7) 100 000		

(8) 25 日，用资本公积转增资本金 500 000 元。

【分析】 本业务影响资本公积的减少，同时影响实收资本的增加，因此应分别将 500 000元记入“资本公积”账户的借方和“实收资本”账户的贷方。

借方	实收资本	贷方
		(8) 500 000

借方	资本公积	贷方
(8) 500 000		

(9) 30 日，结转本月已经销售 A 产品的成本 1 000 000 元。

【分析】 本业务影响库存商品的减少，同时影响主营业务成本的增加，应分别将 1 000 000元记入“库存商品”账户的贷方和“主营业务成本”账户的贷方。

借方	库存商品	贷方
		(9) 1 000 000

借方	主营业务成本	贷方
(9)1 000 000		

三、会计分录

会计分录是指对发生的交易或事项，以账户对应关系、记账方向、记账金额为主要结构和内容编制的，具有专门格式的作为记账和检查依据的一种会计处理形式。会计分录实际上也可以说是会计记账凭证的简化格式。

账户对应关系是指采用复式簿记时，交易或事项发生后影响的两个或两个以上对应账户之间的关系。在借贷记账法下，这种账户对应关系表现为交易或事项发生后影响的两个或两个以上账户之间的应借应贷关系。账户对应关系可以如实反映交易或事项的真实情况，并可以为检查会计处理和会计记录的正确性、合法性提供依据。例如，用银行存款购买原材料，此业务将影响“银行存款”账户的减少和“原材料”账户的增加，并需要在这两个账户中进行记录，此时，应借的“原材料”账户和应贷的“银行存款”账户之间具有相互对应关系。借贷记账法下会计分录中账户对应关系主要表现为：

(1) 一个借方账户与一个贷方账户相互对应，称为“一借一贷”对应关系，这是会计分录中最为常见的账户对应关系；

(2) 一个借方账户与多个贷方账户相互对应，称为“一借多贷”对应关系；

(3) 多个借方账户与一个贷方账户相互对应，称为“多借一贷”对应关系；

(4) 多个借方账户与多个贷方账户相互对应，称为“多借多贷”对应关系。这种对应关系总体上的借方和贷方金额相同，但是对其中的一个贷方或借方账户而言，难以明确它所对应的会计科目到底是对方科目群中的哪一个，即一个账户与另一账户之间对应关系模糊，因此，在实际工作中一般应尽量避免编制这种对应关系的会计分录。

会计分录的格式可概括表示如图 4-9 所示。

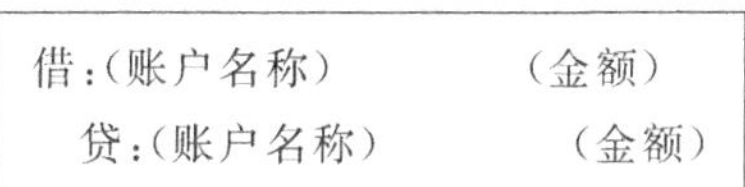

图 4-9　会计分录格式示意图

注意:在会计分录编写中，“借:”表示借方，“贷:”表示贷方，借方记录和贷方记录应分为两行，且贷方应比借方后退一个字，以示区分借贷方向。“借:”和“贷:”之后紧跟填写账户名称，然后后退几个字与账户名称分别填写金额，且贷方金额应与借方金额错开。在借方或贷方所用账户为两个或两个以上时，所用账户填写应按照第一个账户左对齐，而所有借方或贷方账户的金额应按个位数右对齐。按照这种格式编制的会计分录，可以清晰地看出借贷方向和账户对应关系。在西方国家的会计教材中，一般不写“借:”和“贷:”，而用这种错开的方式来表示。具体编写格式的应用参见例 4-4 所示。

【案例 4-3】　20××年之前 A 企业因为购买材料欠 B 企业 50 000 元，当年 1 月，A 企业销售产品 50 000 元给 B 企业，用于抵销所欠 B 企业的材料款。会计人员认为这笔交易或事项最后总影响原先的“应付账款”减少 50 000 元，同时企业的商品减少 50 000 元，因此运用借贷记账法做了如下会计分录。

借:应付账款　　50 000

　贷:库存商品　　50 000

你认为这个会计人员所做的会计处理是否正确?应如何正确做好这项会计分录?

【分析】 对于初学基础会计学的人来说,有一种习惯思维是:认为该业务的发生导致企业原先的"应付账款"减少 50 000 元,同时企业的库存商品减少 50 000 元,所以会做出案例中的错误会计分录。

事实上,该案例中所述发生的业务并不仅仅是一个业务,而是两个业务,一个是企业销售商品,另一个是企业偿还前欠货款。企业销售商品应该是借记"应收账款",贷记"主营业务收入";企业偿还欠款应该是借记"应付账款",贷记"应收账款",表示以此项应收的货款抵充了前欠对方的货款,而并非以商品抵充前欠货款。这是会计上权责明晰要求的表现。

会计核算销售商品业务,考虑的是商品周转过程中有两个价值在运动:一个是商品的市场价值得到实现,另一个是商品的成本价值在转移。因此需要分别对这两个价值分别做出记录。第一,记录商品的市场价值得到实现:借记"应收账款",贷记"主营业务收入";第二,记录商品的成本价值在内部转移,一般是在结转该批商品销售成本时(通常是在期末)才从实物上减少该批商品的成本价值,借记"主营业务成本",贷记"库存商品"。案例中会计人员直接贷记"库存商品"。表面看起来是会计人员犯了会计科目使用不当的错误,更糟糕的是他隐瞒了"主营业务收入"。如果是一位资深会计人员做出如此会计分录,那么他显然就是在隐瞒收入。

【例 4-4】 承例 4-3,将华威制造公司 20××年 4 月份发生的交易或事项逐笔编制成会计分录如下。

(1) 1 日,收到 M 公司归还的前欠货款 600 000 元,存入银行。

借:银行存款　　600 000

　贷:应收账款　　600 000

(2) 2 日,购买原材料 1 000 000 元。其中 800 000 元用银行存款支付,另外 200 000 元根据合同在以后支付。

借:原材料　　1 000 000

　贷:银行存款　　800 000

　　应付账款　　200 000

(3) 5 日,用银行存款支付上月应交税金 200 000 元。

借:应交税费　　200 000

　贷:银行存款　　200 000

(4) 8 日，生产部门领用原材料 1 200 000 元用于生产 A 产品。

借：生产成本　　1 200 000

　贷：原材料　　1 200 000

(5) 10 日，销售 A 产品 1 500 000 元，收到货款并存入银行。

借：银行存款　　1 500 000

　贷：主营业务收入　　1 500 000

(6) 15 日，用银行存款支付上月前欠货款 500 000 元。

借：应付账款　　500 000

　贷：银行存款　　500 000

(7) 20 日，用银行存款支付水电费用 400 000 元。其中 300 000 元属于生产 A 产品的车间耗用，100 000 元属于公司管理部门耗用。

借：制造费用　　300 000

　　管理费用　　100 000

　贷：银行存款　　400 000

(8) 25 日，用资本公积转增资本金 500 000 元。

借：资本公积　　500 000

　贷：实收资本　　500 000

(9) 30 日，结转本月已经销售 A 产品的成本 1 000 000 元。

借：主营业务成本　　1 000 000

　贷：库存商品　　1 000 000

练习题 1

一、目的：准确理解会计科目性质及其分类。

二、资料：东方公司主要生产家电类产品、电子类产品。其中家电类产品包括电冰箱、空调器和洗衣机三类：电冰箱包括 A 型容量冰箱、B 型容量冰箱、C 型容量冰箱、D 型容量冰箱、E 型容量冰箱和 F 型容量冰箱；空调器包括柜式空调（包括 O 型空调、P 型空调、Q 型空调）、窗式空调（包括 R 型空调、S 型空调、T 型空调、U 型空调、V 型空调、W 型空调）、分体空调（包括 X 型空调、Y 型空调、Z 型空调）；洗衣机类分为双缸洗衣机（仅一个型号）和滚筒洗衣机两类，其中滚筒洗衣机包括 H 型洗衣机、I 型洗衣机、J 型洗衣机、K 型洗衣机、L 型洗衣机、M 型洗衣机和 N 型洗衣机。另外，电子类产品分为两类：电子元件（包括 a、b、c、d、e、f、g

七种规格)和电子器件(包括 r、s、t、x、y、z 六种型号)。

三、要求:请对东方公司的库存商品总分类科目及明细科目进行分类和编码。

练习题 2

一、目的:练习并正确运用借贷记账法则。

二、资料:

1. 东方公司 20××年 6 月 1 日的各资产、负债和所有者权益类账户的余额如下表所示。

东方公司各资产、负债和所有者权益类账户的余额

单位:元

资产	金额	负债及所有者权益	金额
库存现金	200 000	负债:短期借款	400 000
银行存款	1 900 000	长期借款	1 500 000
应收账款	700 000	应付账款	400 000
原材料	600 000	应交税费	100 000
库存商品	1 500 000	负债合计	2 400 000
固定资产	2 500 000	所有者权益:	
无形资产	500 000	实收资本	4 000 000
		资本公积	800 000
		盈余公积	700 000
		所有者权益合计	5 500 000
资产合计	7 900 000	负债及所有者权益合计	7 900 000

2. 东方公司在 20××年 6 月份,发生以下交易或事项:

(1) 1 日用银行存款偿还短期借款 400 000 元。

(2) 2 日收到某企业归还的前欠货款 500 000 元。

(3) 5 日用银行存款缴纳上月应交税金 100 000 元。

(4) 8 日销售一批产品,获得收入 2 000 000 元,收到现款 1 500 000 元存入银行,其余 500 000 元货款尚未收到。

(5) 10 日购买一批原材料 1 200 000 元,货款未付。

(6) 12 日收到投资者追加投资 2 000 000 元。其中,收到投资者投入的款项 600 000 元存入银行,另外 1 400 000 元系投资者投入的机器设备。

(7) 15 日用银行存款偿还购买材料款 1 200 000 元。

(8) 18 日职工李华出差借款 10 000 元。

(9) 20 日职工张明报销办公用品费用 20 000 元,用现金支票支付。

(10) 20 日生产部门领用原材料 1 400 000 元,用于生产 A 产品;生产部门管理消耗领用原材料 200 000 元;公司管理部门消耗领用材料 100 000 元。

(11) 30 日,通过开户银行划转支付本月职工薪酬 300 000 元。

(12) 30 日,结转本月销售产品成本 1 200 000 元。

三、要求:根据上述资料完成下列会计处理。

1. 分析每个交易或事项对哪些财务报表要素具体项目发生影响?

2. 分析这些受影响的项目应在哪些会计科目和账户中进行核算?

3. 写明在借贷记账法下各交易或事项应记入账户的方向和金额。

4. 设置业务资料中涉及全部账户的"T"型账户,并登记期初余额。

5. 运用借贷记账法对 6 月份发生的每个交易或事项编制会计分录。

6. 根据所编制的会计分录,逐笔登记相关的"T"型账户,并计算出本期借、贷方发生额和期末余额。

第五章 会计凭证

本章学习提示

本章重点:会计凭证的概念及分类、会计凭证构成要素、填制方法与审核要求
本章难点:记账凭证的填制方法

第一节 会计凭证及其功能

一、会计凭证的概念

我们经常讲做事情要有凭有据。在会计上进行相关业务处理时就更是如此。

举例来说,单位派你去北京出差,你需要到会计部门借款 3 000 元。到了会计部门后,相关会计人员会让你拿出一张你和你所在部门或单位领导签字并注明借款原因的借据,据此借给你现金或开出现金支票后,会计部门就会把这张借据留存并据以进行记录这笔借款事项。你出差回来连同补助共报销了 3 100 元,那是因为你有 2 950 元的相关票据加以证明,其中包括火车票、住宿发票、购物发票、市内交通票据等,以上票据都是经过你所在部门或单位领导审核签字并合乎财经制度和会计要求的,剩余 150 元是按规定应给你的出差补助。当然,你还得签字以证明是你所报销的。会计部门在冲销你的借款后又补给你 100 元现金,并且会把这些单据留存并据以进行记录你出差报销的这一事项。

上述借据、火车票、住宿发票等都是会计对交易或事项进行处理的"凭"和"据",用会计术语来说就是会计凭证。

会计凭证是记录交易或事项发生或完成情况,明确经济责任并据以记账的书面证明。

填制和审核会计凭证是会计核算的一项重要的专门方法。会计主体处理任何一项交易或事项时，都必须按照规定的程序和要求，办理凭证手续，由执行或完成该项交易或事项的相关人员填制或取得会计凭证，详细说明该交易或事项的内容，在会计凭证上签名盖章，据以明确经济责任。只有经过有关人员审核无误的会计凭证，才可以作为记账的依据。

二、会计凭证的作用

及时、如实地取得、填制并审核会计凭证，对于从源头保证会计信息真实可靠具有重要的作用。

（一）可以反映交易或事项的原貌

会计凭证是反映交易或事项的重要载体。所有需要会计处理的交易或事项的执行、完成情况的原始面貌，都必然会在会计凭证中显示出来。在交易或事项发生或完成时填制和审核会计凭证，既满足了会计信息质量的可靠性要求，又为进一步的会计核算提供了真实、可靠的原始依据。

（二）可以加强经济责任制

会计凭证的填制过程中，包括经办人在内的相关人员必须签章。这样，可以促使经办人、审核人以及会计等人员明确自己的职责，增强其责任感，严格按照有关政策和制度处理交易或事项。而一旦出现或发现经济纠纷、弄虚作假、乱列乱挤成本等有关问题，便于进行真实性检查和分清责任，从而起到加强经济责任的作用。

（三）可以为登记会计账簿提供依据

进行会计凭证填制和审核的主要目的之一，就是为会计账簿的登记提供依据。根据审核无误的会计凭证登记相关会计账簿，既可以序时、分类地提供连续、系统的会计信息资料，又保证了会计账簿的可验证性。

（四）可以检查交易或事项的合法、合理性

通过对会计凭证的审核，可以检查交易或事项是否符合国家有关政策、法令、制度，有无违法乱纪行为。例如，通过有关结算凭证的审核，可以检查结算业务是否符合银行结算纪律；通过有关费用成本原始凭证的审核，可以检查费用成本的发生是否符合财务规章制度、是否遵守国家规定的成本开支范围等。另外，通过会计凭证审核，可以检查交易或事项的合理性，对不合理现象可进一步查明原因，及时予以制止或防止以后再度发生。

三、会计凭证的种类

由于实际工作中的交易或事项多种多样，根据各种交易或事项处理的特点和需要，取得和填制的会计凭证从内容到格式都不尽相同，也就是说，不同的交易或事项取得和填制的会计凭证是不尽相同的。例如借款时是自己填制的借款单，乘坐火车取得的是购买的火车票，住宿则是要获取住宿发票，而会计人员还要根据这些票据填制会计凭证。为了增强对会计凭证的认识，并能正确识别和使用会计凭证，可以对会计凭证按照一定的标准进行分类。原始凭证和记账凭证就是会计凭证按照填制程序和用途进行分类的结果。

从填制程序上说，原始凭证是业务经办人员在交易或事项发生或完成时取得或填制的；记账凭证则是会计人员在进行交易或事项处理时根据审核无误后的原始凭证填制的。从用途上说，原始凭证是用来记录交易或事项发生或完成情况的，具有相关的法律效力；记账凭证则是用来确定应借应贷账户名称及其金额、直接作为记账依据的。

交易或事项发生后取得的原始凭证，大多没有反映出交易或事项发生后涉及的有关账户及其借贷金额，而我们记账一般都是按照借贷复式记账方法记在相应账户的借方或贷方。为了记录明晰并便于日后检查记账正确性的账证核对，所以取得原始凭证后一般还要据此填制记账凭证并据以记账。上述举例中无论是你借款还是你报销，也无论是手工记账还是采用计算机进行账务处理，会计人员都要根据正确无误的原始凭证填制记账凭证，然后据以登记会计账簿。

除了将会计凭证划分为原始凭证和记账凭证外，还可以根据不同的标准对其进一步分类。

第二节　原始凭证

一、原始凭证的概念

原始凭证是指在交易或事项发生或完成时取得或填制的，用以记录交易或事项发生或完成情况，具有法律效力并可以作为原始依据的会计凭证。原始凭证是进行会计核算的初始资料和重要依据，必须能够证明交易或事项已经发生或完成的情况。如“借据”就能够证明借款事项已经发生并完成，“销货发票”就可以证明销售商品的交易已经发生并完成。不能证明交易或事项已经发生或完成情况的书面资料，如签订的销货合同等，不能作为会计核算的原始凭证。

二、原始凭证的种类

为了加强对原始凭证的认识和理解，可以按照不同的分类标准进行分类。

（一）按来源不同可分为外来原始凭证和自制原始凭证

外来原始凭证是指交易发生时，从其他单位或个人处取得的原始凭证。如乘车时购买的“车票”、购买材料从外单位取得的“发货票”、从运输部门取得的“运货单”、银行转来“收款通知单”和“付款通知单”等。外来原始凭证一般都是企业从事交易之后从会计主体以外的单位或个人所取得的。

自制原始凭证是指本单位内部经办业务的部门和人员，在办理有关经济事项时自行填制的原始凭证。如从财务部门借款时填制的“借款单”，材料验收入库时的“收料单”；材料领用出库时的“领料单”；销售产品时开出的“发货票”等。自制的原始凭证一般都是企业发生经济事项等之后会计主体内部有关单位或个人填制的。

（二）按填制次数可分为一次凭证和累计凭证

一次凭证是指在交易或事项发生时一次填制完成，用以记录一项或若干项同类交易或事项的原始凭证。如上述外来原始凭证都是一次凭证。

累计凭证是指在一定时期内连续多次记载若干项不断重复发生的相同交易或事项的原始凭证。累计凭证可连续填制到期末，并以期间内的累计数作为记账的依据。如制造业企业发出材料时填制的“限额领料单”。

（三）按记录交易或事项数量的多少可分为单项原始凭证和汇总原始凭证

单项原始凭证是指只记录一项交易或事项的原始凭证。如外来原始凭证和销货时的“发货票”、“借款单”等自制原始凭证。

汇总原始凭证是指按反映一定期间许多同类交易或事项的原始凭证汇总编制的原始凭证。如“收料汇总表”、“发料汇总表”、“工资结算汇总表”等。

（四）按适用范围不同可分为通用原始凭证和单位内部使用原始凭证

通用原始凭证，是指在全国或某一地区统一格式、统一印制、统一使用的原始凭证。如“增值税专用发票”、银行的有关结算凭证等。

单位内部使用原始凭证，是指根据单位自身事项特点自行设计印制且仅限于本单位使用的原始凭证。如“收料单”、“领料单”、“差旅费报销单”、“借款单”等。

三、原始凭证的构成要素

虽然交易或事项发生时需要根据其特点和管理要求分别填制或取得内容格式各不相同的原始凭证,但不论什么原始凭证,都要遵循如实反映交易或事项发生的原貌(发生的时间、内容、数量、金额等)、明确经办人员责任等原则。所以,在原始凭证的格式上,就有共同的构成要素,如下所示:①原始凭证的名称;②填制凭证的日期和凭证的编号;③填制凭证单位名称或填制人姓名;④接受凭证单位名称;⑤交易或事项内容;⑥数量、单位和金额;⑦经办人员的签名或盖章;⑧审核(或批准报销)人员的签名或盖章;⑨凭证的附件等。

原始凭证除了必须具备以上基本要素外,还可根据单位自身经济活动的特点及经营管理的需要,补充一些必要的内容。

四、原始凭证的填制要求

(一)会计书写一般规范要求

原始凭证是最基本、最原始的会计资料之一。为了保证原始凭证和其他会计资料作用的充分发挥,必须按照基本的会计书写规范进行书写。会计书写规范的基本要求是:业务记录正确;书写要符合财会法规的要求;账目条理清晰,书写字迹清楚,无模糊不清的现象;账面整洁美观,书写工整,无杂乱无章现象;结构安排合理,字迹流畅,美观大方。具体要求如下。

1. 阿拉伯数字书写规范

阿拉伯数字书写总体要求是不得连笔,数字应具有一定的高度、斜度、间距,有竖画的数字的写法要有明显的区别。

阿拉伯数字应当一个一个地写,不得连写。特别是在连着写几个“0”时,一定要单个地写,而不能将几个“0”连在一起一笔写完。印有数位线的每一格只能写一个数字。数字的排列要整齐,数字之间的间隙应均匀,不能过大。

阿拉伯数字书写一般应紧贴底线书写,其高约占横格高度的1/2,使上方能留出一定空位,以便需要更正时可以再次书写。一般高低一致,但“6”的竖画应上提,比其他一般的数字伸出1/4,“7”、“9”的竖画要下拉出格至一般数字的1/4(同其他一般的数字相比上端缩进1/4,而下端伸出1/4)。

根据习惯,书写阿拉伯数字时应有一定的斜度。倾斜角度的大小应以笔顺书写方便、好看易认为准,一般掌握为上端向右倾斜60°左右。

为了防止涂改，对有竖画的数字的写法应有明显的区别，如“6”的竖画应偏左，“4”、“7”、“9”的竖画应偏右，“1”应写在中间。阿拉伯数字的书写规范如图5-1所示。

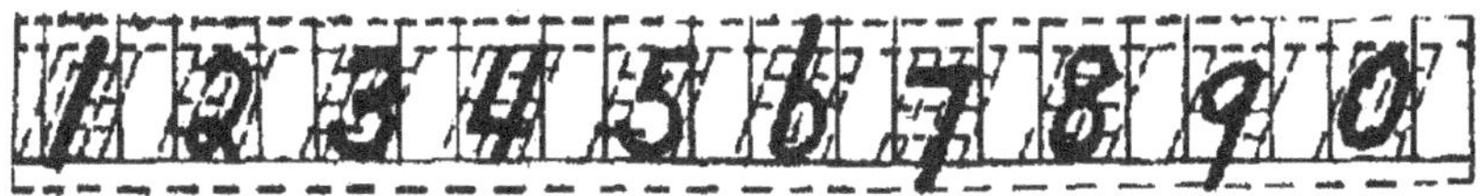

图5-1　阿拉伯数字书写规范

2. 货币符号书写规范

阿拉伯金额数字前面应当书写货币币种符号或者货币名称简写和币种符号。货币符号书写规范是币种符号与阿拉伯金额数字之间不得留有空白，阿拉伯金额数字前面写有货币币种符号的，数字后面不再写货币单位。所有以元为单位（其他货币种类为货币基本单位）的阿拉伯数字，除表示单价等情况外，有角分的一律填写分；有角无分的，分位应当写“0”，不得用符号“—”代替；无角无分的，角位和分位可以写“00”，也可以用“—”代替。

3. 文字及汉字大写数字书写规范

文字及汉字大写数字书写规范的总体要求是叙述简明扼要、准确，书写工整清晰。

文字书写要求是：摘要书写要以原始凭证为依据，正确反映交易或事项的内容，文字少而能把交易或事项发生的内容记述清楚；在有格限时，文字多少以不超栏格为限；会计科目要写全称，不能简化；包括汉字大写数字在内，书写时用正楷或行书体，不能用草书；字不能过大或过小，而且应保持适当的、大小均匀一致的字距；书写字体一般也是占横格高度的1/2；字迹工整、清晰、规范，不得自造简化字等。

汉字大写数字或数位，是用于填写需要防止涂改的销货发票、银行结算凭证等，因此在书写时不能有错（如果写错，应作废，重新填制新的凭证）。具体要求是：大写金额数字前未引有货币名称的，应当加填货币名称（如人民币金额前应冠以“人民币”字样），且货币名称与金额数字之间不能空位，数字之间不留空位；写数与读数顺序一致。大写数字金额元后无角、分或角后无分，即到元或角为止的，大写数字在“元”或“角”字之后要加写“整”字或“正”字；大写金额数字有分的，“分”字后面不写“整”字或“正”字。

阿拉伯金额数字中间有“0”时，汉字大写金额要写“零”字；阿拉伯金额数字中间连续有几个“0”时，汉字大写金额中只写一个“零”字；阿拉伯金额数字元位是“0”时，或者数字中间连续有几个“0”且元位也是“0”而角位不是“0”时，汉字大写金额中可只写一个“零”字，也可以不写“零”字；表示位的文字前必须有数字。

书写汉字大写金额时，切忌以“另”或“0”代替“零”，以“毛”代替“角”，以“弌”代替“壹”，以“两”、“弍”或“弐”代替“贰”，以“弎”代替“叁”，以“廿”、“卄”或“廾”代替“贰拾”，以“卅”代替“叁拾”等，也不得用“一二三四五六七八九十百千”等简化字代替“壹贰叁肆伍陆柒捌玖拾佰仟”等。汉字大写数字书写示范：零壹贰叁肆伍陆柒捌玖拾佰仟万亿元角分整(或正)。如2 153 000.70 元，可以写作：人民币贰佰壹拾伍万叁仟元零柒角整(或正)；2 153 000.76 元，可以写作：人民币贰佰壹拾伍万叁仟元零柒角陆分。

(二) 原始凭证的填制要求

为了保证原始凭证能够及时、准确、清晰地反映交易或事项的真实情况，提高会计工作质量，填制原始凭证时必须遵循以下要求。

1. 真实可靠

即要如实填制交易或事项内容，不弄虚作假。

2. 内容完整

即应该填写的项目要逐项填写(接受凭证方要逐项检查验明)，其中年、月、日要按填制原始凭证的实际日期填写；接受名称要写全，不能简化；品名或用途要填写明确，不能含糊不清；有关人员的签章及单位的专用章必须齐全。

3. 填制及时

即每当一项交易或事项发生或完成，都要立即填制相应的原始凭证，做到不积压、不误时、不事后补制。

4. 书写清楚

即字迹端正、易于辨认，其中数字书写符合会计上的技术要求，文字工整，不草、不乱、不“造”；复写的凭证不串格、不串行、不模糊。

5. 顺序使用

即收付款项或实物的凭证要按顺序或分类编号，在填制时按照编号的次序使用，跳号的凭证要加盖“作废”戳记，不得撕毁。

6. 其他要求

(1) 从外单位取得的原始凭证，必须有填制单位的公章及有关人员的签名或盖章；从个人取得的原始凭证，必须有填制人员的签名或盖章。自制原始凭证必须有经办部门负责人或指定的人员的签章；对外开出的原始凭证，必须加盖本单位的公章并有有关人员的签名或盖章。以上所说“公章”，是指具有法律效力和规定用途，能够证明单位身份或性质的印鉴，包括业务公章、财务专用章、发票专用章、收款专用章或结算专用章等。

(2) 凡填写有大写和小写金额的原始凭证，大写和小写的金额必须相符。

(3) 购买实物的原始凭证，必须有验收证明。实物购入以后，要按照规定办理验收手续。实物验收工作应由有关人员负责办理，会计人员通过有关原始凭证进行监督检查。需要入库的实物，必须填写入库验收单，由仓库保管人员按照采购计划或供货合同验证后，在入库验收单上如实填写实收数额，并签名或盖章。不需要入库的实物，由经办人员在凭证上签名或盖章以后，必须交由实物保管人员或使用人员进行验收，并由实物保管人员或使用人员在凭证上签名或盖章。经过购买人以外的第三者查证核实以后，会计人员才能据以报销付款并做进一步的会计处理。

(4) 一式多联的原始凭证，必须注明各联的用途，并且只能以其中指定的一联用作报销凭证；一式多联的发票或收据，必须用双面复写纸套写，或本身具备复写功能，并连续编号，作废时应加盖“作废”戳记，连同存根一起保存。

(5) 发生销货退回及退还货款时，必须填制退货发票，附有退货验收证明和对方单位的收款收据，不得以退货发票代替收据。如果情况特殊，可先用银行的有关凭证，如汇款回单等，作为临时收据，待收到收款单位的收款证明以后，再将其附在原付款凭证之后，作为正式原始凭证。在实际工作中，有的单位发生销货退回时，对收到的退货没有验收证明，造成退货流失；办理退款时，仅以所开出的红字发票的副本作为本单位退款的原始凭证，既不经过对方单位盖章收讫，也不附对方单位的收款收据。这种做法漏洞很大，容易发生舞弊行为，应该予以纠正。

(6) 职工因公出差的借款单，必须附在记账凭证之后。职工因公出差借款时，应由本人按照规定填制借款单，由所在单位领导人或其指定的人员审核，并签名或盖章，然后办理借款。借款单是此项借款业务的原始凭证，是办理有关会计手续、进行相应会计核算的依据。在收回借款时，应当另开收据或者退还借款单的副本，不得退还原借款单。因为借款和收回借款虽有联系，但又有区别，在会计上需要分别进行处理，如果将原借款单退还给了借款人，就会损害会计资料的完整性，使其中一项业务的会计处理失去依据。

(7) 经上级有关部门批准的交易或事项，应当将批准文件作为原始凭证附件。如果批准文件需要单独归档，应将批准文件的复印件作为原始凭证附件，或在相应的凭证上注明批准机关名称、日期和文件字号等。

(8) 发现原始凭证有错误的，应当由开出单位重开或者更正。在更正处应当加盖开出单位的公章。

(9) 手工填写的原始凭证，其文字和数字一般使用蓝黑墨水或碳素墨水的钢笔或毛笔书写；需要复写的要用蓝黑色或黑色圆珠笔、蓝黑色双面复写纸。按规定填写原始凭证需要使用红字时，可以用红墨水的钢笔。复写红字时要用红圆珠笔和红色双面复写纸。禁止用铅笔填制原始凭证。

五、原始凭证的填制方法

按照原始凭证的填制要求，现分别举例说明相关原始凭证的填制方法。

（一）收料单的填制

收料单是在外购的材料物资验收入库时填制的凭证，一般一料一单，一式三联，一联验收人员留底，一联交仓库保管人员据以登记仓库材料明细账，一联连同发货票交财会部门办理结算。其一般格式及填制方法见表 5-1。

表 5-1 **收　料　单**

2012 年 2 月 3 日　　　　**NO. 41201**

供应者：武汉钢铁厂						2012 年 2 月 3 日收到										
编号	材料名称	规格	送验数量	实收数量	单位	单价	金额									备注
							百	十	万	千	百	十	元	角	分	
001	钢板	1.22mm	100	100	吨	3 500		3	5	0	0	0	0	0	0	
附单据		贰　张		合　计			¥	3	5	0	0	0	0	0	0	

第二联送会计部门

主管：　　会计：　　经手人：郑功　　复核：周明　　验收：王伟

（二）领料单的填制

为了便于分类汇总，填制领料单要“一料一单”，即一种原材料填写一张单据。领用原材料需经领料车间和相关部门负责人批准后，方可填制领料单；车间等负责人、收料人、仓库管理员和发料人均需在领料单中签章，无签章或签章不全的均属无效，不能作为记账的依据。其一般格式及填制方法见表 5-2。

表 5-2 **领　料　单**

领料单位：车间

生产通知单号：001　　2012 年 2 月 6 日　　**NO. 41201**

领料用途　制造书架			制造数量			制品名称　CNN—1 型书架										
编号	材料名称	规格	请领数量	实发数量		单价	金额									备注
							百	十	万	千	百	十	元	角	分	
001	钢板	1.22	50	50	吨	3 500		1	7	5	0	0	0	0	0	
附单据		张		合　计			¥	1	7	0	0	0	0	0	0	

第二联送会计部门

主管　　会计　　记账 李娜　　发料 王伟　　领料 王海　　制单 周涛

领讫日期	月	日
	2	6

（三）限额领料单的填制

限额领料单是一种一次开设、多次使用、领用限额已定的累计凭证。在有效期（最长一个月）内，只要领用数量累计不超过限额就可以连续使用。

每月开始以前，由供应部门根据生产计划、材料消耗定额等有关资料，按照产品和材料分别填制限额领料单。在限额领料单中，要填明领料单位、材料用途、发料仓库、材料名称以及根据本月产品计划产量和材料消耗定额计算确定的全月领料限额等项目。限额领料单一般一式两联，经生产计划部门和供应部门负责人审核签章后，一联送交仓库据以发料，登记材料明细账，一联送交领料单位据以领料。每次在限额内发料时，在两联内同时填写实发数，并由发料人和领料人同时签章，月末结出实发数量和金额，交财会部门据以记账。其一般格式及填制方法见表5-3。

表5-3 限额领料单

领料单位：第3分厂　　2012年4月　　凭证编号：006

材料用途：生产A产品　　发料仓库：3号库

<table>
<tr><td rowspan="2">材料类别</td><td rowspan="2">材料编号</td><td rowspan="2">材料名称</td><td rowspan="2">材料规格</td><td rowspan="2">计量单位</td><td rowspan="2">全月领用限额</td><td colspan="3">全月实领</td><td rowspan="2">备注</td></tr>
<tr><td>数量</td><td>单价</td><td>金额</td></tr>
<tr><td>型钢</td><td>120120</td><td>圆钢</td><td>ϕ30mm</td><td>kg</td><td>2 500</td><td>2 400</td><td>20.3</td><td>48 720</td><td></td></tr>
<tr><td rowspan="2">领料日期</td><td colspan="3">请　领</td><td colspan="3">实　发</td><td colspan="2">退　库</td><td rowspan="2">限额结余</td></tr>
<tr><td>数量</td><td colspan="2">领料部门负责人签章</td><td>数量</td><td>领料人签章</td><td>发料人签章</td><td>数量</td><td>退料单编号</td></tr>
<tr><td>5</td><td>500</td><td colspan="2">×××</td><td>500</td><td>×××</td><td>×××</td><td></td><td></td><td>2 000</td></tr>
<tr><td>11</td><td>400</td><td colspan="2">×××</td><td>400</td><td>×××</td><td>×××</td><td>1 600</td><td></td><td></td></tr>
<tr><td>19</td><td>400</td><td colspan="2">×××</td><td>400</td><td>×××</td><td>×××</td><td>1 200</td><td></td><td></td></tr>
<tr><td>25</td><td>800</td><td colspan="2">×××</td><td>800</td><td>×××</td><td>×××</td><td>400</td><td></td><td></td></tr>
<tr><td>27</td><td>400</td><td colspan="2">×××</td><td>400</td><td>×××</td><td>×××</td><td>0</td><td></td><td></td></tr>
<tr><td>30</td><td></td><td colspan="2"></td><td></td><td></td><td></td><td>100</td><td></td><td>100</td></tr>
<tr><td>合计</td><td>2 500</td><td colspan="2"></td><td>2 500</td><td></td><td></td><td>100</td><td></td><td>100</td></tr>
</table>

供应部门负责人：×××　　生产计划部门负责人：×××　　仓库负责人：×××

（四）普通发货票的填制

填制普通发货票首先要写清购货单位的全称，不能过于简略（如仅填写××公司，不写明是××市××公司还是××县××公司）。然后按凭证格式和内容逐项填列齐全。发货票要如实填写，不能按购货人的要求填写。经办人的签章和单位的公章都要盖全。其一般格式及填制方法见表5-4。

表 5-4

普通发货票

国税　河南省郑州市商业专用发票　发票代码:4101001012

发票联　豫国字 1　9278119

客户名称:郑州美佳食品厂　2012年4月8日

货号	品名规格	单位	数量	单价	万	千	百	十	元	角	分	备注
	白砂糖	Kg	500	2.12		1	0	6	0	0	0	
												如果发现发票违章,请到国税机关举报或拨打举报电话:91591。举报有奖
合计人民币(大写)⊗万壹仟零佰陆拾零元零角零分　￥1060.00												

②发票联

单位:(盖章)　开票人:刘化吉　收款人:刘守望

(五)增值税专用发票的填制

增值税专用发票是一般纳税人于销售货物时开具的销货发票,一式四联,销货单位和购货单位各两联。其中留在销货单位的两联,一联存有关业务部门,一联作会计机构的记账凭证;交购货单位的两联,一联作购货单位的结算凭证,一联为税款抵扣凭证。作为一般纳税人的购货单位购货时,应取得增值税专用发票,因为只有增值税专用发票税款抵扣联上列示的进项税才能在购货单位作为"进项税额"入账。

开具增值税专用发票时,应字迹清楚,没有涂改(有误时注明"误填作废"字样,专用发票开具后因购货方不索取成为废票的也按填写有误处理),项目填写齐全,票、物相符且票面金额与实际收取的金额相符,各项目内容正确无误,全部四联一次开具,上下联的内容、金额、税额一致,发票联和抵扣联加盖发票专用章;不得开具伪造的专用发票,不得拆本使用专用发票,不得超面额开具专用发票,要用中文开具专用发票等;纳税人向消费者销售应税项目,销售免税项目,销售报关出口货物或在境外销售应税劳务,将货物用于非应税项目,将货物用于集体福利或个人消费,提供非应税劳务(应征收增值税的除外),转让无形资产或销售不动产,将货物无偿赠送他人(接受捐赠者为一般纳税人且有要求时除外),都不得开具专用发票;向小规模纳税人销售应税项目时也可不开具专用发票。否则,就有可能给国家带来重大损失。

目前,全国各省、市、自治区都统一使用计算机开具增值税专用发票。计算机开具的增值税专用发票也是一式四联,分别印有"第一联 存根联 销货方留存备查"、"第二联 发票联 购货方记账凭证"、"第三联 抵扣联 购货方扣税凭证"、"第四联 记账联 销货方记账凭证"字样,以表示各联的用途。其一般格式及填制方法见表 5-5。

表 5-5 增值税专用发票

河南增值税专用发票

全国统一发票监制章 河南 国家税务局监制

发票联

4100032140　　　　№ 01561193

开票日期:2012 年 5 月 11 日

<table>
<tr><td>购货单位</td><td colspan="5">名　　称:河南省图书馆
纳税人识别号:410102760214781
地 址 、电 话:农业路 52 号、0371-63234567
开户行及账号:建行农支 6012100500037</td><td>密码区</td><td colspan="3">960548>*/-/</>　加密版本:01
87741 * 73 - + 11/　410003140
95895107+34*+//-　01461193
275 + 6 * 94 > 4 +
6310052*4259>->
>2/4>>4/>>>0</td></tr>
<tr><td colspan="2">货物或应税劳务名称</td><td>规格型号</td><td>单位</td><td>数量</td><td>单价</td><td colspan="2">金额</td><td>税率</td><td>税额</td></tr>
<tr><td colspan="2">钢制书架</td><td>CNN--1</td><td>套</td><td>2500</td><td>600</td><td colspan="2">1 500 000</td><td>17%</td><td>255 000</td></tr>
<tr><td colspan="2">合　计</td><td></td><td></td><td></td><td></td><td colspan="2">1 500 000</td><td></td><td>255 000</td></tr>
<tr><td colspan="2">价税合计(大写)</td><td colspan="8">⊗壹佰柒拾伍万伍仟元整　　(小写)¥1755000.00</td></tr>
<tr><td>销货单位</td><td colspan="5">名　　称:河南求知图书设备厂
纳税人识别号:410104742545911
地 址 、电 话:青年路 2 号、0371-8975455
开户行及账号:工行航支 6018001056208</td><td>备注</td><td colspan="3">河南求知图书设备厂
发票专用章
税号:410104742545911</td></tr>
</table>

收款人:李均　　复核:吴强　　开票人:金海龙　　销货单位:(章)

国税函[2002]974 号西安印钞厂

第二联 发票联 购货方记账凭证

(六) 发料凭证汇总表的填制

制造业企业在生产过程中领发材料比较频繁,但业务量虽大,同类凭证也较多。为了简化核算手续,需要编制发料凭证汇总表。编制时间根据业务量的大小确定,可 5 天、10 天、15 天或 1 个月汇总编制 1 次。汇总时,应根据实际成本计价(或计划成本计价)的领发料凭证、领料部门以及材料用途等分类进行。制造业企业常用的"发料凭证汇总表"即为汇总原始凭证,其一般格式如表 5-6 所示。

表 5-6 发料凭证汇总表

2011 年 12 月　　　　单位:元

材料类别 / 领料部门及用途		原料及主要材料	辅助材料	燃料	低值易耗品	包装物	合计
产品生产领用	甲产品	1 000	300	100			1 400
	乙产品	2 300		150		100	2 550
辅助生产耗用	供水车间	700		600			1 300
	供电车间	400		800			1 200

续表

领料部门及用途 \ 材料类别		原料及主要材料	辅助材料	燃料	低值易耗品	包装物	合计
生产部门一般耗用	第一分厂	600	200		700		1 500
	第二分厂		900	200	1 000		2 100
企业管理部门耗用			700		500	300	1 500
合计		5 000	2 100	1 850	2 200	400	11 550

会计主管：××× 记账：××× 稽核：××× 制单：×××

（七）商品验收单的填制

商品验收单是商业企业购进商品验收入库的凭证。在商品到达企业后，业务部门应将发货票与经济合同进行核对，无误后再填制商品验收单，共一式四联，交仓库或实物负责人验收商品。商品验收后，应在商品验收单上加盖收货戳记，然后分送业务、财会、统计等部门据以办理货款结算、记账和登记等手续。

（八）银行支票的填制

除定额支票外，银行支票一律记名并由财会部门专人（出纳）保管和签发。支票应用碳素墨水填写，内容齐全。签发时存根联应一并填写，且内容与支票完全一致。支票大写、小写金额以及日期（大写，且1～10月、1～10日、20日、30日前加零，11～12月、11～19日前加壹）、文字要正确并不得有任何更改，同时填写支票密码、加盖预留银行印鉴。签发支票应符合银行规定的金额起点（目前为100元）。企业将收入现金（含超过库存的多余现金）和支票送存银行时，应将填制的“现金交款单”和“银行进账单”一并送交银行，凭银行退回的“回单联”入账。其一般格式及填制方法见表5-7。

表 5-7 转账支票

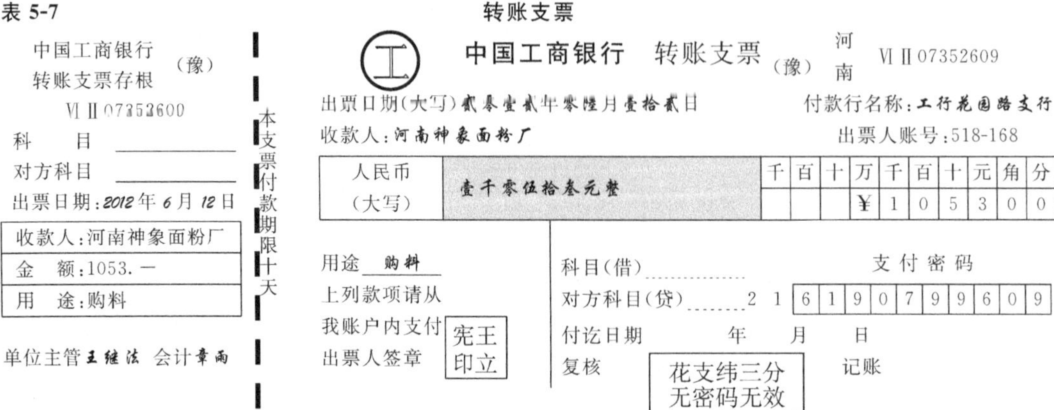
中国工商银行（豫）
转账支票存根
Ⅵ Ⅱ 07352600
科目
对方科目
出票日期：2012年6月12日
收款人：河南神象面粉厂
金额：1053.—
用途：购料
单位主管 王继法 会计 章雨

本支票付款期限十天

中国工商银行 转账支票（豫） 河南 Ⅵ Ⅱ 07352609
出票日期（大写）贰零壹贰年零陆月壹拾贰日 付款行名称：工行花园路支行
收款人：河南神象面粉厂 出票人账号：518-168

人民币（大写）	千	百	十	万	千	百	十	元	角	分
壹千零伍拾叁元整				¥	1	0	5	3	0	0

用途 购料
上列款项请从
我账户内支付
出票人签章 宪王印立

科目（借）
对方科目（贷） 支付密码 2 1 6 1 9 0 7 9 9 6 0 9
付讫日期 年 月 日
复核 记账
花支纬三分
无密码无效

六、原始凭证的审核

原始凭证由于来源不同，经办单位和人员各异，为保证原始凭证的真实性和它所反映交易或事项的合法、合理性，必须对其进行严格的审核。审核原始凭证是贯彻国家的有关方针政策和财经纪律、加强管理、发挥会计监督职能的重要手段，是会计确认的重要步骤，是保证会计核算质量、会计信息正确可靠的重要措施。

会计部门以及经办业务的有关部门，应对原始凭证进行认真严格的审核。审核内容包括以下几项。

（一）真实性审核

凭证反映的内容是否符合所发生的实际交易或事项的情况，数据、文字有无伪造、涂改、重复使用和大头小尾、相关各联之间数额不符情况。

（二）完整性审核

凭证的编制是否符合要求，各个项目内容是否填写齐全、数字是否正确，查看其凭证的各项指标是否完整；名称、商品规格、计量单位、数量、单价、大小写金额和填制日期的填写是否清晰、计算是否正确；要求统一使用的发货票，应检查是否存在伪造、挪用或用已作废的发票代替，发货票的存根联有无空白缺页；凭证手续是否完备，凭证中应有的签章是否齐全；自制原始凭证附有原始单据的，金额是否相符，无原始单据的是否有部门负责人的批准、签章；原始凭证汇总表的起止期限是否准确，附件是否完整，交易或事项是否相同等。

（三）合法性审核

外来原始凭证的交易或事项是否符合国家有关法规，是否符合财经纪律和财会制度（经办人和企业负责人首先进行审核，然后再送交会计机构进行其他项目的审核）；企业或个人（具有营业执照的个体户）出具的营业凭证（发票、运费收据、劳务费收据）是否是经过税务机关批准印制的（是否有发票监制章）；除当地政府或税务部门另有规定或特殊情况外，在集贸市场购进商品或临时以现金支付劳务报酬费，是否取得当地税务机关提供的临时发票；收购由本企业代完税或依法抵扣增值税的农副产品收购单、付款单，是否有出售人姓名住址以及产品名称、数量、单价、金额，是否有本企业采购人（经手人）、验收、付款（出纳）等有关人员签章。

（四）合理性审核

审核交易或事项的发生是否符合事先制订的有关交易或事项计划、预算等的要求，有无不讲经济效益、脱离目标的现象，是否符合费用开支标准，有无铺张浪费的行为等。

（五）技术性审核

主要是对照前述原始凭证的填制要求进行审核。首先，审核原始凭证的各构成要素是否齐全；其次，审核各要素内容填制是否正确、完整、清晰，特别是对凭证中所记录的数量、金额的正确性要进行认真审核，检查金额计算有无差错、大小写金额是否一致等；最后，审核各经办单位和人员签章是否齐全。

审核原始凭证是一项政策性、业务性很强，十分细致的工作，因此，要求会计人员既要熟悉有关财经政策、法规、制度，又要了解本单位生产经营情况，同时，还要求会计人员做到认真、细致、逐项进行审核。所以，会计人员应当不断提高自身的政策水平、业务水平，增强责任心，严把审核关。

会计人员对审核不真实、不合法的原始凭证，不予受理；对记载不明确、不完整的原始凭证，应予以回绝并要求更正、补充。

七、原始凭证错误的更正

会计机构、会计人员必须按照国家统一的会计制度的规定对原始凭证进行审核，对不真实、不合法的原始凭证有权不予接受，并向单位负责人报告；对记载不准确、不完整的原始凭证予以退回，并要求按照国家统一的会计制度的规定更正、补充。

为了规范原始凭证的填制，明确相关人员的经济责任，防止舞弊，《中华人民共和国会计法》（以下简称《会计法》）第十四条规定了原始凭证错误更正的具体要求。

（1）原始凭证所记载的各项内容均不得涂改。随意涂改的原始凭证为无效凭证，不得作为填制记账凭证或登记会计账簿的依据。

（2）原始凭证记账内容有错误的，应当由出具单位重开或更正，并在更正处加盖出具凭证的单位印章。

（3）原始凭证金额出现错误的，应当由原始凭证出具单位重新开具，不得在凭证上直接更正。

（4）原始凭证开具单位应当依法开具准确无误的原始凭证。对于填制有误的原始凭证，负有更正和重新开具的法律义务，不得拒绝。

第三节 记账凭证

一、记账凭证的概念

记账凭证，顾名思义是用于登记会计账簿而设计的会计凭证，准确地说是指根据审核无误后的原始凭证填制的，用来确定应借应贷账户名称及其金额、表明业务处理或发生日期、简要说明交易或事项发生或完成等情况，并由有关会计人员签章、直接作为记账依据的会计凭证。由于记账凭证在用来登记账簿时涉及的不止是一个账簿，可能需要在多个会计人员之间传递登记，所以，也将其称为“传票”。实际会计工作中，前面我们对交易或事项叙述（相当于交易或事项发生后取得原始凭证）后编制会计分录就是通过填制记账凭证实现的，而确定会计分录也是填制记账凭证的核心内容。因此也可以说，记账凭证是会计分录的载体。

二、记账凭证的种类

为了正确认识和使用记账凭证，应当按照不同的分类标准对记账凭证进行分类。

（一）按适用的交易或事项不同，可分为通用记账凭证和专用记账凭证

通用记账凭证是适用于任何交易或事项的记账凭证。即无论何种业务均采用相同格式的记账凭证。

专用记账凭证是专门用于记录某一类交易或事项的记账凭证。按其记录的交易或事项与货币资金收付的关系分为收款凭证、付款凭证和转账凭证。这有利于分类检查交易或事项的发生情况。

收款凭证是指反映现金、银行存款收入业务的记账凭证。具体可分为现金收款凭证和银行存款收款凭证。

付款凭证是指反映现金、银行存款支付业务的记账凭证。具体可分为现金付款凭证和银行存款付款凭证。

转账凭证是指反映与现金、银行存款收付无关的交易或事项（转账业务）的记账凭证。

（二）按填制的方式不同，可分为单式记账凭证和复式记账凭证

单式记账凭证是指把一项交易或事项所涉及的借贷双方会计科目及金额分别填列在不

同的记账凭证中,每张凭证只填列一个会计科目及相应金额的记账凭证。

复式记账凭证是指把一项交易或事项所涉及的借贷双方会计科目及金额集中填列在一张凭证中的记账凭证。

(三)按汇总方式不同,可分为分类汇总记账凭证和综合汇总记账凭证

分类汇总记账凭证是指分别对收款凭证、付款凭证、转账凭证定期进行汇总的记账凭证,分别称为汇总收款凭证、汇总付款凭证和汇总转账凭证。

综合汇总记账凭证是指定期对全部记账凭证按照相同会计科目进行汇总的记账凭证,称为科目汇总表或记账凭证汇总表。

三、记账凭证的构成要素

各单位依据自身经营业务特点,可设计、使用不同格式的记账凭证。但出于确定会计分录,据以登账这一共同目的,所有记账凭证都必须具备以下内容:①记账凭证的名称和编号;②记账凭证的填制日期;③交易或事项的内容摘要;④应借应贷总账账户及其所属的相关明细账户名称和金额;⑤所附原始凭证张数;⑥填制凭证人员、稽核人员、记账人员、会计机构负责人、会计主管人员签名或盖章。收款、付款记账凭证还应当由出纳人员签名或盖章。

四、记账凭证的填制要求

记账凭证的填制与传递程序一般是:①审核原始凭证,如果需要,还要将业务相同的原始凭证加以归类汇总,编制原始凭证汇总表;②根据交易或事项和记账凭证的内容、格式及填制方法,填制记账凭证;③填制完毕后,交有关人员审核;④交有关会计人员登记会计账簿(必要时根据记账凭证填制汇总记账凭证并据以登记账簿),制证、审核、记账、主管、出纳等会计人员都应作相应签章;⑤期末装订存档保管。其核心是记账凭证的填制。

记账凭证的填制,是在对原始凭证进行整理、分类的基础上,按照借贷复式记账方法,确定交易或事项所涉及的账户名称、记账方向及金额(即确定会计分录的工作),是会计核算的重要环节。记账凭证是登账的直接依据,在填制时应遵循以下要求。

(一)基本要求

(1)审核无误。即在对原始凭证审核无误的基础上填制记账凭证。这是内部牵制制度的一个重要环节。

(2)内容完整。即记账凭证应该包括的内容都要具备。应该注意的是,以自制的原始

凭证或者原始凭证汇总表代替记账凭证使用的，也必须具备记账凭证所应有的内容；记账凭证的日期一般为编制记账凭证当天的日期，按权责发生制原则计算收益、分配费用、结转成本利润等调整分录和结账分录的记账凭证，虽然需要到下月才能编制，仍应填写当月月末的日期，以便在当月的账内进行登记并结账。

(3) 分类正确。即根据交易或事项的内容，正确区别不同类型的原始凭证，正确应用会计科目。在此基础上，记账凭证可以根据每一张原始凭证填制，或者根据若干张同类原始凭证汇总编制，也可以根据原始凭证汇总表填制，但不得将不同内容和类别的原始凭证汇总填制在同一张记账凭证上。

(4) 连续编号。即记账凭证应当连续编号。这有利于分清会计事项处理的先后顺序，便于记账凭证与会计账簿之间的核对，确保记账凭证的完整。

（二）具体要求

(1) 除结账和更正错误外，记账凭证必须附有原始凭证并注明所附原始凭证的张数(用汉字大写数字)。所附原始凭证张数的计算，一般以原始凭证的自然张数为准。与记账凭证中的交易或事项记录有关的每一张证据，都应当作为原始凭证附件。如果记账凭证中附有原始凭证汇总表，则应该把所附的原始凭证和原始凭证汇总表的张数一起计入附件的张数之内。但报销差旅费的零散票券等，可以粘贴在一张纸上，作为一张原始凭证。一张原始凭证如涉及几张记账凭证的，可以将该原始凭证附在一张主要的记账凭证后面，在其他记账凭证摘要栏内注明"××单据见××号记账凭证"等字样或者附上该原始凭证的复印件。

(2) 一张原始凭证所列的支出需要由两个以上的单位共同负担时，应当由保存该原始凭证的单位开给其他应负担单位"原始凭证分割单"。原始凭证分割单必须具备原始凭证的基本内容，包括凭证的名称、填制凭证的日期、填制凭证单位的名称或填制人的姓名、经办人员的签名或盖章、接受凭证单位的名称、交易或事项内容、数量、单价、金额和费用的分担情况等。

(3) 记账凭证编号的方法有多种，可以按现金收付、银行存款收付和转账业务三类分别编号，也可以按现金收入、现金支付、银行存款收入、银行存款支付和转账业务五类进行编号，或者将转账业务按照具体内容再分成几类编号。各单位应当根据本单位业务量大小、繁简程度以及财务人员多少、分工情况等来选择便于记账、查账、内部稽核而又简单严密的编号方法。无论采用哪一种编号方法，都应该按月顺序编号，即每一类记账凭证每月都从 1 号编起，顺序编至月末。一笔交易或事项需要填制两张或两张以上记账凭证的，可以采用分数编号法编号，如 51 号转账业务的会计分录需要填制三张记账凭证，这三张记账凭证就可以依次分别编成转字 $51^{1}/_{3}$、转字 $51^{2}/_{3}$、转字 $51^{3}/_{3}$号。

(4) 填制记账凭证时如果发生错误，应当重新填制。已经登记入账的记账凭证在当年内发现错误的，可以用红字注销法进行更正。在会计科目应用上没有错误，只是金额错误的情况下，也可以按正确数字同错误数字之间的差额，另编一张调整记账凭证。发现以前年度的记账凭证有错误时，应当用蓝黑字填制一张更正的记账凭证。

(5) 实行会计电算化的单位，其机制记账凭证应当符合对记账凭证的一般要求，并应认真审核，做到会计科目使用正确，数字准确无误。打印出来的机制记账凭证上，要加盖制单人员、出纳人员、审核人员、记账人员和会计主管人员的印章或者签字，以明确责任。

(6) 记账凭证填制完交易或事项后如有空行，应当在金额栏自最后一笔金额数字下的空行处至合计数上的空行处画线注销。

(7) 正确编制会计分录并保证借贷平衡。必须根据国家统一会计准则和制度的规定和交易或事项的内容，正确使用会计科目和编制会计分录，记账凭证借、贷方的金额必须相等，合计数必须计算正确。

(8) 摘要应与原始凭证内容一致，能正确反映交易或事项的主要内容，表述简短精练。应能使阅读者通过摘要就能了解该项交易或事项的性质、特征，判断出会计分录的正确与否，且一般不必再去翻阅原始凭证或询问有关人员。

(9) 只涉及现金和银行存款之间相互划转(从银行提取现金或把现金存入银行)的交易或事项，以付款业务为主，即为避免重复记账，只填制付款凭证而不填制收款凭证。

五、记账凭证的格式及填制方法

(一) 专用记账凭证的填制

1. 收款凭证的填制

收款凭证根据现金和银行存款收款业务的原始凭证填制。凡是涉及增加现金(现金和银行存款等货币资金之间相互划转引起现金增加的除外)或者银行存款账户的金额的，都必须填制收款凭证。收款凭证左上方的“借方科目(或账户)”，应填写“库存现金”或“银行存款”；右上方应填写凭证编号。收款凭证的编号一般按“现收××号”和“银收××号”分类，业务量少的单位也可不分“现收”与“银收”，而按收款业务发生的先后顺序统一编号，如“收字××号”。“摘要”栏内填写交易或事项的内容梗概；“贷方科目(或账户)”栏内填写与“库存现金”或“银行存款”科目相对应的总账(一级)科目及其所属明细(二级)科目；“金额”栏内合计数必须是实际收到的现金或银行存款数额；“记账符号”栏供记账员根据收款凭证登记有关账簿后做记号用，表示该项金额已经记入有关账户，以避免重记或漏记。其一般格式及填制方法见表5-8。

表 5-8 **收款凭证**

总字 32 号

借方科目：银行存款 2012 年 6 月 10 日 银收字 20 号

摘要	贷方科目		金额										记账符号
	总账科目	明细科目	千	百	十	万	千	百	十	元	角	分	
收回货款	应收账款	红光公司					3	0	0	0	0	0	
金额合计						￥	3	0	0	0	0	0	

转账收讫

附件 贰 张

会计主管：王继法 记账：章 雨 复核：施 珂 出纳：李海存 制证：肖 娅

2. 付款凭证的填制

付款凭证根据现金和银行存款付款业务的原始凭证填制。凡是涉及减少现金或者银行存款账户的金额的，都必须填制付款凭证。付款凭证的填制方法和要求与收款凭证基本相同，不同的只是在付款凭证的左上方应填列贷方科目(或账户)“库存现金”或“银行存款”，这是因为现金和银行存款的减少应记在账户的贷方；付款凭证的对应科目为“借方科目(或账户)”，需填写与现金或银行存款支出业务有关的总账(一级)科目和明细(二级)科目。其一般格式及填制方法见表 5-9。

表 5-9 **付款凭证**

总字 56 号

贷方科目：银行存款 2012 年 6 月 12 日 银付字 18 号

摘要	借方科目		金额										记账符号
	总账科目	明细科目	千	百	十	万	千	百	十	元	角	分	
支付利息	财务费用	利息支出						9	0	0	0	0	
金额合计							￥	9	0	0	0	0	

转账付讫

附件 壹 张

会计主管：王继法 记账：章 雨 复核：施 珂 出纳：李海存 制证：肖 娅

3. 转账凭证的填制

转账凭证根据不涉及现金和银行存款收付的转账业务的原始凭证填制。凡是不涉及现金和银行存款增加或减少的业务，都填制转账凭证。转账业务没有固定的账户对应关系，因此在转账凭证中，要按“借方科目(或账户)”和“贷方科目(或账户)”或“借方金额”和“贷方金额”分别填列有关总账(一级)科目和明细(二级)科目或有关总账(一级)科目和明细(二级)

科的借方发生额和贷方发生额。前一种情况下，借方科目的金额与贷方科目的金额不在同一行内，但一般都在同一行的“金额”栏内填列；后一种情况下，借方科目与贷方科目都在同一“总账科目”、“明细科目”栏内，而借方科目的金额与贷方科目的金额既不在同一行内，也不在同一“金额”栏内填列。其一般格式及填制方法见表 5-10。

表 5-10 转 账 凭 证

总字 67 号

2012 年 6 月 15 日　　转字 05 号

摘要	总账科目	明细科目	借方金额									贷方金额									记账符号
			百	十	万	千	百	十	元	角	分	百	十	万	千	百	十	元	角	分	
材料入库	原材料	白砂糖				1	0	0	0	0	0										
	在途物资	白砂糖													1	0	0	0	0	0	
金　额　合　计						1	0	0	0	0	0				1	0	0	0	0	0	

附件壹张

会计主管：王继法　　记账：章　雨　　复核：施　珂　　出纳：李海存　　制证：肖　娅

（二）通用记账凭证的填制

通用记账凭证的名称为“记账凭证”或“记账凭单”。它集收款、付款和转账凭证于一身，通用于收款、付款和转账等各种类的交易或事项。其格式及填制方法与转账凭证基本相同。其一般格式及填制方法见表 5-11。

表 5-11 记 账 凭 证

2012 年 6 月 15 日　　总字 67 号

摘要	总账科目	明细科目	借方金额									贷方金额									记账符号
			百	十	万	千	百	十	元	角	分	百	十	万	千	百	十	元	角	分	
材料入库	原材料	白砂糖				1	0	0	0	0	0										
	在途物资	白砂糖													1	0	0	0	0	0	
金　额　合　计						1	0	0	0	0	0				1	0	0	0	0	0	

附件壹张

会计主管：王继法　　记账：章　雨　　复核：施　珂　　出纳：李海存　　制证：肖　娅

（三）汇总记账凭证的填制

手工记账方式下，如果根据记账凭证逐笔登记总账工作量很大，可以先填制记账凭证汇总——科目汇总表，然后再据以登记总账。科目汇总表的填制方法一般如下：①填写记账凭证汇总表的日期、编号和会计科目名称。汇总表的编号一般按年顺序编列，汇总表上会计科目名称的排列应与总账科目的序号保持一致。②将需要汇总的记账凭证，按照相同的会计科目名称进行归类。③将相同会计科目的本期借方发生额和贷方发生额分别加总，计算出合计金额。④将每一会计科目的合计金额填入汇总表的相关栏目。⑤合计汇总表的本期借方发生额和本期贷方发生额合计数，双方合计数应该相等。其一般格式及填制方法见表5-12。

表5-12 **科目(发生额)汇总表**

编制单位：郑州美佳食品厂 2012年6月份 编号：科汇字1201

总账科目	借方发生额	贷方发生额
库存现金	60 200	60 800
银行存款	136 890	331 600
应收账款	136 890	
其他应收款	500	500
在途物资	102 000	102 000
原材料	102 000	100 600
生产成本	155 000	155 000
制造费用	65 000	65 000
库存商品	215 600	144 600
固定资产	100 000	
待处理财产损溢	600	
累计折旧		29 400
坏账准备		200
应付账款	147 000	117 000
应交税费	46 400	45 360
应付股利		13 000
实收资本		100 000
盈余公积		1 302
利润分配	11 302	13 020
本年利润	234 100	234 100
主营业务收入	234 000	234 000
其他业务收入	100	100
主营业务成本	139 600	139 600
销售费用	20 000	20 000
管理费用	54 900	54 900
财务费用	1 000	1 000
所得税费用	5 580	5 580
总计	1 968 662	1 968 662

审核：王继法 制证：肖 娅

(四)计算机用记账凭证的编制

以上几种情况都是手工账务处理时凭证的填制方法。如果采用计算机进行账务处理,尽管各种软件所设计的记账凭证格式并不完全相同,但如前所述,机制记账凭证应当符合对记账凭证的一般要求。打印出来的机制记账凭证上,要加盖制单人员、出纳人员、审核人员、记账人员和会计主管人员的印章或者签字,以明确责任,而且根据计算机进行账务处理的特点,一般都采用通用格式的记账凭证。具体的机制记账凭证的填制及相关账务处理在后续课程中继续学习,本教材主要介绍手工记账方式下有关凭证填制及相关的账务处理。

(五)其他记账凭证的填制

以上记账凭证在一张凭证中可以从双方反映一项交易或事项的来龙去脉,即某项业务引起的两个或两个以上会计科目的变动情况,均在一张凭证中得到了反映,因此都可称为复式记账凭证。相对于复式记账凭证的是单式记账凭证,即把一项交易或事项所涉及的借方会计科目及金额、贷方会计科目及金额分别填制记账凭证。以借方会计科目填制的记账凭证称借项记账凭证,以贷方会计科目填制的记账凭证称贷项记账凭证。

兼有原始凭证和记账凭证双重作用的记账凭证称之为联合记账凭证。为了简化记账凭证的填制工作,对于有些转账业务,可以在印有应借、应贷科目专栏的原始凭证或原始凭证汇总表中进行填制。该原始凭证或原始凭证汇总表既可以反映交易或事项的发生情况,既起到了原始凭证的作用,又起到了据以登记账簿即记账凭证的作用,所以可称其为联合记账凭证。

(六)记账凭证填制中其他应注意的问题

1. 记账凭证日期的填写

现金的收付款凭证,应以出纳人员实际收付款的日期为编制日期;银行存款的收付款凭证,应按银行的盖章日期填写,以便于与银行对账;转账凭证按交易或事项发生或完成日期填写;调整账目、成本计算、财产清查、结账等,在结账期间均按月终(或年终)日期填写;记账凭证应按日期顺序编制,前后日期不可颠倒。现金收付款凭证和银行结算凭证应是先填收款凭证,后填付款凭证,以免登账时出现红字余额。

2. 会计科目的填写

会计科目、子目应按相关会计准则和制度的规定填写中文全称,并不得改变其核算内容;先写借方科目,后写贷方科目;按记账凭证格式顺序填写,科目之间不留空格,遇有相同会计科目时要逐个填写科目全称,不得用点点("、、、、")代替,使用会计科目图章的,要与横格底线平行盖正。

3. 摘要的填写

摘要意思要完备，文字要简短；字迹要端正、清楚，不能乱造乱用简化字。

4. 金额的填写

金额的填写要与会计科目及摘要相联系，一张凭证只有一借一贷时可不必合计，但一借多贷、多借一贷或多借多贷时，填写的金额必须合计。

5. 附件整理方法

完成记账后，应定期对各种会计凭证加以整理，以便于妥善保管、备查和装订成册。整理时一般以左上角为标准，用大头针或回形针钉住，或用胶水黏住，不致脱落；格式不同、大小不一的原始凭证要进行整理；经常查阅的原始凭证（如工资表）可填写一式两份，其中一份单独装订和保管；某些需要单独保管的重要凭证可将复印件附入记账凭证；个别交易或事项内容和经过比较复杂的，应抄录收发文号及简要内容作为附件。

6. 记账凭证的编号

记账凭证应及时按顺序连续编号，不得漏号、重号、错号。编制凭证时应立即编号，以免散失。如有漏号，应补编一张漏号的空白记账凭证插入，摘要写明编号，金额划销；如有重号，只能作为某一号的副号。

7. 传递

记账凭证编制完毕后，交稽核员审核，然后交会计主管签章，记账员登记账簿并签章。会计凭证应及时传递，不得积压。

六、记账凭证的审核

记账凭证是登账的直接依据，为了保证账簿记录的正确性，记账凭证填制完毕以后，必须进行认真审核。审核的主要内容是：是否附有原始凭证，所附原始凭证的内容和张数是否与记账凭证相符；应借、应贷账户名称是否正确，对应关系是否正确清楚，所记金额有无错误，有关人员是否签名或盖章等。出纳人员在办理收款或付款业务后，应在凭证上加盖“收讫”或“付讫”的戳记，避免重收重付。

在审核中，如发现记账凭证有差错或遗漏，应按规定及时更正或补充；如已登记入账，要按规定方法进行更正；对伪造、涂改记账凭证等现象，应严厉制止并纠正。只有审核无误的记账凭证才能据以入账。

第四节 会计凭证的传递、整理与保管

一、会计凭证的传递

会计凭证的传递，是指会计凭证从填制、审核、整理、记账、装订到归档保管为止，在本单位内部有关部门和人员之间，按照规定的路线、时间进行传递、处理的程序。

一项交易或事项，往往要由单位内部若干职能部门分工完成。例如，材料采购入库业务，要由采购部门、仓库部门、财会部门共同完成。因此，会计凭证也要随着交易或事项的进程在这些部门之间进行传递。一般地，根据采购材料取得的"发货票"等有关原始凭证并经采购人员、采购部门负责人签章后连同材料一并送交仓库据以验收入库，并填制"收料单"原始凭证，一般一式三份，一份仓库留存，一份交采购部门存查，一份连同"发货票"等送交财会部门。财会部门经过审核后，即可填制采购成本发生、结转入库材料采购成本的记账凭证并登记有关账户。材料采购的上述有关原始凭证、记账凭证登账后，就可装订归档保管。

可见，正确及时组织会计凭证的传递，对于及时传递交易或事项信息、有效组织经济活动、提高会计工作质量、实行会计监督具有重要意义。会计凭证的传递是会计核算得以正常、有效进行的前提，科学合理的传递程序应能保证会计凭证在传递过程中的安全、及时、准确和完整。及时传递会计凭证不仅对及时进行会计核算来说是必要的，而且对会计凭证获得必要的保管也是十分关键的。传递不及时，会计凭证散失的可能性就会加大。因此，会计部门应在调查研究的基础上，会同有关部门共同制定、贯彻执行会计凭证传递程序。

各单位会计凭证的传递程序应当科学、合理。在确定传递程序时，应根据会计业务需要和具体情况，如核算工作量的大小、机构及职责设置的繁简、会计内部分工及职能分割的粗细等。既要防止无序传递，又要防止形式化。

二、会计凭证的整理

会计凭证是单位重要的经济资料，是会计档案的重要组成部分。因此，登记账簿以后要定期对会计凭证进行归类整理。会计凭证整理的具体方法和要求如下。

（一）编号

会计凭证登记完毕后，应当按照分类和编号顺序整理，检查有无缺号、重复编号情况，记账凭证所附原始凭证是否齐全，不得散乱丢失。分类和编号是保管会计凭证的重要方法和手段，也是方便检索的有效措施。

（二）装订

记账凭证应当连同所附的原始凭证或者原始凭证汇总表，按照编号顺序折叠整齐，按期装订成册并加具封面，注明单位名称、年度、月份、起讫日期、凭证种类、起讫号码，由装订人在装订线封签处签名或者盖章。

一本凭证，厚度一般以 1.5～2.0 厘米为宜。过薄，不利于戳立放置；过厚，不便于翻阅核查。每册的厚薄应基本保持一致，但也不能把几张应属一份记账凭证附件的原始凭证拆开装订在两册之中，要做到既美观大方又便于翻阅。凭证装订的各册一般以月份为单位，每月订成一册或若干册。凭证少的单位，可以将若干个月份的凭证合并订成一册，在封皮注明本册所含的凭证月份。

对于数量过多的原始凭证，可以单独装订保管，在封面上注明记账凭证日期、编号、种类，同时在记账凭证上注明“附件另订”和原始凭证名称及编号。会计凭证档案封面一般格式见表 5-13。

表 5-13　　　　会计凭证档案封面

单位名称 凭证名称 年　月　本月共　册　本册为第　册
本册起止号码：自　字　号至　号
本册起止日期：自　月　日起至　月　日止
附注

会计主管：（签字）　　会计：（签字）　　装订：（签字）

各种经济合同、存出保证金收据以及涉外文件等重要原始凭证，应当另编目录，单独登记保管，并在有关的记账凭证和原始凭证上相互注明日期和编号。

（三）归档

年度结束后，会计凭证应归入档案。

三、会计凭证的保管

会计凭证整理后应指定专人负责保管，年度终了后，应移交档案室登记归档并严格调阅制度。

（一）复制

一般情况，原始凭证不得外借，其他单位如因特殊原因需要使用原始凭证时，经本单位会计机构负责人、会计主管人员批准，可以复制。向外单位提供的原始凭证复制件，应当在专设的登记簿上登记，并由提供人员和收取人员共同签名或者盖章。

本单位人员调阅会计凭证，也应办理有关手续，如登记调阅档案名称、调阅日期、调阅人、归还时间等。

（二）遗证

从外单位取得的原始凭证如有遗失，应当取得原开出单位盖有公章的证明，并注明原来凭证的号码、金额和内容等，由经办单位会计机构负责人、会计主管人员和单位领导人批准后，才能代作原始凭证。如果确实无法取得证明的，如火车、轮船、飞机票等凭证，由当事人写出详细情况，由经办单位会计机构负责人、会计主管人员和单位领导人批准后，代作原始凭证。

各种会计凭证应按会计档案保管的有关规定，保存一定的年限，以便检查单位的经济活动情况。会计凭证保管期满后，应按规定进行销毁。销毁时，须开列清单，报经批准后由财会部门和档案部门会同销毁，并在销毁清单上签章，以便明确责任。

练习题 1

一、目的：练习对会计凭证的初步认识。

二、资料：2012 年 5 月 27 日厂办宋国光接受办公室主任王恒委派到北京代表厂部联系业务员培训事宜，随后他到厂财务处借现金 5 000 元，并于当晚 10 点多乘坐火车（硬座）起程。28 日早晨到北京后即到相关部门联系，下午谈妥事宜后再买火车票已无卧铺，随后他订购了 30 日晚上 10 点多的火车（卧铺），并于当晚在一家宾馆住下。29 日及 30 日白天无事，恰好小宋从宁波某大学汉语本科专业毕业刚分到厂部当文秘半年，以前也没有到过北京，于是他便一人到故宫、颐和园、长城等景点参观。31 日早晨赶回厂部后刚好由于元旦放假调休，虽是星期天但仍正常上班，于是便把本次出差的票据粘贴好后报销，其中火车票 280 元（2 张）、市内交通票 365 元（12 张）、住宿发票 750 元（1 张）、旅游门票 380 元（5 张）、预交押金 3 000 元（1 张），杂支 10 元（买车票手续费 2 张），并准备把没有花完的 215 元现金退回。小宋见了王主任第一句话就说:“到北京出差是比较好玩,但也太费钱了,半年攒的积蓄基本上花光了。”

三、要求:请到你所熟悉的企业、事业行政单位了解有关人员出差的相关规定及会计处理中的实际情况,在此基础上讨论回答以下问题。

1. 小宋报销的凭据中有没有不属于原始凭证的?为什么?

2. 小宋对于出差时取得的相关凭证应注意哪些问题?

3. 小宋出差共涉及哪些会计凭证?

4. 小宋本次出差涉及的会计凭证的传递情况怎样?

5. 小宋在报销中会遇到哪些可能的问题?会计人员会如何处理?

练习题 2

一、目的:初步认识会计凭证的作用及法律效果。

二、资料:

某市国税局在进行一次税收专项检查中,发现某企业上一年度有利用会计凭证造假抵扣增值税税款的现象。经过内查外调,确认该纳税人涉嫌伪造会计付款凭证,虚构支出,抵扣增值税进项税款 135 万元。

税务人员检查时,根据该纳税人的凭证记载,购进材料金额计 1 038.5 万元(不含税),运用农产品收购发票抵扣税款 135 万元,货款以银行存款的形式支付,程序符合规定。可是税务检查人员在对记账凭证后所附原始单据工商银行电汇凭证审核发现:资金从该纳税人基本账户——中国工商银行某支行某某账号汇到多个“农业生产者”等个人账户。税务检查人员办理相应手续后,到涉及的中国工商银行各网点核对。在对该纳税人的基本账户有资金往来进行查询时,该基本户并没有一笔上述各项资金的付出。再认真核对原始单据——工商银行的电汇凭证,属于自行填开而无实际资金支出。该企业涉嫌伪造虚假会计凭证,进行虚假收购,虚抵进项税 135 万元。

根据《中华人民共和国税收征收管理法》(以下简称《税收征收管理法》)第六十三条第一款规定“纳税人伪造、变造、隐匿、擅自销毁账簿、记账凭证,或者在账簿上多列支出或者不列、少列收入,或者经税务机关通知申报而拒不申报或者进行虚假的纳税申报,不缴或者少缴应纳税款的,是偷税。对纳税人偷税的,由税务机关追缴其不缴或者少缴的税款、滞纳金,并处不缴或者少缴的税款百分之五十以上五倍以下的罚款;构成犯罪的,依法追究刑事责任”。税务机关据此认定该纳税人属偷税行为,需要追缴增值税税款 135 万元;按照《税收征收管理法》第三十二条的规定,从滞纳之日起按日加收万分之五的滞纳金;按照《国家税务总局偷税案件行政处罚标准(试行)》(国税稽查函[2000]10 号)第五条第一项“纳税人偷税有下列情形之一的,处以偷税数额 1 倍以上 3 倍以下的罚款:伪造、变造账簿、会计凭证的”的规定，处以罚款135万元。

该纳税人偷税数额在10万元以上，占同期应纳税税额的10%，按照《中华人民共和国刑法》第二百零一条第一款"纳税人采取伪造、变造、隐匿、擅自销毁账簿、记账凭证，在账簿上多列支出或者不列、少列收入，经税务机关通知申报而拒不申报或者进行虚假的纳税申报的手段，不缴或者少缴应纳税款，偷税数额占应纳税额的百分之十以上不满百分之三十并且偷税数额在一万元以上不满十万元的，或者因偷税被税务机关给予二次行政处罚又偷税的，处三年以下有期徒刑或者拘役，并处偷税数额一倍以上五倍以下罚金；偷税数额占应纳税额的百分之三十以上并且偷税数额在十万元以上的，处三年以上七年以下有期徒刑，并处偷税数额一倍以上五倍以下罚金"的规定，需要对该纳税人的相关人员处三年以下有期徒刑或者拘役，并处偷税数额一倍以上五倍以下罚金。按照国家法律规定，行政罚款可折抵罚金。

三、要求：根据以上案例，思考回答以下问题。

1. 据此谈谈会计凭证的作用有哪些？

2. 会计凭证为什么要真实？

3. 查找资料，了解会计人员在什么情况下会承担哪些与会计凭证相关的法律责任。这些法律责任主要有哪些？

练习题3

一、目的：练习会计凭证的具体填制方法，并进一步理解借贷记账法的应用及会计分录的编制。

二、资料：到你比较熟悉的中小型制造业企业进行调查，然后根据河南红星五金厂2011年12月份发生的以下交易或事项，完成要求。

1. 1日，从银行提取现金5 000元备用。

2. 1日，领用甲材料20吨，每吨1 000元，计20 000元。其中，生产产品领用18吨，10吨为A产品所用，8吨为B产品所用；车间修理领用1吨；厂部行政管理部门维修领用1吨。

3. 2日，采购员张伟借差旅费2 000元，以现金支付。

4. 3日，销售A产品给洛阳万能五交化商店，销售数量为300件，每件500元，计150 000元，款项均未收到。

5. 4日，采购乙材料80吨，每吨1 200元，计96 000元，款项尚未支付。

6. 6日，接银行收款通知，收回洛阳万能五交化商店前欠货款175 500元。

7. 7日，签发转账支票支付应交所得税10 925元，消费税10 000元，增值税20 000元。

8. 7日，采购甲材料100吨，每吨1 000元，计100 000元，签发转账支票予以支付。

9. 8日，用现金500元向郑州通达运输服务公司支付上述甲材料运杂费。

10. 9日，销售A产品150件给郑州金荔五交化商店，每件500元，计75 000元，款项已收到存入银行。

11. 10日，签发现金支票支付产品宣传费给郑州扬名广告公司30 000元。

12. 10日，从银行提取现金75 000元，备发职工薪酬。

13. 11日，以库存现金75 000元发放职工薪酬。

14. 13日，采购员张伟到苏州出差归来报销差旅费1 800元，退回现金200元。

15. 16日，根据银行付款通知，用存款234 000元归还前欠新华工厂货款。

16. 19日，收到现金16 000元，系出租车床的租金收入。

17. 21日，收取现金2 000元，系对平顶山市利通五金店的违约罚款收入。

18. 23日，向工商银行郑州淮河路支行借入半年期借款40 000元，银行通知已转入本企业存款户头。

19. 25日，用现金1 000元，支付购买复印纸、稿纸、签字笔等办公用品费。

20. 25日，将库存现金3 000元存入银行。

21. 30日，签发转账支票支付本月电费4 000元，电费耗用情况为：A产品生产耗用2 000元，B产品生产耗用1 000元；生产车间管理耗用300元；厂部管理耗用700元。

22. 30日，收到购买的上海宏达高新技术股份有限公司债券的利息收入100 000元，存入银行。

23. 31日，结转入库甲材料100吨，采购成本100 500元；入库乙材料80吨，采购成本96 000元。

24. 31日，计算分配本月应付职工薪酬65 000元，其中分配给A产品20 000元，B产品10 000元；制造费用15 000元，管理费用20 000元。

25. 31日，计提本月固定资产折旧3 000元。其中，生产车间固定资产折旧2 000元，厂部行政管理用固定资产折旧1 000元。

26. 31日，结转本月已销A产品450件的成本，每件成本为400元。

27. 31日，计提确定本月销售产品的消费税45 000元，城市维护建设税3 150元，教育费附加1 020元。

28. 31日，预提应由本月负担而尚未支付的银行借款利息280元。

29. 31日，分配结转本月制造费用21 400元，其中A产品负担14 267元，B产品负担7 133元。

30. 31日，结转本月完工的A产品生产成本49 067元，B产品生产成本27 533元。

31. 31日，计算确定本月应交所得税15 000元。

32. 31日，结转各损益类账户的本期发生净额，其中："主营业务收入"225 000元，"其他业务收入"16 000元，"投资收益"100 000元，"营业外收入"2 000元；"主营业务成本"180 000元，"其他业务成本"12 000元，"营业税金及附加" 49 170元，"销售费用"30 000元，

"管理费用"28 300 元,"财务费用"280 元,"所得税费用"15 000 元。

33. 31 日,按税后净利润的 10%提取法定盈余公积金,并宣告向投资者分配利润 200 000 元,但尚未支付。

三、要求:根据上述资料,编制相应的收款凭证、付款凭证或转账凭证。编制记账凭证时注意包括明细科目在内的会计科目的正确应用,并指明所依据的原始凭证的名称及种类。

第六章 会计账簿

本章学习提示

本章重点：设置账簿的意义和种类、各种账簿的登记方法、总分类账与明细分类账的平行登记、错账更正方法、登账、对账和结账规则

本章难点：各类账簿设置的意义及其相互关系，错账类型及其对应的更正方法

第一节 会计账簿及其功能

在会计核算工作中，各会计主体对日常发生的交易或事项，都必须取得或填制原始凭证，并加以审核确认，据以编制记账凭证。但是，仅通过记账凭证还不能把会计主体某一时期内的所有会计信息全面、连续、系统、分类地反映出来。因为记账凭证中反映的会计信息只是将发生的交易或事项进行会计化的第一步，是分散的、孤立的、缺乏系统性的。为解决这一问题，就需要一种把会计凭证上的信息加以集中和归类整理的会计信息载体——会计账簿。

一、会计账簿的概念

会计账簿简称为账簿，是由一定格式而又相互联系的账页组成，以审核无误的会计凭证为依据(主要是记账凭证)，用以全面、连续、系统地记载会计主体发生的交易或事项的簿籍。设置和登记会计账簿是会计核算方法中的重要方法之一，各会计主体都应根据有关会计法规的规定设置和登记会计账簿。根据会计核算手段的不同，会计账簿可采用不同的介质形式。在手工系统下，会计账簿采用纸质形式；而在IT环境下，会计账簿除了以磁性介质存储以外，还必须以纸质形式打印出来并装订成册。

账簿和账户既有区别，又有联系。账户是在账簿中按规定的会计科目开设的户头，用来反映某一会计科目所核算的交易或事项，而账簿是账户的实物载体。每一个账户由若干张账页组成（一般而言，一个账户由多少张账页组成，要视该账户所反映交易或事项内容数量的多少来决定），所有的账户构成账簿。

二、会计账簿的种类

为了正确地认识会计账簿，需要根据不同的标准对其进行分类，而最常见的是按账簿的用途和外表形式进行分类。

（一）按账簿的用途分类

账簿的用途是指各种账簿的使用范围或使用过程中所具有的功能。账簿按其用途可分为以下几类。

1. 日记账簿

日记账簿又称序时账簿，简称日记账或序时账，是按交易或事项发生时间的先后顺序，逐日逐笔登记的账簿。它可以是序时登记全部交易或事项的账簿，称为普通日记账；也可以是序时登记某类交易或事项的账簿，称为特种日记账，如“现金日记账”、“银行存款日记账”、“转账日记账”。普通日记账是否需要设置，各单位可根据自身的业务特点和管理要求而定；特种日记账中的“现金日记账”和“银行存款日记账”，各单位都必须设置。设置日记账有利于系统地反映不同时日会计主体发生的交易或事项，加强会计主体的经营管理。

2. 分类账簿

分类账簿是区别不同账户分类登记交易或事项的账簿，简称分类账。账户按提供指标详细程度可分为总分类账户和明细分类账户，分类账也因此分为总分类账和明细分类账两种。

总分类账是所有会计主体都必须设置的账簿。根据总分类账户开设的账簿，叫总分类账，简称总账。总分类账既可以集中地反映全部交易或事项的变化情况，也可以反映不同种类的交易或事项在变化中所造成的相互影响以及它们之间的相互关系。

根据明细分类账户开设的账簿，叫明细分类账，简称明细账。明细分类账用以反映某类交易或事项的增减变化和结存情况，并可以提供数量、单价等明细信息。

3. 辅助账簿

这类账簿是对某些在日记账和分类账中不能登记或记录不全的交易或事项进行补充登

记的账簿，也称为备查账或会计备忘录。如“租入固定资产登记簿”、“代管委托加工材料登记簿”、“商业汇票登记簿”等。这类账簿是否需要设置、如何设置，可由会计主体根据需要灵活处理。

（二）按账簿的外表形式分类

账簿的外表形式就是指账簿的外在表现形式。账簿按其外表形式可分为以下三种。

(1) 订本账。即把印有专门格式的账页按页码的先后顺序，预先装订在一起的账簿。这种账簿能够避免账页散失和抽换账页。但是，因为账页固定，不能增减，不便于调整各账户页数，如果某一账户预留空白账页过多时，会造成浪费；相反，如果某账户预留空白账页太少，将会使账户记录前后分开，不便于登记和查阅；另外，订本账也不便于分工记账和提高工作效率。因此，订本账适用于重要交易事项的记录，按目前我国的有关会计规定，现金日记账、银行存款日记款、总分类账应采用订本账。

(2) 活页账。是由若干零散的具有专门格式的账页组成的账簿。这种账簿可根据需要随时添加或抽减账页，有利于分工记账，提高记账的工作效率。但是，活页账容易散失或被抽换，不利于账簿资料的安全、完整。为防止这种弊端，账页必须在使用之前进行编码，并由有关人员在账页上签章，平时可装置在账夹中保管使用，年度终了，装订成固定本册并归档保管。活页账主要适用于各种明细账。

(3) 卡片账。是由若干零散的、具有专门格式的卡片组成的账簿。每一卡片均需编号，登记后按顺序放置在卡片箱内以免散失。这种账簿的优缺点同活页账相同。卡片账主要适用于记录对象存续时间长、日常记录少的资产明细账，最常用的是固定资产明细账，一般称为固定资产卡片。

三、会计账簿的作用

会计账簿对于全面反映会计主体的经营活动、加强经济核算、提高经济效益具有极为重要的作用，主要表现在以下几方面。

（一）提供系统、全面的会计信息

提供会计信息是会计账簿最基本的功能。通过总账、明细分类账的登记，既能系统、全面地提供各类交易或事项的综合会计信息，又能系统、全面地提供某类有关交易或事项的具体会计信息。会计账簿是各类会计信息的数据库，根据其存储的会计信息，可以反映会计主体的交易或事项的具体情况，监督生产经营活动，检查财务计划执行情况，并为会计预测、会计决策提供资料。

（二）加强岗位责任

通过会计账簿的设置和登记，可以明确有关部门、单位或个人的经济责任。例如，通过“固定资产”账户的总分类核算及其明细核算，可以提供各类固定资产的增减变化和结存情况，并由固定资产的使用部门承担其经济责任。加强岗位责任，可以促进有关人员改进工作，提高工作效率，加强资产管理。

（三）保护企业资产的安全与完整

通过设置有关资产的账簿，如设置固定资产、原材料、库存商品、银行存款、库存现金、应收账款等账簿，日常记录这些资产的增减变化和结存情况，确定企业在某一时点上拥有资产的数量；通过定期清查盘点资产，确定其实有数量，并与账面结存数相核对，从而保护企业资产的安全和完整。

（四）为编制财务报表提供依据

登记账簿的最终目的，是为编制财务报表收集和整理相关数据信息，因此，账簿可以称为财务报表的备忘录，到需要编制财务报表时，就可以依据登记无误的账簿的具体内容，经过整理后采用一定的方法编制成综合反映会计信息的财务报表。不仅如此，对财务报表中不清楚或不理解的信息，可以通过查阅账簿资料加以解决。

（五）为审计提供证据

审计是保证市场经济正常运行的“经济警察”，审计监督作为一种经济监督，是市场经济发展所必需的。任何审计活动最终都需要寻找充分的审计证据，而这些证据中，最重要的是来自于会计账簿对交易或事项的记录过程。所以，会计账簿是一种重要的审计证据。

四、设置会计账簿的基本原则

任何会计主体都应当根据本单位交易或事项的特点和经营管理上的要求，设置一定种类的账簿。一般来说，设置账簿应当遵循以下原则。

（一）依法设置原则

《会计法》第三条明确规定：“各单位必须依法设置会计账簿”；同时第四十二条还明确指出：“不依法设置会计账簿”、“私设会计账簿”属严重的违法行为。《会计基础工作规范》第五十六条规定：“各单位应当按照国家统一会计制度的规定和会计业务的需要设置账簿……”

(二) 满足需要原则

账簿的设置要能保证系统、全面地核算和控制经济活动的情况，满足各会计主体经济管理的需要，为经济管理提供总括的和明细的核算资料。

(三) 效益性原则

设置账簿要在保证满足实际需要的前提下，考虑人力和物力的节约，避免重复设账，贯彻“单不重填，账不重设”的原则。

(四) 格式规范原则

账簿的格式应按照所记录交易或事项的内容和需要提供的核算指标进行设计，所要反映的内容、栏目设计、相关责任归属等，要能够满足会计信息处理的需要，符合会计规范的要求。

五、会计账簿的基本内容

会计账簿虽然多种多样，但其基本内容是相同的，主要包括三部分。

(一) 封面

封面用来标明账簿的种类和使用单位，在封面上应写明账户及记账单位的名称。账簿名称如“总分类账”、“现金日记账”、“原材料明细账”等。订本账通常将账簿的名称印刷在封面和账脊上，使用时可不填写；活页账需要在封面中央的卡片上填写账簿名称和使用年度，以便于查找和使用。

(二) 扉页

扉页上标明了“账簿启用及经管人员一览表”，在表中应填明账簿名称、编号、页数、启用日期、经管人员姓名及交接日期、账户目录、主管会计人员签章等，是明确账簿经管责任的重要依据。

(三) 账页

账簿是由账页组成的，账页是记录交易或事项发生的物质载体。在账页上应列明账户名称、总页数和分户页数；账页中应分栏目设置登账日期、凭证字号、摘要、借方金额、贷方金额、余额及其借贷方向等。一般说到账簿的栏目时，主要是指反映金额的“借方、贷方、余额”三个栏目；如果是存货类的明细账，还有反映存货数量的“数量”栏，并附以“单价”栏。只有“借方、贷方、余额”的，俗称为“三栏式”账簿；另有“数量”栏的，俗称为“数量金额式”账簿。

第二节　日　记　账

一、日记账的种类

日记账按所登记的内容不同可分为特种日记账和普通日记账。

（一）特种日记账

特种日记账是专门用来记录某类交易或事项的日记账。按其所记录的内容不同可分为现金日记账、银行存款日记账、销售日记账、转账日记账等。根据我国会计法规的规定，各会计主体必须设置和登记现金和银行存款交易或事项的两种特种日记账。

（二）普通日记账

普通日记账是将会计主体的全部交易或事项按照发生的时间顺序逐笔进行登记的账簿。通常是把每日所发生的每项交易或事项，分别编制成会计分录计入账簿中，因此，普通日记账又称分录簿。

设置和登记日记账，可以保证日常核算的交易或事项信息记录的连续性、完整性和及时性，反映资金运动的具体情况，便于对账和查账。

二、现金日记账和银行存款日记账的登记

由于库存现金和银行存款的重要性，实务中，各会计主体均须设置现金日记账和银行存款日记账，以便及时核算和监督单位的现金、银行存款的收入、付出和结存情况。对于拥有外币现金和银行存款的单位，还需根据不同币种分别设置外币现金日记账和外币银行存款日记账。

现金日记账和银行存款日记账可以根据核算和管理的需要采用不同的账页格式。一般多采用三栏式账页，有时也可采用收付分页式或多栏式账页，对于外币现金及银行存款日记账的登记则需要采用复币式账页。现金日记账和银行存款日记账必须采用订本账。

实行会计电算化的单位，对所发生的收款和付款业务，在输入收款凭证和付款凭证的当日必须打印出现金日记账和银行存款日记账，现金日记账余额需与库存现金核对无误。

（一）三栏式现金日记账和银行存款日记账的登记

实际工作中，现金和银行存款日记账普遍采用的是三栏式账页格式，为便于分析货币资金运动的来龙去脉，一般还设有“对方科目”栏。另外，为了便于与银行对账单进行核对，银行存款日记账的账页中还开设了“付款方式”、“票据号码”两栏。

登记三栏式现金日记账和银行存款日记账，要依据当日审核无误的收款凭证和付款凭证逐笔进行，每一笔业务之后都应计算登记其余额情况。当日交易或事项全部登记完毕后，在最后一笔业务下的摘要栏注明“本日合计”字样，并在其下方画一条通栏红线，将本日借贷双方发生额加算无误后分别填入“借方”和“贷方”金额栏，并将所计算的当日余额填入本行的余额栏，以便同当日的实际发生额和余额进行核对。次日的交易或事项则从合计行的下一行依次连续登记。实际工作中，单位每日的收付不太频繁时，为简化记账手续也可不计算当日合计发生额，而只结算当日余额并记入当日最后一笔业务的余额栏。以现金日记账为例，其账页格式和登记方法如表 6-1 所示。

表 6-1　　现金日记账

2012 年		凭证		摘　要	借　方								贷　方								余　额							
月	日	字	号		十	万	千	百	十	元	角	分	十	万	千	百	十	元	角	分	十	万	千	百	十	元	角	分
2	27			承前页				5	0	0	0	0				3	0	0	0	0			1	5	0	0	0	0
2	27	收	30	提现备用			3	0	0	0	0	0											4	5	0	0	0	0
2	28	付	25	购买办公用品												5	0	0	0	0			4	0	0	0	0	0
2	28	付	26	支付差旅费											1	5	0	0	0	0			2	5	0	0	0	0

注：实务中的三栏式账页也有用收入、支出、结余来代替借方、贷方和余额的。

（二）收付分页式现金日记账和银行存款日记账

现金和银行存款收付比较频繁的会计主体也可以采用收付分页式日记账。这种账簿是在账簿翻开的两张账页上，左方账页为收入（借）方，右方账页为付出（贷）方，收付两方账页分别设置“日期”、“凭证”、“摘要”、“对方科目”、“金额”等栏。收付分页式日记账由于将收入和付出分页记账，有利于集中核算一定单位时期内的收入、付出情况，以便加强对现金和银行存款收付的监督和管理。

登记收付分页式日记账，根据有关收、付款凭证逐笔登记当日发生的全部业务，结算账面收付双方发生额及其余额时，以登记账项多者为限，在左右两页各画一条横线相平，在登记账项较少一方的空白金额处，从左上角至右下角画一红色斜线，用来表明无业务登记。现金(银行存款)收入账页的“摘要”栏，在登记本日收入业务之下填写“本日收入合计”，并加算本日收入金额，在“本日收入合计”之下填写“期初结存”及金额；现金(银行存款)付出账页的“摘要”栏，在登记本日付出业务之下填写“本日付出合计”，并加算本期付出金额，在“本日付出合计”之下，计算并填写“期末结存”及金额。月末，本月收入合计与期初结存、本月付出合计与期末结存分别相加计入合计金额，并在合计金额的上下端各画一条红线表示“月结(即本月结清账目)”，双方合计金额相等表示月结正确。

(三) 复币式现金日记账和银行存款日记账

对于企业所持有的外币现金和银行存款，应按外币种类的不同分设不同的外币现金日记账和银行存款日记账，其账页格式为复币式。它是在三栏式的基础上，将借方、贷方和余额三个金额栏进一步分成“外币金额”、“兑换率”和“人民币金额(记账本位币)”三个小栏目而成，也称为“双三栏式”，以便同时记录各种外币及折合人民币(记账本位币)的增减变化和结存情况。

登记复币式日记账时，借方登记外币金额和折合人民币(记账本位币)金额的增加值及折合人民币(记账本位币)的记账汇率；贷方登记外币金额和折合人民币(记账本位币)金额的减少值及折合人民币(记账本位币)的记账汇率；每日终了，分别计算外币和人民币(记账本位币)余额，记入相应的余额栏，并将人民币余额和外币余额的比值作为账面汇率记入余额栏的“兑换率”栏。复币式日记账的账页格式及登记方法如表6-2所示(以外币银行存款日记账为例)。

表 6-2　　外币银行存款日记账

2012年		凭证		摘要	结算票据		借方			贷方			余额		
月	日	字	号		类别	编号	外币	兑换率	人民币	外币	兑换率	人民币	外币	兑换率	人民币
2	1			年初余额									10 000	7.81	78 100
	2	收	023	借入美元	××	××	50 000	7.82					60 000	7.82	469 200
	3	付	011	购进口商品	××	××				40 000	7.80		20 000	7.80	156 000

(四) 多栏式现金日记账和银行存款日记账

多栏式日记账的账页格式，是在三栏式账页的基础上，将借方按其全部对应科目如“其他应收款”、“应收账款”、“主营业务收入”等分别设置专栏；贷方也按其全部对应科目如“制造费用”、“管理费用”、“原材料”等分别设置专栏，从而形成多栏式日记账。

由于多栏式日记账的栏目过多，账页会因此变得非常庞大，因此实际工作中各会计主体很少采用。

三、转账日记账

对于转账交易或事项较多的单位，可以设置转账日记账，用以核算和记录转账业务。转账日记账可以根据核算要求的不同，采用双栏式或多栏式账页。双栏式转账日记账的金额栏设借方和贷方两栏，用以登记资金的发生额，其账页格式和登记方法与普通日记账相同；多栏式转账日记账是按转账业务所涉及的全部会计科目分设金额栏，而每个科目之下又分设借方和贷方两栏，以分别反映该科目的发生额。

第三节　分　类　账

分类账的特点是按账户分别反映不同类别交易或事项的增减变动情况，分类账又分为总分类账和明细分类账。

一、分类账的作用

设置分类账，便于将原始、孤立的会计信息系统化，方便经营管理的需要。

(1) 通过总分类账，能够对企业单位一定时期内的经济活动情况进行分类、总括、连续地反映。即连续总括地提供资产、负债、所有者权益、成本费用、收入、利润等完整的核算资料。对于全面掌握会计主体的财务状况和经营成果，加强经营管理具有十分重要的作用。

(2) 通过明细分类账，可以对有关总分类账进行补充说明，便于了解某类交易或事项的详细情况。

(3) 通过分类账，能够弥补日记账的不足。日记账的特点是序时、连续地反映特种交易或事项情况，它不能对全部交易或事项进行分类、总括地反映，因而不能从各类交易或事项的增减变化中分析、掌握会计主体经济活动的特点，并进行有效的经营管理。而分类账恰好弥补了日记账的这一缺陷。

(4) 分类账是编制财务报表的主要依据。无论是财务状况表还是综合收益表，报表中多数项目名称与总分类账户的名称相似，说明报表中绝大部分项目的填制依据出自分类账。因此，以总分类账为主、明细分类账为辅，形成财务报表编制所需的数据资料。

二、总分类账的登记

总分类账（总账）是各会计主体的一种重要账簿，它既能提供某类总括会计信息，为编制财务报表提供依据，又能统御日记账和明细账，以保证会计账簿记录的正确性。总分类账一般采用订本式，如采用活页式，年末必须装订成册。总分类账的账页格式一般采用三栏式，也可采用多栏式或棋盘式。

（一）三栏式总分类账的登记

三栏式总分类账的登记方法有以下两种。

1. 逐笔登记

根据记账凭证直接逐笔登记总分类账。采用这种方法登记的总分类账既能提供总分类指标，又能提供具体资料，还可省去编制汇总记账凭证的工作，简化核算步骤，适用于交易或事项较少的小型企业。

2. 汇总登记

根据汇总记账凭证或多栏式日记账的汇总结果登记总分类账。采用这种方法登记总分类账时，首先应对一定时期的交易或事项进行汇总，再将汇总结果记入总分类账，这样可以简化总分类账登记的工作量。这种方法适合于交易或事项较多的大中型企业。

三栏式总分类账账页和登记方法如表 6-3 所示。

表 6-3　　总分类账

账户名称：管理费用

2012年		凭证		摘要	借方								贷方								借或贷	余额							
月	日	字	号		十	万	千	百	十	元	角	分	十	万	千	百	十	元	角	分		十	万	千	百	十	元	角	分
2	6			承前页			7	5	0	0	0	0									借			7	5	0	0	0	0
	6	付	005	支付电话费				2	1	0	0	0																	
	8	付	009	支付水电费			1	2	0	0	0	0																	
	10	付	014	支付保险费				6	0	0	0	0																	
	17	付	025	支付书刊费				3	0	5	0	0																	

注：本例采用单一式会计信息流程（记账凭证式会计信息流程），总账记录为逐笔登记，与明细账登记相同。

（二）多栏式总分类账的登记

为了简化记账工作，集中反映资金的增减变化和结存情况，便于分析和对账，也可采用多栏式总分类账。多栏式总分类账的账页格式为横行填写会计账户，纵栏填写该账户在一定时期的汇总发生额。会计人员定期根据汇总记账凭证登记多栏式总分类账。

（三）棋盘式总分类账

棋盘式总分类账也称矩阵式总分类账。登记时要根据定期按科目汇总的科目汇总表进行，对于按贷方科目所汇总的借方科目发生额，应全部登记入贷方科目所处的栏内，对应的各借方科目的发生额应登记入的行次与各行账页的会计科目相对应，注意不要串行和串栏。设置棋盘式总分类账便于分析资金运动的来龙去脉，但由于账页过于庞大，实际工作中很少采用。

三、明细分类账的登记

明细分类账是根据明细分类科目开设账户而建立的账簿。设置明细分类账，是对总分类账的一种补充，表明总分类账的构成要素。企业一般都应设置若干必要的明细分类账，至于企业需要设置哪些明细分类账，明细分类账需要设置哪些账户，既要依据会计上设置明细分类账的有关规定，又要考虑企业进行会计管理的需要。明细分类账一般采用活页式账簿，以便账页不足时及时添加。

明细分类账的账页格式主要有三栏式、多栏式和数量金额式三种。

（一）三栏式明细分类账的登记

三栏式明细分类账适用于只需要进行金额核算，不需要提供数量变化情况的账户。如“应收账款”、“应付账款”、“其他应收款”、“其他应付款”、“预收账款”、“预付账款”、“实收资本”等的明细分类核算。以应收账款明细账为例，其格式和登记方法如表 6-4 所示。

表 6-4　　　　应收账款明细账

明细科目：××公司

2012 年		凭证		摘要	借方								贷方								借或贷	余额						
月	日	字	号		十	万	千	百	十	元	角	分	十	万	千	百	十	元	角	分		万	千	百	十	元	角	分
2	6			承前页			5	0	0	0	0	0				6	0	0	0	0	借	1	0	0	0	0	0	0
	6	转	007	销售商品			5	0	0	0	0	0									借	1	5	0	0	0	0	0
	8	收	005	收回货款										1	0	0	0	0	0	0	借		5	0	0	0	0	0

（二）数量金额式明细分类账的登记

数量金额式明细分类账是对具有实物形态的财产物资进行明细分类核算的账簿。因此，该账簿的账页格式是：设"借方"、"贷方"、"余额"三栏，每栏分别按"数量"、"单价"、"金额"进行登记，故称"数量金额式"明细账。如"原材料明细分类账"、"库存商品明细分类账"等。

数量金额式明细分类账的登记方法是：根据财产物资收入、发出的原始凭证或原始凭证汇总表分别登记"借方"栏、"贷方"栏。如根据材料的"收料单"原始凭证可以登记材料明细账的"借方"栏，根据"发料单"可以登记"贷方"栏；而后计算出"余额"栏的数量、单价、金额。以原材料明细账为例，其格式和登记方法如表 6-5 所示。

表 6-5　　原材料明细账

明细科目：××材料

2012 年		凭证		摘要	借方			贷方			余额		
月	日	字	号		数量	单价	金额	数量	单价	金额	数量	单价	金额
2	6			承前页	200		2 000	100		1 000	100	10	1 000
	6	转	005	材料入库	50	10	500				150	10	1 500
	8	转	008	领用材料				100	10	1 000	50	10	500

（三）多栏式明细分类账的登记

多栏式明细分类账，是指在明细账账页中设置若干专栏，以详细反映该明细账户核算资料的账簿。与上述两种明细分类账相比，多栏式明细分类账，不仅要按明细账户分设账页，而且各账页要设若干专栏，详细反映各明细账户的核算情况。这种账页格式便于计算全部明细专栏的合计数以及与总分类账的核对，一般适用于成本、费用类账户。如"生产成本"、"制造费用"、"管理费用"等账户的明细核算。以管理费用明细账为例，其格式和登记方法如表 6-6 所示。

表 6-6　　管理费用明细账

2012 年		凭证		摘要	金额			办公费	差旅费	职工薪酬	业务招待费	合计
月	日	字	号		借方	贷方	余额					
2	6			承前页	50 000			40 000	10 000			50 000
	6	付	006	购买笔墨	500			500				500
	7	付	008	付差旅费	1 000				1 000			1 000
	8	转	005	分配职工薪酬	10 000					10 000		10 000
	9	付	014	支付招待费	1 000						1 000	1 000
				过次页	62 500			40 500	11 000	10 000	1 000	62 500

四、账簿的登记规则

在登记总分类账和明细分类账时，应遵循一定的登记规则。一般的登记规则如下。

(1) 为了保证账簿记录的准确性，必须根据审核无误的会计凭证，及时地登记各种账簿。登记账簿时，应将会计凭证的日期、编号、摘要、金额逐项登记入账，做到数字准确、摘要简明清楚、登记及时。

(2) 账簿登记完毕，应在记账凭证的“记账”栏内注明账簿的页数或作“√”标记，表示已经登账，以免重登、漏登，同时也便于查阅、核对。

(3) 账簿中书写的文字或数字上面要留有适当空格，不要满格书写，一般以占一行的1/2为宜。

(4) 登记账簿要用黑色墨水(也可使用蓝黑墨水)，不得使用圆珠笔或铅笔书写。

(5) 下列特殊情况可以用红色墨水记账：根据红字冲账的记账凭证，冲销错误记录时；在不设借(或贷)栏的多栏式账页中，登记减少数时；在三栏式账户的余额栏前，未印明余额方向的，在余额栏内登记负数余额时等。

(6) 各种账簿按页次顺序连续登记，不得跳行、隔页。如果发生跳行、隔页，应当将空行、空页画线注销，或者注明“此行空白”、“此页空白”字样，并由记账人员签名或盖章。

(7) 凡要结出余额的账户，结出余额后，应当在“借或贷”栏内写明“借”或“贷”等字样，以表明余额的方向。没有余额的账户，应当在“借或贷”栏内写“平”字，并在余额栏内的“元”位上用“θ”表示。

(8) 每一账页登记完毕结转下页时，应当结出本页合计数及余额，写在本页最后一行和下页第一行相应栏内，并在摘要栏内注明“过次页”和“承前页”字样。

对需要结计本月发生额的账户，结计“过次页”的本页合计数应当为自本月初起至本页末止的发生额合计数；对需要结计本年累计发生额的账户，结计“过次页”的本页合计数应当为自年初起至本页末止的累计数；对既不需要结计本月发生额也不需要结计本年累计发生额的账户，可以只将每页末的余额结转次页。

实行会计电算化的单位，用计算机打印的会计账簿必须连续编号，经审核无误后装订成册，并由记账人员和会计机构负责人、会计主管人员签字或盖章，总账和明细账应当定期打印。发生收、付款交易或事项的，在输入收款凭证和付款凭证的当天必须打印出现金日记账和银行存款日记账，并与库存现金核对无误。

第四节 总分类账与明细分类账的关系及其处理

一、总分类账与明细分类账的关系

总分类账是根据总分类科目开设的,它只以金额提供总括指标,如"原材料"总分类账,只能提供"期初结存"、"本期增加"、"本期减少"及"期末余额"的各项金额,而不能提供每一类或每一品种、规格的原材料的具体数量和金额,因此无法满足内部经营管理的需要,如需要提供哪些原材料积压、哪些原材料供应不足等,则应设置明细账。明细账根据明细科目设置,企业可根据自身需要进行设置。

总分类账与明细分类账的关系是:

(1) 两者反映的经济内容相同,但提供信息的详略程度不同。总分类账提供某类交易或事项总括的信息,明细分类账则提供某类交易或事项详细的信息。

(2) 总分类账对明细分类账起着控制、统御作用。即总分类账控制着明细分类账的核算内容和核算数据,明细分类账则对总分类账起着辅助和补充说明的作用。

(3) 总分类账的借方(或贷方)本期发生额等于所属明细分类账借方(或贷方)本期发生额之和;总账期末余额等于所属明细分类账期末余额之和。

二、总分类账与明细分类账的平行登记

根据总分类账和明细分类账关系,在手工会计处理方式下需要采取平行登记的方法,即对每一交易或事项,根据会计凭证或汇总记账凭证,一方面要在有关总分类账中进行总括登记;另一方面要在其所属的明细分类账中进行详细登记。平行登记方法的要点可归纳为"同时、同向、等金额"。

1. 同时登记

即对所发生的交易或事项,同一会计期间内,依据记账凭证的时间,一方面登记入有关的总分类账;另一方面登记入其所属的有关明细分类账中。

2. 同方向登记

即对所发生的交易或事项进行记账时,登记入总分类账的方向(借方或贷方)与登记入明细分类账的方向(借方或贷方)应当一致。

3. 等金额登记

即记入总分类账的金额必须与记入所属明细分类账的金额之和相等。实务中，可编制“明细分类账本期发生额及余额表”，提供明细分类账发生额、余额的合计数，并将其与总分类账进行核对，检验两者金额是否相等。

需要说明的是，平行登记法在手工会计核算的情况下，能有效保证正确地登记账簿。但随着计算机在各个单位的广泛使用，各会计主体所采用的会计软件一般都能按照指令自动提供总括和明细信息，且过账过程中几乎不会出现差错，平行登记是自动完成的。

【例 6-1】 平行登记举例

(1) 某企业 2012 年 2 月份“在途物资”、“应付账款”期初余额如下。

在途物资　　150 000 元

其中：甲材料 4 000kg，单价 20 元，金额 80 000 元

　　乙材料 2 000kg，单价 35 元，金额 70 000 元

应付账款　　100 000 元

其中：东方公司　　60 000 元

　　中亚公司　　40 000 元

(2) 该企业 2 月份发生下列材料采购业务(为简化起见，涉及的税收问题略)。

① 5 日，向东方公司购入甲材料 3 000kg，单价 20 元，计 60 000 元，对方代垫运杂费 150 元，货款未付。

② 8 日，向中亚公司购入乙材料 2 500kg，单价 32 元，计 80 000 元，货款未付。以现金支付运杂费 200 元。

③ 15 日，以银行存款偿还东方公司货款 100 000 元，偿还中亚公司 90 000 元。

④ 24 日，向中亚公司购入甲材料 2 000kg，单价 20 元，计 40 000 元；购入乙材料 1 000kg，单价 35 元，计 35 000 元。对方代垫运杂费 300 元，货款未付(运杂费按甲、乙材料重量进行分配)。

⑤ 27 日，以银行存款偿还中亚公司货款 100 000 元。

⑥ 28 日，上述材料已全部入库，结转其采购成本。

根据上述资料，“在途物资”和“应付账款”总账与明细账之间的平行登记如下。

首先，将两个账户的期初余额分别在总账和明细账中进行登记。

其次，根据资料编制会计分录(记账凭证)。

(1) 借：在途物资——甲材料　　60 150

　　贷：应付账款——东方公司　　60 150

(2) 借:在途物资——乙材料　　80 200
　　贷:应付账款——中亚公司　　80 000
　　　　库存现金　　200
(3) 借:应付账款——东方公司　　100 000
　　　　　　　——中亚公司　　90 000
　　贷:银行存款　　190 000
(4) 借:在途物资——甲材料　　40 200
　　　　　　　——乙材料　　35 100
　　贷:应付账款——中亚公司　　75 300
(5) 借:应付账款——中亚公司　　100 000
　　贷:银行存款　　100 000
(6) 借:原材料——甲材料　　180 350
　　　　　　——乙材料　　185 300
　　贷:在途物资——甲材料　　180 350
　　　　　　　——乙材料　　185 300

第三,根据上述会计分录,采用平行登记方法,在"在途物资"、"应付账款"总账与其所属明细账中进行登记,如表6-7至表6-12所示。

表6-7　在途物资(总分类账)

2012年		凭证		摘要	借方	贷方	借或贷	余额
月	日	字	号					
2	1			期初余额			借	150 000
	5	转	001	购入材料	60 150			
	8	转 付	002 001	购入材料	80 200			
	24	转	003	购入材料	75 300			
	28	转	004	结转入库材料采购成本		365 650	平	0

注:本例采用单一会计信息流程,总账记录为逐笔登记,下同。

表6-8　在途物资(明细分类账)

明细科目:甲材料

2012年		凭证		摘要	借方			贷方	借或贷	余额
月	日	字	号		买价	运杂费	合计			
2	1			期初余额					借	80 000

续表

2012年		凭证		摘要	借方			贷方	借或贷	余额
月	日	字	号		买价	运杂费	合计			
	5	转	001	购入材料	60 000	150	60 150		借	140 150
	24	转	003	购入材料	40 000	200	40 200		借	180 350
	28	转	004	结转入库				180 350	平	0

表 6-9 在途物资(明细分类账)

明细科目:乙材料

2012年		凭证		摘要	借方			贷方	借或贷	余额
月	日	字	号		买价	运杂费	合计			
2	1			期初余额					借	70 000
	8	转 付	002 001	购入材料	80 000	200	80 200		借	150 200
	24	转	003	购入材料1	35 000	100	35 100		借	185 300
	28	转	004	结转入库材料				185 300	平	0

表 6-10 应付账款(总分类账)

2012年		凭证		摘要	借方	贷方	借或贷	余额
月	日	字	号					
2	1			期初余额			贷	100 000
	5	转	001	购入材料货款未付		60 150		
	8	转	002	购入材料货款未付		80 000		
	15	付	011	归还前欠货款	190 000			
	24	转	003	购入材料货款未付		75 300		
	27	付	052	归还前欠货款	100 000			

表 6-11 应付账款(明细分类账)

明细科目:东方公司

2012年		凭证		摘要	借方	贷方	借或贷	余额
月	日	字	号					
2	1			期初余额			贷	60 000

续表

2012年		凭证		摘要	借方	贷方	借或贷	余额
月	日	字	号					
	5	转	001	购入材料货款未付		60 150	贷	120 150
	15	付	011	归还前欠货款	100 000		贷	20 150

表 6-12　　应付账款(明细分类账)

明细科目:中亚公司

2012年		凭证		摘要	借方	贷方	借或贷	余额
月	日	字	号					
2	1			期初余额			贷	40 000
	8	转	002	购入材料货款未付		80 000	贷	120 000
	15	付	011	归还前欠货款	90 000		贷	30 000
	24	转	003	购入材料货款未付		75 300	贷	105 300
	27	付	052	归还前欠货款	100 000		贷	5 300

第五节　会计账簿的使用

一、会计账簿的启用

为了保证会计账簿记录的合法性、真实性,明确岗位责任,会计账簿应当由专门人员负责登记,启用账簿时应严格按照规则进行。启用会计账簿时,除了应在账簿封面上写明单位名称和账簿名称外,还应按照严格的规定填写扉页上的账簿启用表,其格式和需要填写的内容如表 6-13 所示。

表 6-13　　账簿启用表

账簿启用表		
单位名称		单位公章
账簿名称		
账簿编号	字第　号第　册共　册	
账簿页数	本账簿共计　　页	
启用日期	年　月　日	

续表

经管人员		接管			移交			会计负责人		
姓名	盖章	年	月	日	年	月	日	姓名	盖章	

启用订本式账簿时，应从第一页到最后一页顺序编号，不得跳页、缺号；启用活页式账簿，应按账户顺序编号，并定期装订成册，装订后再按实际使用的账页顺序编页号，另加目录记录每个账户的名称和页次；卡片式账簿在使用前应当登记卡片登记簿。

记账人员变动时，必须办理账簿交接手续，在账簿启用表上注明交接日期、接交和监交人员姓名，并签名或盖章。

每年初更换新账时，应将旧账的各科目年末余额过入新账的余额栏，在摘要栏注明“年初余额”字样。

二、对账

对账即核对账目，是将账簿记录同其他会计核算过程以及会计的客观对象相互核对，以确定会计账务处理的正确性，确保会计核算工作质量的检查工作。由于会计核算之间存在一定的内在联系，通过对账，可以使会计核算资料之间的记录保持一致，保证会计账簿的记录正确无误。对账的内容包括账证核对、账账核对和账实核对。

（一）账证核对

即将账簿记录同记账凭证及其所附原始凭证相核对，以保证账证相符。账簿记录的依据是记账凭证，账簿记录应与记账凭证保持一致。核对时，依次检查依据记账凭证所登记入的账户、金额、记账方向及其他相关栏目记录是否一致。

（二）账账核对

即会计账簿之间进行的相互核对。由于会计账簿之间相互联系、相互制约，总分类账统御着明细分类账、日记账，所以通过账账核对可以使账簿之间的记录保持一致。账账核对的具体内容包括：

（1）总账的核对，即账簿试算平衡。核对总分类账的借方余额与贷方余额合计是否平衡，只有平衡才表明总分类账的记录是正确的。总分类账记录正确，才能据以核对其他账簿记录。

(2) 总分类账与日记账的核对。将现金日记账、银行存款日记账的余额(或发生额)与总分类账"现金"、"银行存款"账户的余额相核对,检验是否相等,相等则表明日记账与总分类账的有关记录是正确的。

(3) 总分类账与明细分类账的核对。将总分类账余额(发生额)与所属明细分类账的余额(发生额)之和进行核对,检验是否相等,相等则表明总分类账和明细分类账的记录都是正确的;否则,明细分类账或总分类账的记录有错误。

(三) 账实核对

即将账簿记录与对应的财产实有数额进行的核对。包括现金日记账的余额与库存现金实有数的核对;银行存款日记账的余额与银行对账单余额的核对;固定资产、原材料、库存商品等明细账记录与其实有数量相核对,检查是否一致,做到账实相符(若出现账实不符,相关会计处理参见第八章)。

除以上对账工作外,在编制财务报表时,还需要进行账表核对。会计账簿为财务报表的编制提供了资料,为保证财务报表的正确性,需要将财务报表的有关数据与账簿记录相核对,做到账表相符。

三、会计账簿差错的查找

(一) 账簿记录产生差错的原因

如果总账试算不平衡,则表明总账的记录有错误。为了及时、准确地查明账簿记录的错误,首先必须辨明产生记账错误的原因。常见的记账错误根据其性质不同,可分为记录错误和计算错误两类。

(1) 记录错误。是在账簿的登记环节产生的记账错误。记录错误又有很多种,常见的有:重记,即一笔分录或一笔分录的一方重复登记;漏记,即一笔分录或一笔分录的一方没有登记;数字错位,即应记的数字后多记或少记"0";数码颠倒,即相邻两个数码前后颠倒;方向错误,即将借方金额误登记入贷方,或将贷方金额误登记入借方;科目记串,即将一个科目的发生额误登记入另一个科目;数字记错,即将其他数字误作为应登记数字进行记录等。

(2) 计算错误。是由于计算过程中产生的错误而导致的记账错误。常见的计算错误有:余额算错,即将余额直接算错或选错余额计算公式导致余额计算出现错误;合计数加错,即计算中直接算错或漏加、重加某一金额等。

(二) 查错的程序

记账错误通常产生于账簿记录过程中的某些特定环节,如发生额记录环节、余额的计算环节等，当总账试算不平衡时，要按照一定的程序，分别检查每个环节是否存在记录或计算错误。检查记账错误通常按以下步骤进行。

1. 检查试算表的编制是否正确。如试算表中从总账抄录的数字是否有误，数字计算过程是否有误等。

2. 检查期末余额的计算是否正确。会计科目的性质不同，余额的计算方法也不同，检查计算过程中是否将余额计算方法用错，计算过程是否存在差错。

3. 检查本期发生额的记录和计算是否正确。这需要针对每一笔业务的记账情况进行逐一检查，查找与记账凭证是否一致。

4. 检查期初余额是否正确。主要检查期初余额借贷双方是否平衡，是否有记录或计算错误等。

以上是记账错误查错的基本程序，当然，实际工作中可以根据具体情况有针对性地检查某一个或某几个环节。

（三）查错的方法

发现账目错误，查找起来是非常麻烦的事情。检查记账错误的方法一般有全面检查法和个别检查法两种。全面检查是将一定时期的全部账目进行检查，在错账较多或记账错误不易查找的时候，一般要进行全面检查，主要有顺查法和逆查法。个别检查是针对个别账目进行单独检查，在错账较少，或错账有一定规律时采用这种方法，主要有余额复核法、二除法和九除法等。

1. 顺查法

即按会计核算程序，从会计凭证到账簿，按先后顺序进行查错。首先，检查记账凭证与所附原始凭证内容是否相符，金额是否正确；其次，将记账凭证与有关总账、日记账、明细账逐笔核对，以发现错误所在。

2. 逆查法

即与会计核算程序相反，从账簿到凭证，逆向查找。首先，检查各账户余额计算是否正确；其次，将总分类账与明细分类账进行核对，检查平行登记是否正确；再次，逐笔核对账簿记录是否与记账凭证相符；最后，逐项核对记账凭证与所附原始凭证是否相符，记账凭证中会计分录是否正确。

3. 余额复核法

即查找总账余额计算是否正确的方法。首先，逐笔计算各账户余额是否正确，特别应注意上下页余额过账有无错误；其次，检查分析某些账户的余额有无不正常现象，从中找出问题；最后，检查总账与所属明细账余额是否一致。

4. 二除法

即将差额数除以 2 以查找错账的方法。在记账时，如果某账户金额记错了方向，如应记入借方的金额记入了贷方，或应记入贷方的金额记入了借方，则必然会出现一方合计数增多，而另一方合计数减少的情况，其差额应是记错方向金额数字的两倍，且差错数必为偶数，那么，以该差额数除以 2，结果即为记错的数字。然后在账簿中查找与之相同的数字，而不必逐笔查找，这样，可以较容易找出错账所在。例如，某账户贷方总额超过借方总额 12 000 元，用 12 000 除以 2 得出 6 000 元，则在该账户中查找是否有一笔金额为 6 000 元的记录，错将借方金额登记在贷方了。

5. 九除法

即将差错数除以 9 来检查错账的方法。记账时，如果出现数字移位情况，如把十位数记成百位数，或把千位数记成百位数，那么，正确数与移位数之差可被九除尽，以此为线索，查找记账错误。如移一位，使原数扩大或缩小 9 倍，除以 9；如移两位，使原数扩大或缩小 99 倍，除以 99，以此类推。

(1) 小数记成大数的移位，如将 100 误记为 1 000，差错为 900，除以 9 得 100，则 100 应为正确数。

(2) 大数记成小数的移位，如将 5 400 误记为 54，差数为 5 346，除以 99 得 54，则 54 为错记数。

在实际查账工作中，如怀疑某数为移位数，首先判断是扩大移位还是缩小移位，若为扩大移位，则将其差数除以 9 或 99 等，那么商数可能为正确数；若为缩小移位，则将其差额数除以 9 或 99 等，那么商数可能为错误数。

四、记账错误的更正

账簿登记要求正确、及时、完整，使提供的会计信息便于为各信息使用者使用。因此，会计人员必须认真、细致地做好记账工作。如果出现记账错误，如账户名称即会计科目记错、借贷方向记错、金额记错以及重记、漏记等，必须遵循一定的规则进行更正。不得任意刮、擦、涂、挖、补、抹等。错账更正规则或更正方法有三种，分别是画线更正法、红字更正法和补充登记法。三种方法适用于不同错误的更正，分别介绍如下。

(一) 划线更正法

又称红线更正法，是指在错误的文字或数字上画一条红线，以示注销；然后将正确的文字或数字填写在被注销的文字或数字上方，并由更正人员在更正处盖章，以便明确责任。具

体操作技巧是：对于错误的数字，应整个划销，不得只划销其中错误数字，另外，对注销的文字或数字，应当能辨认出原有字迹，不得涂抹，以备查考。

这种方法适用于在结账前发现账簿记录中文字、数字错误，而其所依据的记账凭证并无错误的情况。

例如，将 5 978.35 误写为 5 987.35，用红线居中全部画去，然后将正确数字填在上方，并在更正处盖章：

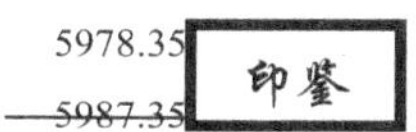

又如，误将“应收账款”写为“应付账款”，更正方法是将“付”字画去，在其上方填写“收”字，并盖章。

收
应付账款
印鉴

如果将正确的数字误认为是错误的加以改正了，这时如经检查发现，就应将错误数字注销，用红笔在正确的数字两旁各画“△”表示正确，并在错误处盖章。

（二）红字更正法

又称红字冲销法，或红字冲正法，即利用会计上“红字”表示冲销或负数的特殊含义，对错误的账目记录，重新编制一张与原错误相同的红字记账凭证并据此用红字登记入账，然后再按照正确的内容编制一张正确的记账凭证重新登记入账的一种方法。这种方法在应用时可根据下列两种情况灵活使用。

(1) 记账凭证中会计科目或记账方向有误而造成账簿登记出现错误。对于这种情况，需要分两步进行更正，一是应用红字填制一张内容与原错误凭证“几乎完全相同”的记账凭证并据以登记入账，以冲销错账；二是再用正常的记账方法填制一张正确的记账凭证并据此登记入账。“几乎完全相同”是指更正用凭证的会计科目、记账方向和数字金额的绝对值与原错误凭证都完全一样，只是数字要用红字书写，其他部分仍用黑色墨水书写。另外，更正凭证的摘要栏不得写交易或事项的内容，应写“更正第××号凭证”，且更正用的凭证编号不应同原错误凭证一样，应按最新的凭证编号顺序编写。

(2) 记账凭证中会计科目、记账方向均正确，但所记金额大于应记金额，导致账簿登记金额出现错误。对于这种情况，只需将多记的金额，用红色数字填制一张会计科目、对应关系与原记账凭证一样的记账凭证并以红字登记入账即可(更正用凭证的摘要填写以及凭证编号方法同前)。

【例 6-2】 月末发现本月分配结转制造费用 5 000 元，记账凭证中将借记“生产成本”科目误记为“库存商品”科目，并已登记入账。其更正过程如下。

先用红字填制一张与原错误转账凭证几乎完全一样的转账凭证，并据以用红字登记入账。

借：库存商品　　[5 000]

　贷：制造费用　　[5 000]

（注：方框中数字表示用红笔书写，即负数，下同）

然后，再填制一张正确的转账凭证并登记入账。

借：生产成本　　5 000

　贷：制造费用　　5 000

以上有关账户更正记录用“T”型账户表示如下，见图 6-1。

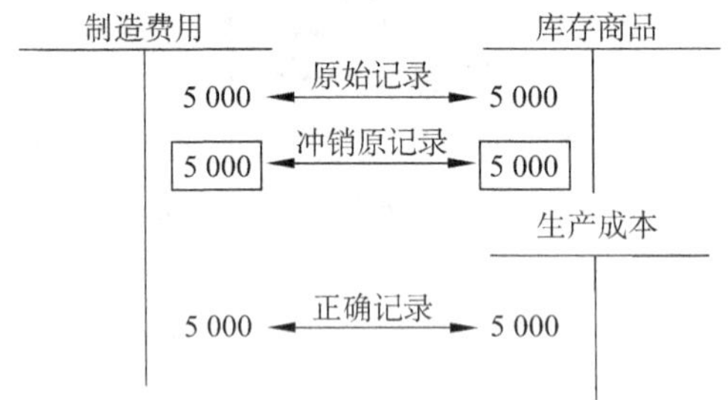

图 6-1　错账红字更正图

【例 6-3】 若例 6-2 期末分配结转制造费用，转账记账凭证中会计科目、借贷方向均无误，只是误将金额填写为 50 000 元，并已入账。其更正过程为：按多记金额 45 000 元用红字填制一张如下会计分录的转账凭证并登记入账，即可更正错误记录。

借：生产成本　　[45 000]

　贷：制造费用　　[45 000]

以上账户更正记录，用“T”型账户表示如下，见图 6-2。

图 6-2　多记金额更正图

（三）补充登记法

这种方法是针对记账凭证中会计科目、记账方向均正确，但所记金额小于应记金额，导致账簿登记金额出现错误而采用的一种更正方法。具体做法是，按少记金额，用正常的方法填制一张会计科目、对应关系与原记账凭证相同的记账凭证并据以登记入账即可（摘要和编号的方法同红字更正法）。

【例 6-4】 假设例 6-2 中误将金额填写为 500 元并已入账。更正时，按 4 500 元填制一张如下记账凭证，并据以入账，即可将少记金额补充登记入账。

借：生产成本　　　　　　　　　　　　4 500

　贷：制造费用　　　　　　　　　　　　4 500

上述账户更正记录用“T”型账户表示，见图 6-3。

图 6-3　少记金额更正图

五、结账

各会计主体的交易或事项记录一定时期后（月、季、半年、年），需要进行结账。结账，是指定期计算出账户本期发生额的合计数和余额，结束本期账簿记录的一项会计工作。

（一）结账程序

结账时，应将本会计期间内所发生的交易或事项全部登记入账，检查是否有漏记、重记、错记的交易或事项，对于本期内发生的记账错误要及时更正；期末需要调整的账项要及时调整；结账时，计算出各账户的本期发生额、余额及累计余额，在账簿核对无误后正式记入有关账簿。

（二）结账方法

结账时，应当结出每个账户的期末余额。需要结出当期发生额的，应当在摘要栏内注明“本月（或季）合计”字样，并在下面通栏画单红线。需要结出本年累计发生额的，应当在摘要栏内注明“本年累计”字样，并在下面通栏画单红线；12 月月末的“本年累计”就是全年累计发生额，全年累计发生额下应当通栏画双红线，年度终了结账时，所有总账账户都应当结出全年发生额和年末余额，并通栏画双红线。在结账工作中要注意以下四点。

1. 结账时应当根据不同的账户记录，分别采用不同的方法

对不需要按月结计本期发生额的账户，如各项应收款明细账和各项财产物资明细账等，每次记账以后，都要随时结出余额，每月最后一笔余额即为月末余额。也就是说，月末余额就是本月最后一笔交易或事项记录的同一行内的余额。月末结账时，只需要在最后一笔交易或事项记录之下画一单红线，不需要再结计一次余额。

需要结计本年累计发生额的某些明细账户，如主营业务收入、成本明细账等，每月结账时，应在“本月合计”行下结计自年初起至本月末止的累计发生额，登记在月份发生额下面，在摘要栏内注明“本年累计”字样，并在下面再画一单红线。12月月末的“本年累计”就是全年累计发生额，全年累计发生额下画双红线。

总账账户平时只需结计月末余额，年终结账时，为了反映全年各项资产、负债及所有者权益增减变动的全貌，便于核对账目，要将所有总账账户结计全年发生额和年末余额，在摘要栏内注明“本年合计”字样，并在合计数下画双红线。采用棋盘式总账和科目汇总表代替总账的单位，年终结账时应当汇编一张全年合计的棋盘式总账和科目汇总表。

需要结计本月发生额的某些账户，如果本月只发生一笔交易或事项，由于这笔记录的金额就是本月发生额，结账时只要在此行记录下画一单红线，表示与下月的发生额分开就可以了，不需另外结出“本月合计”数。

2. 结账画线

结账画线的目的，是为了突出本月合计数及月末余额，表示本会计期间的会计记录已经截止或结束，并将本期与下期的记录明显分开。按现行规定，月结画单红线，年结画双红线；画线时应画通栏线，不能只在本账页中的金额部分画线。

3. 账户余额的填写方法

每月结账时，应将月末余额写在本月最后一笔交易或事项记录的同一行内。但现金日记账、银行存款日记账和其他需要按月结计发生额的账户，每月结账时，还应将月末余额与本月发生额写在同一行内，在摘要栏注明“本月合计”字样。这样做，账户记录中的月初余额加减本期发生额等于月末余额，便于账户记录的稽核。需要结计本年累计发生额的某些明细账户，每月结账时，“本月合计”行已有余额的，“本年累计”行就不必再写余额了。

4. 红字结账

前已指出，账簿记录中使用的红字具有特定的含义，它表示金额的减少或负数余额，因此结账时，如果出现负数余额，可以用红字在余额栏登记。但如果余额栏前印有余额的方向

（“借或贷”），则应用黑色墨水（或蓝黑墨水）书写，而不得使用红色墨水。

年度终了，要把各账户的余额结转到下一会计年度，并在摘要栏注明“结转下年”字样；在下一会计年度新建有关会计账簿的第一行余额栏内填写上年结转的余额，并在摘要栏注明“上年结转”字样。

新的会计年度建账问题。一般说来，总账、日记账和多数明细账应每年更换一次（更换新账后，旧账要按照有关规章制度整理装订并归档加以妥善保管）。但有些财产物资明细账和债权债务明细账，由于材料品种、规格和往来单位较多，更换新账，重抄一遍工作量较大，而且也弱化了这些账簿记录的连续性，因此根据实际情况，必要时可以跨年度使用，而不必每年更换一次。各种备查簿也可以连续使用。

练习题

练习题 1

一、目的：了解账簿设置和登记的总体原则。

二、资料：

远盛公司是 2012 年 1 月刚刚成立的一个股份制公司，秦某是远盛公司聘请的会计主管，李某是远盛刚从人才市场招聘的会计人员。秦某和李某目前正忙于为远盛公司建立会计核算制度的事务。以下是他们讨论会计核算制度时的一些对话。

秦：我们公司（远盛）应严格按照《中华人民共和国公司法》的要求进行会计核算，严格遵守《企业会计准则》和《会计基础工作规范》。

李：是的，我们应该遵循国家的有关法律和法规的规定。但是，我们的公司虽然是股份制，但规模很小，如果严格按照国家的有关规定，我觉得似乎没有必要。我认为，就我们的业务数量而言，账簿并无太大作用，由于业务量少，有关数据都可以方便地从会计凭证中得到，所以我们可以将账簿的设置简化。总账不需设置，只设置明细账就行了，另外日记账的内容也可以放到明细账中来，因为人手不够，日记账也无须单设。

最终，李某同意了秦某设置完整会计账簿体系的想法，并着手开始建账。不久，秦某对李某的工作进行检查，发现李某设置的日记账、总分类账和明细分类账均采用订本式的账页，账页格式统一采用的是三栏式，在登记总账的过程中，李某还直接参考明细账中的数据来登记总账，登账时经常用铅笔进行书写，在账簿中还发现用涂改液进行修改数据的痕迹。

三、要求：思考并回答下列问题。

1. 李某的建议有道理吗？如果你是秦某，如何说服他？

2. 李某的做法有错误吗？错在哪里？为什么？

练习题2

一、目的：练习总账与明细账平行登记方法。

二、资料：某企业2012年2月"主营业务收入"账户下设"A产品"、"B产品"、"C产品"三个明细账户；"应收账款"账户下设"中亚公司"、"东方公司"两个明细账户。

1. 2月，"应收账款"账户期初余额为98 000元。其中，应收中亚公司55 000元，应收东方公司43 000元，"主营业务收入"账户及其所属明细账户期初均无余额。

2. 2月份，与"主营业务收入"账户、"应收账款"账户有关的交易或事项如下：

(1) 3日，向中亚公司销售A产品100件，单价500元，计50 000元，款项尚未收到。

(2) 5日，收回东方公司前欠货款43 000元，存入银行。

(3) 10日，向东方公司销售C产品80件，单价400元，计32 000元，款项尚未收到。

(4) 12日，向中亚公司销售B产品120件，每件200元，计24 000元；向东方公司销售B产品200件，单价200元，计40 000元。以上款项均未收到。

(5) 15日，收回东方公司欠款32 000元，存入银行。

(6) 19日，向中亚公司销售C产品50件，单价400元，计20 000元；向东方公司销售A产品60件，单价500元，计30 000元。以上款项均已收存银行。

(7) 25日，收回中亚公司欠款100 000元、东方公司欠款25 000元，均已存入银行。

(8) 31日，将"主营业务收入"账户及其所属明细账户本月发生额结转"本年利润"账户。

三、要求：根据上述资料，完成下列会计处理。

1. 编制各交易或事项的会计分录。

2. 进行"主营业务收入"、"应收账款"总账与明细账的平行登记。

3. 编制主营业务收入及应收账款明细分类账户本期发生额及余额表，并与各总账账户本期发生额及余额进行核对。

练习题3

一、目的：练习错账更正方法。

二、资料：某企业2012年2月末对账时发现以下记录错误。

1. 2日，采购员张立出差借款2 000元，以现金付讫。记账凭证中分录如下。

借：其他应收款——张立　　2 000

　贷：银行存款　　2 000

并已登记入账。

2. 5日，销售产品一批，确认收入为100 000元，款项已收存银行。记账凭证中分录如下。

借:银行存款　　10 000

　贷:主营业务收入　　10 000

并已登记入账。

3. 10 日,开出转账支票预付下半年报纸杂志订阅费 1 200 元,记账凭证中分录如下。

借:预付账款　　12 000

　贷:银行存款　　12 000

并已登记入账。

4. 20 日,张立出差归来,报销差旅费 1 800 元,交回余款 200 元。记账凭证中分录如下。

借:管理费用　　1 800

　　库存现金　　200

　贷:其他应收款——张立　　2 000

登账时,"管理费用"账户金额误记为 180 元。

三、要求:根据上述资料,判断错账记录类型,并选择合适的错账更正方法进行更正。

第七章　会计信息流程

本章学习提示

本章重点：单一式会计信息流程的原理及其应用、汇总式会计信息流程的原理及其应用
本章难点：科目汇总表的编制方法

第一节　会计信息流程设计

一、会计信息流程的含义

会计信息流程，传统称为账务处理程序或会计核算形式，它是指在会计循环中，从取得原始凭证到产生会计信息的步骤和方法。其主要内容包括整理、汇总原始凭证，填制记账凭证，登记账簿，编制会计报表，贯穿会计信息输入、加工和输出的整个过程。在会计工作中，不仅要了解会计核算的各个基本环节，还需要明确规定会计凭证、会计账簿和会计报表之间的关系，使之构成一个有机整体。而不同的账簿组织、记账程序和记账方法的有机结合，就构成了不同的会计信息流程。

不同单位由于业务性质、规模大小和经济业务的繁简程度各异，决定其适用的会计信息流程也不同。对于会计信息流程的基本含义，可结合图 7-1 进行理解。

从前述各章的内容可以看出，企业应结合交易或事项的具体内容，设计选择会计凭证、会计账簿和财务报表的种类和格式。根据交易和事项的特点、管理和登记账簿的需要，通常设计各种格式的原始凭证及记账凭证。在核算资料的分类和汇总阶段，要求登记的会计账簿能系统地、连续地、分类反映各项交易或事项的内容，为此需要设置不同的账簿格式及种

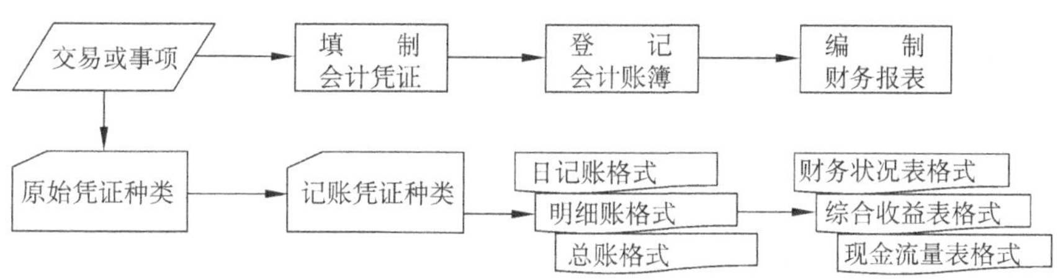

图 7-1 会计信息流程基本含义的理解图示

类，如序时账、明细分类账和总分类账等，每一类账簿又有不同格式，如三栏式、多栏式和数量金额式等。经过账簿记录的核算资料虽然能系统地反映企业某一方面的交易或事项内容，但不能反映全部交易或事项，为了反映经济活动的全貌并便于信息使用者加以利用，需要根据账簿提供的核算资料，编制出具有综合性、可比性、通用性的财务报表，为此必须统一设计财务报表的格式和内容，如财务状况表、综合收益表、现金流量表等报表的格式和内容。

填制会计凭证，登记会计账簿和编制财务报表都是会计核算的重要方法，它们都有特定的目的、原则和手段，但它们并不是孤立存在的，而是相互联系的。会计凭证、会计账簿和财务报表三者之间相互联系、相互制约的关系，决定着会计核算资料的全面性、综合性、及时性，因此每个企业都应根据实际情况，设计会计凭证、会计账簿、财务报表处理及其传递程序。

企业所属的行业不同，交易或事项的繁简也不尽相同。一般而言，制造业企业比商品流通企业要复杂，商品流通企业比服务性企业要复杂；营利性企业比非营利性单位要复杂。即便是同一行业，企业经营规模的大小、交易或事项量的多少也是不同的。因此，虽然各企业的会计信息流程的基本步骤相同，但对会计凭证的填制、会计账簿的登记和记账程序的要求可能有较大差别，从而在会计实务中形成了不同的会计信息流程，如记账凭证会计信息流程、科目汇总表会计信息流程、汇总记账凭证会计信息流程、多栏式日记账会计信息流程等。

二、会计信息流程的基本步骤

虽然不同的企业可以结合本企业的具体情况采用不同的会计信息流程，但是，会计信息流程通常都包括下面几个基本步骤。

（一）分析交易或事项，填制记账凭证

分析交易或事项并确认为会计事项是会计信息流程的开始，即在分析交易或事项的原始凭证后，要确认其是否对财务报表要素产生影响及对哪些财务报表要素产生影响。如果产生影响，则确认为会计交易或事项，并在记账凭证中按照复式记账的原理和要求，编制反映交易或事项的会计分录。

（二）根据记账凭证登记日记账

按照交易或事项发生的先后顺序，逐日逐笔地登记日记账，如现金日记账、银行存款日记账等。

（三）根据记账凭证平行登记明细分类账和总分类账

依据确定的账户，设置总分类账，在总分类账中记录财务报表要素增减变动的过程和结果。根据实际需要在每一个总分类账户下设置明细分类账，用以记录财务报表要素各构成项目的详细情况。明细分类账与总分类账应平行登记。

（四）根据分类账编制调账前的试算平衡表

依据分类账户中各账户的期初余额、本期发生额和期末余额，编制试算平衡表，进行试算平衡，以检验分类账的记录是否正确。具体内容将在下一章讲述。

（五）编制账项调整分录，并登记分类账

企业在某一会计期间结束时，应根据权责发生制原则和配比原则，对应计收入、应计费用、预收收入和预付费用等进行账项调整，编制转账调整分录并登记分类账。具体内容将在下一章讲述。

（六）编制结账分录，并登记分类账

将各种收入、费用等虚账户的余额结转到各有关账户中，在记账凭证中编制结账分录，并予以过账，结清该类账户。结算资产、负债和所有者权益等实账户的余额，并转入下期。结账后，可编制“结账后试算平衡表”，进行试算平衡，以确保结账的正确性。试算表可以在调整账项以前编制，也可以在调整账项和结账以后编制，也可以将试算表、调账、结账汇总起来编制成一张工作底稿。

（七）编制财务报表

企业在某一会计期间发生的交易或事项，通过会计记录和必要的账项调整以及对账结账后，应根据有关账表资料编制财务报表。

三、会计信息流程的设计原则

会计信息流程的科学设计，对提高会计信息处理的速度和质量具有重要影响，在设计时

一般应遵循以下几项原则。

（一）适应性原则

即在设计时应充分考虑所在企业经济活动的性质、经济管理的特点、规模的大小、交易或事项的繁简以及会计机构和会计人员的设置等因素，使会计信息流程与本单位会计核算工作的需要相适应。

（二）质量性原则

即设计的会计信息流程，要保证能够准确、及时和完整地提供系统而完备的会计信息资料，以满足会计信息的使用者对会计信息的质量要求。

（三）成本效益原则

即在满足会计核算工作需要，保证会计核算工作质量，提高会计核算工作效率的前提下，力求简化流程，节省核算时间，降低会计信息成本。

（四）职责分明原则

即设计的会计信息流程，要有利于会计部门和会计人员的分工与合作，有利于明确各会计工作岗位的职责。

四、科学设计会计信息流程的意义

会计信息流程是否科学合理，会对整个会计核算工作产生诸多方面的影响。确定科学合理的会计信息流程，对于保证能够准确、及时提供系统而完整的会计信息，具有十分重要的意义。

（一）有利于规范会计核算的组织工作

会计核算工作需要会计部门和会计人员之间的密切配合，有了科学合理的会计信息流程，会计机构和会计人员在进行会计核算的过程中就能够做到有序可循，按照不同的责任分工，有条不紊地处理好各个环节上的会计核算工作。

（二）有利于保证会计核算工作的质量

在进行会计核算的过程中，保证会计核算工作的质量是对会计工作的基本要求。建立起科学合理的会计信息流程，形成加工和整理会计信息的正常机制，是提高会计核算工作质量的重要保障。

（三）有利于提高会计核算的工作效率

会计核算工作效率的高低，直接关系到会计信息提供上的及时性和有用性。按照既定的会计信息流程进行会计信息的处理，将会大大提高会计核算的工作效率。

（四）有利于节约会计核算的工作成本

组织会计核算的过程也是对人力、物力和财力的消耗过程，因此，要求会计核算本身也要讲求经济效益。会计信息流程安排得科学合理，选用的会计凭证、会计账簿和财务报表种类适当，格式适用，数量适中，在一定程度上也能够节约会计核算的工作成本。

第二节　单一式会计信息流程及其应用

一、单一式会计信息流程的原理

单一式会计信息流程即记账凭证会计信息流程，是根据交易或事项发生以后所填制的各种记账凭证直接逐笔登记总分类账，并定期据以编制财务报表的一种账务处理程序。它是会计核算中最基本的一种会计信息流程，其他会计信息流程都是在此基础上发展演变而形成的。

采用单一式会计信息流程时，设置的凭证可采用一种通用的记账凭证格式，也可采用收款凭证、付款凭证和转账凭证等专用格式。设置的账簿一般有库存现金日记账、银行存款日记账、总分类账和明细分类账，库存现金日记账和银行存款日记账一般采用三栏式；总分类账也采用三栏式，将按每一账户开设账页；明细分类账则可根据需要采用三栏式、多栏式和数量金额式等。财务报表主要有综合收益表、财务状况表和现金流量表等，报表的种类不同，格式也不尽相同，但由于国家颁布的会计准则中对于财务报表的种类和格式已有统一规定，因此，不论在什么样的会计信息流程下，财务报表的种类与格式都不会有大的变动。

单一式会计信息流程如图 7-2 所示。

二、单一式会计信息流程的优缺点及其适用范围

单一式会计信息流程的特点是：直接根据各种记账凭证逐笔登记总分类账，并据以编制

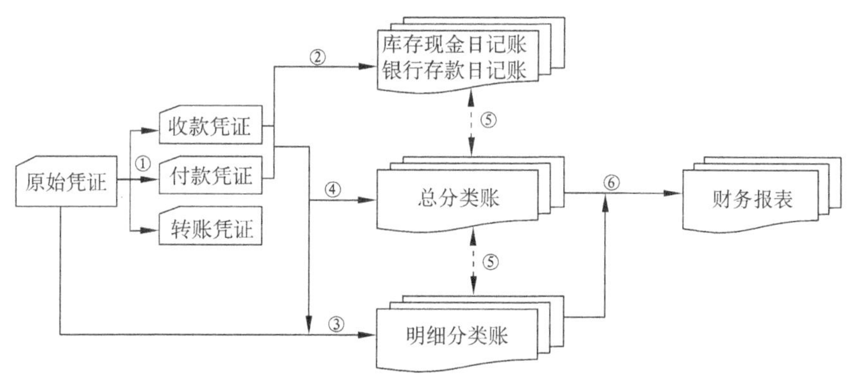

图 7-2 单一式会计信息流程

说明：① 根据原始凭证或原始凭证汇总表填制记账凭证(收款凭证、付款凭证和转账凭证)；
② 根据收款凭证和付款凭证逐日逐笔地登记库存现金日记账和银行存款日记账；
③ 根据各类记账凭证并参考原始凭证或原始凭证汇总表逐笔登记各种明细分类账；
④ 根据各类记账凭证逐笔登记总分类账；
⑤ 月末，将库存现金日记账、银行存款日记账和明细分类账的余额与总分类账中相应账户的余额进行核对；
⑥ 月末，根据总分类账和有关明细分类账的记录编制财务报表。

财务报表。

单一式会计信息流程的优点表现在：由于采用专用记账凭证或通用记账凭证，当一笔交易或事项发生以后，利用一张记账凭证就可以编制出该笔交易或事项的完整会计分录，能够清晰地反映账户之间的对应关系。另一方面，该流程直接依据会计凭证登记了各种会计账簿，因此，在总分类账中能够比较详细地反映交易或事项的发生情况，会计信息流程的过程简单，易于理解和掌握。

单一式会计信息流程的缺点表现在：对发生的每一笔交易或事项都要根据记账凭证逐笔在总分类账中进行登记，实际上与登记日记账和明细分类账的做法一样，是一种简单的重复登记，势必要增大登记总分类账的工作量，特别是在交易或事项量比较多的情况下更是如此。

因此，在手工处理环境下，单一式会计信息流程一般不在大中型企业中使用，只适用于经营规模较小、交易或事项量比较少、会计凭证不多的企业。

三、单一式会计信息流程举例

【例 7-1】 华强公司 2011 年 8 月份的相关会计资料如下。

(1) 华强公司 2011 年 8 月 1 日有关账户余额如表 7-1 和表 7-2 所示。

表 7-1　　有关账户余额表(一)

账户名称	借　方	贷　方	账户名称	借　方	贷　方
库存现金	800		短期借款		700 000
银行存款	400 000		应付账款		82 000
应收账款	60 000		应付职工薪酬		12 000
其他应收款	4 800		应交税费		4 600
原材料	800 000		实收资本		2 000 000
库存商品	250 000		盈余公积		100 000
固定资产	1 823 000		利润分配		210 000
累计折旧		230 000			

表 7-2　　有关账户余额表(二)

存货账户	存货名称	数量	单价/元	金额/元
原材料	甲材料	3 000t	200	600 000
原材料	乙材料	200t	1 000	200 000
库存商品	A 产品	500 件	300	150 000
库存商品	B 产品	1 000 件	100	100 000

(2) 华强公司 2011 年 8 月份发生的交易或事项如下。

① 1 日,为了支付 7 月份职工薪酬和补充库存现金,从工商银行提取库存现金 18 000 元。

② 1 日,以库存现金发放 7 月份职工薪酬 12 000 元。

③ 2 日,公司财务部购买办公用品 200 元。

④ 2 日,从龙飞公司购入甲材料 1 000t,单价 200 元,材料已验收入库,但材料款尚未付讫。

⑤ 5 日,企划部李强借差旅费 300 元。

⑥ 5 日,企划部张华报销差旅费 700 元,原借款金额为 700 元。

⑦ 5 日,通过开户银行收回东方集团公司所欠货款 24 000 元。

⑧ 5 日,用银行存款支付龙飞公司材料款 200 000 元。

⑨ 5 日,从霞光公司购入乙材料 50t,单价 1000 元,材料已验收入库,材料款以银行存款付讫。

⑩ 10 日,中正公司购买 A 产品 200 件,单价 600 元,货款尚未收讫。

⑪ 10 日,以库存现金支付销售 A 产品的装卸费、运输费共计 900 元。

⑫ 12 日,发出甲材料 900t,其中 A 产品生产耗用 300t,B 产品生产耗用 600t;发出乙材料 60t,其中 A 产品生产耗用 20t,B 产品生产耗用 40t。

⑬ 14 日,财务部以银行存款支付税金及其附加费 4 600 元。

⑭ 15 日,以银行存款支付公司产品宣传费 8 000 元。

⑮ 19 日，接银行收款通知单，收回中正公司购货款 100 000 元。

⑯ 19 日，雅芳公司购买 A 产品 100 件，单价 550 元，货款已由银行当日收讫。

⑰ 31 日，计算分配 8 月份职工薪酬，A 产品生产工人薪酬 6 000 元，B 产品生产工人薪酬 8 000 元；生产部门管理人员薪酬 2 000 元；公司管理人员薪酬 3 000 元。

⑱ 31 日，计提分配固定资产折旧，其中生产车间 6 000 元，公司管理部门 2 000 元。

⑲ 31 日，以银行存款支付 8 月份的借款利息 700 元。

⑳ 31 日，结转当月制造费用，其中 A 产品 4 000 元，B 产品 4 000 元。

㉑ 31 日，全月投入生产的 A、B 产品分别为 300 件、1 720 件，全部完工入库，计算实际生产成本并转账。

㉒ 31 日，按先进先出法结转本月产成品销售成本。

㉓ 31 日，计算当月应交营业税金及附加 1 000 元。

㉔ 31 日，计算结转本月利润。

根据华强公司 2011 年 8 月份的交易或事项资料，采用单一式会计信息流程，编制记账凭证，登记日记账和明细分类账及其总分类账，并编制 2011 年 8 月份的综合收益表和财务状况表。

（一）根据原始凭证（交易或事项证明）填制记账凭证

根据华强公司 2011 年 8 月份所发生的交易或事项所填制的记账凭证如表 7-3～表 7-31 所示。

表 7-3　　付 款 凭 证

贷方科目：银行存款　　2011 年 8 月 1 日　　付 字第 2001 号

摘　　要	借方科目		账页	金额
	总账科目	明细科目		
从银行提取现金	库存现金		√	18 000
合　　计				18 000

记账：　　审核：　　出纳：　　制单

注：凭证编号中第一位数表示凭证类别，其中收款凭证为 1，付款凭证为 2，转账凭证为 3，下同。

表 7-4　　付 款 凭 证

贷方科目：库存现金　　2011 年 8 月 1 日　　付 字第 2002 号

摘　　要	借方科目		账页	金额
	总账科目	明细科目		
支付职工 7 月份职工薪酬	应付职工薪酬		√	12 000
合　　计				12 000

记账：　　审核：　　出纳：　　制单

表 7-5

付 款 凭 证

贷方科目：库存现金　　2011 年 8 月 2 日　　付 字第 2003 号

摘　　要	借方科目		账页	金额
	总账科目	明细科目		
财务部购买办公用品	管理费用		√	200
合　　计				200

记账：　　审核：　　出纳：　　制单

表 7-6

转 账 凭 证

2011 年 8 月 2 日　　转 字第 3001 号

摘　　要	会计科目		账页	借方金额	贷方金额
	总账科目	明细科目			
购入甲材料 1 000 吨	原材料	甲材料	√	200 000	
	应付账款	龙飞公司	√		200 000
合　　计				200 000	200 000

记账：　　审核：　　出纳：　　制单

表 7-7

付 款 凭 证

贷方科目：库存现金　　2011 年 8 月 5 日　　付 字第 2004 号

摘　　要	借方科目		账页	金额
	总账科目	明细科目		
企划部李强借差旅费	其他应收款	李强	√	300
合　　计				300

记账：　　审核：　　出纳：　　制单

表 7-8

转 账 凭 证

2011 年 8 月 5 日　　转 字第 3002 号

摘　　要	会计科目		账页	借方金额	贷方金额
	总账科目	明细科目			
企划部张华报销差旅费	管理费用		√	700	
	其他应收款	张华	√		700
合　　计				700	700

记账：　　审核：　　出纳：　　制单

表 7-9

收 款 凭 证

借方科目：银行存款　　2011 年 8 月 5 日　　收 字第 1001 号

摘　　要	贷方科目		账页	金额
	总账科目	明细科目		
收回东方集团公司货款	应收账款	东方集团公司	√	24 000
合　　计				24 000

记账：　　审核：　　出纳：　　制单

表 7-10　　付　款　凭　证

贷方科目：银行存款　　2011 年 8 月 5 日　　付 字第 2005 号

摘　　要	借方科目		账页	金额
	总账科目	明细科目		
支付龙飞公司材料款	应付账款	龙飞公司	√	200 000
合　　计				200 000

记账：　　审核：　　出纳：　　制单

表 7-11　　付　款　凭　证

贷方科目：银行存款　　2011 年 8 月 5 日　　付 字第 2006 号

摘　　要	借方科目		账页	金额
	总账科目	明细科目		
购入乙材料 50 吨	原材料	乙材料	√	50 000
合　　计				50 000

记账：　　审核：　　出纳：　　制单

表 7-12　　转　账　凭　证

2011 年 8 月 10 日　　转 字第 3003 号

摘　　要	会计科目		账页	借方金额	贷方金额
	总账科目	明细科目			
销售 A 产品 200 件	应收账款	中正公司	√	120 000	
	主营业务收入		√		120 000
合　　计				120 000	120 000

记账：　　审核：　　出纳：　　制单

表 7-13　　付　款　凭　证

贷方科目：库存现金　　2011 年 8 月 10 日　　付 字第 2007 号

摘　　要	借方科目		账页	金额
	总账科目	明细科目		
支付销售装卸费、运输费	销售费用		√	900
合　　计				900

记账：　　审核：　　出纳：　　制单

表 7-14　　转　款　凭　证

2011 年 8 月 12 日　　转 字第 3004 号

摘　　要	会计科目		账页	借方金额	贷方金额
	总账科目	明细科目			
生产耗用甲材料 900 吨	生产成本	A 产品	√	60 000	
	生产成本	B 产品	√	120 000	

续表

摘　　要	会计科目		账页	借方金额	贷方金额
	总账科目	明细科目			
	原材料	甲材料	√		180 000
合　　计				180 000	180 000

记账：　　审核：　　出纳：　　制单

表 7-15

转　账　凭　证

2011 年 8 月 12 日　　转 字第 3005 号

摘　　要	会计科目		账页	借方金额	贷方金额
	总账科目	明细科目			
生产耗用乙材料 60 吨	生产成本	A 产品	√	20 000	
	生产成本	B 产品	√	40 000	
	原材料	乙材料	√		60 000
合　　计				60 000	60 000

记账：　　审核：　　出纳：　　制单

表 7-16

付　款　凭　证

贷方科目：银行存款　　2011 年 8 月 14 日　　付 字第 2008 号

摘　　要	借方科目		账页	金额
	总账科目	明细科目		
支付税金及教育费附加	应交税费		√	4 600
合　　计				4 600

记账：　　审核：　　出纳：　　制单

表 7-17

付　款　凭　证

贷方科目：银行存款　　2011 年 8 月 15 日　　付 字第 2009 号

摘　　要	借方科目		账页	金额
	总账科目	明细科目		
支付公司产品宣传费	销售费用		√	8 000
合　　计				8 000

记账：　　审核：　　出纳：　　制单

表 7-18

收　款　凭　证

借方科目：银行存款　　2011 年 8 月 19 日　　收 字第 1002 号

摘　　要	贷方科目		账页	金额
	总账科目	明细科目		
收回中正公司货款	应收账款	中正公司	√	100 000
合　　计				100 000

记账：　　审核：　　出纳：　　制单

表 7-19

收　款　凭　证

借方科目：银行存款　　2011 年 8 月 19 日　　收 字第 1003 号

摘　　要	贷方科目		账页	金额
	总账科目	明细科目		
销售 A 产品 100 件	主营业务收入		√	55 000
合　　计				55 000

记账：　　审核：　　出纳：　　制单

表 7-20

转　账　凭　证

2011 年 8 月 31 日　　转 字第 3006 号

摘　　要	会计科目		账页	借方金额	贷方金额
	总账科目	明细科目			
计算分配职工薪酬	生产成本	A 产品	√	6 000	
	生产成本	B 产品	√	8 000	
	制造费用		√	2 000	
	管理费用		√	3 000	
	应付职工薪酬		√		19 000
合　　计				19 000	19 000

记账：　　审核：　　出纳：　　制单

表 7-21

转　账　凭　证

2011 年 8 月 31 日　　转 字第 3007 号

摘　　要	会计科目		账页	借方金额	贷方金额
	总账科目	明细科目			
计提固定资产折旧	制造费用		√	6 000	
	管理费用		√	2 000	
	累计折旧		√		8 000
合　　计				8 000	8 000

记账：　　审核：　　出纳：　　制单

表 7-22

付　款　凭　证

贷方科目：银行存款　　2011 年 8 月 31 日　　付 字第 2010 号

摘　　要	借方科目		账页	金额
	总账科目	明细科目		
支付 8 月份的借款利息	财务费用		√	700
合　　计				700

记账：　　审核：　　出纳：　　制单

表 7-23

转账凭证

2011 年 8 月 31 日　　　　转　字第　3008　号

摘　　要	会计科目		账页	借方金额	贷方金额
	总账科目	明细科目			
结转 A 产品制造费用	生产成本	A 产品	√	4 000	
	制造费用		√		4 000
合　　计				4 000	4 000

记账：　　审核：　　出纳：　　制单

表 7-24

转账凭证

2011 年 8 月 31 日　　　　转　字第　3009　号

摘　　要	会计科目		账页	借方金额	贷方金额
	总账科目	明细科目			
结转 B 产品制造费用	生产成本	B 产品	√	4 000	
	制造费用		√		4 000
合　　计				4 000	4 000

记账：　　审核：　　出纳：　　制单

表 7-25

转账凭证

2011 年 8 月 31 日　　　　转　字第　3010　号

摘　　要	会计科目		账页	借方金额	贷方金额
	总账科目	明细科目			
结转 A 产品完工成本	库存商品	A 产品	√	90 000	
	生产成本	A 产品	√		90 000
合　　计				90 000	90 000

记账：　　审核：　　出纳：　　制单

表 7-26

转账凭证

2011 年 8 月 31 日　　　　转　字第　3011　号

摘　　要	会计科目		账页	借方金额	贷方金额
	总账科目	明细科目			
结转 B 产品完工成本	库存商品	B 产品	√	172 000	
	生产成本	B 产品	√		172 000
合　　计				172 000	172 000

记账：　　审核：　　出纳：　　制单

表 7-27

转 账 凭 证

2011 年 8 月 31 日 转 字第 3012 号

摘要	会计科目		账页	借方金额	贷方金额
	总账科目	明细科目			
结转产品销售成本	主营业务成本		√	90 000	
	库存商品	A 产品	√		90 000
合计				90 000	90 000

记账： 审核： 出纳： 制单

表 7-28

转 账 凭 证

2011 年 8 月 31 日 转 字第 3013 号

摘要	会计科目		账页	借方金额	贷方金额
	总账科目	明细科目			
结转应交税金及其附加	营业税金及附加		√	1 000	
	应交税费		√		1 000
合计				1 000	1 000

记账： 审核： 出纳： 制单

表 7-29

转 账 凭 证

2011 年 8 月 31 日 转 字第 3014 号

摘要	会计科目		账页	借方金额	贷方金额
	总账科目	明细科目			
结转当月收入	主营业务收入		√	175 000	
	本年利润		√		175 000
合计				175 000	175 000

记账： 审核： 出纳： 制单

表 7-30

转 账 凭 证

2011 年 8 月 31 日 转 字第 3015 号

摘要	会计科目		账页	借方金额	贷方金额
	总账科目	明细科目			
结转当月费用	本年利润		√	106 500	
	主营业务成本		√		90 000
	营业税金及附加				1 000
	销售费用				8 900
	管理费用				5 900
	财务费用				700
合计				106 500	106 500

记账： 审核： 出纳： 制单

表 7-31

转 账 凭 证

2011 年 8 月 31 日　　　　转 字第 3016 号

摘 要	会计科目		账页	借方金额	贷方金额
	总账科目	明细科目			
结转当月利润	本年利润		√	68 500	
	利润分配	未分配利润	√		68 500
合 计				68 500	68 500

记账：　　审核：　　出纳：　　制单

（二）根据收款凭证和付款凭证登记库存现金日记账和银行存款日记账

根据华强公司 8 月份的收款凭证和付款凭证，登记的库存现金日记账和银行存款日记账，如表 7-32、表 7-33 所示。

表 7-32　　**库存现金日记账**

2011 年		凭证编号	摘 要	借 方	贷 方	余 额
月	日					
8	1		期初余额			800
	1	2001	出纳员从银行提取库存现金	18 000		18 800
	1	2002	支付职工 7 月份职工薪酬		12 000	6 800
	2	2003	财务部购买办公用品		200	6 600
	5	2004	企划部李强借差旅费		300	6 300
	10	2007	支付销售装卸费、运输费		900	5 400
			本月发生额及余额	18 000	13 400	5 400

表 7-33　　**银行存款日记账**

2011 年		凭证编号	摘 要	借 方	贷 方	余 额
月	日					
8	1		期初余额			400 000
	1	2001	出纳员从银行提取库存现金		18 000	382 000
	5	1001	收回东方集团公司货款	24 000		406 000
	5	2005	支付龙飞公司材料款		200 000	206 000
	5	2006	购入乙材料 50 吨		50 000	156 000
	14	2008	支付税金及教育费附加		4 600	151 400
	15	2009	支付公司产品宣传费		8 000	143 400
	19	1002	收回中正公司货款	100 000		243 400
	19	1003	销售 A 产品 100 件	55 000		298 400
	31	2010	支付 8 月份的借款利息		700	297 700
			本月发生额及余额	179 000	281 300	297 700

（三）根据记账凭证登记各种明细分类账

在此仅登记了存货明细分类账，其他明细分类账的登记从略。存货明细分类账如表 7-34～表 7-37 所示。

表 7-34　　原材料明细分类账

材料名称：甲材料

2011 年		凭证编号	摘　要	借　方			贷　方			结　存		
月	日			数量	单价	金额	数量	单价	金额	数量	单价	金额
8	1		期初余额							3 000	200	600 000
	2	3001	购入	1 000	200	200 000				4 000	200	800 000
	12	3004	生产耗用				900	200	180 000	3 100	200	620 000
			本月余额	1 000	200	200 000	900	200	180 000	3 100	200	620 000

表 7-35　　原材料明细分类账

材料名称：乙材料

2011 年		凭证编号	摘　要	借　方			贷　方			结　存		
月	日			数量	单价	金额	数量	单价	金额	数量	单价	金额
8	1		期初余额							200	1 000	200 000
	5	2006	购入	50	1 000	50 000				250	1 000	250 000
	12	3 005	生产耗用				60	1 000	60 000	190	1 000	190 000
			本月余额	50	1 000	50 000	60	1 000	60 000	190	1 000	190 000

表 7-36　　库存商品明细分类账

商品名称：A 产品

2011 年		凭证编号	摘　要	借　方			贷　方			结　存		
月	日			数量	单价	金额	数量	单价	金额	数量	单价	金额
8	1		期初余额							500	300	150 000
	31	3010	完工入库	300	300	90 000				800	300	240 000
	31	3012	销售出库				300	300	90 000	500	300	150 000
			本月余额	300	300	90 000	300	300	90 000	500	300	150 000

表 7-37　　库存商品明细分类账

商品名称：B 产品

2011 年		凭证编号	摘　要	借　方			贷　方			结　存		
月	日			数量	单价	金额	数量	单价	金额	数量	单价	金额
8	1		期初余额							1 000	100	100 000
	31	3011	完工入库	1 720	100	172 000				2 720	100	272 000
			本月余额	1 720	100	172 000				2 720	100	272 000

（四）根据记账凭证直接登记总分类账

华强公司 2011 年 8 月份相关账户的总分类账如表 7-38～表 7-57 所示。

表 7-38 库存现金总分类账

2011 年		凭证编号	摘要	借方	贷方	借或贷	余额
月	日						
8	1		期初余额			借	800
	1	2001	出纳员从银行提取库存现金	18 000		借	18 800
	1	2002	支付职工 7 月份薪酬		12 000	借	6 800
	2	2003	财务部购买办公用品		200	借	6 600
	5	2004	企划部李强借差旅费		300	借	6 300
	10	2007	支付销售装卸费、运输费		900	借	5 400
			本月发生额及余额	18 000	13 400	借	5 400

表 7-39 银行存款总分类账

2011 年		凭证编号	摘要	借方	贷方	借或贷	余额
月	日						
8	1		期初余额			借	400 000
	1	2001	出纳员从银行提取库存现金		18 000	借	382 000
	5	1001	收回东方集团公司货款	24 000		借	406 000
	5	2005	支付龙飞公司材料款		200 000	借	206 000
	5	2006	购入乙材料 50 吨		50 000	借	156 000
	14	2008	支付税金及教育费附加		4 600	借	151 400
	15	2009	支付公司产品宣传费		8 000	借	143 400
	19	1002	收回中正公司货款	100 000		借	243 400
	19	1003	销售 A 产品 100 件	55 000		借	298 400
	31	2010	支付 8 月份的借款利息		700	借	297 700
			本月发生额及余额	179 000	281 300	借	297 700

表 7-40 应收账款总分类账

2011 年		凭证编号	摘要	借方	贷方	借或贷	余额
月	日						
8	1		期初余额			借	60 000
	5	1001	收回东方集团公司货款		24 000	借	36 000
	10	3003	销售 A 产品 200 件	120 000		借	156 000
	19	1002	收回中正公司货款		100 000	借	56 000
			本月发生额及余额	120 000	124 000	借	56 000

表 7-41　　其他应收款总分类账

2011 年		凭证编号	摘　　要	借　方	贷　方	借贷	余　额
月	日						
8	1		期初余额			借	4 800
	5	2004	企划部李强借差旅费	300		借	5 100
	5	3002	企划部张华报销差旅费		700	借	4 400
			本月发生额及余额	300	700	借	4 400

表 7-42　　原材料总分类账

2011 年		凭证编号	摘　　要	借　方	贷　方	借贷	余　额
月	日						
8	1		期初余额			借	800 000
	2	3001	购入甲材料	200 000		借	1 000 000
	5	2006	购入乙材料	50 000		借	1 050 000
	12	3004	生产耗用甲材料		180 000	借	870 000
	12	3005	生产耗用乙材料		60 000	借	810 000
			本月发生额及余额	250 000	240 000	借	810 000

表 7-43　　库存商品总分类账

2011 年		凭证编号	摘　　要	借　方	贷　方	借贷	余　额
月	日						
8	1		期初余额			借	250 000
	31	3010	A 产品完工入库	90 000		借	340 000
	31	3011	B 产品完工入库	172 000		借	512 000
	31	3012	A 产品销售出库		90 000	借	422 000
			本月发生额及余额	262 000	90 000	借	422 000

表 7-44　　累计折旧总分类账

2011 年		凭证编号	摘　　要	借　方	贷　方	借贷	余　额
月	日						
8	1		期初余额			贷	230 000
	31	3007	计提固定资产折旧		8 000	贷	238 000
			本月发生额及余额		8 000	贷	238 000

表 7-45　　应付账款总分类账

2011 年		凭证编号	摘　　要	借　方	贷　方	借贷	余　额
月	日						
8	1		期初余额			贷	82 000

续表

2011年		凭证编号	摘　　要	借　方	贷　方	借贷	余　额
月	日						
	2	3001	购入甲材料1 000吨		200 000	贷	282 000
	5	2005	支付龙飞公司材料款	200 000		贷	82 000
			本月发生额及余额	200 000	200 000	贷	82 000

表 7-46　　应付职工薪酬总分类账

2011年		凭证编号	摘　　要	借　方	贷　方	借贷	余　额
月	日						
8	1		期初余额			贷	12 000
	1	2002	支付职工7月份职工薪酬	12 000		平	—
	31	3006	分配8月份职工薪酬		19 000	贷	19 000
			本月发生额及余额	12 000	19 000	贷	19 000

表 7-47　　应交税费总分类账

2011年		凭证编号	摘　　要	借　方	贷　方	借贷	余　额
月	日						
8	1		期初余额			贷	4 600
	14	2008	支付税金及教育费附加	4 600		平	—
	31	3013	结转税金及教育费附加		1 000	贷	1 000
			本月发生额及余额	4 600	1 000	贷	1 000

表 7-48　　生产成本总分类账

2011年		凭证编号	摘　　要	借　方	贷　方	借贷	余　额
月	日						
8	12	3004	生产耗用甲材料300t	60 000		借	60 000
	12	3004	生产耗用甲材料600t	120 000		借	180 000
	12	3005	生产耗用乙材料20t	20 000		借	200 000
	12	3005	生产耗用乙材料40t	40 000		借	240 000
	31	3006	A产品工人薪酬	6 000		借	246 000
	31	3006	B产品工人薪酬	8 000		借	254 000
	31	3008	结转A产品制造费用	4 000		借	258 000
	31	3009	结转B产品制造费用	4 000		借	262 000
	31	3010	结转A产品完工成本		90 000	借	172 000
	31	3011	结转B产品完工成本		172 000	平	—
			本月发生额及余额	262 000	262 000	平	—

表 7-49 制造费用总分类账

2011年		凭证编号	摘要	借方	贷方	借贷	余额
月	日						
8	31	3006	车间管理人员薪酬	2 000		借	2 000
	31	3007	计提固定资产折旧	6 000		借	8 000
	31	3008	结转A产品制造费用		4 000	借	4 000
	31	3009	结转B产品制造费用		4 000	平	—
			本月发生额及余额	8 000	8 000	平	—

表 7-50 主营业务收入总分类账

2011年		凭证编号	摘要	借方	贷方	借贷	余额
月	日						
8	10	3003	销售A产品200件		120 000	贷	120 000
	19	1003	销售A产品100件		55 000	贷	55 000
	31	3014	结转当月收入	175 000		平	—
			本月发生额及余额	175 000	175 000	平	—

表 7-51 主营业务成本总分类账

2011年		凭证编号	摘要	借方	贷方	借贷	余额
月	日						
8	31	3012	结转产品销售成本	90 000		借	90 000
	31	3015	结转当月销售成本		90 000	平	—
			本月发生额及余额	90 000	90 000	平	—

表 7-52 营业税金及附加总分类账

2011年		凭证编号	摘要	借方	贷方	借贷	余额
月	日						
8	31	3013	结转应交税金及其附加	1 000		借	1 000
	31	3015	结转当月销售税金及附加		1 000	平	—
			本月发生额及余额	1 000	1 000	平	—

表 7-53 销售费用总分类账

2011年		凭证编号	摘要	借方	贷方	借贷	余额
月	日						
8	10	2007	支付销售装卸费、运输费	900		借	900
	15	2009	支付公司产品宣传费	8 000		借	8 900
	31	3015	结转当月销售费用		8 900	平	—
			本月发生额及余额	8 900	8 900	平	—

表 7-54　　管理费用总分类账

2011年		凭证编号	摘　要	借　方	贷　方	借或贷	余　额
月	日						
8	2	2003	财务部购买办公用品	200		借	200
	5	3002	企划部张华报销差旅费	700		借	900
	31	3006	公司管理人员薪酬	3 000		借	3 900
	31	3007	计提固定资产折旧	2 000		借	5 900
	31	3015	结转当月管理费用		5 900	平	—
			本月发生额及余额	5 900	5 900	平	—

表 7-55　　财务费用总分类账

2011年		凭证编号	摘　要	借　方	贷　方	借或贷	余　额
月	日						
8	31	2010	支付8月份借款利息	700		借	700
	31	3015	结转当月财务费用		700	平	—
			本月发生额及余额	700	700	平	—

表 7-56　　本年利润总分类账

2011年		凭证编号	摘　要	借　方	贷　方	借或贷	余　额
月	日						
8	31	3014	结转当月收入		175 000	贷	175 000
	31	3015	结转当月成本费用	106 500		贷	68 500
	31	3016	结转当月利润	68 500		平	—
			本月发生额及余额	175 000	175 000	平	—

表 7-57　　利润分配总分类账

2011年		凭证编号	摘　要	借　方	贷　方	借或贷	余　额
月	日						
8	1		期初余额			贷	210 000
	31	3016	结转当月利润		68 500	贷	278 500
			本月发生额及余额		68 500	贷	278 500

（五）将日记账、明细分类账与总分类账进行核对并编制试算平衡表

根据总分类账户的发生额、余额分别与库存现金日记账、银行存款日记账和各种明细分类账进行核对，并编制本期发生额及余额试算平衡表。华强公司2011年8月份的试算平衡表如表7-58所示。

表 7-58 **试算平衡表**

编制单位：华强公司 2011 年 8 月 31 日 单位：元

账户名称	期初余额		本期发生额		期末余额	
	借方	贷方	借方	贷方	借方	贷方
库存现金	800		18 000	13 400	5 400	
银行存款	400 000		179 000	281 300	297 700	
应收账款	60 000		120 000	124 000	56 000	
其他应收款	4 800		300	700	4 400	
原材料	800 000		250 000	240 000	810 000	
库存商品	250 000		262 000	90 000	422 000	
固定资产	1 823 000				1 823 000	
累计折旧		230 000		8 000		238 000
短期借款		700 000				700 000
应付账款		82 000	200 000	200 000		82 000
应付职工薪酬		12 000	12 000	19 000		19 000
应交税费		4 600	4 600	1 000		1 000
实收资本		2 000 000				2 000 000
盈余公积		100 000				100 000
利润分配		210 000		68 500		278 500
本年利润			175 000	175 000		
制造费用			8 000	8 000		
生产成本			262 000	262 000		
主营业务收入			175 000	175 000		
主营业务成本			90 000	90 000		
营业税金及附加			1 000	1 000		
销售费用			8 900	8 900		
管理费用			5 900	5 900		
财务费用			700	700		
合计	3 338 600	3 338 600	1 772 400	1 772 400	3 418 500	3 418 500

（六）根据明细分类账和总分类账编制财务报表

根据华强公司 2011 年 8 月份的总分类账和明细分类账编制的综合收益表如表 7-59 所示，财务状况表如表 7-60 所示。

表 7-59　　综合收益表(简化)

编制单位:华强公司　　2011 年 8 月 31 日　　单位:元

项　目	行次	本期金额	上期金额
一、营业收入		175 000	
减:营业成本		90 000	
营业税金及附加		1 000	
销售费用		8 900	
管理费用		5 900	
财务费用		700	
加:公允价值变动收益			
投资收益			
二、营业利润		68 500	
加:营业外收入			
减:营业外支出			
三、利润总额		68 500	

表 7-60　　财务状况表(简化)

编制单位:华强公司　　2011 年 8 月 31 日　　单位:元

资产	行次	期末余额	年初余额	负债和所有者权益	行次	期末余额	年初余额
流动资产:				流动负债:			
货币资金		303 100		短期借款		700 000	
应收账款		56 000		应付账款		82 000	
其他应收款		4 400		应付职工薪酬		19 000	
存货		1 232 000		应交税费		1 000	
其他流动资产				其他流动负债			
流动资产合计		1 595 500		流动负债合计		802 000	
非流动资产:				所有者权益:			
固定资产		1 585 000		实收资本		2 000 000	
				盈余公积		100 000	
				未分配利润		278 500	
非流动资产合计		1 585 000		所有者权益合计		2 378 500	
资产总计		3 180 500		负债和所有者权益总计		3 180 500	

第三节　汇总式会计信息流程及其应用

一、汇总式会计信息流程的原理

汇总式会计信息流程即科目汇总表会计信息流程，是根据记账凭证先定期编制科目汇总表，然后根据科目汇总表登记总分类账的账务处理程序。汇总式会计信息流程是在单一式会计信息流程的基础上发展演变而来的一种会计信息流程。

采用汇总式会计信息流程时，设置的凭证可采用一种通用的记账凭证格式，也可采用收款凭证、付款凭证和转账凭证等专用格式，同时还应设置科目汇总表。日记账通常采用三栏式；明细分类账可根据需要设置三栏式、多栏式和数量金额式；总分类账通常采用三栏式，但不设“对方科目”专栏，因为科目汇总表中不能反映各个账户之间的对应关系。

科目汇总表是根据记账凭证(收款凭证、付款凭证和转账凭证)，按照相同的账户进行归类，定期汇总每一账户的借方发生额和贷方发生额，所以又称为记账凭证汇总表。对于库存现金账户和银行存款账户的借方发生额和贷方发生额，也可根据库存现金日记账和银行存款日记账的收付数定期汇总填列。通过科目汇总表，可以进行发生额的试算平衡，若全部账户的借方发生额合计数与贷方发生额合计数相等，说明记账凭证的填制和科目汇总表的编制基本正确。

科目汇总表编制的时间间隔视具体情况而定，如果业务量大，可以按每 1 天、3 天、5 天编制一次；如果业务量不大，也可以按每 10 天、15 天或者每月一次来编制科目汇总表。

科目汇总表的编制方法是：先把需要汇总的记账凭证，按科目以“T”型账户的形式编制成工作底稿；然后，把工作底稿上有关科目的借方发生额和贷方发生额填入科目汇总表。科目汇总表的基本格式与前面所讲述的发生额试算平衡表很相似。

汇总式会计信息流程如图 7-3 所示。

二、汇总式会计信息流程的优缺点及其适用范围

汇总式会计信息流程的特点是：根据记账凭证定期汇总编制科目汇总表，然后根据科目汇总表登记总分类账。

汇总式会计信息流程的优点表现在：在科目汇总表上的汇总结果体现了一定会计期间内所有账户的借方发生额和贷方发生额之间的相等关系，利用这种发生额的相等关系，

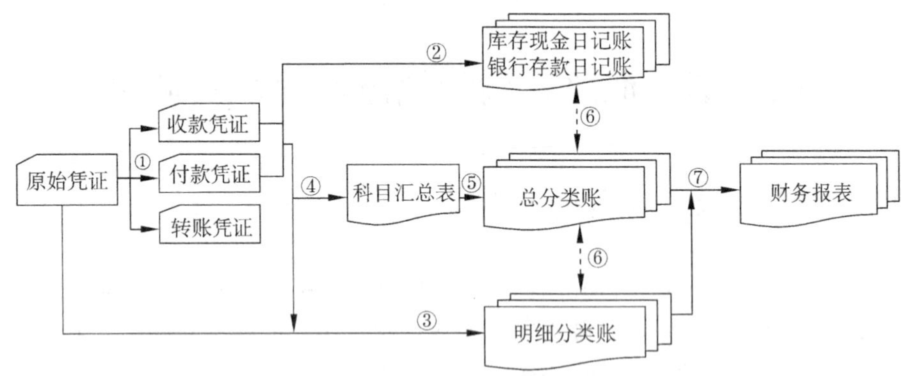

图 7-3　汇总式会计信息流程

说明：① 根据原始凭证或原始凭证汇总表填制记账凭证（收款凭证、付款凭证和转账凭证）；

② 根据收款凭证和付款凭证逐日逐笔地登记库存现金日记账和银行存款日记账；

③ 根据各类记账凭证并参考原始凭证或原始凭证汇总表逐笔登记各种明细分类账；

④ 根据收款凭证、付款凭证和转账凭证定期编制科目汇总表；

⑤ 根据科目汇总表各科目的汇总数登记总分类账；

⑥ 月末，将库存现金日记账、银行存款日记账和明细分类账的余额与总分类账中相应账户的余额进行核对；

⑦ 月末，根据总分类账和有关明细分类账的记录编制财务报表。

可以进行全部账户记录的试算平衡，在所有账户借、贷发生额相等的基础上再登记总账，在一定程度上能够保证总分类账登记的正确性。同时，根据科目汇总表上有关账户的汇总发生额，在月中定期或月末一次性登记总分类账，可以使登记总分类账的工作量大为减轻。

汇总式会计信息流程的缺点表现在：除了对发生的交易或事项要填制各种专用记账凭证外，还需要定期对记账凭证进行汇总，编制作为登记总分类账依据的科目汇总表，增加了会计信息流程的环节。另外，科目汇总表是按各个会计科目归类汇总其发生额的，在该表中不能清楚地显示出各个账户之间的对应关系，不能够清晰地反映交易或事项的来龙去脉。

汇总式会计信息流程清楚，在手工环境下，不论经营规模大小的企业都可以采用，但是规模较小的企业反而会增加工作量。

三、汇总式会计信息流程举例

【例 7-2】　承例 7-1，依据华强公司 8 月份所发生的各项交易或事项及填制的记账凭证，按照汇总式会计信息流程进行有关处理。由于例中交易或事项较少，假定科目汇总表于月末一次汇总编制。

（1）以“T”型账户底稿分科目按业务发生顺序登记2011年8月份发生的交易或事项如下（括号中为记账凭证编号）。

库存现金

借		贷	
(2001)	18 000	(2002)	12 000
		(2003)	200
		(2004)	300
		(2007)	900
合计	18 000	合计	13 400

银行存款

借		贷	
(1001)	24 000	(2001)	18 000
(1002)	100 000	(2005)	200 000
(1003)	55 000	(2006)	50 000
		(2008)	4 600
		(2009)	8 000
		(2010)	700
合计	179 000	合计	281 300

应收账款

借		贷	
(3003)	120 000	(1001)	24 000
		(1002)	100 000
合计	120 000	合计	124 000

其他应收款

借		贷	
(2004)	300	(3002)	700
合计	300	合计	700

原材料

借		贷	
(3001)	200 000	(3004)	180 000
(2006)	50 000	(3005)	60 000
合计	250 000	合计	240 000

库存商品

借		贷	
(3010)	90 000	(3012)	90 000
(3011)	172 000		
合计	262 000	合计	90 000

累计折旧

借		贷	
		(3007)	8 000
		合计	8 000

应付账款

借		贷	
(2005)	200 000	(3001)	200 000
合计	200 000	合计	200 000

应付职工薪酬

借		贷	
(2002)	12 000	(3006)	19 000
合计	12 000	合计	19 000

应交税费

借		贷	
(2008)	4 600	(3013)	1 000
合计	4 600	合计	1 000

借	制造费用		贷
(3006)	2 000	(3008)	4 000
(3007)	6 000	(3009)	4 000
合计	8 000	合计	8 000

借	销售费用		贷
(2007)	900	(3015)	8 900
(2009)	8 000		
合计	8 900	合计	8 900

借	生产成本		贷
(3004)	60 000	(3010)	90 000
(3004)	120 000	(3011)	172 000
(3005)	20 000		
(3005)	40 000		
(3006)	6 000		
(3006)	8 000		
(3008)	4 000		
(3009)	4 000		
合计	262 000	合计	262 000

借	管理费用		贷
(2003)	200	(3015)	5 900
(3002)	700		
(3006)	3 000		
(3007)	2 000		
合计	5 900	合计	5 900

借	营业税金及附加		贷
(3013)	1 000	(3015)	1 000
合计	1 000	合计	1 000

借	财务费用		贷
(2010)	700	(3015)	700
合计	700	合计	700

借	主营业务收入		贷
(3014)	175 000	(3003)	120 000
		(1003)	55 000
合计	175 000	合计	175 000

借	主营业务成本		贷
(3012)	90 000	(3015)	90 000
合计	90 000	合计	90 000

借	本年利润		贷
(3015)	106 500	(3014)	175 000
(3016)	68 500		
合计	175 000	合计	175 000

借	利润分配		贷
		(3016)	68 500
		合计	68 500

(2) 将“T”型账户底稿中各账户的借方和贷方发生额合计数填入科目汇总表，如表 7-61 所示。

表 7-61 **科目汇总表**

编制单位：华强公司　　2011 年 8 月 1 日至 31 日　　元

账户名称	账页	本期发生额		记账凭证起讫编号
		借方	贷方	
库存现金		18 000	13 400	
银行存款		179 000	281 300	
应收账款		120 000	124 000	
其他应收款		300	700	收款凭证
原材料		250 000	240 000	1001 号至 1003 号
库存商品		262 000	90 000	3 张
累计折旧			8 000	
应付账款		200 000	200 000	付款凭证
应付职工薪酬		12 000	19 000	2001 号至 2010 号
应交税费		4 600	1 000	10 张
利润分配			68 500	
本年利润		175 000	175 000	转账凭证
制造费用		8 000	8 000	3001 号至 3016 号
生产成本		262 000	262 000	16 张
主营业务收入		175 000	175 000	
主营业务成本		90 000	90 000	
营业税金及附加		1 000	1 000	
销售费用		8 900	8 900	
管理费用		5 900	5 900	
财务费用		700	700	
合计		1 772 400	1 772 400	

（3）根据编制的科目汇总表登记总分类账。

一般于每次将科目汇总表中各账户的借方发生额合计数和贷方发生额合计数登记到总分类账后，就结出各账户的借方或贷方余额。由于根据科目汇总表登记到总分类账中的各账户借方和贷方的数额，是各该账户借方和贷方在一定期间内发生额合计数，是由多种交易或事项汇集形成的，形成的原因是科目汇总表本身所不能提供的，实际上也难以在账户摘要栏中尽述。所以，汇总式会计信息流程中适用的总分类账账页可以不设摘要栏；有摘要栏时，可简单填列汇总的记账凭证起讫编号。银行存款和管理费用的总分类账如表 7-62 和表 7-63 所示，其他账户的总分类账登记不再列举。

表 7-62　　银行存款总分类账

2011 年		凭证编号	摘　　要	借　方	贷　方	借贷	余　额
月	日						
8	1		期初余额			借	400 000
	31		汇总 1001～3016	179 000	281 300	借	297 700
			本月发生额及余额	179 000	281 300	借	297 700

表 7-63　　管理费用总分类账

2011 年		凭证编号	摘　　要	借　方	贷　方	借贷	余　额
月	日						
8	31		汇总 1001～3016	5 900	5 900	平	—
			本月发生额及余额	5 900	5 900	平	—

四、其他汇总式会计信息流程

按照我国的传统教材，汇总式记账凭证除了上述的科目汇总表形式外，还有其他几种形式，由于现在使用得较少，只做简单说明。

（一）汇总记账凭证会计信息流程

汇总记账凭证会计信息流程也是在单一式会计信息流程的基础上发展演变而来的一种会计信息流程，是指根据各种专用记账凭证定期汇总编制汇总记账凭证，然后根据汇总记账凭证登记总分类账，并定期编制财务报表的一种账务处理程序。汇总记账凭证是对日常会计核算过程中所填制专用记账凭证按照凭证的种类，采用一定的方法定期（5 天或 10 天）进行汇总而重新填制的一种记账凭证。

汇总收款凭证是根据库存现金和银行存款收款凭证，分别以库存现金、银行存款账户的借方设置，并按其对应的贷方账户归类汇总，一般 5 天或 10 天汇总填制一次，每月编制一张。月末，根据库存现金和银行存款汇总收款凭证的合计数，分别记入总分类账库存现金、银行存款账户的借方，以及各个对应账户的贷方。但对于库存现金与银行存款之间的相互划转业务，在汇总付款凭证中汇总，汇总收款凭证不汇总，以避免重复汇总，重复过账。为了便于编制汇总收款凭证，在日常编制收款凭证时，会计分录的形式最好是一借一贷、一借多贷，不宜多借一贷或多借多贷。

汇总付款凭证是根据库存现金和银行存款付款凭证，分别以库存现金、银行存款账户的贷方设置，并按其对应的借方账户归类汇总，一般 5 天或 10 天汇总填制一次，每月编制一张。月末，根据库存现金和银行存款汇总付款凭证的合计数，分别记入总分类账库存现金、银行存款账户的贷方，以及各个对应账户的借方。

汇总转账凭证一般按照每一账户的贷方分别设置，并根据转账凭证按对应的借方账户归类汇总，一般 5 天或 10 天汇总填制一次，每月编制一张。月末，根据汇总转账凭证的合计数，分别记入总分类账各个应借账户的借方，以及该汇总转账凭证所列的应贷账户的贷方。为了便于编制汇总转账凭证，在日常编制转账凭证时，会计分录的形式最好是一借一贷、一贷多借，不宜一借多贷或多借多贷。

汇总记账凭证会计信息流程的优点表现在：由于利用汇总记账凭证，将许多记账凭证的数据汇总起来，月末一次记入总分类账，可以简化总分类账的登记工作；另外，汇总记账凭证按照账户的对应关系进行归类汇总，汇总记账凭证和总分类账均能通过账户的对应关系反映所发生的经济业务内容，便于经常检查经济活动的发生情况。

汇总记账凭证会计信息流程的缺点表现在：编制汇总记账凭证的工作量比较大，大部分总分类账的登记工作集中在月末，会计工作节奏不太均衡。

因此，汇总记账凭证会计信息流程一般适用于经营规模较大、经济业务量比较多、专用记账凭证也比较多的企业。

（二）多栏式日记账会计信息流程

多栏式日记账会计信息流程是由多栏式特种日记账和科目汇总表账务处理程序相结合而形成的一种账务处理程序，是根据收款凭证、付款凭证登记多栏式库存现金日记账和多栏式银行存款日记账，根据转账凭证编制转账凭证科目汇总表，然后根据多栏式库存现金日记账、多栏式银行存款日记账和转账凭证科目汇总表登记总分类账，并定期编制财务报表的一种账务处理程序。

在多栏式日记账会计信息流程下，由于库存现金日记账、银行存款日记账都按其对应账户设置专栏，具备了库存现金、银行存款的收款凭证、付款凭证科目汇总表的作用，在月末可以直接根据多栏式日记账的本月收、付发生额和各对应账户的发生额登记总分类账。登记时，应根据多栏式日记账收入合计栏的本月发生额，记入总分类账“库存现金”、“银行存款”账户的借方，并根据收入栏下各专栏对应账户的本月发生额，记入总分类账各有关账户的贷方；同时，根据多栏式日记账付出合计栏的本月发生额，记入总分类账“库存现金”、“银行存款”账户的贷方，并根据付出栏下各专栏对应账户的本月发生额，记入总分类账各有关账户的借方。对于库存现金和银行存款之间相互划转数，因已分别包括在有关日记账的收入和付出合计栏的本月发生额之内，所以无须再根据有关对应账户专栏的合计数登记总分类账，以避免重复。对转账业务，则根据转账凭证科目汇总表登记总分类账，但在转账业务不多的情况下，也可直接根据转账凭证逐笔登记总分类账。

多栏式日记账会计信息流程的优点表现在：多栏式库存现金日记账和多栏式银行存款

日记账具有汇总收款凭证和汇总付款凭证的作用，既能反映货币资金的收入和支出合计数，又能反映与其相对应的各个账户发生额合计数。同时，日记账的登记工作与数据的汇总工作同时进行，与汇总记账凭证会计信息流程相比，减少了汇总凭证的填制，进一步简化了会计信息处理工作。另外，多栏式日记账将全部账户集中在一张账页上，可以反映每一个经济业务所记录的账户对应关系，为检查、分析经济业务提供了方便。

多栏式日记账会计信息流程的缺点表现在：当业务量较大，运用的会计账户较多时，多栏式日记账的记账栏数设置太多，记账容易串行，也不便于会计人员分工；另外，由于登记总分类账的主要依据是多栏式日记账，而不是记账凭证，没有按平行登记的要求记账，影响了总分类账与日记账之间的相互稽核作用。

因此，多栏式日记账会计信息流程只能适用于业务简单，货币资金收、付业务较多，账户设置较少的企业。

第四节　IT 环境下的会计信息流程

一、手工环境下会计信息流程的缺陷

通过分析可以看出，手工环境下的会计信息流程都是围绕如何减少账簿登记工作量而产生的，因此也就决定了手工会计信息流程的局限性。主要缺陷有以下几方面。

（一）会计数据大量重复

在手工环境下，设置了登记日记账、明细分类账、总分类账等环节，使得会计凭证上的数据被多次转抄。例如，当一笔反映库存现金支出的记账凭证编制完毕之后，需要由不同的财会人员在库存现金日记账、相关的明细分类账、总账上同时转抄记账凭证的日期、凭证编号、摘要、金额等数据。同一数据的大量重复，不仅造成存储浪费，还导致数据的不一致。手工环境下账证不符、账账不符、账表不符现象的产生，就与手工环境下数据的大量重复登记有直接关系。

（二）会计信息提供不及时

财务报表是会计信息系统的“最终产品”，是信息使用者了解企业经营状况和经营成果的重要资料，也是信息使用者进行决策的依据。但由于交易或事项处理的工作量很大，再加上手工处理速度缓慢，往往需要相当长的时间才能编制出各种财务报表，削弱了财务报表所

起的作用。

（三）会计信息准确性差

在手工环境下，明细分类账与总分类账采用平行登记的方法，以便相互核对发现明细分类账或总分类账中的过账错误和计算错误。但无论会计人员的素质如何，从填制记账凭证到编制财务报表的每一个环节，转抄错误和计算错误都难以避免，从而导致会计信息的准确性差。

（四）会计工作强度大

为了达到既要算得快又要算得准的目标，在其他条件不变的情况下，只能靠加重会计人员劳动强度的方式去实现目标，这是手工进行会计交易或事项处理的必然结果。

二、IT 环境下的会计信息流程

信息技术的广泛应用为改变手工处理方式造成的缺陷提供了条件。计算机与手工处理相比，不仅在处理速度上大大提高，数据的存储能力也是手工无法比拟的，更不会导致计算错误和转抄错误。因此，IT 环境下会计信息流程不能简单模拟手工环境下的流程，而应当突破长期手工处理所形成的定式，设计出更适合计算机处理、效率更高、处理更合理的信息流程。IT 环境下的会计信息流程因软件开发商的不同存在一定的差异，但核心流程还是一致的。IT 环境下的会计信息流程如图 7-4 所示。

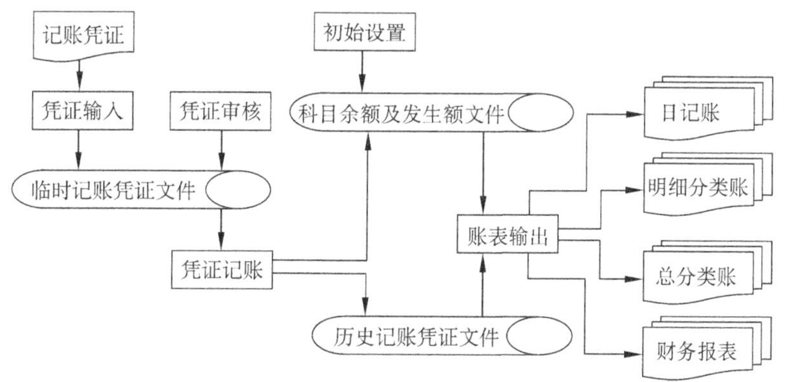

图 7-4　IT 环境下的会计信息流程

IT 环境下会计信息流程的基本步骤如下。

（一）初始设置

在系统启用时应将本单位的基础会计信息，通过初始设置功能录入计算机，并保存在企业基础信息文件中。其中主要是会计科目录入和期初余额录入。会计科目录入是指将本单位会计核算中使用的总分类账和明细分类账的编码、名称、类别、性质逐一在系统中描述，并将会计科目设置的结果保存在科目余额及发生额文件中。系统首次投入使用前还需要将各种期初数据录入系统，这些期初数据主要是最低一级明细科目的年初余额和系统启用前各月的发生额，并将期初余额保存在科目余额及发生额文件中。UFERP U8 财务软件的会计科目录入界面如图 7-5 所示，期初余额录入界面如图 7-6 所示。

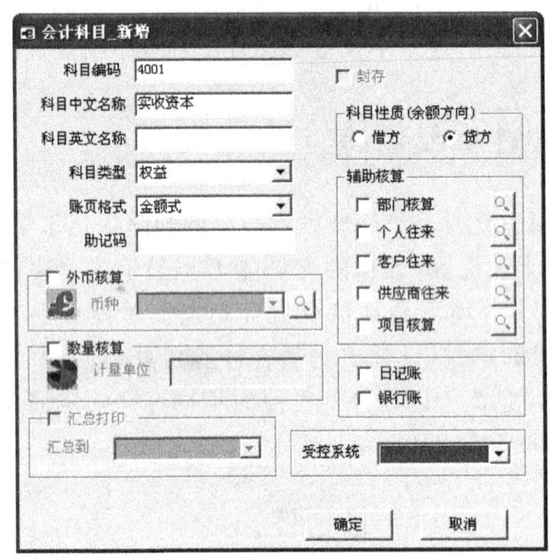

图 7-5　UFERP U8 财务软件的会计科目录入界面

（二）凭证输入

凭证输入主要是完成记账凭证的填制功能，包括人工直接录入的记账凭证和相关系统自动派生的机制凭证。人工直接录入是指根据原始凭证或纸质记账凭证通过键盘手工输入到计算机的记账凭证。机制凭证是指由系统自动生成的记账凭证，一种是对于某些具有规律性且每月都发生的期末结转事项，由系统根据设置自动转账生成的记账凭证；另一种是由会计信息系统中其他系统根据交易或事项单据自动生成的记账凭证，这两种凭证由计算机自动转入。输入的记账凭证或机制凭证首先存储在临时记账凭证文件中。UFERP U8 财务软件的凭证输入界面如图 7-7 所示。

期初余额录入

用友ERP-U8

设置 打印 预览 输出 | 方向 | 刷新 | 试算 查找 | 对账 清零 | 帮助 退出

期初余额

期初：2006年12月

浏览、只读 □末级科目 □非末级科目 □辅助科目

科目名称	方向	币别/计量	年初余额	累计借方	累计贷方	期初余额
库存现金	借		12,038.50	7,256,157.39	7,254,000.00	14,195.89
银行存款	借		1,806,423.17	62,776,077.31	61,154,644.19	3,427,856.29
工商银行存款	借		1,806,423.17	62,462,317.31	61,154,644.19	3,114,096.29
中行人民币存款	借			165,080.00		165,080.00
中行美元存款	借			148,680.00		148,680.00
	借	美元		18,000.00		18,000.00
其他货币资金	借		201,080.00	668,000.00	285,000.00	584,080.00
外埠存款	借					
银行本票	借					
银行汇票	借					
信用卡	借					
信用证保证金	借		66,080.00			66,080.00
	借	美元	8,000.00			8,000.00

图 7-6　UFERP U8 财务软件的期初余额录入界面

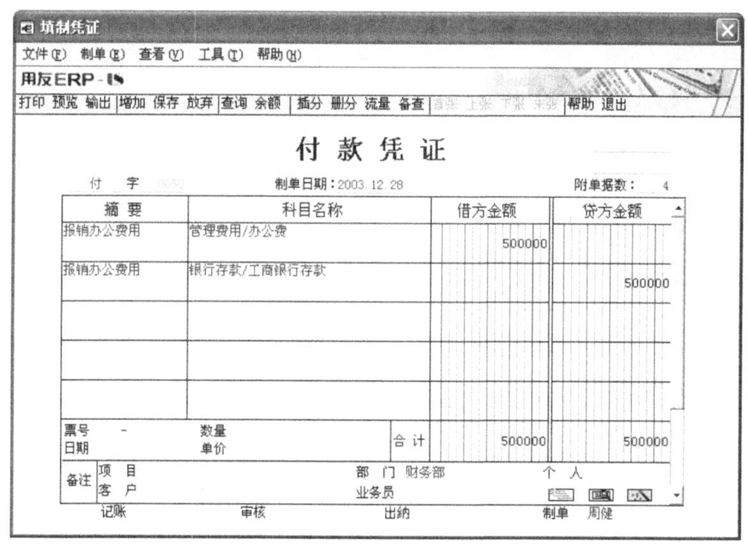
填制凭证

文件(F) 制单(E) 查看(V) 工具(T) 帮助(H)

用友ERP-U8

打印 预览 输出 | 增加 保存 放弃 | 查询 余额 | 插分 删分 流量 备查 | 首张 上张 下张 末张 | 帮助 退出

付 款 凭 证

付　字　　制单日期：2003.12.28　　附单据数：4

摘要	科目名称	借方金额	贷方金额
报销办公费用	管理费用/办公费	500000	
报销办公费用	银行存款/工商银行存款		500000
票号 - 日期	数量 单价	合计 500000	500000

备注　项目　　部门 财务部　　个人

　　　客户　　业务员

记账　　审核　　出纳　　制单 周健

图 7-7　UFERP U8 财务软件的凭证输入界面

（三）凭证审核

凭证审核主要是完成记账凭证的复核和签章功能。无论是手工输入的记账凭证还是机

制凭证，都需要再次进行审核，以确保其正确性。如果审核通过，则对记账凭证做审核标记，并将审核标记存储在临时记账凭证文件中。

（四）凭证记账

在 IT 环境下的记账已不具有手工环境下将记账凭证分类、汇总登记入明细分类账和总分类账的含义。凭证记账是由系统自动将临时记账凭证文件中已审核凭证进行记账，分别更新科目余额及发生额文件（账户余额和发生额数据）和历史记账凭证文件（账户发生额明细数据），并将临时记账凭证文件中已记账的凭证删除。UFERP U8 财务软件的科目余额及发生额文件格式如图 7-8 所示。

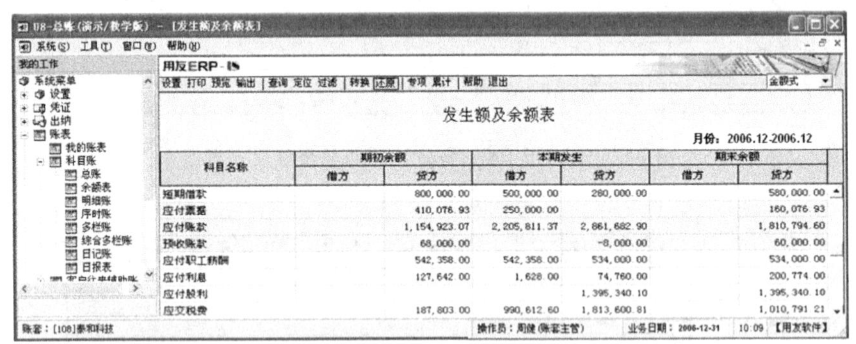

发生额及余额表

月份：2006.12-2006.12

科目名称	期初余额		本期发生		期末余额	
	借方	贷方	借方	贷方	借方	贷方
短期借款		800,000.00	500,000.00	280,000.00		580,000.00
应付票据		410,076.93	250,000.00			160,076.93
应付账款		1,154,923.07	2,205,811.37	2,861,682.90		1,810,794.60
预收账款		68,000.00		-8,000.00		60,000.00
应付职工薪酬		542,358.00	542,358.00	534,000.00		534,000.00
应付利息		127,642.00	1,628.00	74,760.00		200,774.00
应付股利				1,395,340.10		1,395,340.10
应交税费		187,803.00	990,612.60	1,813,600.81		1,010,791.21

图 7-8　UFERP U8 财务软件的科目余额及发生额文件格式

（五）账表输出

计算机根据科目余额及发生额文件和历史记账凭证文件自动、实时地生成日记账、明细分类账（某科目、部门、项目等明细分类账）和总分类账，以及信息使用者所需的财务报表。UFERP U8 财务软件的日记账、明细分类账和总分类账如图 7-9～图 7-11 所示。

（六）结账

结账是一个批处理过程，其处理过程是将本期所有账户的期末余额数据结转为下一期的期初余额，将本期所有账户借方发生额和贷方发生额累加到对应账户的本年累计借方发生额和本年累计贷方发生额，并清除本期所有账户的借方发生额和贷方发生额，对本期会计交易或事项执行封账。

银行日记账

科目 1002 银行存款　　月份：2006.12-2006.12

2006年 月	日	凭证号数	摘要	结算号	对方科目	借方	贷方	方向	余额
			月初余额					借	3,427,856.29
12	01	收-0001	收到应收票据款_9_董哲	其他	1111	450,000.00		借	3,877,856.29
12	01	付-0001	支付前欠货款_202_1569831_顾芸	转账支票	2121		229,900.32	借	3,647,955.97
12	01	付-0003	购买国库券进行长期投资_202_1569832_2003.12.01	转账支票-1569832	140201		500,000.00	借	3,147,955.97
12	01		本日合计			450,000.00	729,900.32	借	3,147,955.97
12	02	收-0002	向工行借入半年期借款_9_2003.12.02	其他	210101	280,000.00		借	3,427,955.97
12	02	收-0003	收款单_3_杨洋	汇兑	113101	381,000.00		借	3,808,955.97
12	02	付-0004	支付西南销售部房屋租金_3_2003.12.01	汇兑	550114,219102		5,400.00	借	3,803,555.97
12	02		本日合计			661,000.00	5,400.00	借	3,803,555.97
12	03	收-0004	收款单_9_宋群	其他	113101	411,700.00		借	4,215,255.97
12	03	付-0005	报销办公用品_202_1569833_2003.12.03	转账支票	550206		1,850.00	借	4,213,405.97
12	03	付-0006	预借差旅费_201_021211_2003.12.03	现金支票-021211	113301		9,000.00	借	4,204,405.97
12	03	付-0007	提现金备发工资	现金支票-021212	1001		468,340.62	借	3,736,065.35

账套：[108]泰和科技　　操作员：周健(账套主管)　　业务日期：2006-12-31　　10:09　【用友软件】

图 7-9　UFERP U8 财务软件的日记账格式

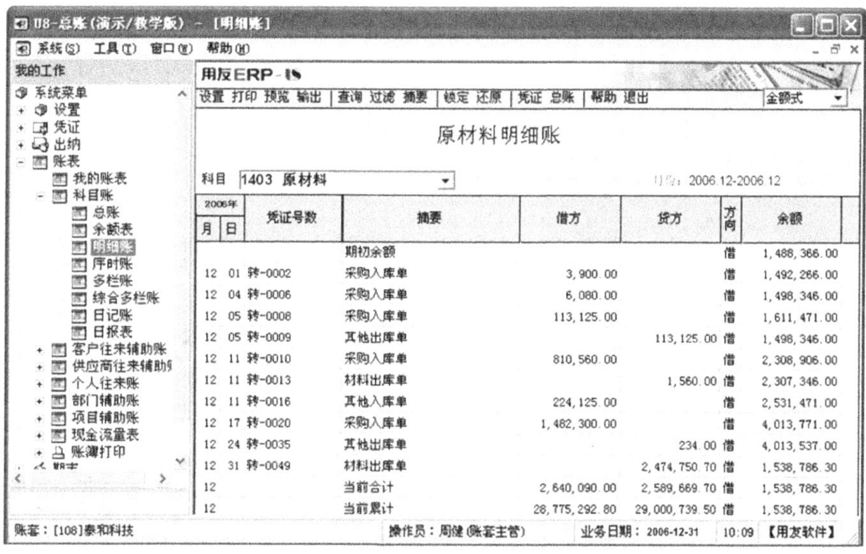

原材料明细账

科目 1403 原材料　　月份：2006.12-2006.12

2006年 月	日	凭证号数	摘要	借方	贷方	方向	余额
			期初余额			借	1,488,366.00
12	01	转-0002	采购入库单	3,900.00		借	1,492,266.00
12	04	转-0006	采购入库单	6,080.00		借	1,498,346.00
12	05	转-0008	采购入库单	113,125.00		借	1,611,471.00
12	05	转-0009	其他出库单		113,125.00	借	1,498,346.00
12	11	转-0010	采购入库单	810,560.00		借	2,308,906.00
12	11	转-0013	材料出库单		1,560.00	借	2,307,346.00
12	11	转-0016	其他入库单	224,125.00		借	2,531,471.00
12	17	转-0020	采购入库单	1,482,300.00		借	4,013,771.00
12	24	转-0035	其他出库单		234.00	借	4,013,537.00
12	31	转-0049	材料出库单		2,474,750.70	借	1,538,786.30
12			当前合计	2,640,090.00	2,589,669.70	借	1,538,786.30
12			当前累计	28,775,292.80	29,000,739.50	借	1,538,786.30

账套：[108]泰和科技　　操作员：周健(账套主管)　　业务日期：2006-12-31　　10:09　【用友软件】

图 7-10　UFERP U8 财务软件的明细分类账格式

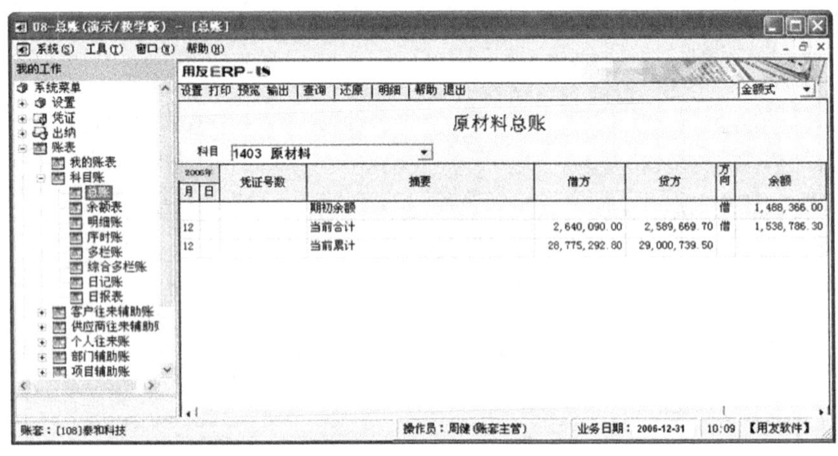

图 7-11　UFERP U8 财务软件的总分类账格式

三、IT 环境下和手工环境下会计信息流程的异同

IT 环境下和手工环境下会计信息流程的最终结果都是会计账簿和财务报表，处理过程都完成了会计账簿和财务报表的生成。但是，IT 环境下和手工环境下的会计信息流程在很多关键环境中发生了很大的变化，主要表现在以下几点。

（一）数据处理的起点与终点不同

在手工环境下，会计交易或事项的处理起点为原始会计凭证，而 IT 环境下，会计交易或事项的处理起点可以是记账凭证、原始凭证或机制凭证。

手工环境下会计期间会计业务以会计人员编制并上报财务报表为工作终点，在 IT 环境下则以计算机自动输出会计账簿和输出固定财务报表为终点，并将各种格式变动的内部及外部报表的编制与输出工作，交由单独的报表管理系统来完成。

（二）数据处理的过程不同

在手工环境下，企业需要根据自身的生产规模、经营方式和管理形式的不同，选择采用不同的会计信息流程，常用的会计信息流程有单一式会计信息流程和汇总式会计信息流程。其信息流程本质上是采用直线式数据处理流程，即记账凭证→明细分类账→总分类账→财务报表，对交易或事项数据采用分散收集、分散处理、重复登记的信息流程。

在IT环境下，会计信息流程不考虑企业的生产规模、经营方式和管理形式的差异，会计信息流程通常采用单一式会计信息流程，本质上是采用放射式数据处理流程，即根据记账凭证历史文件和科目余额及发生额文件直接生成日记账、明细分类账、总分类账和财务报表。取消了手工会计的中间数据和处理，如财务报表的编制是根据上述两个数据文件直接生成的，而不是依据总分类账和明细分类账来分析编制财务报表。IT环境下会计信息流程对数据处理采用了集中收集、统一处理、数据共享的信息流程。

（三）数据存储方式不同

在手工环境下，会计数据存储在凭证、日记账、总分类账、明细分类账等纸张中；在IT环境下，会计数据存储在记账凭证文件、科目余额及发生额文件等数据文件中，明细账、总账、科目汇总表和财务报表等均是一种视图，而不是物理存储，在需要时，通过账表输出功能实时生成。

（四）对账的方式不同

在手工环境下，按照复式记账的原则，总分类账、日记账、明细分类账必须采用平行登记的方法，根据每张记账凭证登记明细账，而利用汇总数据登记总分类账，然后会计人员定期将总分类账、日记账与明细分类账中的数据进行核对。当明细分类账和总分类账的数据不相符时，说明必然有一方或双方有记账错误。从一定的意义上可以说，这是手工环境下一种行之有效的查错方法。

在IT环境下，由于系统采用预先编制好的记账程序自动、准确、高速地完成记账过程，会计账簿和财务报表的数据来自相同的两个数据文件，只要预先编制好的程序正确，计算错误完全可以避免，这样就没有必要进行账证、账账、账表的核对。

（五）会计资料的查询统计方式不同

在手工环境下会计人员为编制一张急需的数据统计表，或查找急需的会计数据，要付出很多劳动；在IT环境下，由于计算机具有高速的数据处理能力，会计人员只需通过选择各种查询功能，就可以以最快的速度完成数据的查询统计过程。

总之，在IT环境下，会计事项处理从高效性、正确性、准确性等方面来看，已经和手工处理产生了根本性的不同，对会计理论和会计实务产生了巨大的影响。此外，计算机替代了手工会计业务处理过程，把广大的会计人员从繁杂的劳动中解脱出来，使他们有充足的时间和精力，利用会计信息进行事前预测、事中控制、事后分析等会计管理活动。

练习题

一、目的:练习会计信息流程的相关程序。

二、资料:华立公司 2012 年 5 月份总账科目和相关明细科目的期初余额如下表。

总账科目期初余额

会计科目	借 方	贷 方	会计科目	借 方	贷 方
库存现金	1 800		短期借款		200 000
银行存款	150 000		应付账款		65 000
应收账款	90 000		应付职工薪酬		7 000
其他应收款	800		其他应付款		1 800
原材料	240 000		应交税费		1 700
生产成本	20 000		实收资本		500 000
库存商品	160 000		盈余公积		39 100
固定资产	300 000		利润分配		120 000
累计折旧		28 000			

相关明细科目期初余额

总账科目	明细科目	数量	单价	金额
原材料	甲材料	1 000t	100	100 000
原材料	乙材料	700t	200	140 000
库存商品	A 产品	400 件	400	160 000
生产成本	A 产品	100 件		20 000

4 月份发生下列交易或事项。

(1) 1 日,接开户银行进账通知单,收回晨光公司销货款 18 000 元。

(2) 1 日,从飞达公司购入甲材料 300t,单价 100 元,材料已验收入库,货款已用银行存款支付。

(3) 4 日,从正林公司购入乙材料 200t,单价 200 元,材料已验收入库,货款尚未支付。

(4) 4 日,以银行存款购入设备 1 台,价款 8 000 元,该设备已投入使用。

(5) 6 日,用银行存款支付办公费用 1 600 元,其中生产车间 1 000 元,财务部门 600 元。

(6) 6 日,从银行提取库存现金 10 000 元,用以零星开支。

(7) 6 日,以库存现金发放 4 月份职工薪酬 7 000 元。

(8) 6 日,销售人员李明报销差旅费 900 元,以库存现金支付。

(9) 10 日,财务部李军报销差旅费 860 元,原借款金额为 800 元,以库存现金支付 60 元。

(10) 12 日，以银行存款上缴 3 月份应交的城市建设维护税和教育费附加 1 700 元。

(11) 16 日，销售 A 产品 200 件，单价 800 元，货款已通过开户银行收讫。

(12) 18 日，接银行通知，收回正天公司货款 50 000 元。

(13) 18 日，向晨光公司销售 A 产品 50 件，单价 780 元，货款尚未收回。

(14) 22 日，用银行存款支付销售部门产品宣传费 2 000 元。

(15) 22 日，用银行存款支付水电费 1 900 元，其中生产车间 1 600 元，管理部门 300 元。

(16) 24 日，以银行存款向希望工程捐赠 2 000 元。

(17) 30 日，计算并分配本月应付职工薪酬 9 000 元，其中生产 A 产品工人薪酬 7 000 元，生产车间管理人员薪酬 500 元，企业管理人员薪酬 1 500 元。

(18) 30 日，计提本月固定资产折旧费 5 000 元，其中生产车间 4 000 元，管理部门 1 000 元。

(19) 30 日，根据领料凭证编制的本月发料凭证汇总表资料为：甲材料发出 800t，其中 A 产品耗用 750t，生产车间一般耗用 20t，企业管理部门耗用 30t，单价均为 100 元；乙材料发出 600t，单价 200 元，均为 A 产品耗用。

(20) 30 日，结转本月制造费用。

(21) 30 日，本月 A 产品全部完工入库，生产量为 570 件，结转生产成本。

(22) 30 日，结转本月已销产品成本，按先进先出法计价。

(23) 30 日，通过计算，本月应交城市建设维护税和教育费附加 2 000 元。

(24) 30 日，结转本月收入。

(25) 30 日，结转本月销售成本及相关费用。

(26) 30 日，根据本月实现的利润，按 25% 的税率计算所得税。

(27) 30 日，结转本月税后利润。

(28) 30 日，按税后利润的 10% 提取盈余公积。

三、要求：根据上述资料，完成下列会计处理。

1. 根据上述交易或事项分别填制收款凭证、付款凭证和转账凭证。
2. 根据所填制的收款凭证、付款凭证登记库存现金日记账和银行存款日记账。
3. 根据所填制的收款凭证、付款凭证和转账凭证登记明细分类账。
4. 根据所填制的收款凭证、付款凭证和转账凭证登记总分类账。
5. 根据总分类账编制试算平衡表。
6. 根据所填制的收款凭证、付款凭证和转账凭证编制科目汇总底稿。
7. 根据科目汇总底稿编制科目汇总表。

第八章　会计信息披露

本章学习提示

本章重点：会计信息披露的方法及要求；资产清查；试算平衡；财务状况表、综合收益表及现金流量表的结构和编制原理

本章难点：财务状况表的结构和编制方法、综合收益表的结构和编制方法、现金流量表的结构和编制方法

第一节　会计信息披露方法

一、会计信息披露的含义

如果你有兴趣投资一家公司，你如何判断这家公司是否值得投资？如何将该公司与其他你感兴趣的公司进行比较？你如何知道你的投资决策是否正确？当你要做重要经济决策时，哪些信息是你更需要了解的？

在做出这些决策时，会计信息是最重要的信息。如前所述，会计活动的结果表现为一系列有机构成的以货币反映的价值信息，即会计信息。各种与单位有利害关系的利益阶层作为使用者将利用这些会计信息进行有效决策，最终使之效益和财富能够实现最大化。这就需要采用适当的形式将会计信息传递到信息使用者手中，这一信息的传送过程就是会计信息披露。

会计信息披露是指企业依据相关的法律、法规及会计准则，按照一定的程序与规范的报告格式，通过适当的方式向会计信息使用者传达与企业财务状况、经营成果及现金流量等相关的会计信息的行为。

图 8-1 显示了经济活动是如何遵循会计程序的，会计程序产生了会计信息，会计信息披露给信息使用者，帮助其做出经济决策，由其采取一定的行动引发相关的经济活动，并进行不断循环。在这一循环过程中，会计信息披露是联系企业与信息使用者的桥梁和纽带。

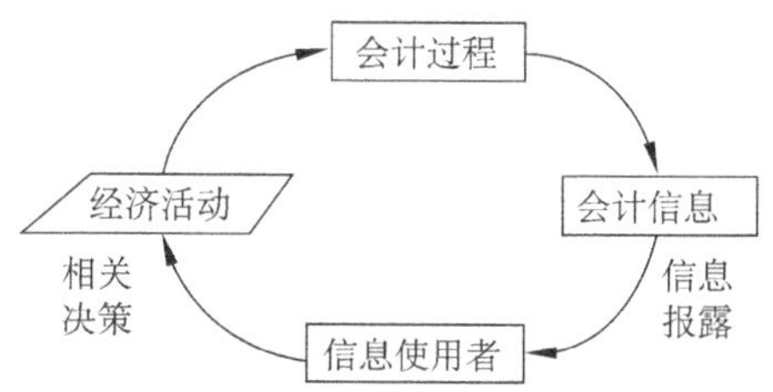

图 8-1　会计与信息使用者、经济活动的关系

二、会计信息披露方法

信息的传递需要适当的方法或手段，也就是说需要选择合适的载体。从古代的烽火狼烟、书信到今天的报纸杂志、电信互联网等都是信息的载体。从本书前面章节的学习中不难总结出这样的结论：会计信息被"生产者"(即企业)按照一定的标准和要求生产出来之后，以其最后的表现形式——财务报表，经过"检验员"(企业会计人员及外部审计人员)检验合格之后才能提供给需求者。因此我们可以说：会计信息主要是借助于财务会计报告的形式进行披露的。在这里，财务会计报告就是会计信息披露的载体。之所以选择财务报告作为会计信息披露方法，主要基于以下原因。

首先，这是满足企业会计信息使用者需求的必然选择。我们知道，不同的信息使用者需要了解企业会计信息的具体目的各不相同。目前，还无法确切地了解各使用者在特定时间、特定情况下的具体信息需求。为此，会计信息披露方法的选择应首先以能够满足不同信息使用者共同需要为出发点。就目前来看，能够提供企业总括性财务状况、经营成果及现金流量等信息的财务报告成为首选的会计信息披露方法。2010 年 9 月 IASB 与 FASB 联合发布的财务报告概念框架第一章《通用目的财务报告的目标》中就明确指出"通用目的财务报告的目标是提供报告主体的财务信息，而且所提供的财务信息应有助于现实的和潜在的投资者、贷款人和其他债权人做出是否向主体提供资源的决策"，"主要使用者中的不同个体，其信息需求和期望并不相同，甚至还可能存在冲突。本委员会在制定财务报告准则过程中，将致力提供能够满足最大多数主要使用者需求的信息集"。此外，财务报告的编制目的也能反映出主要为会计信息外部使用者服务。"报告主体管理层也关心主体的财务信息。但是，管理层不必依赖通用目的财务报告，因为管理层能够在内部获得所需要的财务信息。"我国"基本准则”规定:“企业应当编制财务会计报告(又称财务报告,下同)。财务会计报告的目标是向财务会计报告使用者提供与企业财务状况、经营成果和现金流量等有关的会计信息,反映企业管理层受托责任履行情况,有助于财务会计报告使用者做出经济决策。”又如图 8-2 中展示了 FASB 规定的几个外部财务报告的目标,以用于改善和提高向外部信息使用者提供的会计信息,这些目标中从下往上的顺序为普通到特殊[1]。

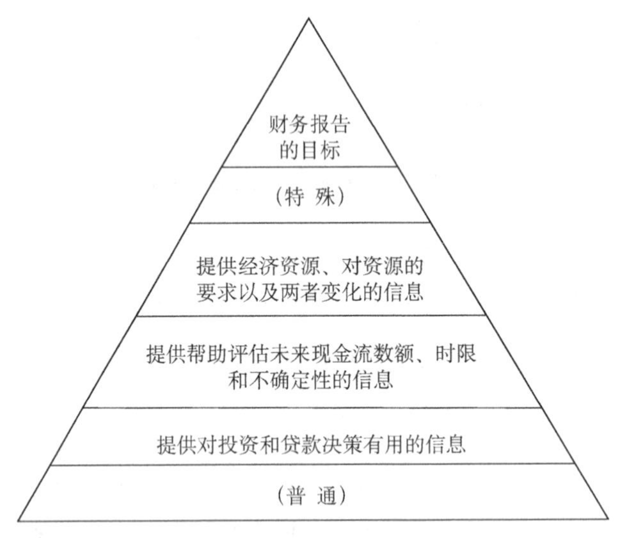

图 8-2 财务报告的目标

其次,这是会计核算体系和信息流程的必然结果。如前所述,形成会计信息时需要有一系列的专门方法和程序,即遵循凭证→账簿→报表的核算过程。与凭证、账簿等输出形式相比,财务报告中所包含的是经过浓缩、提炼的具有高度概括性的会计信息,其优势体现在:系统、综合与简洁。系统是指不同报表分别反映企业财务状况、经营成果与现金流量,体系完整;综合是指报告反映了企业全部业务的来龙去脉,完整准确且便于保护有关商业机密;简洁是指会计信息输出格式简明扼要,重要信息一目了然。由此可见,在现有条件下采用财务报告形式传递会计信息,能够极大地提高会计信息的输出质量,同时又减少信息载体的数量,更适合于外部信息使用者。

财务报告包括财务报表和企业管理层利用所有可获得信息对企业自报告期末起至少 12 个月的持续经营能力的评价。其中,财务报表是对企业财务状况、经营成果和现金流

[1] 财务会计准则委员会 . Statement of Financial Accounting Concepts No. 1—Objectives of financial reporting by business enterprises[M]. Norwalk,Conn. ,1978:4.

量的结构性表述，是财务报告的核心内容，至少应当包括财务状况表、综合收益表、所有者权益（或股东权益）变动表、现金流量表和报表附注。管理层的评价也称为管理层讨论与分析，主要是企业管理层在考虑市场经营风险、企业目前或长期的盈利能力、偿债能力、财务弹性以及企业管理层改变经营政策的意向等因素对未来持续经营能力影响的预测说明。2007 年 9 月最新修订的《国际会计准则第 1 号——财务报表列报》中规定，鼓励企业在财务报表之外披露管理部门提供的财务评述，该评述应描述和解释企业财务业绩和财务状况的主要特征及其面临的主要不确定事项。这样的报告可以包括对以下方面的评述：

（1）决定业绩的主要因素和影响，包括企业经营所处环境的变化、企业对这些变化的应对和这些变化产生的影响、企业为维持提高经营业绩而采取的投资政策（包括其股利政策）；

（2）企业筹资来源、举债政策及其风险管理政策；

（3）根据国际会计准则，其价值未在资产负债表中反映的企业实力和资源。

FASB 在其发布的《财务会计概念公告》（*Statement of Financial Accounting Concepts*, *SFAC*）中提出："财务报告不仅包括财务报表，而且包括传递直接或间接地与会计系统所提供的信息（即有关企业的资源、债务、盈利等方面的信息）有关的各种信息的其他手段。"FASB 的第 5 号概念公告中列示了财务信息构架和关系图（图 8-3[1]），从中我们可以看出 FASB 所描述的财务报告＝基本财务报表＋补充信息＋财务报告的其他手段＋其他信息。

我国企业会计准则也应用了财务会计报告这一概念，其内涵与 FASB 所描述的相近似。我国"基本准则"规定："财务会计报告是指企业对外提供的反映企业某一特定日期的财务状况和某一会计期间的经营成果、现金流量等会计信息的文件。财务会计报告包括财务报表及其附注和其他应当在财务会计报告中披露的相关信息和资料。"

综上所述，财务报告作为企业会计信息的披露方法，可以看做是观察一个企业的望远镜。望远镜既帮助你观察一定距离外的物体，又帮助你关注物体的某个特殊方面。财务报告，特别是财务报表，能帮助你了解企业整体经济状况，并关注某个财务方面的情况，以便做出重要的经济决策。其中：财务报表是财务报告的主要部分，是企业会计信息来源之一；财务报告是在财务报表的基础上逐步拓展形成的，涵盖财务报表，能提供较财务报表更为广泛的企业信息。

[1] 财务会计准则委员会．Statement of Financial Accounting Concepts No. 5—Recognintion and measurement in financial statement of business enterprises[M]. Stamford，Conn.：FASB，1985：8.

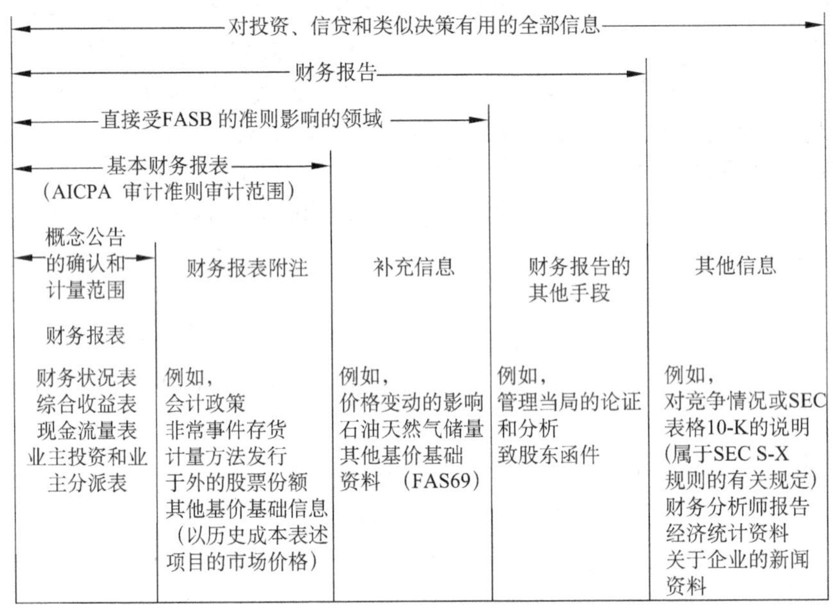

图 8-3 财务信息关系图

三、会计信息披露的要求

会计信息主要是借助于财务报告的形式进行披露，为了保证财务报告所提供的信息能够及时、准确、完整地反映企业的财务状况、经营成果和现金流量，满足信息使用者的需要，企业在编制财务报告时，必须符合相关的法律、法规、会计准则和制度，遵循一定的程序与规范，使之符合会计信息披露的要求。

会计信息披露的要求主要体现在对披露内容的要求及对披露手段的要求两方面。首先，对披露内容的要求，即会计信息本身的质量要求。财务报告披露的主要内容是企业的会计信息，因此，从内容上看，财务报告首先应满足会计信息质量特征方面的要求。关于 IASB 与 FASB 联合发布的财务报告概念框架第二章《有用财务信息的质量特征》中提出的财务报告的质量特征、FASB 以及我国"基本准则"提出的会计信息质量要求等相关内容已在本书第一章中进行了相关论述，此处不再赘述。其次，对披露手段的要求，即对财务报告列报的要求。财务报告，尤其是财务报表是特定的会计行为与会计方法的结果与产物，对于财务报表列报的前提、依据及方法等的规范将直接影响到会计信息的输出质量。为此，国际会计准则及各国的会计准则中除提出会计信息质量特征方面的要求外，通常会进一步对财务报表

的编制与列报提出要求。

《国际会计准则第1号——财务报表的列报》中，明确提出了对财务报表列报的总体要求，主要包括：

（1）公允列报和遵循国际财务报告准则（International Financial Reporting Standards，IFRS）；

（2）持续经营，即在编制财务报表时，管理层应对主体是否仍能持续经营进行评估；

（3）权责发生制会计，即除现金流量表外，应按权责发生制会计编制其财务报表；

（4）列报的一致性，即财务报表中项目的列报和分类，应在上下期间保持一致；

（5）重要性和汇总，即重要项目在表内单独列报，不重要的金额汇总列报；

（6）抵销，即除非要求或允许抵销，否则资产和负债、收益和费用不能相互抵销；

（7）比较信息，即应披露表内报告的所有金额的前期比较信息。

与国际会计准则的要求相似，我国“财务报表列报准则”中的第二章也提出了对财务报表的编制与列报的基本要求，主要包括以下几项。

1. 列报基础

（1）企业应当以持续经营为基础，根据实际发生的交易和事项，按照“基本准则”和其他各项会计准则的规定进行确认和计量，在此基础上编制财务报表。企业不应以附注披露代替确认和计量。在编制财务报表的过程中，企业管理层应当利用所有可获得信息来评价企业自报告期末起至少12个月的持续经营能力。评价结果表明对持续经营能力产生重大怀疑的，企业应当在附注中披露导致对持续经营能力产生重大怀疑的影响因素。若以持续经营为基础编制财务报表不再合理的，企业应当采用其他基础编制财务报表，并在附注中披露这一事实。

（2）除现金流量信息外，企业应当按照权责发生制会计编制财务报表。

2. 一致性要求

财务报表项目的列报应当在各个会计期间保持一致，不得随意变更。但下列情况除外：

（1）会计准则要求改变财务报表项目的列报。

（2）企业经营业务的性质发生重大变化或对企业经营影响较大的交易或事项发生后，变更财务报表项目的列报能够提供更可靠、更相关的会计信息。

3. 项目列报要求

性质或功能不同的项目，应当在财务报表中单独列报，但不具有重要性的项目除外。性质或功能类似的项目，其所属类别具有重要性的，应当按其类别在财务报表中单独列报。

4. 重要性要求

是指在合理预期下，财务报表某项目的省略或错报会影响使用者据此做出经济决策的，该项目具有重要性。重要性应当根据企业所处的具体环境,从项目的性质和金额大小两方面予以判断。判断项目性质的重要性,应当考虑该项目在性质上是否属于企业日常活动,是否显著影响企业的财务状况、经营成果和现金流量等因素加以确定;判断项目金额大小的重要性,应当通过该项目金额占资产总额、负债总额、所有者权益总额、营业收入总额、营业成本总额、净利润、综合收益总额等直接相关或所属报表单列项目金额的比重加以确定。

5. 总额列报

资产项目和负债项目的金额、收入项目和费用项目的金额不得相互抵销,但另有规定的除外。需要指出的是,资产项目按扣除减值准备后的净额列示,不属于抵销。非日常活动产生的损益,以同一交易或一组类似交易形成的利得扣减损失后的净额列示的,也不属于抵销。

6. 比较列报

企业当期财务报表的列报,至少应提供所有列报项目上一可比会计期间的比较数据,以及与理解当期财务报表相关的说明,但其他会计准则另有规定的除外。

7. 期间限定

至少应当按年编制财务报表。年度财务报表涵盖的期间短于一年的,应当披露年度财务报表的涵盖期间,以及短于一年的原因。如企业于年度中期成立等。

第二节　会计信息披露前的确认

为保证财务报告能如实反映企业实际财务状况和经营情况,并确保所披露的企业会计信息真实、完整,企业在进行会计信息披露前应先进行相关的确认工作,主要包括资产清查、期末账项调整和试算平衡三个方面。

一、资产清查

资产清查又称财产清查,是指根据账簿记录,对企业的各项财产物资、货币资金以及债权债务进行盘点和核对,查明其实存数与账面结存数是否相符,从而为定期编制财务报表提供准确的、完整的、系统的核算信息。资产清查不仅是会计核算的一种重要的核算方法,而且也是财产物资管理制度的一个重要组成内容。

确保会计信息的真实性是会计核算的基本原则,也是经济管理对会计核算的客观要求。因此,在整个会计核算过程中,一定要按规范的程序和方法进行。对于财产、物资,都必须通

过账簿记录来反映其增减变动和结存情况。为了保证账簿记录的正确和完整，应当定期或不定期地进行账证核对和账账核对。但是，账簿记录的正确性还不能说明账簿记录的客观真实性。这是因为各种原因都有可能使各项财产的账面数额与实际结存数额发生差异。究其原因主要包括：如收发财产物资时，由于计量、检验不准确而发生了品种、数量或质量上的差错；工作人员在登记账簿时，发生漏记、错记、重记或计算上的错误；财产物资保管过程中发生的自然损耗或升溢；结算过程中的未达账项；由于管理不善或工作人员的失职而发生的财产物资的残损、变质、短缺以及由于账目混乱造成的账实不符；由于不法分子的贪污盗窃、营私舞弊等非法行为而造成的财产损失；由于自然灾害等原因发生的非常损失。上述造成账实不符的原因既有主观的原因，也有客观的原因，而对于客观原因又是不能完全避免的。因此，就需要通过资产清查发现问题，查明原因，分清责任，及时处理，确保在账实相符的基础上编制财务会计报告，保证会计信息的真实准确。

（一）资产清查的种类

在实务中，由于不同企业资产清查的对象和范围各不相同，在时间上也有区别，由此就产生了资产清查的不同种类。

1. 按照清查对象的范围大小，可以分为全面清查和局部清查

全面清查是把企业的所有财产物资、货币资金和各项债权债务进行全面盘点和核对，而且还需将受其他单位委托代管的财产列入清查的范围。由于涉及面广、内容多、工作量大，全面清查一般在年终决算以前，单位合并、撤销、改变隶属关系以及清产核资时进行。

局部清查就是根据管理的需要或依据有关规定，对部分财产物资、债权债务进行盘点和核对。相对于全面清查而言，其投入的人力少，花费的时间短，清查的范围小，专业性也比较强。在日常的经营活动中，主要是对流动性较大、变现能力较强的财产、贵重物品进行盘点和核对。如：对库存现金应每日盘点一次；对银行存款至少每月同银行核对一次；对各种材料、在产品和产成品等存货除年度清查外，应有计划地每月重点抽查，尤其对贵重的财产物资应至少每月清查一次；对债权债务，应在会计年度内至少进行一至二次核对等。在遭受非正常损失和更换有关管理人员的时候，也要对有关财产进行局部清查。

2. 按照清查时间是否事先有计划，可分为定期清查和不定期（临时）清查

定期清查就是按事先计划安排的时间对财产物资、债权债务进行的清查。一般是在年度、季度、月份、每日结账时进行。例如，每日结账时，要对现金进行账实核对。定期清查，可以是局部清查，也可以是全面清查。

不定期清查是事先并无计划安排，而是根据实际需要所进行的临时性清查。一般是在以下几种情况下，才需要进行不定期清查。

（1）更换财产物资和现金的保管人员时，要对有关人员所保管的财产物资和现金进行清查，以分清经济责任。

（2）发生自然灾害等非常损失时，要对受灾损失的有关财产物资进行清查，以查明损失情况。

（3）单位撤销、合并或改变隶属关系时，应对本单位的各项财产物资、货币资金、债权债务进行清查，以摸清家底。不定期清查，可以是局部清查，也可以是全面清查。

3. 按执行单位的不同，可分为内部清查和外部清查

内部清查是由单位内部职工组织清查工作组来担任资产清查工作。大多数的资产清查，都是内部清查。内部清查，可以是全面清查，也可以是局部清查；可以是定期清查，也可以是不定期清查，应按照实际情况和具体要求加以确定。

外部清查是由本单位以外的上级主管部门、财税机关、审计机关、银行及有执业资格的中介机构（如会计师事务所）等根据国家的有关规定或情况的需要对本单位所进行的资产清查。外部清查必须有内部清查人员参加。如企业的清产核资、企业重组过程中的资产评估，有些就属于外部清查。外部清查一般是全面清查，可以是定期清查，也可以是不定期清查。

（二）资产清查的程序

资产清查的程序是指清查工作的阶段划分及其先后顺序。资产清查是一项复杂而细致的工作，涉及面比较广、工作量比较大，必须有计划、有组织地按一定程序进行。不同目的的资产清查应按不同的程序进行，但就其一般程序来说，可以分为三个阶段，即准备阶段、实施阶段、分析及处理阶段。

1. 准备阶段

资产清查的准备阶段工作包括组织准备和业务准备两个方面。组织准备方面的主要工作是落实清查工作的负责人，并从会计、业务、保管等部门抽调专职人员组织清查小组，经过短期培训，掌握清查的方法、技术，明确本次清查的目的，制定清查工作方案等。业务准备方面的主要工作包括：会计部门在资产清查前，将有关账簿登记齐全并结出余额，提供经过核实的正确资料；财产物资的保管和使用等业务部门在资产清查前将各类财产物资分类整理，并加挂标签，标明品种、规格和结存数量，以便清查时与账簿记录核对；检查校正度量衡器及有关清查登记使用的清册。

2. 实施阶段

各项准备工作结束以后，清查人员应根据清查对象的特点，分别采取与之相对应的方法对财产物资的数量、品种、类别、金额等予以盘点，同时由盘点人员做好盘点记录，并据以编制诸如“盘存单”和“实存账存对比表”等盘点单证。

“盘存单”是用于记录实物资产的盘点结果，据以确定实物资产实有数额的原始凭证。其格式见表 8-1。

表 8-1　　盘存单

财产类别：　　　　　　　　　　　　　　　　编　　号：

存放地点：　　　　　　　　　　　　　　　　盘点日期：

编号	名称	规格	单位	数量	单价	金额	备注

根据盘存单资料和有关账簿资料填制“实存账存对比表”，检查账实是否相符，并将对比结果填入该表。“实存账存对比表”用于确定资产实存数与账存数的差异，是调整账面记录的依据。其格式见表 8-2。

表 8-2　　实存账存对比表

单位名称：　　　　　　　　　　　　年　　月　　日

<table>
<tr><th rowspan="3">编号</th><th rowspan="3">类别与名称</th><th rowspan="3">计量单位</th><th colspan="2">实存</th><th colspan="2">账存</th><th colspan="4">对比结果</th><th rowspan="3">备注</th></tr>
<tr><th rowspan="2">数量</th><th rowspan="2">金额</th><th rowspan="2">数量</th><th rowspan="2">金额</th><th colspan="2">盘盈</th><th colspan="2">盘亏</th></tr>
<tr><th>数量</th><th>金额</th><th>数量</th><th>金额</th></tr>
<tr><td></td><td></td><td></td><td></td><td></td><td></td><td></td><td></td><td></td><td></td><td></td><td></td></tr>
<tr><td></td><td></td><td></td><td></td><td></td><td></td><td></td><td></td><td></td><td></td><td></td><td></td></tr>
</table>

“盘存单”和“实存账存对比表”等盘点单证，应由盘点人员、保管人员及相关人员签名盖章，以便明确责任。

3. 分析及处理阶段

资产清查结束，应根据“实存账存对比表”上列示的对比结果调整账簿记录，并分析盘盈、盘亏的原因和性质，针对清查中发现的问题，提出改进的意见和措施等，将结果上报有权处理的负责人。对盘盈、盘亏的财产，依据有关批复处理意见，分别做出相应的账务处理，调整有关账簿记录。

（三）资产清查的方法

1. 财产物资的盘存制度

财产物资的盘存制度，又称财产物资的盘存方法。在日常会计核算中，按照确定财产物资账面结存数量的依据不同，可分为“永续盘存制”和“实地盘存制”两种。不同的盘存制度，在账簿中记录财产物资的方法和反映的内容是有差别的。

(1) 永续盘存制。永续盘存制又称“账面盘存制”，是指平时对各项财产物资的增减变动都必须根据会计凭证逐日逐笔地在有关账簿中登记，并在账面上定期计算出期末结存的一种盘存制度。采用这种制度，需按财产物资的项目设置数量金额式明细账并详细记录，以便及时地反映各项财产物资的收入、发出和结存的情况。期末结存的计算方法为

期末结存(数量、金额)＝期初结存(数量、金额)＋本期增加(数量、金额)－本期减少(数量、金额)

永续盘存制的优点是，可以从账面上及时了解和掌握财产物资的动态情况，为财产物资的实物管理及时提供所需的信息；有利于建立财产物资的内部控制制度，加强对财产物资的牵制性管理。缺点是由于自然和人为的原因，如果出现账实不符，在账面上难以及时发现，造成会计信息失真。因此，采用永续盘存制的单位，需要建立、健全资产清查制度，及时对财产物资进行实地盘点，以确定其实存数并与账面结存数核对。在实际工作中，大多数企业采用永续盘存制。

以材料为例说明永续盘存制的应用如下。

【例 8-1】 大华公司 2011 年 12 月份 A 材料的购、销、存情况为：

12 月 1 日	期初结存	100 件	单价 10 元	合计 1 000 元
12 月 5 日	购入	200 件	单价 11 元	合计 2 200 元
12 月 7 日	发出	150 件		
12 月 14 日	购入	400 件	单价 12 元	合计 4 800 元
12 月 20 日	发出	200 件		
12 月 26 日	购入	150 件	单价 10 元	合计 1 500 元

大华公司对存货计价采用先进先出法，A 材料明细分类账的登记结果如表 8-3 所示。

表 8-3　原材料明细账

材料名称：A 材料

2011 年		摘要	收入			发出			结存		
月	日		数量	单价	金额	数量	单价	金额	数量	单价	金额
12	1	期初结存							100	10	1 000
	5	购入	200	11	2 200				100 200	10 11	1 000 2 200
	7	发出				100 50	10 11	1 000 550	150	11	1 650

续表

2011年 月	日	摘　要	收入 数量	收入 单价	收入 金额	发出 数量	发出 单价	发出 金额	结存 数量	结存 单价	结存 金额
	14	购入	400	12	4 800				150 400	11 12	1 650 4 800
	20	发出				150 50	11 12	1 650 600	350	12	4 200
	26	购入	150	10	1 500				350 150	12 10	4 200 1 500
	31	本期合计	750		8 500	350		3 800	500		5 700

从表8-3可以看出，A材料在当月内的收、发、存业务都进行了逐项登记，期末结出账面结存数量及金额，可将实地清查的数量及金额与之进行对比，检查账实是否相符。

(2) 实地盘存制。实地盘存制又称“定期盘存制”、“以存计销制”或“以存计耗制”，是指平时只在账簿记录中登记各项财产物资的增加数，不登记减少数，期末通过实物盘点来确定其结存数并据以倒算出本期财产物资减少数的一种盘存方法。其计算公式如下：

本期减少(数量、金额)＝期初结存(数量、金额)＋本期增加(数量、金额)－期末结存(数量、金额)

其中：期末结存金额＝期末盘点数量×单价。

这一制度下期末存货的单价只能按照下列方法进行计算：

$$\text{期末存货单价}=\frac{\text{期初存货余额}+\text{本期增加存货金额合计}}{\text{期初存货数量}+\text{本期增加存货数量}}$$

【例8-2】 承例8-1，大华公司采用实地盘存制，12月份A材料明细账如表8-4所示。

表8-4　　**原材料明细账**　　材料名称：A材料

2011年 月	日	摘　要	收入 数量	收入 单价	收入 金额	发出 数量	发出 单价	发出 金额	结存 数量	结存 单价	结存 金额
12	1	期初结存							100	10	1 000
	5	购入	200	11	2 200						
	7	发出									
	14	购入	400	12	4 800						
	20	发出									
	26	购入	150	10	1 500						
	31	本期合计	750		8 500	300		3 910	500	11.18	5 590

表 8-4 中，期末结存数量 500 件为实地盘点盘出的 A 材料实存数；单价 11.18 元计算方法如下：

$$期末A材料单价 = \frac{1\,000 + 8\,500}{100 + 750} \approx 11.18(元/件)$$

依此倒挤计算得出本月发出 A 材料为 300 件，金额为 3 910 元，按此计算结果一次汇总记入明细账的发出栏。

实地盘存制的优点是平时工作手续简便，省去了物资减少数及每日结存数的详细记录，直接保证了账实相符，无须再进行资产清查。其缺点是，为了计算反映本期减少信息，每期都必须进行资产的盘点清查，给实际工作增加了很大的工作负担；账簿中无法随时反映财产物资的减少数和结存数等动态情况，为平时及时结转成本及提供会计信息造成困难；倒轧出的各项财产的减少数中成分复杂，除了正常耗用外，可能存在损耗、浪费、被盗等很多非正常因素引起的减少，因而不便于施行会计监督；对财产物资进行实地盘点的结果，只能作为计算其本期减少数的依据，而不能用来核对账实是否相符。因此，它的适用范围将受到很大的限制，主要适用于商业企业的品种多、价值低、交易频繁的商品，数量不稳定、损耗大且难以控制的鲜活商品等。

2. 资产清查的基本方法

(1) 实地盘点法。即通过实地逐一点数或用计量器具称量等方式，确定财产物资实存数量的清查方法，适用于一般实物资产。

(2) 技术推算法。即通过数学等科学知识进行技术推算，确定财产物资实存数量的一种方法。适用于数量多、体积大或难以逐一清点的实物资产，如堆积的煤炭等。

(3) 查询法。也称账单核对法，指依据本企业账簿记录，采取当面查对或函调方式查对，与对方的账证进行核对，以确定资产实有数额的方法。适用于银行存款、债权债务以及出租、出借的财产物资。

(四) 各类资产清查的具体方法

由于财产物资的种类较多，各有其特点，为了达到财产清查工作的目的，针对不同的清查对象应采取不同的清查方法。

1. 货币资金的清查

货币资金的清查包括对库存现金、银行存款和对其他货币资金的清查。

(1) 库存现金的清查。库存现金清查的基本方法是实地盘点法。平时，由现金出纳员每日清点库存现金实有数额，并及时与现金日记账的余额相核对。定期由清查人员会同出纳人员共同清查库存现金实有数，并与现金日记账进行核对，查明盈亏。清查人员要认真审

核收付款凭证和账簿记录，检查经济业务的合理性和合法性。此外，清查人员还应检查企业是否以“白条”或“借据”抵充库存现金。

现金盘点结束后，应根据盘点的结果，填制“库存现金盘点表”。“库存现金盘点表”是重要的原始凭证，它具有实物财产清查的“盘存单”的作用，又有“实存账存对比表”的作用。“库存现金盘点表”填制完毕，应由盘点人员和出纳员共同签章方能生效。“库存现金盘点表”的格式如表 8-5 所示。

表 8-5　　**库存现金盘点表**

单位名称：　　年　月　日

实存金额	账存金额	盘盈	盘亏	备注

(2) 银行存款的清查。银行存款清查的基本方法是采用银行存款日记账与开户银行的“对账单”相核对。核对前，首先，应详细检查本企业银行存款日记账的登记，保证所有业务都登记入账，对发生的错账、漏账应及时查清更正。其次，将本企业银行存款日记账与银行对账单进行逐笔勾对，并核对双方余额；在双方账面已有记录正确无误的前提下，如果勾对出双方有未记录的事项，并使得双方余额不一致，则说明可能存在未达账项。

所谓未达账项是指在企业和银行之间，由于凭证的传递时间不同，而导致了对同一收付款业务记账时间不一致，即一方已接到有关结算凭证并已经登记入账，而另一方由于未接到有关结算凭证尚未入账的收付款账项。未达账项有两大类型：一是企业已经入账而银行尚未入账的账项；二是银行已经入账而企业尚未入账的账项。具体来讲有以下四种情况。

① 企业已收款记账，银行未收款未记账的账项。如企业收到其他单位的转账支票而未向银行办理转账手续等。

② 企业已付款记账，银行未付款未记账的账项。如企业开出付款的转账支票，但持票人尚未到银行办理转账手续等。

③ 银行已收款记账，企业未收款未记账的账项。如银行已收到托收货款收账，但企业尚未收到等。

④ 银行已付款记账，企业未付款未记账的账项。如银行已代企业支付水电费，但企业尚未收到划款手续等。

上述任何一种未达账项的存在，都会使企业银行存款日记账的余额与银行对账单的余额不符。所以，在与银行对账时首先应查明是否存在未达账项，如果存在未达账项，应该编制“银行存款余额调节表”对有关的账项进行调整。“银行存款余额调节表”是在企业银行存款日记账余额和银行对账单余额的基础上，分别加减未达账项，确定调节后余额。其计算公式如下：

企业的银行存款日记账余额＋银行收款企业未收款的账项－银行付款企业未付款的账项＝银行对账单的余额＋企业收款银行未收款的账项－企业付款银行未付款的账项

【例 8-3】 红星公司 2012 年 3 月 31 日银行存款日记账账面余额为 295 650 元，同日从银行取回的对账单余额为 330 000 元。经银行存款日记账与银行对账单逐笔勾对，找出以下未达账项：

(1) 3 月 31 日，红星公司销售商品收到转账支票一张，金额为 38 000 元，将支票送存银行，但银行尚未办理入账手续。

(2) 3 月 30 日，红星公司采购材料开出转账支票一张，金额为 42 350 元，但银行尚未收到支票而未入账。

(3) 3 月 29 日，银行代收销货款 35 000 元，银行已入账，但尚未通知红星公司入账。

(4) 3 月 30 日，银行代付当月的水电费 5 000 元，银行已入账，但尚未通知红星公司入账。

根据调节前的余额和查出的未达账项等内容，编制 3 月 31 日的银行存款余额调节表，如表 8-6 所示。

表 8-6 **银行存款余额调节表**

2012 年 3 月 31 日

项目	金额	项目	金额
企业银行存款日记账余额	295 650	银行对账单余额	330 000
加：银行已收企业未收款项	35 000	加：企业已收银行未收款项	38 000
减：银行已付企业未付款项	5 000	减：企业已付银行未付款项	42 350
调节后银行存款日记账余额	325 650	调节后银行对账单余额	325 650

从表 8-6 中看出，调节后双方余额相符，就说明企业和银行双方记账过程基本正确（但这不是绝对的，如企业与银行发生两个差错正好相等，抵销为零的情况就无法通过余额调节表发现）。如果调节后余额不符，企业和开户银行双方记账过程可能存在错误，属于开户银行错误，应当立即通知银行核查更正；属于企业错误，应查明错误所在，区别漏记、重记、错记或串记等情况，分别采用不同的方法进行更正。

需要注意的是，“银行存款余额调节表”的编制只是银行存款清查的方法，它只起到对账作用，不能作为调节账面余额的原始凭证。对于未达账项，应该在实际收到有关的收、付款结算凭证后，即未达账项变成“已达账项”时再进行相关的账务处理。

上述银行存款的清查方法也适用于其他货币资金的清查。

2. 应收款项的清查

应收款项清查的基本方法是查询法。在保证企业应收款项账面记录正确无误的基础上，将所有的应收款项分别对方单位，编制一式两联的应收款项对账单，将应收对方款项在对账单中列示，然后函递对方单位进行核对。对方单位核对无误后应盖章退回其中一联；如核对有出入，应将不符的情况在对账单中注明，并盖章退回，以便继续查实。企业根据各对方单位反馈情况，编制“应收款项清查表”，如表 8-7 所示。

表 8-7　应收款项清查表

总账科目：　　　　　　　　　　　　　　年　　月　　日

明细科目	账面结存余额	对方核实数额	账实不符数额	核对不符原因				备注
				未达账项	拒付账项	争议账项	坏账	

对于“应收款项清查表”中所列账实不符情况，应分别进行处理：对于未达账项，待原始凭证到达后登记入账；对于拒付款项及有争议款项，应协商解决；对于坏账，应做坏账损失处理。

3. 实物资产的清查

会计主体的实物资产主要指各类存货及固定资产等。不同品种的实物财产，由于其实物形态、体积重量、堆放方式等方面不同，因而所采用的清查方法也有所不同。如对于机器设备、包装好的原材料、产成品和库存商品等的清查一般采用实地盘点法；对于散装的、大量成堆的化肥、饲料等物资的清查一般采用技术推算法；而对于委托外单位加工、保管的物资清查，可以采用查询法等。

为了明确经济责任，进行财产清查时，有关实物财产的保管人员必须在场，并参加盘点工作。对各项实物财产的盘点结果，应如实准确地登记在“盘存单”(如表 8-1)上，并由有关参加盘点人员同时签章生效。“盘存单”是实物财产盘点结果的书面证明，也是反映实物财产实有数额的原始凭证。盘点完毕，将“盘存单”中所记录的实存数与账面结存数相核对，如发现实物盘点结果与账面结存结果不相符时，应根据“盘存单”和有关账簿记录，填制“实存账存对比表”(如表 8-2)，以确定实物财产的盘盈数或盘亏数。“实存账存对比表”是财产清查的重要报表，是调整账面记录的原始凭证，也是分析盈亏原因、明确经济责任的重要依据。

（五）资产清查的账务处理

资产清查后如果发现账实不符的情况，就应以实存数为准，依据有关手续，调整账面记录，同时查明原因，按管理权限报经批准后进行后续处理。为此，就需要进行相关的账务处理。

为核算清查财产过程中查明的各种财产盘盈(实存数大于账面结存数)、盘亏(账面结存数大于实存数)和毁损的价值,应设置“待处理财产损溢”账户,其性质属于资产类。该账户的结构可表示如下,见图 8-4。

待处理财产损溢

借方	贷方
① 清查时发现的盘亏数 ② 经批准后盘盈的转销数	① 清查时发现的盘盈数 ② 经批准后盘亏的转销数

图 8-4 “待处理财产损溢”账户结构

该账户应按盘盈、盘亏的资产种类和项目进行明细核算。

资产清查账务处理分批准处理前和批准处理后两个步骤进行:第一步是根据财产物资盘盈、盘亏情况及其成因,按管理权限向有关部门和人员办理报批手续,请求批复处理意见,并将盘盈、盘亏数记入“待处理财产损溢”账户,同时调整相关资产账面记录,使账实相符;第二步是根据有关部门的批复意见,将盘盈、盘亏财产物资由“待处理财产损溢”账户转入有关账户,对盘盈、盘亏结果进行处理。一般来说,资产清查结果应在期末结账前处理完毕,处理后“待处理财产损溢”账户应无余额。

1. 资产盘盈的账务处理

在各项财产物资、货币资金的保管过程中,由于管理制度不健全、计量不准确等原因发生实物数额大于账面余额的情况为盘盈。

对于盘盈的各种材料、产成品、商品等,应借记“原材料”、“库存商品”等账户,贷记“待处理财产损溢”账户。而对于固定资产盘盈,则应作为前期差错记入“以前年度损益调整”账户。按管理权限报经批准处理时,除固定资产以外的其他盘盈资产,应按批准冲减管理费用或记入营业外收入。即借记“待处理财产损溢”账户,贷记“管理费用”、“营业外收入”等账户。

【例 8-4】 某企业期末进行资产清查,盘盈甲材料一批,公允价值为 3 000 元,盘盈设备一台,公允价值为 40 000 元。根据“实存账存对比表”所列编制记账凭证,调整材料账存数。其会计分录如下。

借:原材料　　3 000

　贷:待处理财产损溢　　3 000

同时,列记盘盈固定资产,其会计分录如下。

借:固定资产　　40 000

贷:以前年度损益调整　　40 000

经有关部门批复,同意将盘盈材料冲减管理费用,其会计分录如下。

借:待处理财产损溢　　3 000

　贷:管理费用　　3 000

2. 资产盘亏的账务处理

在财产清查过程中发现,各项财产物资由于管理不善、非常损失等原因造成账面数额大于实物余额的情况为盘亏。

对于盘亏、毁损的各种材料、产成品、商品等,以及盘亏的固定资产,应借记"待处理财产损溢"账户,贷记"原材料"、"库存商品"、"固定资产"等账户。按管理权限报经批准处理时,有残余物料价值按原材料等入库,借记"原材料"等账户,应由保险公司赔偿或由过失人赔偿的,按赔偿金额借记"其他应收款"账户,剩余的差额借记"管理费用"、"营业外支出"等账户。

【例 8-5】 某企业期末财产清查过程中发现盘亏机器一台,账面原值 50 000 元,已提折旧 10 000 元。盘亏材料 2 000 元,盘亏库存商品 6 000 元[1]。

在批准前,根据"实存账存对比表"所确定的盘亏数字,分别编制如下会计分录。

借:待处理财产损溢　　40 000

　　累计折旧　　10 000

　贷:固定资产　　50 000

借:待处理财产损溢　　8 000

　贷:原材料　　2 000

　　　库存商品　　6 000

上述盘亏的固定资产、材料和产成品经批准做如下处理:盘亏固定资产的净值 40 000 元作为营业外支出;盘亏存货中属于自然损耗产生的定额内的合理损耗 2 000 元,可转作管理费用;属于自然灾害造成的非常损失 5 000 元,可转作营业外支出;剩余部分由责任者个人赔偿。分别编制如下会计分录。

借:营业外支出　　45 000

　　管理费用　　2 000

　　其他应收款　　1 000

　贷:待处理财产损溢　　48 000

除上述资产清查的账务处理外,对于应收款项的盘盈、盘亏无须通过"待处理财产损溢"

[1] 本例题中均不考虑税金的问题。

账户，而是通过“资产减值损失”、“坏账准备”等账户进行处理，本书以前章节已论述，此处不再赘述。

二、期末账项调整

会计核算的一个基本前提是会计分期，通过会计分期将川流不息、循环往复的生产经营过程人为地划分为会计期间。确定了会计期间，在会计期末就可以根据账簿记录，总结会计主体的本期生产、经营活动情况，将本期的收入和本期的费用相比较，据以计算本期盈亏，编制综合收益表。这就牵涉到收入和费用的收支期间和应归属期间的问题。

如前所述，从权责发生制的角度来看，企业账簿中的日常记录是不能确切地反映本期的收入和费用的。有些收入虽在本期内收到并已入账，但不应归属本期；而有些收入虽在本期内尚未收到，却应归属本期。有些费用虽在本期内已经支付并入账，但并不应归属本期；而有些费用虽在本期内尚未支付，却应归属本期。所以，必须在期末结账前对这些账项进行调整。通过调整，合理地确认各期的收入和费用，并在相关的基础上进行配比，从而正确地计算各期的盈亏。期末账项调整是为了在综合收益表中正确地反映本期的经营成果，但是在调整收入和费用的过程中，必然会使有关资产、负债和所有者权益项目发生相应的增减变动，从而关系到企业期末财务状况的正确性。

（一）有关收入的账项调整

1. 预收收入

预收收入是本期已经收到款项，因尚未向付款单位销售商品、提供劳务或让渡资产使用权，不属于本期收入的预收款项。如企业预收的货款、预收的出租包装物租金收入等。企业的预收收入要在以后各期才能获得，是一种负债性质的款项。在计算本期收入时，要将这部分预收收入进行账项调整。

预收收入既然不属于本期收入，也就不能直接记入有关的收入账户，应通过负债类的“预收账款”账户予以核算。待以后确认为各期收入后，再从“预收账款”账户转入有关的收入账户。

【例 8-6】 某企业与购货方签订的销售合同规定，在收到货款后分两期向对方发售商品。现收到购货方按合同预付的货款 96 000 元存入银行，应做如下会计分录。

借：银行存款　　96 000

　贷：预收账款　　96 000

期末，根据本期向购货方销售商品情况，确认本期应列计的销售收入为 48 000 元，据此应做如下会计分录。

借:预收账款　　48 000

　贷:主营业务收入　　48 000

下期销售后做相同的账项调整。

2. 应计收入

应计收入是企业在本期已向其他单位(或个人)销售商品、提供劳务或让渡资产使用权,获得的属于本期的收入,但由于尚未结算或对方延期付款等原因,致使本期的收入尚未收到。如应收出租包装物的租金收入、应收银行存款利息收入和应收的销货款等。凡属本期的收入,不管其款项是否收到,都应作为本期的收入,期末将尚未收到的款项调整入账。

应计收入虽未在本期内收到,但按照权责发生制原则,应属于本期收入。因此,期末应将其调整入账,记做本期的收入,同时借记应计收入的相关账户(如应收利息、应收股利等),从资产方面反映应收而尚未收到的款项。

现以银行存款利息收入为例,说明应计收入的会计核算。

【例 8-7】 某企业 1 月末,根据其在银行存款的余额和该类存款的适用利率估算 1 月份银行存款利息收入应为 600 元。

企业存入银行的款项通常是按季结算利息的,如果将利息收入作为结算期的收入处理,不符合权责发生制原则。因此,每个季度各个月份企业在银行存款的利息收入要分别估算入账。

本例中第一季度的银行存款利息,按银行结算手续要在 3 月末才结出。为了正确反映本月份的收入,可将本月份存款已获得的利息予以调整入账。一般情况下,银行存款的利息收入是作为银行借款利息支出的减项记入“财务费用”账户,冲减利息费用。同时把应收未收的存款利息收入借记“应收利息”账户。1 月末调整会计分录如下。

借:应收利息　　600

　贷:财务费用　　600

3 月末,按相同的方法进行核算。

待第一季度结束,根据银行结算出的存款利息,借记“银行存款”账户,贷记“应收利息”账户。

如果结算入账的存款利息收入与实际利息收入不一致,其差额作为增减财务费用处理。当全季实际利息收入大于估算金额时,按其差额借记“应收利息”账户,贷记“财务费用”账户;当全季实际利息收入小于结算金额时,按其差额借记“财务费用”,贷记“应收利息”账户。

假设该单位第一季度每月结算利息收入都是 600 元，全季共计 1 800 元。而按银行利息结算通知单，第一季度银行存款实际利息收入为 2 100 元，即比估算金额多出 300 元。这时要按其差额做如下会计分录。

借：应收利息　　300

　贷：财务费用　　300

（二）有关费用的账项调整

1. 预付费用

预付费用是本期已付款入账，但应由本期和以后各期分别负担的费用。例如，预付房租、保险费及报刊订阅费等，在计算本期费用时，应将这部分费用进行调整。预付费用要根据以后各期的受益比例，分别地摊销计入相关的费用。

现以预付房租为例，说明预付费用的会计核算。

【例 8-8】 某企业租赁一间仓库，按照双方签订的租赁合同，每年年初一次付清全年租金总计 60 000 元。年初以银行存款支付房租时，应做如下会计分录。

借：预付账款　　60 000

　贷：银行存款　　60 000

按照权责发生制的要求，每月月末需要平均摊销预付房租费，记入“管理费用”账户，账项调整分录如下。

借：管理费用　　5 000

　贷：预付账款　　5 000

2. 固定资产折旧

除了上述预付费用外，从一定的经济意义上讲，企业购买固定资产的支出也是一种支付在先，受益在后的巨额预付费用。由于固定资产金额较大，且使用寿命较长，因此，购买固定资产的支出将使企业在固定资产的存续期内受益，而这种支出将以折旧的方式分期进行收回。

所谓折旧，就是固定资产由于使用过程中的磨损而减少的价值。按照权责发生制的要求，必须在固定资产使用期限内将这种减少的价值以折旧的形式计提并计入生产经营费用中去，以便在销售产品、提供劳务取得收入后遵循配比原则进行补偿。对于折旧的计提应设置“累计折旧”账户核算。

【例 8-9】 大华公司现有生产设备一套，购买时价值 1 200 000 元，预计使用期限为 10 年。每年计提折旧费用 120 000 元。为此，在该套生产设备存续期内，每月月末大华公司均应做计提折旧的账项调整，会计分录如下。

借:制造费用　　10 000

　贷:累计折旧　　10 000

3. 应计费用

应计费用是指本期已经耗用或本期受益,应由本期负担的费用。这些费用要在以后会计期内支付,均应于期末调整入账,以正确计算本期的费用。下面介绍企业经常用到的应计费用的会计核算。

(1) 应付职工薪酬。职工薪酬是企业根据按劳分配原则支付给职工的劳动报酬。一般地,企业计算职工薪酬与实际发放工资的时间是不一致的,往往是依据考勤、产量等记录先计算本期应负担的职工薪酬,以符合权责发生制要求,而实际发放时间则要滞后。因此,期末应将由本期负担但本期尚未发放的职工薪酬费用调整入账。

企业计算当期职工薪酬时,应按职工不同岗位确定不同的费用开支项目,借记有关费用账户,贷记"应付职工薪酬"账户。实际发放时,借记"应付职工薪酬"账户,贷记"库存现金"或"银行存款"账户。

【例 8-10】 某企业 6 月末应付职工薪酬分别计算为:生产工人 50 000 元,生产部门管理人员 8 000 元,厂部管理人员 10 000 元,上述工资尚未发放。

这项经济业务,使得直接人工产品成本、制造费用、管理费用增加,应分别记入"生产成本"、"制造费用"、"管理费用"账户的借方;同时,使得"应付职工薪酬"负债项目增加,应记入该账户的贷方。因此,月末账项调整分录如下。

借:生产成本　　50 000

　　制造费用　　8 000

　　管理费用　　10 000

　贷:应付职工薪酬　　68 000

7 月初,企业实际发放 6 月份职工薪酬时,会计分录如下。

借:应付职工薪酬　　68 000

　贷:库存现金　　68 000

(2) 应计税费。应计税费是指会计主体依据一定期间的经营情况,按照税法等有关规定应当列计的各种税金及其相关费用,并在规定的期间向税务部门等缴纳的税费。如应计的消费税、营业税、所得税、资源税、土地增值税、城市维护建设税、土地使用税、教育费附加等。各期在进行列计时形成"应交税费",各期缴纳时再予以冲销。

【例 8-11】 期末按照相关税法的规定,计算本期应列计的营业税 30 000 元,所得税 23 100元,教育费附加 6 900 元,据此应做如下会计分录。

借:营业税金及附加　　36 900

所得税费用	23 100
贷:应交税费	60 000

（三）期末的其他账项调整

上述预收收入、应计收入、预付费用和应计费用，是按照权责发生制及正确计算盈亏等要求进行的部分期末账项调整。除此之外，会计期末还必须进行其他一些账项调整，详细内容可参见《财务会计学》教材，此处不再详述。

账项调整将应当计入本期的收入和费用按照权责发生制的要求登记入账，经过对账和试算平衡，确保无误后，即可进行账项的结转，从而结算出本期的经营成果。

三、试算平衡

在会计期末，各种交易或事项经过有关会计处理并全部登记入账后，为了检查过账是否正确，往往要进行试算平衡。试算平衡是指根据会计等式的平衡原理，按照记账规则的要求，通过汇总计算和比较，来检查账户记录的正确性、完整性。试算平衡的作用主要有两个：一是通过检查所有账户的借、贷方发生额及余额合计是否相等来检验过账是否正确；二是通过编制试算平衡表，为正式编制财务报表提供相关数据，方便检索。

（一）试算平衡的原理

如前所述，借贷记账法的记账规则是“有借必有贷，借贷必相等”。其中，借贷必相等，指每一笔交易或事项发生引起账户借方变动金额和贷方变动金额相等。如果将本期发生的全部交易或事项的会计处理相加总，所有账户本期借方发生额合计与所有账户本期贷方发生额合计也必定相等。这就形成借贷记账法的第一个试算平衡公式：

所有账户本期借方发生额合计＝所有账户本期贷方发生额合计

这就是试算平衡中的发生额试算平衡。

另一方面，会计恒等式“资产＝负债＋所有者权益”可以用来反映任何一个时点某一会计主体的全部资产和这些资产的来源情况。根据账户性质，资产、负债、所有者权益、成本类账户期末多数都有余额，损益类会计账户一般则无期末余额。其中，资产、成本类账户的期末余额一般在借方，负债和所有者权益类账户的余额一般在贷方。因此，会计恒等式的平衡关系可以用来概括某一时点会计主体的全部账户余额的平衡关系，这就形成借贷记账法的另一试算平衡公式：

所有账户借方余额合计＝所有账户贷方余额合计

如果进一步区分期初余额和期末余额，上式可改写为期初余额合计平衡和期末余额合计平衡两个公式。这就是试算平衡中的余额试算平衡。

借贷记账法所具有这种账户金额合计相等的特点，就是会计上所说的“自动平衡”机制，它也是试算平衡的依据。

（二）试算平衡表的编制

试算平衡是通过编制试算平衡表来完成的。试算平衡表是指列示分类账中各有关账户的名称及其发生额、余额是否平衡的表式。现举例说明如下。

【例 8-12】 鹏华公司 2012 年 4 月初有关账户余额如表 8-8 所示。

表 8-8　　鹏华公司 2012 年 4 月初账户余额　　单位：元

账户名称	期初余额	
	借方	贷方
银行存款	800 000	
固定资产	1 200 000	
短期借款		250 000
应付账款		270 000
实收资本		1 000 000
资本公积		480 000
合计	2 000 000	2 000 000

该公司 2012 年 4 月份发生下列经济业务：

(1) 收到某企业投入的资本 500 000 元存入银行。

(2) 用银行存款 120 000 元偿还前欠某企业账款。

(3) 用银行存款 400 000 元购入一台全新机器设备。

(4) 将资本公积金 200 000 元按法定程序转增资本。

(5) 签发并承兑一张面额 60 000 元，为期两个月的商业汇票，用以抵付应付账款。

(6) 购进原材料 50 000 元，其中 30 000 元货款已用银行存款付讫，其余 20 000 元货款尚未支付❶。

(7) 以银行存款 100 000 元，偿还银行短期借款 80 000 元和前欠某企业货款 20 000 元。

根据上述业务编制会计分录从略，将会计分录过入各相关账户如下。

---

❶ 本例题中均不考虑税金的问题。

银行存款

期初余额	800 000	②	120 000
①	500 000	③	400 000
		⑥	30 000
		⑦	100 000
本期发生额	500 000	本期发生额	650 000
期末余额	650 000		

原材料

期初余额	0		
⑥	50 000		
本期发生额	50 000	本期发生额	0
期末余额	50 000		

固定资产

期初余额	1 200 000		
③	400 000		
本期发生额	400 000	本期发生额	0
期末余额	1 600 000		

短期借款

⑦	80 000	期初余额	250 000
本期发生额	80 000	本期发生额	0
		期末余额	170 000

应付账款

②	120 000	期初余额	270 000
⑤	60 000	⑥	20 000
⑦	20 000		
本期发生额	200 000	本期发生额	20 000
		期末余额	90 000

应付票据

		期初余额	0
		⑤	60 000
本期发生额	0	本期发生额	60 000
		期末余额	60 000

实收资本

		期初余额	1 000 000
		①	500 000
		④	200 000
本期发生额	0	本期发生额	700 000
		期末余额	1 700 000

资本公积

④	200 000	期初余额	480 000
本期发生额	200 000	本期发生额	0
		期末余额	280 000

根据以上账户记录，可编制试算平衡表，见表 8-9。

表 8-9　　总分类账户发生额及余额试算平衡表

2012 年 4 月 30 日　　单位：元

账户名称	期初余额		本期发生额		期末余额	
	借方	贷方	借方	贷方	借方	贷方
银行存款	800 000		500 000	650 000	650 000	
原材料	0		50 000		50 000	

续表

账户名称	期初余额		本期发生额		期末余额	
	借方	贷方	借方	贷方	借方	贷方
固定资产	1 200 000		400 000		1 600 000	
短期借款		250 000	80 000			170 000
应付账款		270 000	200 000	20 000		90 000
应付票据		0		60 000		60 000
实收资本		1 000 000		700 000		1 700 000
资本公积		480 000	200 000			280 000
合计	2 000 000	2 000 000	1 430 000	1 430 000	2 300 000	2 300 000

表 8-9 试算的结果，所有账户借方余额合计等于贷方余额合计，表明鹏华公司会计该期间不存在明显的记账、过账差错。如果试算结果不平衡，则表明会计循环的某个步骤存在错误。发生错误的潜在原因包括：①日记账上的会计分录出现错误，如分录中的借贷方余额不平衡；②过账过程中出现错误，如借贷方金额中的某一方遗漏或重复过账，或者借贷方颠倒；③分类账户余额结计时出现错误；④试算平衡表本身出现错误，如贷方金额抄错，某些账户被遗漏未被抄录等。当出现借贷方不平衡时，会计人员应根据上述介绍的几种出错原因，认真检查，找出错误并及时予以更正。

必须指出的是，即使试算平衡表借贷余额相等，也并不一定说明不存在错误。这是因为有些记账错误并不影响借贷方账户的平衡关系，因而无法为试算平衡表所察觉（如一笔完整的交易或事项被漏记账或漏登账，借贷双方正好可以抵销，最终也可以试算平衡）。这些不影响借贷平衡的错误包括：①漏记整笔交易或事项的会计分录；②重复记录整笔交易与事项；③将分类账户的余额过入错误账户；④金额差错恰好相互抵销。这就要求会计人员在平时记账、登账过程中，养成良好的习惯，不要马虎潦草、随意错乱，导致最终试算无法进行。

在实际工作中，试算平衡一般要进行两次，即结账前的试算平衡与结账后的试算平衡。结账前的试算平衡，是在完成对日常交易事项的记录并过账后进行，由于此时未结账，因此不能涵盖企业的所有业务，且由于各损益账户未做调整与结转，故主要以发生额试算平衡为主；结账后的试算平衡，是在资产清查、期末账项调整账务处理完成，各损益类账户结转后进行，此时企业本会计期间的会计事项均处理完毕，故主要以余额试算平衡为主，只需要编制仅仅包括财务状况表账户的结账后试算平衡表，并将分类账中的数据依照编制财务报表所需方式进行汇总。

综上所述，企业在会计期末应依次进行结账前试算平衡→资产清查→期末账项调整→结账后试算平衡等会计信息披露前的各项确认工作，在确认企业当期经济业务均得到正确完整的反映后，便可正式编制财务报表。

第三节　财务状况信息的披露

一、财务状况的含义

银行信贷员小李2012年1月收到众通公司的200万元的流动资金贷款申请。从银行的角度出发，小李首先考虑的是如何减少债务风险，即能否保证按时收回贷款本息，避免以后追债的麻烦。为此，小李查询了众通公司的情况：众通公司成立于2011年，截至2011年12月31日该公司拥有货币资金200万元，实物资产600万元，全部为投资人投入，企业尚无对外债务。这就是众通公司的基本财务状况。

上述对众通公司财务状况的描述还不足以作为小李批准其贷款申请的全部依据，因为财务状况的好坏，不仅包括各项资产的分布是否合理，是否存在不良资产，如无法使用的商品、难以收回的债权等，还包括企业举借债务规模是否适度，债务偿还期分布是否均匀等。这就需要小李进一步研究众通公司详细反映其全面财务状况的财务报表——财务状况表。

二、财务状况表及其作用

财务状况表也称资产负债表，是反映企业某一特定日期财务状况的财务报表。它是根据会计恒等式“资产＝负债＋所有者权益”，按照一定的分类标准和一定的顺序，把企业在一定日期的资产、负债、所有者权益各项目予以适当的排列，并对日常工作中形成的大量数据进行高度浓缩整理后编制而成的。

企业的财务状况会随着企业经济业务的开展而不断变化，而财务状况表只反映会计期末或编报日等特定时点的财务状况，同一企业不同日期的财务状况表反映的财务状况也各不相同，因此，该表属于静态报表，有人把它形象地比喻成企业财务状况的一张“照片”。

财务状况表能够提供“拍照时”资产、负债和所有者权益的全貌。我国在制定会计准则体系时，对规范交易或事项的确认、计量与报告采用了资产负债观，以便使其更加适合于决策有用性的会计目标，因此，财务状况表自然成为财务报表体系中的第一主表对会计信息使用者发挥重要作用。通过该表，可以提供某一日期资产的总额，表明企业拥有的经济资源及其分布情况、资产的质量、资产结构安排的合理性等，是分析企业生产经营能力的重要资料；可以反映某一日期的负债总额、举债程度、债务结构安排的合理性、财务风险大小等，是分析企业偿债风险的重要资料；可以反映所有者权益的构成情况、投资者及其投资比例构成等，是分析所有者权益结构情况的重要资料；可以反映负债和所有者权益之间的权益结构情况及其合理性；可以为资产结构、偿债能力、营运能力等财务分析、预测、评价提供所需的基本资料。

三、财务状况表的设计原理与基本结构

任何财务报表一般都由表首和正表两部分组成。其中，表首概括地说明报表名称、编制单位、编制日期、报表编号、货币名称、计量单位等；正表反映报表各个项目和计算过程，以下主要围绕正表的相关内容进行阐述。

（一）财务状况表的设计原理

如前所述，财务状况表的基本理论依据是会计恒等式“资产＝负债＋所有者权益”。在这一等式中，负债和所有者权益都是对企业总资产的一种要求权，并且在要求权的行使上，单就索偿来说，负债总是优先于所有者权益。因此，在设计财务状况表时，资产是负债和所有者权益要求权的基本条件，总应先予分类排列，然后再按对资产要求权的顺序先排列负债，后排列所有者权益。不论采取何种形式，这种排序应始终予以保持，从而使资产、负债和所有者权益的相互关系能在财务状况表中得到充分体现。

（二）财务状况表的项目排列

根据财务状况表的设计原理，结合会计信息使用者对财务状况表各项目内容需求的重要性，以及各项目内容的变化特性，对资产、负债和所有者权益三部分中的各项目排列要求分别如下。

1. 资产项目的排列

资产根据流动性的强弱、周转运动的快慢以及变现能力的强弱，可分为流动资产和非流动资产。企业在正常经营中，根据需要，一旦非流动资产形成以后，其效益的好坏在很大程度上就取决于流动资产周转的快慢，因此，无论企业的经营者，还是外部的有关利害关系者，首先关心的是流动资产，根据这一基本原理，在资产排列上，应是先排列流动资产，后排列非流动资产。在每部分资产中，人们进一步关心的具体项目，则应按其变现能力的强弱来排顺序。例如，在流动资产中，“现金”、“银行存款”等货币资金，流动性最强，且无须变现，可在生产经营中随时支用，所以，货币资金总是排列在资产类的最前面。

2. 负债项目的排列

负债根据偿还期限的长短，有流动负债和非流动负债之分，在还款顺序上也是先还流动

负债,后还非流动负债,因此,负债项目的排列也应是流动负债在前,非流动负债在后,并且每部分还应按偿还的先后顺序具体排列各项目。例如,流动负债中“短期借款”始终都是最先要求偿还的,因此,总是排在负债的最前面。

3. 所有者权益项目的排列

所有者权益有实收资本、资本公积、盈余公积、未分配利润之分,这些权益中起根本性作用的是实收资本,因此,所有者权益各项目应按其作用大小排列顺序。

(三) 财务状况表的基本格式

将上述财务状况表各项目内容加以汇总后,就可形成财务状况表的基本格式。这些格式根据编制和使用者的爱好,可采用账户式和报告式两种。

1. 账户式财务状况表

账户式财务状况表就是根据“资产=负债+所有者权益”这一会计等式,以等号为界,将资产项目列在表的左方,负债和所有者权益列在表的右方,且资产项目的余额一般在借方,负债和所有者权益的余额一般在贷方,从而就形成了借贷记账法下“T”型账户的基本格式,并且通过左右两方“资产总计”和“负债及所有者权益总计”应相等来检验财务状况表编制的逻辑准确性。账户式财务状况表的基本格式如表 8-10 所示。

表 8-10　　账户式财务状况表(简化)

资产:		负债:	
流动资产	×××	流动负债	×××
非流动资产	×××	非流动负债	×××
		负债合计	×××
		所有者权益:	
		股本	×××
		留存收益	×××
		所有者权益合计	×××
资产总计	×××	负债和所有者权益总计	×××

采用账户式财务状况表,可以充分展现“资产”与“负债和所有者权益”的等量关系,使之一目了然,也便于检验编制过程的正确性。所以,在世界各国,包括中国,一般都习惯于采用这种格式。

2. 报告式财务状况表

报告式财务状况表是按照资产、负债和所有者权益的顺序将其垂直排列在一张表格中,如同向有关方面报告事项一样进行报告的一种格式。报告式财务状况表的基本格式如表 8-11 所示。

表 8-11　报告式财务状况表(简化)

资产：	
流动资产	×××
非流动资产	×××
资产总计	×××
负债：	
流动负债	×××
非流动负债	×××
负债合计	×××
所有者权益：	
股本	×××
留存收益	×××
所有者权益合计	×××

采用报告式，虽然便于按顺序阅读，也便于根据需要将各部分的内容进行组合排列，但是，在内容较多的情况下，报表将会显得过长，不便于存放。所以，这种格式我国已不采用。上述财务状况表的基本结构中的金额栏，可根据实际需要区分为“年初数”、“期末数”等。

四、财务状况表的编制原理

为了保证财务报表指标口径的统一，便于会计信息利用者对此进行汇总分析，我国企业会计准则中对财务报表主要指标都是统一设计的，财务状况表也是如此。就财务状况表来说，尽管它是依据全部总分类账户和有关明细分类账户的余额填列，但是，其内容主要是为会计信息利用者阅读财务状况表，理解、分析企业财务状况服务的，所以，在其内容指标的设计上并不是各个账户的如实罗列。如“存货”项目，它所包含的内容是所有反映存货的有关账户余额的汇总。再者，受不同行业特点、企业具体情况的影响，在其账户的名称、核算内容等方面将存在许多差别。如“存货”项目是泛指企业的各种库存商品、半成品、在产品以及各种材料等。而在具体行业企业中，应包含的内容将会有区别。例如，施工企业的“在建工程”余额包括在“存货”项目中，相当于工业企业的在产品。但工业企业等其他行业的“在建工程”则要作为非流动资产来反映。这样，对各个财务状况表的编制者来说，就需要在编制时，根据不同的实际情况，采用相应的技术措施进行处理，这就为编制者提出了较高的填列要求。根据财务状况表的一般内容规律，其编制原理可概括为以下几点。

（一）真正理解各项目属性，正确选择会计账户内容

由于财务状况表的各项目与会计账户并非存在固定的一一对应关系，绝大部分项目可能与某一会计账户完全一致，少部分项目则可能与两个或两个以上的会计账户的内容一致，有的项目还可能视会计账户的余额方向而与其对应。这样，必须在认真理解各项目归属位置后进行填列。

(1) 根据总账账户的余额直接填列。当报表项目与会计账户名称完全一致时，有的可用账簿余额直接填写报表项目。包括“应收票据”、“应收股利”、“应收利息”、“长期股权投资”、“工程物资”、“长期待摊费用”、“短期借款”、“应付票据”、“应付股利”、“其他应付款”、“预计负债”、“实收资本”、“资本公积”、“盈余公积”等项目。

(2) 根据总账账户余额计算填列。当报表项目与会计账户名称完全不一致时，则应根据项目性质和有关账户的相互关系，按照其相关账户的余额合计数填列。如“货币资金”项目是根据“现金”、“银行存款”、“其他货币资金”账户的余额合计数填列，“存货”项目是根据“原材料”、“生产成本”、“库存商品”等账户余额合计数填列。

(3) 根据明细账户余额计算填列。当报表项目与会计账户名称完全一致，但报表项目有特殊要求，应根据明细账户余额分析计算填列。如“应收账款”项目是根据“应收账款”、“预收账款”所属明细账户借方余额合计数减去“坏账准备”余额后填列；“应付账款”项目是根据“应付账款”、“预付账款”明细账户贷方余额合计数填列；“预收款项”项目是根据“预收账款”、“应收账款”明细账户贷方余额合计数填列；“预付款项”项目是根据“预付账款”、“应付账款”明细账户借方余额合计数填列等。

(4) 根据总账账户和明细账户的余额计算填列。当报表项目与会计账户名称完全一致，但报表项目有特殊要求，应根据总账账户和明细账户的余额计算填列。如“财务报表列报准则”第十七条规定：“对于在财务状况表日起一年内到期的负债，企业预计能够自主地将清偿义务展期至财务状况表日起一年以上的，应当归类为非流动负债……”，据此，“长期借款”项目，是根据“长期借款”总账账户余额扣除其所属明细账户中反映的将于一年内到期的长期借款部分填列。

(5) 根据账户余额减去其备抵项目后的净额填列。当存在有备抵调整关系、需要按净额反映的项目时，就应按被调整账户余额减去调整账户余额后的净额计算填列，主要涉及计提资产减值准备、计提折旧和摊销等资产项目。如“固定资产”项目是根据“固定资产”账户借方余额减去“累计折旧”账户和“固定资产减值准备”账户贷方余额后填列。

（二）应准确运用数字符号，反映项目性质

为了使财务状况表的利用者能准确理解财务状况表的内容，在填列该表时，对各数字的

正负号要正确选用，以充分体现各项目的性质。其中，若需用正号的，在数字前面不需要加注明；若需用负号的，则要在数字前面加上“－”号表示，以反映各项目相反方向的变化记录。对此的处理，主要有两种不同的方法。

第一种方法是，凡没有对应项目反映相反方向记录的，出现相反方向时，以“－”号填列。如表中的“应付职工薪酬”、“应交税费”、“应付股利”、“其他应付款”等项目，一般都是以其对应会计账户贷方余额填列的，但若出现借方金额时，表中又无对应项目，则应以“－”号表示余额。

第二种方法是，凡有对应项目可反映相反方向记录的，则可在对应项目中仍以正号表示余额，不必用“－”号。例如“应收账款”、“预收账款”、“应付账款”、“预付账款”等项目是根据有关账户余额的方向，在相对应的项目中直接用正号表示。

（三）编制完毕后，要根据财务状况表中有关项目的对应勾稽关系进行核对，以检验编制内容的正确性

这些对应勾稽关系主要有：“资产总计”应等于“负债及所有者权益总计”；财务状况表中的“未分配利润”项目的数额应等于所有者权益变动表中“未分配利润”项目的“本年年末余额”数。

除上述之外，在我国，财务状况表“年初数”各项目数字，应根据上年年末财务状况表“期末数”栏内数字填列。

关于财务状况表的具体编制方法，则将在《财务会计学》中详细说明，在此不予多述。我国“财务报表列报准则”应用指南中对一般企业财务状况表的内容格式规范如表 8-12 所示。

表 8-12　　**财务状况表**

会企 01 表

编制单位：　　　　＿＿年＿＿月＿＿日　　　　单位：元

资产	行次	期末余额	年初余额	负债和所有者权益（或股东权益）	行次	期末余额	年初余额
流动资产：				流动负债：			
货币资金				短期借款			
交易性金融资产				交易性金融负债			
应收票据				应付票据			
应收账款				应付账款			
预付款项				预收款项			
应收利息				应付职工薪酬			
应收股利				应交税费			
其他应收款				应付利息			

续表

资产	行次	期末余额	年初余额	负债和所有者权益（或股东权益）	行次	期末余额	年初余额
存货				应付股利			
一年内到期的非流动资产				其他应付款			
其他流动资产				一年内到期的非流动负债			
流动资产合计				其他流动负债			
非流动资产：				流动负债合计			
可供出售金融资产				非流动负债：			
持有至到期投资				长期借款			
长期应收款				应付债券			
长期股权投资				长期应付款			
投资性房地产				专项应付款			
固定资产				预计负债			
在建工程				递延所得税负债			
工程物资				其他非流动负债			
固定资产清理				非流动负债合计			
无形资产				负债合计			
开发支出				所有者权益(或股东权益)：			
商誉				实收资本(或股本)			
长期待摊费用				资本公积			
递延所得税资产				减:库存股			
其他非流动资产				盈余公积			
				未分配利润			
非流动资产合计				所有者权益(或股东权益)合计			
资产总计				负债和所有者权益(或股东权益)总计			

第四节　经营成果信息的披露

一、经营成果的含义

据查尔斯·吉布森1996年在一项对美国500家最大公司的总会计师进行的调查中，企业财务报告中所提供的各项财务指标，重要等级居前三位的分别是每股收益、税后权益收益

率和税后净利润率。这三个指标均是与企业经营成果相关联的获利能力指标。企业经营成果是几乎所有会计信息使用者所共同关心的内容，因为它关系到投资者的投资回报、债权人的债务偿还、管理者的经营水平、政府的税收、职工的薪酬待遇等诸多方面的问题。那么企业的经营成果应如何计算呢？它又是如何在企业财务报告中反映出来的呢？

企业的经营成果也称经营业绩，是指企业在一个会计期间内从事生产经营活动所取得的最终成果，是资金运动显著变动状态的主要体现。它在会计上的体现就是综合收益。

IASB于2007年9月修订发布的《国际会计准则第1号——财务报表的列报》，引入了“综合收益”的概念。2011年6月16日，IASB又发布了《对〈国际会计准则第1号——财务报表的列报〉的修改——其他综合收益项目的列报》，将其他综合收益项目划分为“满足特定条件时后续将重分类计入损益的项目”和“不能重分类计入损益的项目”两类区别列报，并指出当企业选择以税前为基础列报其他综合收益项目时，要求将相关税收影响在上述两类项目之间分配。为此，2012年我国在对“财务报表列报准则”的修订中做出了相应调整。

我国“财务报表列报准则”中关于综合收益的解释为：“是指企业在某一期间除与所有者以其所有者身份进行的交易之外的其他交易或事项所引起的所有者权益变动。综合收益总额项目反映净利润和其他综合收益相加后的合计金额。”即

综合收益总额＝净利润＋其他综合收益

其中：

利润＝(收入－费用)＋直接计入利润的利得－直接计入利润的损失

我国“基本准则”规定：“利润是指企业在一定会计期间的经营成果，利润包括收入减去费用后的净额、直接计入当期利润的利得和损失等。”

我国“财务报表列报准则”中指出，“其他综合收益”是指企业根据企业会计准则规定未在当期损益中确认的各项利得和损失。并将其分为下列两类列报：①以后会计期间不能重分类进损益的其他综合收益项目；②以后会计期间在满足规定条件时将重分类进损益的其他综合收益项目，主要包括按照权益法核算的在被投资单位其他综合收益中所享有的份额、现金流量套期工具产生的利得或损失中属于有效套期的部分、外币财务报表折算差额、自用房地产转换为以公允价值模式计量的投资性房地产在转换日公允价值大于账面价值部分等项目。

企业一定期间的经营成果主要通过编制综合收益表来反映。

二、综合收益表及其作用

综合收益表是反映企业在一定期间的经营成果的报表，也称为“收益表”或“利润表”。

它反映的是企业在一定时期内的收入、费用、直接计入利润的利得和损失，以及通过收入与费用的配比而计算出来的这一会计期间的综合收益总额。

企业的收入、费用是随着企业的经济活动而不断发生的，综合收益表就是对一定期间企业经营成果的总括反映，这与财务状况表只反映某一时点的财务状况是不相同的。因此，综合收益表属于动态报表。如果把财务状况表比喻成企业财务状况的一张“照片”，那么综合收益表则是反映企业一段时期经营成果的一段“录像”。

通过综合收益表，可以了解企业在一定期间内获取经营业绩的大小，借以考察企业的经营管理水平和获利能力；通过综合收益表中利润计算过程及利润总额同目标利润对比后，借以评价企业目标利润规划的实现情况；通过综合收益表，可使投资者及时了解对企业的投资前景和应得的投资报酬率的大小，为其进一步进行决策提供所需的信息；通过综合收益表的纵向和横向的对比分析，可以了解利润升降的水平和原因，为未来经营期的目标利润规划提供信息。将综合收益表信息和财务状况表信息相结合，还可以进行如资产利润率、资本利润率等更多的财务分析，这在其他的会计专业教材中还将会详细阐述。

三、综合收益表的设计原理与基本结构

（一）综合收益表的设计原理

综合收益表的设计，是以权责发生制为基本前提，在资产负债观下，根据交易或事项所引起的资产、负债要素的变化结果在收入、费用上的反映，以“收入－费用＝利润”这一反映经营成果的会计等式为理论基础，结合会计信息使用者的要求，充分考虑重要性原则，通过分类反映各种利润信息的形式进行设计。

（二）综合收益表的基本格式与项目排列

目前国际上比较普遍的综合收益表格式主要有单步式综合收益表和多步式综合收益表两种，在不同的格式下形成了不同的项目排列方式。

1. 单步式综合收益表

所谓单步式综合收益表，是将本期所有收入加在一起然后再把所有费用支出加在一起，两者相减，一次计算出损益，所以，也称一步式综合收益表。在这种收益表中，其费用是按照其性质进行分类并在表内以总额反映，不在企业范围内不同的功能单位之间再分摊。在项目排列上，按照经营成果的计算原理，并考虑各项内容的重要性进行排序。其简表格式如表 8-13所示。

表 8-13

综合收益表(简表)

年　月

项　目	上期金额	本期金额
收入和利得		
营业收入		
投资收益		
……		
收入合计		
费用和损失		
营业成本		
营业费用		
……		
费用合计		
净利润		

这种单步式综合收益表的优点是较为直观、简单,编制也方便;但缺点是没有揭示出收入与费用之间的联系,满足不了报表使用者进行具体分析的需要,也不利于同行业之间的报表进行比较评价。因此只适用于规模较小的企业,其费用在各功能单位中进行分摊是没有必要的。

2. 多步式综合收益表

所谓多步式综合收益表,是指根据各种收入与费用的配比关系、各种利润的构成以及净利润的计算过程,分步列示出净损益的一种格式。所以,综合收益表也可以称为利润计算表,各步骤中各项目排列仍然遵循经营成果的计算原理以及各项内容的重要性的排序原则。在这种收益表中,费用按照其功能进行分类,将其分为从事经营业务发生的成本、管理费用、销售费用和财务费用等,这样能向使用者提供比按性质进行费用分类更相关的信息,但将费用分摊给各功能单位可能具有随意性且涉及相当多的判断。综合收益计算步骤主要为:

第一步,以营业收入为起点,减去营业成本、营业税金及附加,再减去销售费用、管理费用、财务费用和资产减值损失,加上公允价值变动收益和投资收益,求得营业利润。

第二步,在营业利润的基础上,加上营业外收入,减去营业外支出,求得利润总额。

第三步,在利润总额的基础上,减去所得税费用,求得净利润。

最后,如果企业为股份公司,应列示基本每股收益与稀释每股收益。

采用多步式综合收益表,可以将损益的构成分项列示,并对收入、费用进行适当归类,充分反映了营业利润、利润总额、净利润等指标,可以用来较为准确地评价企业管理部门的管理效能。但是,将收入和费用人为地安排了配比关系和层次之分,缺乏充足的事实根据。我国企业综合收益表采用多步式格式，我国“财务报表列报准则”应用指南中对一般企业综合收益表的格式规范如表 8-14 所示。

表 8-14　　　　综合收益表

会企 02 表

编制单位：　　　　____年____月____日　　　　单位：元

项　　目	本期金额	上期金额
一、营业收入		
减：营业成本		
营业税金及附加		
销售费用		
管理费用		
财务费用		
资产减值损失		
加：公允价值变动收益(损失以“—”号填列)		
投资收益(损失以“—”号填列)		
其中：对联营企业和合营企业的投资收益		
二、营业利润(亏损以“—”号填列)		
加：营业外收入		
减：营业外支出		
其中：非流动资产处置净损失		
三、利润总额(亏损总额以“—”号填列)		
减：所得税费用		
四、净利润(净亏损以“—”号填列)		
加：其他综合收益各项目扣除所得税影响后的净额(损失以“—”号填列)		
五、综合收益总额		
六、每股收益：		
(一)基本每股收益		
(二)稀释每股收益		

四、综合收益表的编制原理

由于综合收益表的各项目与损益类账户基本一致，并且是利润计算表，因此，其编制原理比较简单，主要应注意以下几个方面。

(1) 综合收益表中“上期金额”栏内各项数字，应根据上年度综合收益表“本期金额”栏内所列数字填列。如果上年度综合收益表规定的各个项目的名称和内容同本年度不相一致，应对上年度综合收益表各项目的名称和数字按本年度的规定进行调整，填入本表“上期金额”栏内。

(2) 综合收益表中各主要项目的“本期金额”栏内各项数字，应根据各有关账户发生额分析填列。具体分为以下三种类型。

第一种，依据对应账户发生额分析填列的项目。主要包括：“营业税金及附加”项目、“销售费用”项目、“管理费用”项目、“财务费用”项目、“资产减值损失”项目、“营业外收入”项目、“营业外支出”项目和“所得税费用”项目等。其中，“营业外支出”项目下的“非流动资产处置损失”项目是依据“营业外支出”账户的明细账发生额分析填列的。

第二种，依据相关账户发生额分析计算填列的项目。主要包括：

① “营业收入”项目，反映企业经营主要业务和其他业务所确认的收入总额，是依据“主营业务收入”和“其他业务收入”账户的贷方发生额计算填列的；但若有销货退回时(即借方发生额)，则要从中扣减后再予填列。

② “营业成本”项目，反映企业经营主要业务和其他业务发生的实际成本总额，是依据“主营业务成本”和“其他业务成本”账户的借方发生额计算填列的。

③ “公允价值变动收益”项目，反映企业按照相关准则规定应当计入当期损益的资产或负债公允价值变动净收益，如交易性金融资产当期公允价值的变动额，是依据“公允价值变动损益”账户的发生额分析填列的。如为净损失，以“－”号填列。

④ “投资收益”项目，反映企业以各种方式对外投资所取得的收益，是依据“投资收益”账户的发生额分析填列的。如为净损失，以“－”号填列。若企业持有的交易性金融资产处置和出售时，处置收益部分应当自“公允价值变动损益”项目转出，列入本项目。其中，“对联营企业和合营企业的投资收益项目”是依据“投资收益”账户的明细分类账发生额分析填列的。

第三种，直接计算填列项目。主要包括：

① “营业利润”项目、“利润总额”项目和“净利润”项目，是依据综合收益表内计算公式直接计算填列。如为亏损数，以“－”号填列。

② “基本每股收益”和“稀释每股收益”项目，应当依据《企业会计准则第 34 号——每股收益》的相关规定计算填列。

第五节 现金流量信息的披露

一、现金流量的含义

1975 年 10 月，美国最大的商业企业之一 W. T. Grant 公司宣告破产引起人们的广泛注意。令人不解的是，Grant 公司在破产的前一年，即 1974 年，其营业净利润近 1 000 万美元，经营活动提供的营运资金 2 000 多万美元，银行扩大贷款总额达 6 亿美元。而在 1973 年年末，公司股票价格仍按其收益 20 倍的价格出售。为什么净利润和营运资金都为正数的公司会在一年后宣告破产？为什么投资者会购买一个濒临破产公司的股票而银行也乐于为其发放贷款？问题就出在投资者和债权人未对该公司的现金流动状况做深入的了解和分析。如果分析一下该公司的现金流量，就会发现早在破产前五年，即 1970 年，该公司的现金净流量就已出现负数。若如此，投资者就不会对一个现金严重短缺、毫无偿债能力的公司进行投资。这一事件使投资者认识到，简单地分析财务状况表、综合收益表已不能完全满足投资决策的需要。他们需要了解企业的现金流动状况，需要知道为什么盈利企业会走向破产？为什么亏损企业会发放股利？为什么经营净利润与经营现金净流量不相等？这类问题均可通过分析现金流量得以解答。

现金流量是指企业某一期间内的现金流入和流出的数量。例如，销售商品、提供劳务、出售固定资产、收回投资、借入资金等，形成企业的现金流入；购买商品、接受劳务、购建固定资产、现金投资、偿还债务等，形成企业的现金流出。现金净流量即企业某一时期现金流入流出的差额。现金就好比是企业的“血液”，现金流量显示的是一个企业的“造血机能”。当一个企业的现金净流量处于正值，即现金流入量大于流出量，说明企业“供血”正常；如果现金净流量长期处于负值，即现金流入量小于流出量，则说明企业处于“贫血”状态，如不及时改变这种情况，企业就会陷入因“失血”过多而“死亡”（破产）的危险。上例中的 W. T. Grant 公司就是一个典型的“失血死亡”案例。

那么如何能让关心现金流量的会计信息使用者得到有关的信息？企业通过编制现金流量表将其一定期间的现金流量信息反映在财务报告中。

二、现金流量表及其作用

现金流量表是继财务状况表和综合收益表之后于 20 世纪 80 年代末期产生的一张财务

报表，其前身是财务状况变动表。但是，一经出现就立即引起了会计界乃至整个经济界的高度关注，其产生是与财务状况表和综合收益表存在先天不足、难于满足日益发展的社会经济的现实需要分不开的。1987 年 11 月，美国财务会计准则委员会（FASB）正式发布《财务会计准则公告第 95 号——现金流量表》，在国际上首次采用了现金流量表，之后，很快被世界各国效仿，现在已经正式成为国际通用的第三大报表。

现金流量表是反映企业在一定会计期间现金和现金等价物流入和流出的财务报表。现金流量表中的“现金”概念与“库存现金”不同，它是一个广义的概念，包括了现金及现金等价物。其中：现金是指企业的库存现金以及可以随时用于支付的存款（不能随时用于支付的存款不属于现金）；现金等价物是指企业持有期限短（一般指从购买之日起三个月内到期）、流动性强、易于转换为已知金额现金、价值变动风险很小的投资。现金等价物虽然不是现金，但其支付能力与现金的差别不大，可视为现金。如企业拥有的、可在证券市场上流通的三个月内到期的债券投资等。本节中提及现金时，除非同时提及现金等价物，均包括现金和现金等价物。

现金流量表的作用主要表现为：可以为会计信息使用者提供详尽的现金流入、流出及现金净流量等信息，以便于其了解和评价获取现金的能力，并据以预测未来的现金流量；通过将权责发生制下的财务状况信息转换为现金制下反映，可以弥补财务状况表和综合收益表的不足，使之成为连接财务状况表和综合收益表的“桥梁”；有助于会计信息使用者评价企业净资产变动情况、财务资源的大小、财务结构优劣（包括资产流动性和偿债能力）、应付财务风险的能力以及收益质量的高低等。

三、现金流量表的设计原理与基本结构

（一）现金流量表的基本内容

为了满足会计信息使用者阅读和利用现金流量表的需要，现金流量表不仅要反映现金流入、流出的信息，而且还应结合企业的各类活动，分类予以反映各类活动对现金流量的影响及现金流量过程。因此，结合企业活动类别，可以将现金流量的内容分为以下三大类。

1. 经营活动产生的现金流量

经营活动包括企业投资活动和筹资活动以外的所有交易和事项。由于行业特点不同，不同类别的企业对经营活动范围的认定不尽相同。就制造业企业来说，经营活动主要包括：销售商品、提供劳务、购买商品、支付职工薪酬、缴纳税费等。由经营活动而取得的现金收入和发生的现金支出构成经营活动产生的现金流量。

2．投资活动产生的现金流量

投资活动是指企业非流动资产的购建和不包括在现金等价物范围内的投资及其处置活动。它主要包括：取得和收回投资、购建和处置固定资产、购买和处置无形资产及其他非流动资产等。由投资活动而取得的现金收入或发生的现金支出构成投资活动产生的现金流量。

3．筹资活动产生的现金流量

筹资活动是指导致企业资本及债务规模和构成发生变化的活动。它主要包括：吸收投资、举借和偿还各种债务、分配利润、支付利息等。由筹资活动而取得的现金收入和发生的现金支出构成筹资活动产生的现金流量。

（二）现金流量表的设计原理

现金流量表的设计是以现金制为基本前提，以"现金流入－现金流出＝现金净流量"为理论基础，按照现金流量在企业各类活动中产生的原因，分别按经营活动、投资活动和筹资活动以及每类活动下的现金流入、现金流出及其结果情况进行分类反映，最后汇总列示出本期现金净增加（减少）额。另外，还应结合财务状况表和综合收益表，提供本期现金净增加（减少）额与现金期初、期末余额静态情况以及将净利润调节转换为经营活动现金流量情况，从而实现现金流量表与财务状况表和综合收益表的有机结合。

（三）现金流量表的格式与项目排列

根据我国《企业会计准则第31号——现金流量表》及应用指南的规定，现金流量表主要分为正表和包含补充资料在内的报表附注两大部分。

现金流量表的正表由六项内容组成：一是经营活动产生的现金流量；二是投资活动产生的现金流量；三是筹资活动产生的现金流量；四是汇率变动对现金的影响；五是现金及现金等价物净增加额；六是期末现金及现金等价物余额。依据重要性原则以及各类活动中现金流入流出情况，分别按上述顺序进行项目排列。

报表附注中的补充资料主要有三项内容：一是将净利润调节为经营活动产生的现金流量；二是不涉及现金收支的重大投资和筹资活动；三是现金及现金等价物净变动情况。

就企业来说，由于日常的会计核算是以权责发生制为基本前提而形成的，并未直接提供现金流量表编制所需的账簿资料，这是与财务状况表和综合收益表在资料基础上的明显区别，并为现金流量表的编制增加了很大难度。但会计信息利用者一方面需要了解现金流量的形成情况；另一方面还要了解现金流量在财务状况和经营成果形成中的具体表现，这就为现金流量信息的提供提出了特殊的要求，由此形成了直接按照现金流量形成情况进行编制和报告的方法，会计上称为“直接法”；同时，采用一定的方法将权责发生制下形成的净利润转换为现金制下的经营活动现金净流量进行编制和报告的方法，会计上称为“间接法”。这种转换之所以成为可能，主要是因为权责发生制下计算利润的原理（收入－费用＝利润）与现金制下计算现金净流量的原理（现金流入－现金流出＝现金净流量），从抽象为“收”和“支”或“进”和“出”的角度是相同的，不同之处在于是否为现金的收与支，而这种差别又反映在资产、负债各项目的变化中。而通过这种转换，正好可以将现金流量表信息与综合收益表和财务状况表信息进行有效的结合，进一步满足会计信息利用者对会计信息的多种需求。

我国《企业会计准则第 31 号——现金流量表》应用指南中对一般企业现金流量表正表的格式和项目排列规范如表 8-15 所示。

表 8-15　　　　**现金流量表**

会企 03 表

编制单位：　　　　____年____月____日　　　　单位：元

项　目	本期金额	上期金额
一、经营活动产生的现金流量：		
销售商品、提供劳务收到的现金		
收到的税费返还		
收到其他与经营活动有关的现金		
经营活动现金流入小计		
购买商品、接受劳务支付的现金		
支付给职工以及为职工支付的现金		
支付的各项税费		
支付其他与经营活动有关的现金		
经营活动现金流出小计		
经营活动产生的现金流量净额		
二、投资活动产生的现金流量：		
收回投资收到的现金		
取得投资收益收到的现金		
处置固定资产、无形资产和其他非流动资产收回的现金净额		
处置子公司及其他营业单位收到的现金净额		
收到其他与投资活动有关的现金		
投资活动现金流入小计		
购建固定资产、无形资产和其他非流动资产支付的现金		
投资支付的现金		

续表

项　目	本期金额	上期金额
取得子公司及其他营业单位支付的现金净额		
支付其他与投资活动有关的现金		
投资活动现金流出小计		
投资活动产生的现金流量净额		
三、筹资活动产生的现金流量：		
吸收投资收到的现金		
取得借款收到的现金		
收到其他与筹资活动有关的现金		
筹资活动现金流入小计		
偿还债务支付的现金		
分配股利、利润或偿付利息支付的现金		
支付其他与筹资活动有关的现金		
筹资活动现金流出小计		
筹资活动产生的现金流量净额		
四、汇率变动对现金及现金等价物的影响		
五、现金及现金等价物净增加额		
六、期末现金及现金等价物余额		

而现金流量表补充资料格式规范如表 8-16 所示。

表 8-16　　现金流量表补充资料

补充资料	本期金额	上期金额
1. 将净利润调节为经营活动现金流量：		
净利润		
加：资产减值准备		
固定资产折旧、油气资产折耗、生产性生物资产折旧		
无形资产摊销		
长期待摊费用摊销		
处置固定资产、无形资产和其他非流动资产的损失(收益以“－”号填列)		
固定资产报废损失(收益以“－”号填列)		
公允价值变动损失(收益以“－”号填列)		
财务费用(收益以“－”号填列)		

续表

补充资料	本期金额	上期金额
投资损失(收益以"－"号填列)		
递延所得税资产减少(增加以"－"号填列)		
递延所得税负债增加(减少以"－"号填列)		
存货的减少(增加以"－"号填列)		
经营性应收项目的减少(增加以"－"号填列)		
经营性应付项目的增加(减少以"－"号填列)		
其他		
经营活动产生的现金流量净额		
2. 不涉及现金收支的重大投资和筹资活动:		
债务转为资本		
一年内到期的可转换公司债券		
融资租入固定资产		
3. 现金及现金等价物净变动情况:		
现金的期末余额		
减:现金的期初余额		
加:现金等价物的期末余额		
减:现金等价物的期初余额		
现金及现金等价物净增加额		

由于现金流量表的编制主要是依据财务状况表和综合收益表的资料，采用专门的方法，通过将权责发生制转换为现金制来实现的，编制过程比财务状况表和综合收益表复杂得多，所以，本教材不再详细讲述，具体编制方法可以参考《财务会计学》的相关内容。

第六节　财务报表附注和其他财务报告

一、财务报表附注

以上重点介绍了反映企业财务状况、经营业绩和现金流量的三张主要财务报表，但是限于这些财务报表的格式，很多数据背后的相关资料无法通过报表本身向会计信息使用者传递，比如对于某种经济业务，可能存在不同的会计原则和会计处理方法，有不同的会计政策可供选择，这些是形成财务报表信息的前提，如果对这些不予说明，就会给会计信息使用者理解财务报表带来一定的困难；又如财务状况表中的应收账款项目，在表中只能反映一个期末余额，至于各项应收账款的构成及其账龄情况、坏账准备的计提等情况不加提供，就难以了解企业信用资产质量等必要的信息。

本着会计信息披露的充分披露原则，会计信息使用者有权通过财务报告获得任何正确揭示报表所必需的事实。因此，对于上述无法在财务报表中明确披露，但对使用者解释财务报表又十分必要的信息，企业应当以编制财务报表附注的形式加以披露。

（一）财务报表附注的定义

财务报表附注是对在主要财务报表中列示项目的文字描述或明细资料，以及对未能在这些报表中列示项目的说明等。它是企业财务报告的组成部分。

编制财务报表附注，其作用主要在于补充说明和解释财务报表内确认的项目。附注既可以用文字来定性分析财务报表内的项目，也可以用数字来补充说明表内项目的计量结果。企业的一般情况介绍、理财安排上的限制以及一系列的重要合同协议等也可以在报表附注中进行说明。报表附注的技术性能够帮助会计信息使用者充分理解和使用财务报表信息。

（二）财务报表附注的内容

我国"财务报表列报准则"规定，附注应当披露财务报表的编制基础，相关信息应当与资产负债表、利润表、现金流量表和所有者权益变动表等报表中列示的项目相互参照。一般应当按照下列顺序至少披露以下内容。

1. 企业的基本情况

主要包括企业注册地、组织形式和总部地址；企业的业务性质和主要经营活动；母公司以及集团最终母公司的名称；财务报告的批准报出者和财务报告批准报出日等。

2. 财务报表的编制基础

主要包括会计年度、记账本位币、会计计量所运用的计量基础、现金和现金等价物的构成等。

3. 遵循企业会计准则的声明

企业应当声明编制的财务报表符合企业会计准则的要求，真实、完整地反映了企业的财务状况、经营成果和现金流量。

4. 重要会计政策和会计估计

重要会计政策的说明，包括财务报表项目的计量基础和在运用会计政策过程中所做的重要判断等。重要会计估计的说明包括下一会计期间内很可能导致资产、负债账面价值重大调整的会计估计的确定依据等。企业应当披露采用的重要会计政策和会计估计，并结合企业的具体实际披露其重要会计政策的确定依据和财务报表项目的计量基础，及其会计估计所采用的关键假设和不确定因素。

企业应当披露会计政策的确定依据。例如，如何判断持有的金融资产为持有至到期的投资而不是交易性投资；对于拥有的持股不足50%的企业，如何判断企业拥有控制权并因此将其纳入合并范围；投资性房地产的判断标准等。这些判断对报表中确认的项目金额具有重要影响。

企业应当披露会计估计中所采用的关键假设和不确定因素的确定依据。例如，计算资产预计未来现金流量的现值时需要对未来现金流量进行预测，选择适当的折现率，应当在附注中披露未来现金流量预测所采用的假设及其依据、所选择的折现率的合理性等。

企业应当披露的重要会计政策和会计估计涉及诸多会计要素确认与计量，例如对于存货项目，应披露确定发出存货成本所采用的方法、可变现净值的确定方法、存货跌价准备的计提方法等相关会计政策。再如，对于无形资产项目，应披露使用寿命有限的无形资产的使用寿命的估计情况、使用寿命不确定的无形资产的使用寿命不确定的判断依据、无形资产的摊销方法、企业判断无形资产项目支出满足资本化条件的依据等相关会计政策与会计估计。

5. 会计政策和会计估计变更以及差错更正的说明

主要包括：会计政策变更的性质、内容、原因以及当期和各个列报前期财务报表中受影响的项目名称和调整金额；会计估计变更的内容、原因以及对当期和未来期间的影响金额；前期差错的性质及对当期和各个列报前期财务报表中受影响的项目名称和更正金额等。

6. 报表重要项目的说明

企业对于财务报表重要项目的说明，应当按照财务状况表、综合收益表、现金流量表等财务报表及其项目列示的顺序，采用文字和数字描述相结合的方式进行披露。财务报表重要项目的明细金额合计，应当与报表项目金额相衔接。

不同的报表项目，其说明的方式和内容也不相同。以应收账款为例，除了在上述第四项“重要会计政策和会计估计”说明中披露坏账的确认标准，以及坏账准备的计提方法和计提比例等内容外，还应分别按账龄结构和客户类别进行结构性披露，以便财务报表使用者更好地分析判断企业的应收账款质量。其中：应收账款按账龄结构披露的格式如表8-17所示。

表 8-17　　应收账款按账龄结构披露的格式

账龄结构	期末账面余额	年初账面余额
1 年以内(含 1 年)		
1 年至 2 年(含 2 年)		
2 年至 3 年(含 3 年)		
3 年以上		
合计		

应收账款按客户类别披露的格式如表 8-18 所示。

表 8-18　　应收账款按客户类别披露的格式

客户类别	期末账面余额	年初账面余额
客户 1		
……		
其他客户		
合　计		

再以股份公司综合收益表中披露的每股收益项目为例，在报表附注中应进一步披露关于每股收益计算的相关资料，包括：①基本每股收益和稀释每股收益分子、分母的计算过程；②列报期间不具有稀释性但以后期间很可能具有稀释性的潜在普通股；③在财务状况表日至财务报告批准报出日之间，企业发行在外普通股或潜在普通股股数发生重大变化的情况。例如，股份发行、股份回购、潜在普通股发行、潜在普通股转换或行权等。

7. 或有和承诺事项的说明

企业应当针对由过去交易或事项形成的，其结果须由某些未来事项的发生或不发生才能决定的不确定事项进行说明，主要包括：①预计负债的种类、形成原因以及经济利益流出不确定性的说明。②与预计负债有关的预期补偿金额和本期已确认的预期补偿金额。③或有负债的种类、形成原因及经济利益流出不确定性的说明。④或有负债预计产生的财务影响，以及获得补偿的可能性；无法预计的，应当说明原因。⑤或有资产很可能会给企业带来经济利益的，其形成的原因、预计产生的财务影响等。⑥在涉及未决诉讼、未决仲裁的情况下，披露全部或部分信息预期对企业造成重大不利影响的，该未决诉讼、未决仲裁的性质以及没有披露这些信息的事实和原因等。

8. 财务状况表日后事项的说明

主要包括：①每项重要的财务状况表日后非调整事项的性质、内容，及其对财务状况和经营成果的影响。无法做出估计的，应当说明原因。②财务状况表日后，企业利润分配方案中拟分配的经审议批准宣告发放的股利和利润。

9. 关联方关系及其交易的说明

主要包括：①母公司基本信息，母公司对本企业的持股比例和表决权比例。②本企业子公司的基本信息。③本企业合营公司的基本信息。④本企业与关联方发生关联方交易的，该关联方关系的性质、交易类型及交易要素。交易要素至少应当包括：交易的金额；未结算项目的金额、条款和条件，以及有关提供或取得担保的信息；未结算应收项目的坏账准备金额；定价政策等。

除此之外，还应当在附注中披露：①其他综合收益各项目及其所得税影响，以及原计入其他综合收益、当期转出计入当期损益的金额等。②终止经营（即企业已被处置或被划归为持有待售的、在经营和编制财务报表时能够单独区分的组成部分，该组成部分按照企业计划将整体或部分进行处置）的收入、费用、利润总额、所得税费用和净利润，以及归属于母公司所有者的终止经营利润。③在财务状况表日后、财务报告批准报出日前提议或宣布发放的股利总额和每股股利金额（或向投资者分配的利润总额）；费用按照性质分类的综合收益表补充资料等信息。

二、其他财务报告

其他财务报告包括辅助资料和财务报告的其他手段，主要向会计信息使用者提供某些相关的但不符合全部确认标准的信息，其中有财务的和非财务的，有历史的，也有预测的。其他财务报告可以不受会计准则的限制，也不需要审计，但必须符合三个条件：第一，企业根据会计准则法规要求或自愿提供；第二，要有助于理解财务报表信息，不应误导使用者的决策；第三，要求经注册会计师或企业以外的专家审阅。

其他财务报告的种类很多，主要的形式有管理当局讨论和分析、中期报告、社会责任报告、财务预测报告及审计报告等。

（一）管理当局讨论和分析

许多国家要求企业将管理当局讨论和分析包含在年度财务报告中对外披露。由于管理当局与企业关系最为密切，并能影响一个企业的未来发展，因此，使用者理解管理当局对企业的看法及其未来计划，不仅可以理解财务报表中有关数据的变化原因，而且可以预测管理当局将如何引导企业的发展。

管理当局讨论和分析应当提供有关一个企业变现能力、资本来源和经营业绩的信息。

(1) 变现能力。管理当局应说明已知的可能增强或削弱企业长期或短期变现能力的所有事项、契约或趋势。如发现企业变现能力严重不足，管理当局应阐明将采取的补救措施。

管理当局还应详细分析所有可用于变现的资源，并对主要的流动资产项目进行评估。

(2) 资本来源。管理当局应披露可能发生资本支出的合同，解释签订这些合同的目的以及为履行合同所做的资金安排。在资本来源方面，管理当局必须分析未来有利或不利因素，着重说明举债筹资占企业筹资的比重和增减变动情况，以及财务状况表外的各种筹资安排。

(3) 经营业绩。管理当局应对企业的利润做以下分析：说明企业重大的非正常或非经常的交易事项以及对利润的影响，评述所有已知的可能对利润产生有利或不利影响的事项或趋势，披露预计的收入与成本将会发生的重大变动，分析销售收入迅速增长的原因等。

除披露以上三方面信息外，管理当局讨论和分析还应提供便于使用者理解企业财务状况及其变动所必须掌握的信息。

以下是某上市公司年度财务报告中的管理当局讨论和分析(节选)，仅供参考。

【例 8-13】 武汉钢铁股份有限公司 2005 年度财务报告中公司管理当局讨论和分析(节选)

(一) 管理层讨论与分析

1. 报告期内公司经营情况的回顾

(1) 总体经营情况。

2005 年，在原燃料价格大幅上涨、钢材市场价格从下半年始持续全面大幅下滑的双重压力下，公司直面挑战，沉着应对，努力优化生产组织，不断优化品种结构，持续开展对标挖潜和科技攻关活动，不断提高产品质量，加强全面预算管理，严格控制成本，较好地完成了全年生产经营任务，生产铁 1 015.49 万吨，钢 1 038.49 万吨，销售钢材坯 943.10 万吨，其中：热轧板卷 520.19 万吨，冷轧及涂镀板 117.37 万吨，冷轧硅钢 65.66 万吨，中厚板 70.79 万吨，高速线材 69.38 万吨，大型材 58.66 万吨，棒材 39.18 万吨。同时"双高"产品产量达到 540 万吨，比例达到了 57.26%。主要的 65 项技术经济指标，有 42 项超过去年水平。公司 2005 年度实现主营业务收入 407.46 亿元，较上年增长 68.73%；主营业务成本 324.89 亿元，较上年增长 75.16%；实现净利润 48.25 亿元，较上年增长 54.23%。武钢硅钢产品获得中国名牌产品称号，截至目前公司共有 42 个产品获得冶金行业"金杯奖"称号，处行业领先水平，获得了"湖北省环境友好企业"的荣誉称号。一年来，公司主要抓了以下工作：

……

(2) 主营业务及其经营状况。

……

(3) 资本构成重大变动情况。

……

(4) 现金流量构成情况。

……

2. 对公司未来发展的展望

(1) 钢铁行业的发展趋势。

……

(2) 公司发展面临的机遇。

……

(3) 公司发展面临的挑战。

……

(4) 公司发展战略。

……

(5) 公司拟投资的新项目。

……

(6) 资金需求及来源。

公司十一五规划主要建设项目(含十五结转续建项目)估算总投资267亿元,资金来源:自有资金107亿元(占总投资的40%),其他资金将通过银行贷款等融资渠道解决。公司2006年固定资产投资计划安排94.27亿元,资金来源为:①2005年技改资金节余17.78亿元;②2006年公司自有资金38.60亿元,其中,计提折旧27.04亿元,企业留存利润11.56亿元;③剩余的资金用银行贷款或其他筹资方式解决。

(7) 风险及对策措施。

主要风险:

2005年由于铁矿石价格大幅度上涨,中国钢铁企业多付出原料成本达57亿美元,未来铁矿石价格上涨压力仍然存在,公司一段时间内存在原材料成本上涨的风险。

目前,人民币存在升值的压力,对钢铁产品的进出口来说,其将利于进口而抑制出口。在国内部分钢铁产品结构性过剩的状况下,对公司产品的销售和出口存在风险。

外资加紧进入中国钢铁业,国际竞争对手的本土化策略已对国内的钢铁企业造成威胁。国内钢铁企业通过近几年的建设,新增产能进一步释放,国内钢铁市场竞争将更趋激烈。这将使国内钢铁市场的平稳运行存在潜在风险。

2005年7月21日起,我国开始实行以市场供求为基础、参考一篮子货币进行调节、有管理的浮动汇率制度。人民币汇率不再盯住单一美元,形成更富弹性的人民币汇率机制。2006年,汇率的变动使外币资产及债务对公司损益产生影响。

对策措施:

公司将加强成本控制,完善成本管理体系,采取一系列降低生产成本的技术经济措施,突出发展循环经济,建设节约型企业,强力推行低成本战略。

进一步优化产品结构,突出"两个基地"建设,坚持"品种、质量、环境、效益"的方针,提高产品竞争力;突出自主创新能力,鼓励员工学习与创新,形成公司核心技术。通过两个基地的建设和技术上的创新，保持公司产品的比较优势，使公司在竞争激烈的市场中把握先机，化解国内钢铁企业在国内、国际市场上的竞争风险。

3.2006年经营计划

2006年是公司"十一五"规划开局之年，是钢铁市场产能过剩和价格下跌的困难之年。我们将咬紧牙关，迎难而上，奋发图强！

2006年工作的指导思想是：深入贯彻党的十六大和十六届五中全会精神，以科学发展为主题，以结构调整为主线，扎实推进"十一五"规划的实施，不断加大市场开拓力度，大力加强成本控制和费用管理，持之以恒地强化和创新企业管理，坚持不懈地抓好安全生产，全面夺取全年生产经营和改革与发展的新胜利。

2006年的生产经营和改革发展目标是：

——全年生产铁1 030万吨、钢1 060万吨、钢材971万吨；实现销售收入380亿元。

——调整优化产品结构，"双高"产品占全年总产量80%以上，全年钢材产销率100%。

——二冷轧、二硅钢二期工程等一批重大技改项目按期投产，一烧改造、7号高炉、轧板厂3号常化炉等项目实现达产。

——力争实现工亡事故为零，实现重大设备事故、重大环境污染事故、重大火灾事故、重大伤亡事故为零。

——理顺收入分配关系，在效益提高的基础上，提高职工收入水平。

……

（二）中期报告

会计信息使用者通常关心企业的最新信息，并依据这些信息定期对企业的前景做出预测。年度财务报告往往显得过于滞后。因此，世界上大多数国家都要求上市公司除提供年度财务报告外，还要按季或半年对外公布中期报告。我国证券管理部门规定，上市公司须定期提供季报、半年报。

提供中期报告的目的在于提高会计信息的及时性。但中期报告比较简要，可靠性也较低。因为中期报告包含了更多的财务资料的估计数，如需要估计那些收益在本期但在以后期间才会发生的支出，包括所得税、退休金等，这些费用的准确金额只有到年度末才能得到。因此，中期报告一般不需要经注册会计师审计。

（三）社会责任报告

当前企业面临的经营环境越来越复杂，企业的雇员福利、环境污染、产品质量等问题越来越引起社会各方面的关注，由此对企业提出的新的要求是：要对除股东之外的更广大相关利益方负责，以实现可持续发展。而以货币方式对企业的历史经营活动进行计量的财务信息，已无法充分披露企业面临的上述机会和风险，也不能充分体现企业的价值差异。企业社会责任报告所披露的非财务信息弥补了这一不足，两者的结合可以更好地反映企业未来的财务状况。因此，越来越多的企业在投资者、消费者等利益相关方的压力下，并从企业内部运营的需要出发，选择了发布企业社会责任报告。

企业社会责任报告是指企业将其履行社会责任的理念、战略、方式方法，其经营活动对经济、环境、社会等领域造成的直接和间接影响、取得的成绩及不足等信息，进行系统的梳理和总结，并向利益相关方进行披露的方式。企业社会责任报告是企业非财务信息披露的重要载体，也是企业与利益相关方进行沟通的重要桥梁。

我国相关管理机构如证券监督管理委员会，就在其颁布的相关文件中明确："鼓励公司披露社会责任报告。社会责任报告应经公司董事会审议通过，并以单独报告的形式在披露年度报告的同时在指定网站披露。"根据瑞森德企业社会责任机构的数据统计，2009 年在中国境内经营的企业发布了多达 600 多份的企业社会责任报告（包括以企业公民报告、可持续发展报告等名称发布的报告）。

广义的企业社会责任报告包括以正式形式反映企业承担社会责任的某一个方面或某几个方面的所有报告类型，即包括了雇员报告、环境报告、环境健康安全报告、慈善报告等单项报告，以及囊括经济、环境、社会责任的综合性报告。

【例 8-14】 中炬高新技术实业（集团）股份有限公司 2011 年社会责任报告（节选）

一、报告说明

……

二、公司概况

……

三、2011 年度经营状况

……

四、公司社会责任观

作为上市公司，公司一直将企业社会责任奉为公司的基本价值观。公司应在追求经济效益、保护股东利益的同时，积极保护债权人和职工的合法权益，诚信对待供应商和客户，积极从事环境保护等公益事业，为社会的发展作出更大的贡献，从而促进公司本身与全社会的协调、和谐发展。历年来，在从事经营活动中，公司积极履行社会责任观，一直坚持诚实信用的原则，遵守社会公德、商业道德，接受政府和社会公众的监督。

五、持续可发展的社会责任

（一）股东利益保护

……

(二) 保障员工权益,注重员工成长

……

(三) 对客户和消费者的品质责任

……

(四) 对教育、社区、农村、慈善事业的公益责任

1. 继续大力支持教育事业

……

2. 弘扬博爱精神,共襄善举

……

3. 帮扶新农村建设,实现地方经济共同发展

……

4. 积极落实广东省扶贫开发“规划到户、责任到人”帮扶工作

……

(五)对环境、生态可持续发展的环保责任

……

(六)对区域经济和价值链伙伴的发展责任

……

六、未来展望

附:《2011年企业社会责任业绩报表》

(四) 财务预测报告

随着会计信息使用者对企业披露信息质量要求的不断提高,他们越来越需要有关一个企业未来的预测信息,尤其是财务预测信息。财务预测是指管理当局根据将来的经营环境以及将采取的行动来对企业的财务状况、经营业绩和现金流量做出的预测。

从英、美等国情况看,有关法规除了要求企业在招股说明书中披露有关的财务信息外,对于定期报告,则不做强制要求,更多地采取鼓励的方式或自愿的方式披露。美国的证券监管部门为了鼓励企业披露财务预测信息,正在积极为预测信息建立“安全港”,只要预测信息有合理的依据并且是诚实善意的,那么即使预测与实际存在偏差,企业也不必承担责任。但在实际中,这对企业回避诉讼风险作用并不大。企业避免不必要的指控的最好的办法是尽可能地提高财务预测的可靠性,为此很多国家要求财务预测信息必须经过注册会计师的审计并发表意见,以示公正可靠。我国目前也积极地探索并建立这样的机制。比如,自2001年起我国证券监管部门就要求上市公司如果预计当期可能发生亏损或者盈利水平较上年出现大幅变动的(利润总额增减50%或以上),上市公司应当在年度结束后30个工作日内及时

刊登预亏公告或业绩预警公告。比较基数较小的公司(一般指上年每股收益的绝对值在0.05元以下的公司)可以豁免披露业绩预警公告。以下是某上市公司披露的财务预测报告,仅供参考。

【例8-15】 华北制药股份有限公司2006年度中期业绩预警公告

华北制药股份有限公司业绩预警公告

本公司及董事会全体成员保证公告内容的真实、准确和完整,对公告的虚假记载、误导性陈述或者重大遗漏负连带责任。

一、预计的业绩情况

1. 业绩预告期间:2006年1月1日至2006年6月30日。

2. 业绩预告情况:受4、5月份公司主要产品维生素C、维生素B_{12}降价和原材料、能源价格上涨的影响,经初步测算,公司2006年上半年度将出现约1700万元的亏损,具体数据将在公司2006年中期报告中予以披露。

3. 本次所预计的业绩未经过注册会计师审计。

二、上年同期业绩

1. 净利润:2 851 794.52元。

2. 每股收益:0.0037元

三、其他相关说明

本公司提醒广大投资者注意风险。

特此公告。

华北制药股份有限公司

2006年7月21日

(五) 审计报告

审计报告不构成财务报表的一部分,因为它是企业外部独立的注册会计师出具的。但是仔细阅读审计报告对于会计信息使用者的决策分析至关重要,因为审计报告可以说明财务报表的可靠程度,所以,在国内外上市公司的年度财务报告中,审计报告往往放在年度报告之前。注册会计师在审计过程中,应根据公认审计准则对企业的会计制度、会计记录及财务报表进行审查,并根据审查结果,就财务报表在遵守公认会计原则方面发表意见。注册会计师出具的审计报告应包括以下内容:

1. 应说明财务报表的编制是否遵从了公认会计原则;

2. 应说明在前期发生而在本期未发生的情况;

3. 财务报表的信息披露是否充分,如果不是,应加以说明;

4. 应表述对财务报表整体的意见,或者解释不能对财务报表整体发表意见的原因。

在特定的情况下，注册会计师可能出具四种基本类型的审计报告：无保留意见、保留意见、否定意见和无法表示意见。我国《公开发表股票公司信息披露的内容与格式准则第二号〈年度报告的内容与格式〉》规定，如果注册会计师出具的审计意见为无保留意见，且在审计报告中无其他说明，则在年度报告摘要中，可不刊登全文，但应明确陈述注册会计师出具"无保留意见的审计报告"字样；若为保留意见或解释性说明的审计报告，则应全文刊登。

练习题 1

一、目的：初步练习财务状况表和综合收益表的编制。

二、资料：大华公司 2012 年 4 月份的相关会计资料如下。

1. 大华公司 2012 年 4 月 1 日有关账户余额如下表所示。

有关账户余额

账户名称	借　方	贷　方	账户名称	借　方	贷　方
库存现金	3 000		短期借款		350 000
银行存款	300 000		应付账款		107 600
应收账款	30 000		应付职工薪酬		42 000
其他应收款	2 400		应交税费		2 300
原材料	400 000		实收资本		1 000 000
库存商品	125 000		盈余公积		50 000
固定资产	911 500		利润分配		105 000
累计折旧		115 000			

2. 大华公司 2012 年 4 月份发生的交易或事项如下。

(1) 1 日，通过银行划转支付 3 月份职工薪酬 42 000 元。

(2) 1 日，从银行借入短期借款 100 000 元。

(3) 2 日，公司财务部购买办公用品 200 元，以库存现金支付。

(4) 2 日，从海通公司购入原材料 100 000 元，材料已验收入库，但材料款尚未付讫。

(5) 5 日，办公室李强借差旅费 1 500 元，以库存现金支付。

(6) 5 日，通过开户银行收回东方集团公司所欠货款 24 000 元。

(7) 5 日，用银行存款支付海通公司原材料款 100 000 元。

(8) 5 日，购入原材料 50 000 元，材料已验收入库，材料款以银行存款付讫。

(9) 10 日，向摩根公司出售产品 180 000 元，货款尚未收讫。

(10) 10 日,以库存现金支付销售 A 产品的装卸费、运输费共计 900 元。

(11) 12 日,发出原材料 90 000 元,用于产品生产。

(12) 14 日,财务部以银行存款支付 3 月应交税费 2 300 元。

(13) 15 日,李强报销差旅费 1 300 元,余款以现金退回。

(14) 15 日,以银行存款支付公司产品宣传费 18 000 元。

(15) 19 日,接银行收款通知单,收回摩根公司购货款 140 000 元。

(16) 19 日,向雅芳公司出售产品 65 000 元,货款已由银行当日收讫。

(17) 30 日,计算分配 4 月份职工薪酬,其中生产工人薪酬 16 000 元,生产部门管理人员薪酬 12 000 元,公司管理人员薪酬 20 000 元。

(18) 30 日,计提分配固定资产折旧,其中生产部门 8 000 元,公司管理部门 2 000 元。

(19) 30 日,以银行存款支付 4 月份的借款利息 700 元。

(20) 30 日,全月投产产品全部完工入库,结转制造费用,并结转实际生产成本 126 000元。

(21) 30 日,结转本月产成品销售成本 150 000 元。

(22) 30 日,通过计算当月应计提税金及其教育费附加 2 000 元。

(23) 30 日,结转计算本月利润,并按 10%比例计提盈余公积金。

三、要求:根据大华公司 2012 年 4 月份的交易或事项资料,采用单一式会计信息流程,编制记账凭证,登记日记账和明细分类账及其总分类账,并编制 2012 年 4 月份的综合收益表和财务状况表。

练习题 2

一、目的:初步认识现金流量表的相关内容。

二、资料:某企业在某一会计期间内发生下列业务:

1. 向商品供应商支付 96 000 元现金。
2. 发行普通股,收到 200 000 元现金。
3. 本期销售活动共产生 49 200 元的现金收入。
4. 从上期赊购商品的客户获得 22 700 元现金。
5. 收到客户预付 1 800 元商品款,商品将在下期交付。
6. 支付债务利息,动用现金 16 000 元。
7. 购置土地,花费 40 000 元现金。
8. 支付 25 300 元的现金,支付员工的劳务报酬。
9. 支付 7 600 元现金,用以支付员工属于上期的劳务报酬。
10. 开出应付票据 50 000 元用于购置一套设备。

11. 向股东支付 100 000 元现金股利。

12. 动用 50 000 元现金偿还到期债务。

13. 动用 65 000 元现金购买 ABC 公司股票。

14. 收到 ABC 公司支付的 3 000 元股利。

三、要求：根据上述资料，区分哪项交易或事项应列入现金流量表以及应列入现金流量表中的哪类活动？如果某项交易不出现在现金流量表中，试说明原因。

练习题 3

一、目的：初步认识财务报表附注及其披露方式的相关内容。

二、资料：下列五种情况可能需要在财务报表附注中予以披露。

1. ABC 公司利用加速折旧法计提固定资产折旧，这是适用于此类项目的会计方法的一种。

2. Matrix 设计公司中最著名的设计师 Henry 离开了公司，去了竞争对手那里工作。

3. 在财务状况表日后，财务报表发布前，某食品公司两个加工厂中的一个毁于火灾，将至少三个月无法开工。

4. 软件系统公司的管理层认为公司开发出了一套能够淘汰现有 Windows 操作系统的新系统软件，如果他们是正确的，公司的利润将增长 10 倍。

5. 学校管理公司没收了学生缴纳的 500 元抵押金，由于这些学生违反校规，擅自在宿舍使用电炉。这些学生正在对公司进行起诉。

三、要求：根据每种情况，解释其中哪些是需要披露的会计信息？并说明披露的原因。

第九章　会计工作组织与管理

本章学习提示

本章重点：会计工作组织与管理的基本要求和内容、会计机构的设置与会计人员的配备
本章难点：会计机构的设置与会计人员的配备

第一节　会计工作组织与管理的基本要求和内容

一、会计工作组织与管理的意义

会计工作组织与管理是指按照国家统一规定，结合本单位生产经营具体情况，把会计主体的各项会计工作科学合理地组织起来，确保与其他经营管理工作分工协调，相互配合，共同完成相应的工作任务。科学合理组织与管理会计工作主要有以下几个方面的意义。

（一）有利于贯彻执行国家的方针政策和法令制度

贯彻执行国家的方针政策并贯彻落实会计相关法令制度是各单位会计工作的最基本要求，在贯彻落实法令制度的措施中，组织是最根本的保证，管理是最基本的手段。一个单位，若会计工作组织合理、管理科学，就有利于会计人员依法开展会计工作；否则，若没有会计组织，或会计管理混乱，就很难谈得上对会计工作进行依法管理。通过科学合理地组织和管理会计工作，有利于贯彻执行国家的方针政策和法令制度，有利于维护财经纪律，建立良好的社会秩序。

（二）有利于提高会计工作的质量和效率

会计工作是一项复杂的、严密细致的综合性经济管理工作。它从交易或事项发生开始，经过会计凭证、会计账簿和财务报表等一系列的数据记录、计算、汇总、分析、检查等处理程序，在不同部门、不同工作岗位有关人员相互分工协作下，最终提供会计信息使用者所需要的会计信息。在这一工作过程中，每道手续、每个步骤及各项数据之间环环相扣、紧密联系。任何一个环节的脱节、手续的遗漏或数据的错误，都会影响会计信息的正确性和及时性，贻误工作，甚至造成决策的失误。科学合理地组织与管理会计工作，能使会计工作按预先规定的手续和处理程序有条不紊地进行，有效地、最大限度地防止错漏，即使发生错漏，也易于尽快查找和纠正，达到提高会计工作质量和效率的目的。

（三）有利于贯彻落实单位各项内部管理制度

合理地组织会计工作，不但有利于落实内部会计管理制度，而且有利于建立和落实其他各项内部管理制度，促使会计人员更好地履行岗位职责。例如，不论哪一项管理工作都涉及职工的奖惩问题，会计部门只有通过会计工作组织，提供真实可靠的财务指标，才能实现预期的奖惩效果；否则，若会计组织混乱，提供的会计信息虚假，就难以做到奖优罚劣，提高工作效率，甚至事与愿违，造成整个单位管理工作的混乱和低效率。可见，加强会计工作的组织有利于单位内部各部门更好地履行自己的职责，全面管好单位的各项工作，从而提高整个单位的管理水平。

（四）有利于正确处理与其他经济管理的工作关系

搞经济离不开管理，搞管理更离不开会计。会计工作与其他经济管理工作有着相互制约、相互促进的关系。科学地组织会计工作，不仅能协调会计工作内部各环节之间的关系，同时还可以促使会计单位内部各部门更好地履行自己的经济责任，真正按照经济核算的原则办事，提高经济管理水平，讲求最佳经济效益。因此，科学地组织会计工作，能够协调会计工作与其他经济管理工作的关系，促进企业整体管理水平和经济效益的提高。

总之，科学地组织管理会计工作，有利于会计主体的经济活动顺利进行，有利于完成会计任务，充分发挥会计职能，并有效地进行科学管理工作，从而提高管理水平和经济效益。

【例 9-1】 摩尔经纪公司贪污案。简·金伯森是布朗·摩尔经纪公司在哥伦比亚的密苏里办事处的出纳。当阑尾炎使她不得不休假时，其业务主任布鲁斯·里奇发现了她的问题——有顾客抱怨没有收到他们存款的信用卡。由此里奇发现了一个她经过精心策划长达五年的贪污公款行为。

法庭发现金伯森在这一“拆东墙、补西墙”的诡计中共盗窃现金 610 934 美元。她不断地把顾客的存款转入到她个人的账户，并通过其他客户的钱转过来以隐瞒自己的贪污行为。用这种方法，只要她出面回答顾客的质询——简单地解释为账户的暂时不平衡，就可把该顾客的账户转平。但当金伯森住院后其继任不能解释这种顾客账户的异常现象，最后所有的调查证据都证明了金伯森的罪行，她被判入狱，而里奇也明白了金伯森以前从未休假的原因。

【分析】 本案例出现的贪污除了当事人的道德品行之外，还有公司在会计组织与管理方面存在不当的问题，根据以下分析思路可以发现该公司的会计组织与管理所存在的缺陷。

(1) 布朗·摩尔公司的问题出在哪儿？主要表现在：①简·金伯森既控制从顾客收到的现金，又掌管相关部分的会计记录；②没有定期检查。

(2) 怎样能够避免简·金伯森的贪污行为？①员工定期休假；②聘用可靠、富有竞争力、遵守职业道德的员工；③支付高薪；④有效地训练提高职工素质；⑤加强监督；⑥岗位轮换。当然这六条措施仅是从本案例的角度来分析得出的，对于防范一个贪污行为来说，还需要其他的一些措施，如内部牵制、法律法规约束等。

(3) 类似布朗·摩尔公司的这种贪污问题能否彻底消除？显然这个公司的内部控制存在一个共有的局限性问题：内部控制可以尽早发现并限制其不利影响，但不能防止所有员工的舞弊行为。

(4) 怎样避免这种损失？主要包括：①合理分工、职责分离，如业务与会计相分离、资产保管与会计相分离、业务授权与相关资产保管相分离；②加强内部和外部审计。

根据以上的分析过程，你可以继续思考治理内部会计问题需要有哪些方面工作的协调和组织管理。

二、会计工作组织与管理的基本要求

科学合理地组织与管理会计工作，一般应遵循以下几个方面的要求。

(一) 遵循相关法规制度的要求

我国实行的是社会主义市场经济，有关企业、事业、机关和团体等单位的经济活动不仅受市场规律的制约和作用，而且是在国家统一的政策、方针、计划和预算的指导下进行的。为了便于宏观上进行经济管理，使国民经济协调、高速、高效地发展，国家在许多重要方面都对会计工作做了统一的规定和要求。如《中华人民共和国会计法》，它以法律形式确定了会计工作的地位、任务和作用，它是正确组织会计工作的依据和准绳；规范全国的会计管理，是国家确定方针、政策，进行国民经济宏观调控的重要保证。因此，遵循相关法规制度的要求是组织会计工作的首要原则。

（二）适应本单位生产经营的特点和管理需要

每个会计主体的经济活动的特点、业务性质、业务内容和范围有所不同，在管理上对会计信息的具体要求也有一定的差别。这就要求我们在组织会计工作时，既要遵循国家的统一要求，同时，在会计机构的设置、会计人员的分工、账簿的设置、成本核算方法的选择、会计信息流程的确定等方面，都要结合本单位的具体情况和要求，做出切合实际的安排和采取具体的实施办法。

（三）在保证会计工作质量的前提下精简节约，提高效率

在组织会计工作时，应该在保证会计工作质量的前提下，根据本单位的实际情况，力求精简节约；在会计机构的设置和会计人员的配备上，力求科学合理，避免机构重设，人浮于事；在会计凭证、账簿及报表的设计使用和各种会计处理程序的规定上，都要尽量简化。目前，会计的处理已全面向电算化方向发展，这就要求会计工作的组织也要逐步适应形势发展的需要，以提高工作效率。

（四）遵循内部控制和责任制的要求

遵循内部控制和责任制，要求在组织会计工作时要遵循内部控制的原则，在保证贯彻整个单位责任制的同时，建立和完善会计工作自身的责任制。而内部控制的核心是在会计工作的过程中形成相互牵制的机制，防止会计工作中的失误和弊端。对会计工作进行合理分工，不同岗位会计人员各司其职，使得会计工作和会计处理程序达到规范化、制度化和条理化。

三、会计工作组织与管理的主要内容

会计工作组织与管理的内容主要包括：设置会计机构、配备会计人员、建立会计规范、管理会计档案等。

（一）设置会计机构

企业、事业、机关等单位一般都需要设置从事会计工作的职能部门。建立和健全会计机构是保证会计工作正常进行、充分发挥会计管理作用的重要条件。

（二）配备会计人员

会计工作是一项技术性很强的工作，必须配备专业会计人员。会计人员是从事会计工作、处理会计业务、完成会计任务的人员。任何单位都应根据实际需要配备具有一定专业技

术水平的会计人员，这是做好会计工作的关键。

（三）建立会计规范

建立会计规范的基本工作包括制定会计规章制度、建立健全会计行为约束系统等。会计行为约束系统是指用来约束会计行为的各要素的集合，是进行会计工作的"章法"。该系统由会计法、会计准则、会计制度及会计人员职业道德等要素构成，它是会计工作正常进行和会计核算质量的保障。会计规范的具体内容将在下一章阐述。

（四）管理会计档案

会计档案是机关、团体和企事业单位在会计活动中自然形成的，并按照一定的要求保存备查的会计信息载体（包括会计凭证、会计账簿和财务报表等会计核算专业资料）。由于会计档案具有史料作用和查证作用，所以妥善保管会计档案是组织管理会计工作必不可少的主要内容之一。

第二节　会计机构

一、会计工作的组织形式及其对会计机构的要求

（一）会计工作的组织形式

1. 独立核算与非独立核算

一个会计主体的会计核算工作，可以按其内容是否完整、独立分为独立核算和非独立核算两种核算方式。

所谓独立核算方式是指会计主体对其本身生产经营活动或业务活动过程及其结果，进行全面、系统、独立的记账、算账，定期编制财务报表，并对其经营活动进行分析检查等一系列工作。实行独立核算方式的会计主体通常都拥有供生产、经营活动用的资财，在银行中独立开设账户，并对外办理结算业务，具有完整的凭证、账簿系统，独立编制计划，独立核算，并自负盈亏。对于有些独立核算的单位，如果会计核算业务不多，也可不单独设置专门的会计机构，而只配备专职的会计人员。

所谓非独立核算方式是会计主体向上级机构领取一定量的物资和备用金从事业务活动；平时只进行原始凭证的填制、整理、汇总以及现金、实物明细账的登记等一系列具体的会

计工作；并不独立核算，不自负盈亏，也不单独编制财务报表；定期将收入、支出向上级报销，并定期将有关核算资料报送上级机构，由上级机构汇总记账。实行非独立核算方式的会计主体一般不专设会计机构，只配备专职会计人员，由上级机构汇总记账。

2. 集中核算与非集中核算

在实行独立核算方式的会计主体中，会计工作的组织形式一般分为集中核算和非集中核算两种。

集中核算就是把整个会计主体的主要会计工作集中在会计部门，内部的其他部门和下属单位只对其发生的交易或事项填制原始凭证，定期将原始凭证或原始凭证汇总表送交会计部门，由会计部门审核，然后据以填制记账凭证，登记总分类账和明细分类账，编制财务报表。实行集中核算，会计部门可以集中掌握有关资料，便于全面了解经济活动情况，减少核算层次。

非集中核算又称分散核算，是相对于集中核算而言的。会计部门以外的其他部门和下属单位，可以在会计部门的指导下，对其所发生的交易或事项填制原始凭证或原始凭证汇总表，然后分别登记总分类账和一部分明细分类账，编制财务报表，并进行其他会计工作。实行非集中核算，可以使各职能部门和生产单位随时了解本部门、本单位的经济活动情况，及时分析问题和解决问题。

一个单位是采用集中核算还是采用非集中核算，主要取决于内部经营管理上的需要，内部是否实行分级管理、分级核算。集中核算与非集中核算是相对的，在一个企业内部，可以根据管理上的需要对其各个业务部门分别采用集中核算和非集中核算两种形式，集中核算或非集中核算的具体内容和方法也不一定完全相同，但是无论采取哪种形式，企业对外的现金收付、银行存款收付、物资供销、应收和应付款项的结算等，都应集中在会计部门进行。在实行内部经济核算制的情况下，各企业、各业务部门可以拥有企业给的一定量的资金，也可以拥有一定的业务经营权和管理权。为了反映和考核自身的经营活动，还可以进行比较全面的经济核算，单独计算盈亏和编报各种财务报表。但是，这些业务部门与独立核算单位不同，不能独立对外签订各种交易合同和在银行设立结算账户。

【例 9-2】 四川华夏集团以四川华夏贸易集团有限责任公司为母公司，下辖：四川华夏博明科技有限公司、四川华夏贸易集团华利建材有限公司、四川华夏贸易美帝建材有限公司、成都华夏建筑有限公司、成都市华夏房地产开发有限公司、成都市华夏物业管理有限公司、四川华夏贸易集团新苑宾馆有限公司、成都市华美大酒店有限公司等子公司，还辖有：成都钢材配送交易中心、龙桥仓库、华兰租车部、综合商店等非独立核算的分公司。此外，在美国华盛顿州还设立了一个华夏贸易业务销售处的驻外非法人营销机构。

华夏贸易集团有限责任公司在会计工作的组织形式的选择上，采用了母子公司各自独

立核算，而在分公司核算采用的是非独立核算，驻外非法人营销机构采用了独立核算。华夏贸易集团有限责任公司采用的是非集中核算形式。

【分析】 本案例四川华夏集团包括了母公司、子公司、分公司和驻外的非法人营销机构。而在该集团当中既涉及了独立核算又涉及了非独立核算，既涉及了集中核算又涉及了非独立核算。独立核算的子公司和分公司（或分部）应设立单独银行结算账户，建立健全账簿，编制财务报表，独立计算盈亏，而非独立核算的分公司则没有这方面的要求。分公司和驻外的非法人营销机构非独立核算，核算的内容范围需要从总公司的财务管理角度来考虑。华夏贸易集团有限责任公司采用的是非集中核算形式，显然是从其各个分公司和分支机构在业务种类差异性和地区差异性的影响下，更便于各分公司和分支机构的业绩考评和企业管理出发而采用的。

会计工作组织形式的选择会直接影响到会计机构的设置和会计人员的配备问题。

（二）会计机构设置的要求

《中华人民共和国会计法》规定："各单位根据会计业务的需要设置会计机构，或者在有关机构中设置会计人员并指定会计主管人员。不具备条件的，可以委托经批准设立的会计咨询、服务机构进行代理记账。"根据业务的需要设置会计机构，体现了实事求是的精神。既不能在业务很少的情况下设置不必要的机构，也不能在业务繁多的情况下不设机构。

会计机构内部需要建立稽核制度。会计稽核制度是指各单位在会计机构内部指定专人对会计凭证、账簿、报表及其他会计资料进行审核的制度，包括交易或事项入账以前的审核和入账以后的审核。内部稽核制度的目的，在于防止会计核算工作上的差错和有关人员的舞弊行为。

另外，会计机构内部还须建立内部牵制制度，也称钱账分离制度，是指凡涉及款项和财物收付、结算及登记的任何一项工作，必须由两人或两人以上分工办理，以起到相互制约作用的一种工作制度。钱账分管制度是对会计机构内部管理的又一要求。凡涉及货币资金和财物的收付、结算、审核和登记等工作，不得由一人保管。例如，①出纳人员不得兼管稽核以及会计档案保管和收入、费用、债权、债务方面账目的登记工作；②往来账记录人员不得兼任资产购置明细账记录工作；③记账人员不得兼管实物资产等。

二、会计机构的设置

会计机构是直接从事和组织领导会计工作的职能部门，它包括直接从事和组织领导会计工作的机构（即基层单位会计机构和各级主管部门的会计机构）、会计监督机构和会计咨询机构等。这里仅介绍会计工作机构。建立和健全会计工作机构是做好会计工作的组织保证,是会计工作顺利进行,实现会计目标的重要条件。

(一)各级主管部门的会计机构

在我国,会计工作受财政部门和各级业务主管部门的双重领导。

我国财政部是负责管理全国会计工作的最高行政领导机构,其内部设置会计事务管理司,主管全国的会计事务工作。它的主要任务是:负责制定和组织实施全国统一的会计法规、准则和制度;制订全国会计干部培训计划;管理全国会计干部技术职称评定工作;管理和监督注册会计师事务所工作;根据我国会计工作中出现的新问题、新情况,组织全国范围内的会计工作经验交流,不断提出改进和实施意见。各级地方政府财政部门一般设置会计处、科、股等机构,主管本地区所属单位的会计工作。

各级业务主管部门会计机构指各级主管部门执行总预算的会计机构,一般设置会计(财务)司、局、处、科,主管本系统所属单位的会计工作。它们的主要任务是:根据国家统一会计法规、制度的要求,制定适用于本系统的会计法规、制度的实施细则;审核并批复所属单位上报的财务报表,同时汇总编制本系统的汇总财务报表;检查和指导所属单位的会计工作,帮助其解决工作上的问题,总结和交流所属单位会计工作的先进经验;核算本单位与财政机关以及上下级之间有关款项缴款的会计事项,负责本地区、本系统会计人员的培训工作等。各企业主管部门在会计业务上要受同级财政部门的指导和监督。

(二)基层单位会计机构

一般说来,为了保证会计工作的顺利进行和充分发挥其职能作用,凡是具有法人资格、实行独立核算的企业和实行企业化管理的事业单位,以及财务收支数额较大、会计业务较多的机关、团体,都需要单独设置会计机构,称之为会计(财务)处、科、股、组等,在一些规模小、会计业务简单的单位,也可以不单独设置会计机构,但要在有关机构中设置专职的会计人员来办理会计业务。在大中型企事业单位以上要设置总会计师,主管本单位的经济核算和财务工作,总会计师要由会计师以上技术职称的人员担任,小型企业也要指定一名副厂长行使总会计师的职责。

基层单位会计机构的主要任务是组织和处理本单位的会计工作,如实反映本单位的经营活动情况并及时地向有关部门和人员提供有效的会计信息,参与企业经济管理的预测和决策,帮助制订企业生产经营计划,严格贯彻和执行国家财经制度,管好、用好资金,尽量降低成本,增收节支,努力提高经济效益。

在一些规模较大,会计业务复杂且量大的单位内部,会计的职能部门还要分成若干个职能组,每组配备一定量的会计人员分管会计某方面的工作。在实行逐级核算的单位内部,可根据统一领导、分级管理的原则，设立各级、各部门的会计组织或会计核算员。

对于不具备单独设置会计机构的单位，如财务收支数额不大、交易或事项比较简单、规模很小的企业、事业、机关、团体单位和个体工商户等，可在单位内部与财务会计工作比较接近的有关机构或综合部门，如计划、统计、办公室等部门，配备专职会计人员，并指定对财务会计工作负责的会计主管人员。

对于那些不具备设置会计机构、配备会计人员的小型经济组织，为了解决它们的记账、算账、报账问题，可以实行代理记账，委托经批准设立的，从事会计咨询、服务的社会中介机构（如会计师事务所）代理记账。为了具体规范代理记账业务，财政部发布并于 2005 年 3 月 1 日起开始实行的《代理记账管理办法》，对从事代理记账的条件、代理记账业务范围、代理记账的基本程序、委托双方的责任和义务、代理记账人员的从业规则等做了具体规定。

（三）会计岗位

会计岗位是指从事会计工作，办理会计事项的具体职位。一般包括以下岗位：①总会计师岗位、会计机构负责人（会计主管人员）岗位；②出纳岗位；③稽核岗位；④资本、基金核算岗位；⑤收入、支出、债权债务核算岗位；⑥职工薪酬核算、成本费用核算、财务成果核算岗位；⑦财产物资的收发、增减核算岗位；⑧总账岗位；⑨对外财务会计报告编制岗位；⑩会计电算化岗位；⑪会计档案管理岗位等。在会计档案正式移交档案管理部门之前，在会计机构内会计档案管理工作属会计岗位；会计档案正式移交档案管理部门后，会计档案管理工作不属于会计岗位。另外，医院门诊收费员、住院处收费员、商场收费（银）员不属于会计岗位；单位内部审计委员会成员、内部审计岗位均不属于会计岗位。

企业应根据自身规模大小、业务量多少等具体情况设置会计岗位。一般大中型企业应设置会计主管、出纳、固定资产核算、材料物资核算、职工薪酬核算、成本核算、收入和利润核算、资金核算、总账报表和稽核等相对齐全的会计岗位。小型企业因业务量较少，应适当合并减少岗位设置，例如，可设置出纳、总账报表和明细分类核算等会计岗位。

会计机构内部应建立岗位责任制。岗位责任制是指会计机构在定编、定员的前提下，根据精简、高效、统一的原则，对机构内每个部门和每个岗位在管理过程中所应承担的工作内容、数量和质量以及完成工作的程序、标准和时限，应有的权利和应负的责任等进行明确规定的一种工作制度。建立和完善岗位责任制可使会计人员明确自身职责、高效地完成工作任务。

【例 9-3】 上例 9-2 四川华夏集团有限责任公司作为母公司设置了资金结算中心、财务部、审计部、投资部等部门，各个部又设置了相应的处及科室，所以集团公司配备了财务总监、部门经理、处长和各科室主任或负责人，以及其他会计人员共 23 人。其下辖的四川华夏博明科技有限公司等八个子公司均设置独立的财务部、职能科室和相关的资产、负债、所有者权益、收入、费用、成本等核算管理岗位;其下辖的非独立核算的分公司华兰租车部,因为业务少加之公司采用的是集中核算形式,仅配备了收款员和业务员,另外三个分公司由于业务较多,专门设置了会计核算部门和相关岗位。

【分析】 本案例四川华夏集团由于规模较大,会计机构采用了分级管理,层层负责,并根据具体情况设置会计岗位,配备会计人员,充分考虑到了管理的实际需求,是较好的一个案例。相反,在实际工作中,有一些规模小、业务少的单位或部门设置了过多的会计岗位,配备了过多的无用的会计人员,既影响了会计工作的效率,又造成了人员的浪费,是不符合会计的效益性原则的。

第三节 会计人员

设置了会计机构,还必须配备相应的会计人员。会计人员是指直接从事会计工作的人员,包括会计机构负责人(会计主管人员)以及具体从事会计工作的会计师、会计员和出纳员等。合理地配备会计人员、提高会计人员的综合素质是每个单位做好会计工作的决定性因素,对会计核算管理系统的运行效率起着关键的作用。各企业、事业、行政机关等单位,都应根据实际需要和相关法规的规定,配备一定数量的会计人员,这是做好会计工作的决定性因素。

一、会计人员的配备原则

(一)按需设置原则

各单位应当根据会计业务的需要设置会计机构。不具备单独设置会计机构条件的,应当在有关机构中配备会计人员。没有设置会计机构和配备会计人员的单位,应当根据《代理记账管理暂行办法》委托会计师事务所或者持有代理记账许可证书的其他代理记账机构进行代理记账。行政事业单位会计机构的设置和会计人员的配备,应当符合国家统一行政事业单位会计制度的规定。

(二)统一领导原则

设置会计机构,应当配备会计机构负责人,统一领导本单位的会计工作。在有关机构中配备专职会计人员的,应当在专职会计人员中指定会计主管人员负责本单位的会计工作。担任单位会计机构负责人(会计主管人员)的,除取得会计从业资格证书外,还应当具备会计师以上专业技术职务资格或者从事会计工作三年以上经历。

（三）持证上岗原则

会计人员应当具备必要的专业知识和专业技能，熟悉国家有关法律、法规、规章和国家统一会计制度，遵守职业道德，取得会计从业资格证书，持证上岗。各单位应当根据会计业务需要，配备持有会计从业资格证书的会计人员。未取得会计从业资格证书的人员，不得从事会计工作。已经取得会计从业资格证书的在岗会计人员应当按照国家有关规定参加会计业务的培训。各单位应当合理安排会计人员的培训，保证会计人员每年有一定时间用于学习和参加培训。

（四）按岗负责原则

企业通常可以按照所需的会计岗位配备会计人员，可以一人一岗、一人多岗或者一岗多人。实行会计电算化的单位，可以根据需要设置相应的工作岗位，也可以与其他工作岗位相结合。按岗负责的核心是建立岗位责任制，明确职责分工、提高工作效率。

（五）内部控制原则

1. 回避

回避是指国家机关、国有企事业单位会计人员与关键会计岗位存在利害关系的，应退出、避开从事该岗位工作。单位对关键会计岗位聘用会计人员实行回避制度的情形包括：单位领导人的直系亲属不得担任本单位的会计机构负责人、会计主管人员；会计机构负责人、会计主管人员的直系亲属不得在本单位会计机构中担任出纳工作。需要回避的直系亲属为：夫妻关系、直系血亲关系、三代以内旁系血亲以及配偶亲属关系。

2. 牵制

重大对外投资、资产处置、资金调度和其他重要交易或事项的决策和执行应相互分离、相互制约；出纳人员不得兼管稽核、会计档案保管和收入、费用、债权债务账目的登记工作；记账人员与交易或事项的审批人员、经办人员、财物保管人员的职责权限应当明确，并相互分离、相互制约；财产清查与记账、保管应相互分离、相互制约；对会计资料应定期进行内部审计。

3. 轮岗

轮岗就是岗位轮换，一般在会计机构内，同级别会计人员应实行会计工作岗位轮换制度，会计人员工作岗位的轮换应当有计划地进行。这样做不仅可以激励会计人员不断进取，改进工作，而且也在一定程度上有助于防止违法乱纪，保护会计人员；有利于会计人员全面熟悉业务，不断提高业务素质。

（六）内部激励原则

各单位领导人应当支持会计机构、会计人员依法行使职权。对忠于职守，坚持原则，做出显著成绩的会计机构、会计人员，应当给予精神的和物质的奖励。

【例 9-4】 海明国有食品加工企业在 2011 年 1 月新领导班子上任后，做出了精减内设机构的决定，将会计科撤并到企业管理办公室（以下简称“企管办”），同时任命原企管办主任王吏兼任会计主管人员。会计科撤并到企管办后，会计工作分工如下：原会计科会计继续担任会计；原企管办工作人员，王吏的女儿担任出纳工作。企管办主任王吏自参加工作后一直从事文秘工作，为了使王吏尽快胜任会计主管工作岗位，企业同意王吏脱产半年参加会计培训班，并参加 2012 年会计从业资格考试。

【分析】 本案例中主要存在两方面的问题。

(1) 企业任命会计主管人员不符合规定。根据《中华人民共和国会计法》的规定，担任单位会计机构负责人（会计主管人员）的，除取得会计从业资格证书外，还应当具备会计师以上专业技术职务资格或者从事会计工作三年以上经历。而王吏既无会计证，又无会计工作经验，显然让王吏担任会计主管是不可以的。

(2) 王吏的女儿担任出纳工作不符合规定。根据我国有关法规的规定：国家机关、国有企业、事业单位任用会计人员应当实行回避制度，会计机构负责人、会计主管人员的直系亲属不得在本单位会计机构中担任出纳工作。

结合本案例，对于在私有企业，单位负责人聘任自己的亲属担任财务部经理或会计负责人是可以的，因为私有企业的单位负责人比较而言更加信任自己的亲属，同时避免了企业会计信息的外泄。但有些私有企业聘用无会计从业资格证的亲属人员进行会计工作，由于专业知识水平和业务能力的不足而导致企业会计账目混乱，既影响了企业本身的管理和发展，同时又给社会带来了负面的影响，是极不可取的。

二、会计人员的任职要求及主要权限和职责

（一）会计人员的任职要求

1. 会计人员必须持有会计证

各单位应当根据会计业务需要配备持有会计证的会计人员。未取得会计证的人员，不得从事会计工作。持证者才能上岗，这既是对用人单位的要求，也是对用人单位利益的保护。根据规定，取得会计证必须具备一定的条件，即坚持四项基本原则；遵守国家财经和会

计法律、法规、规章制度；具备一定的会计专业知识及技能；热爱会计工作；秉公办事。具备上述条件的，经考试或考核合格，按属地原则由所在地财政部门发给会计证。对会计证实行注册登记和年检考核制度。

2. 会计人员应具备必要的专业知识和专业技能

会计人员应当具备必要的专业知识和专业技能，熟悉国家有关法律、法规、规章和国家统一会计制度，遵守职业道德。这是对会计人员最基本的要求。因为会计工作不但专业技术性很强，而且政策性、法制性也很强，还需要一定的职业道德水准。担任会计机构负责人的，除了要求有会计从业资格证书外，还应当具备会计师以上的专业技术职务资格或者从事会计工作三年以上的经历。

（二）会计人员的主要权限

会计人员的权限是指国家相关法规赋予会计人员的工作权限，其目的是为了保障会计人员顺利地履行其职责、更好地完成会计管理的任务。我国会计人员的主要权限可概述如下。

(1) 有权要求本单位有关部门、人员认真执行国家批准的计划、预算，遵守国家法律及财经纪律和财务会计制度。对于弄虚作假、徇私舞弊、欺骗上级等违法乱纪行为，会计人员必须坚决拒绝执行，并向本单位负责人或上级机关执法部门报告。在实际工作中，如果会计人员对于违反制度、法令的事项，不拒绝执行，又不向领导人或上级机关、财政部门报告的，应同有关责任人员负连带责任。

(2) 有权参与本单位编制计划、制定定额、签订经济合同等工作；有权参加有关的生产、经营管理会议；有权提出有关财务开支和经济效益方面的问题和建议，单位领导人和有关部门对这些问题和建议，要认真考虑，合理的意见要加以采纳。

(3) 有权监督、检查本单位有关部门的财务收支、资金使用和财产保管、收发、计算、检验等情况。有关部门要提供资料，积极配合，如实反映本部门的情况。

会计人员的工作权限是国家有关法规所赋予的，各级领导和有关人员要支持会计人员正确地行使其工作权限。本单位领导人、上级机关和执法部门对会计人员反映的有关损害国家利益、违反财经纪律等问题，要认真及时地调查处理。如果会计人员反映的情况属实，单位领导人或上级机关不及时采取措施加以纠正，则由领导人和上级机关负责。如果有人对会计人员坚持原则、反映情况进行刁难、阻挠或打击报复，上级机关要查明情况，严肃处理，情节严重的，要给以党纪国法制裁。

确立上述法律责任，目的是为了能从法律上保护并鼓励会计人员为维护国家利益、维护财政制度和财务制度、保护社会主义公共财产、加强经济管理、提高经济效益而履行自己的职责。

（三）会计人员的主要职责

会计人员的职责，是指国家相关法规对会计人员所提出的及时提供真实可靠的会计信息、认真贯彻执行和维护国家财经制度和财经纪律、积极参与经营管理、提高经济效益等的职责要求。具体地说，我国会计人员的主要职责可概述为以下几方面。

1. 进行会计核算

会计人员要以实际发生的经济业务为依据，记账、算账和报账；在会计业务处理过程中，做到手续完备、内容真实、数字准确、账目清楚、日清月结、按期报账；如实反映财务状况、经营成果和财务收支情况，满足国家宏观经济管理的需要，满足企业加强内部经营管理和有关各方了解本单位财务状况、经营成果和财务收支情况的需要。

2. 实行会计监督

各单位的会计机构、会计人员依法对本单位实行会计监督。会计人员对不真实、不合法的原始凭证，不予受理，并向单位负责人报告；对记载不准确、不完整的原始凭证，予以退回，并要求按规定予以更正补充；发现账簿记录与实物、款项不符的时候，应当按照有关规定进行处理；无权自行处理的，应当立即向本单位行政领导人报告，请求查明原因，做出处理；对违反国家统一的财政制度、财务制度规定的收支，不予办理。各单位必须接受审计机关、财政机关和税务机关依照法律和国家有关规定进行的监督，如实提供会计凭证、会计账簿、会计报表和其他会计资料以及有关情况，不得拒绝、隐匿、谎报。

3. 拟订本单位办理会计事务的具体办法

国家制定的统一的会计法规只对会计工作管理和会计事务处理办法做出一般规定。各单位要依据国家颁发的会计法规，结合本单位的特点和需要，建立、健全本单位内部使用的会计事项处理办法。例如，建立会计人员岗位责任制、内部牵制和稽核制度。制定分级核算、分级管理办法和费用开支报销手续办法等。

4. 参与拟订经济计划和业务计划，考核、分析预算和财务计划的执行情况

各单位编制的经济计划或业务计划是指导该单位经济活动或业务活动的主要依据，也是会计人员编制财务计划的重要依据，会计人员参与经济计划和业务计划的制订，不仅有利于编制切实可行的财务计划，而且可以发挥会计人员联系面广泛、经济信息灵通的优势，在拟订经济计划和业务计划方面起到参谋作用。

会计人员通过会计核算和会计监督，可以考核、检查各项收支预算或财务计划的执行情况，提出进一步改善经营管理、提高经济效益的建议和措施。

5. 办理其他会计事务

发展经济离不开会计，经济越发展，社会分工越细，生产力水平越高，人们对经济管理的要求也就越高，作为经济管理的重要组成部分的会计也就越重要、越发展，会计事务也必然日趋丰富多样。例如，实行责任会计、经营决策会计、电算化会计等。

会计人员的职责是考核会计人员工作质量的重要标准。会计人员应守职尽责，努力做好会计核算、会计监督、会计分析、会计决策等各项会计工作，为社会主义建设事业服务。

三、会计人员工作交接

会计人员工作交接，是会计工作中的一项重要内容。会计人员调动工作或者离职时，与接管人员办清交接手续，是会计人员应尽的职责，也是做好会计工作的要求。做好会计交接工作，是保证会计工作连续进行的必要措施；可以防止因会计人员的更换出现账目不清、财务混乱等现象；也是分清移交人员和接管人员责任的有效措施。

（一）办理会计交接的情况

根据有关法规的规定，下列情况需要办理交接。

(1) 临时离职或因病不能工作、需要接替或代理的，会计机构负责人(会计主管人员)或单位负责人必须指定专人接替或者代理，并办理会计工作交接手续。

(2) 临时离职或因病不能工作的会计人员，恢复工作时，应当与接替、代理人员办理交接手续。

(3) 移交人员因病或其他特殊原因不能亲自办理移交手续的，经单位负责人批准，可由移交人委托他人代办交接，但委托人应当对所移交的有关会计资料的真实性、完整性承担法律责任。

会计人员工作调动或者因故离职，必须将本人所经管的会计工作全部移交给接替人员。没有办清交接手续的，不能调动或者离职。接替人员应当认真接管移交工作。

（二）会计工作交接的程序

会计工作交接应按如下程序办理。

1. 办理会计工作交接前的各项准备工作具体包括：

(1) 已经受理的交易或事项尚未填制会计凭证的应当填制完毕；

(2) 尚未登记的账目应当登记完毕，结出余额，并在最后一笔余额后加盖经办人

印章;

(3) 整理好应该移交的各项资料,对未了事项和遗留问题要写出书面材料;

(4) 编制移交清册,列明应该移交的会计凭证、会计账簿、财务会计报告、公章、现金、有价证券、支票簿、发票、文件、其他会计资料和物品等内容;实行会计电算化的单位,从事该项工作的移交人员应在移交清册上列明会计软件及密码、会计软件数据盘、磁带等内容;

(5) 会计机构负责人(会计主管人员)移交时,应将财务会计工作、重大财务收支问题和会计人员的情况等向接替人员介绍清楚。

2. 实施移交点收

移交人员离职前,必须将本人经管的会计工作在规定期限内全部向接管人员移交清楚。接管人员应按照移交清册认真逐项点收。实行会计电算化的单位,交接双方应在电子计算机上对有关数据进行实际操作,确认数字正确无误后,方可交接。

3. 专人负责监交

为了明确责任,会计人员办理工作交接时,必须由专人负责监交。通过监交,保证双方都按照国家有关规定认真办理交接手续,保证会计工作不因人员变动而受影响,保证交接双方处在平等的法律地位上享有权利和承担义务。移交清册应当经过监交人员审查和签名、盖章,作为交接双方明确责任的证件。通常情况下,一般会计人员办理交接手续,由会计机构负责人(会计主管人员)监交;会计机构负责人(会计主管人员)办理交接手续,由单位负责人监交,必要时主管单位可以派人会同监交。当所属单位负责人因单位撤并等原因不能监交,所属单位负责人有意拖延而不能尽快监交,需要由主管单位派人监督监交和不宜由所属单位负责人单独监交时,需要由主管单位派人监交或会同监交。

4. 会计交接后的有关事宜

会计工作交接完毕后,交接双方和监交人员在移交清册上签名或盖章,并应在移交清册上注明单位名称、交接日期、交接人和监交人、移交清册页数以及需要说明的问题和意见等。接管人员应继续使用移交前的账簿,不能擅自另立账簿,以保证会计记录前后衔接,内容完整。移交清册一般应填制一式三份,交接双方各执一份,存档一份。

单位撤销、合并、分立时,必须留有必要的会计人员,会同有关人员办理清理工作,编制决算。未移交前,不能离职。接收单位和移交日期由主管部门确定。

移交人员对所移交的会计凭证、会计账簿、财务报表和其他有关资料的合法性、真实性承担法律责任。

第四节　会计档案

一、会计档案管理的意义

会计档案是机关、团体和企事业单位在会计活动中自然形成的，并按照一定的要求保存备查的会计信息载体(包括会计凭证、会计账簿、财务报表和其他会计核算专业资料)，是记录和反映交易或事项的重要史料和证据，是检查遵守财经纪律的书面证明，也是总结经营管理经验的重要参考资料。

会计档案是会计活动的产物，又是会计活动的客观表现，是一种重要的经济档案。严格会计档案管理工作具有十分重要的意义，具体表现在以下几方面。

(1) 为检查、监督经济活动提供原始依据。由于会计信息直接反映财会工作活动过程，一方面可以利用会计档案检查企业、行政事业单位的经济活动和财务收支情况；另一方面可以根据会计档案的原始性和真实性的特点，了解会计凭证、账簿和财务报表中所记录、反映的交易或事项的有关情况。

(2) 是维护社会主义市场经济正常秩序的有力工具。会计档案是经济活动用会计核算工具表现的产物，具有史料作用和查证作用，并具有法律效力，是打击经济领域犯罪，清理债权、债务，解决经济纠纷以及处理会计事务的重要依据，是维护社会主义市场经济正常秩序的有力工具。

(3) 会计档案管理有利于促进单位提高管理水平。会计档案是对单位经济活动和财务收支进行价值量的记录和描述，反映了经济活动和财务收支的质的变化，可据以开展预测和决策经济活动、编制财务收支计划以及开展会计分析等工作，可以提高管理水平。

(4) 在经济科学的研究中，会计档案具有重要的史料价值，为经济科学研究提供了历史的原始资料。

二、会计档案管理的若干规定

会计档案管理应当严格遵守《中华人民共和国档案法》(以下简称《档案法》)的有关规定。在此基础上，为了加强会计档案的科学管理，统一全国会计档案工作制度，财政部、国家档案局于1998年还专门发布了《会计档案管理办法》，对会计档案管理提出了若干具体规定。

（一）会计档案的管理原则

1. 统一管理、分工负责的原则

统一管理是指会计档案由档案部门、财政部门统一管理。会计档案与国家其他档案一样，由各级档案部门实行统筹规划、统一制度，进行监督和指导。不过，由于会计档案专业性很强，分布面广、政策性强，作为会计工作法定管理部门的财政部门对会计档案也负有业务指导、检查和监督的责任。因此，《会计档案管理办法》规定："会计档案工作由各级财政机关和各级档案业务管理机关共同负责指导、监督和检查。"分工负责是指各单位每年形成的会计档案，由财务部门负责整理、立卷或装订成册，按期移交档案部门，由档案部门管理。

2. 完整原则

会计档案要全部归档，财会部门或经办人必须按期将应归档的会计档案全部移交给档案部门。财会部门不能以方便工作为借口自行封包保存，档案部门也不能以库房紧张、装具不足为由拒绝保管，必须保证会计档案的完整性。

3. 简便易行原则

会计档案工作是一项不为众人熟知的工作，因此，其工作制度、办法等应力求简便易行、操作简单、利用方便，以利于提高工作效率。

4. 依法管理原则

会计档案涉及面广、政策性强、使用价值大。因此，必须加强会计档案的法制建设，依照《档案法》、《会计法》、《会计档案管理办法》等法规的要求，健全会计档案的立卷、归档、调阅、保存和销毁等管理制度，切实管好、用好会计档案。

（二）会计档案的整理、归档、保管和利用

1. 会计档案的整理

为了更好地发挥会计档案的作用，必须对会计资料进行挑选，然后集中保存。集中以后的会计档案数量较多，如果堆放零乱，就不便于管理和利用。这就需要将会计档案分门别类、按序存放，这就是会计档案的整理工作。整理内容包括会计凭证、会计账簿、财务报表及其他会计资料（如年季度成本、利润计划、月度财务收支计划、经济活动分析报告、工资计算表及一些重要的经济合同等）。会计档案的整理要规范化，封面、盒、袋要按统一的尺寸、规格制作，卷脊、封面的内容要按统一的项目印制、填写。做到收集按范围、装订按标准、整理要规范。

2. 会计档案的归档

各单位每年形成的会计档案，在财务会计部门整理立卷或装订成册后，如果是当年会计档

案，在会计年卷终了后，可暂由本单位财会部门保管一年，期满后，原则上应由财务会计部门编造清册移交本单位的档案部门保管。档案部门接收保管的会计档案，原则上应当保持原卷册的封袋，个别需要拆封重新整理的，应当会同原财会部门和经办人共同拆封整理，以分清责任。

3. 会计档案的保管

由于自然和社会的各种原因，会计档案始终处于渐进性的自毁过程中。为了延长会计档案的寿命，长远地利用会计档案，必须采取保护措施。首先，要严格执行安全和保密制度。安全是指档案完好无缺，做到不丢失、不破损、不霉烂、不被虫咬等。保密是指会计档案的信息不能超过规定传递的范围。其次，要严格执行检查、保管制度，要有专人负责保管，有关单位、人员要定期地检查会计档案的保存情况，要严格按规定的程序、技术方法处理档案保管中的问题。

各种会计档案的保管期限，根据其特点，分为永久和定期两类。定期保管期限分为 3 年、5 年、10 年、15 年和 25 年五种。会计档案的保管期限，从会计年度终了后的第一天算起。以企业会计为例，各种会计档案的保管期限如表 9-1 所示。

表 9-1　　企业会计档案保管期限表

序号	档案名称	保管期限	备　　注
一	会计凭证类		
1	原始凭证	15 年	
2	记账凭证	15 年	
3	汇总凭证	15 年	
二	会计账簿类		
4	总账	15 年	包括日记总账
5	明细账	15 年	
6	日记账	15 年	现金和银行存款日记账保管 25 年
7	固定资产卡片	固定资产报废清理后保管 5 年	
8	辅助账簿	15 年	
三	财务报告类	包括各级主管部门汇总财务报告	
9	月、季度财务报告	3 年	包括文字分析
10	年度财务报告(决算)	永久	包括文字分析
四	其他类		
11	会计移交清册	15 年	
12	会计档案保管清册	永久	
13	会计档案销毁清册	永久	
14	银行余额调节表	5 年	
15	银行对账单	5 年	

注：依据 1998 年 8 月 21 日修订的《会计档案管理办法》。

4. 会计档案的利用

保存会计档案的最终目的是为了利用，会计档案的整理、归档、保管等工作，只是为利用奠定基础。调阅会计档案应履行登记手续，一般应在档案室查阅。外单位借阅档案，原件不能借出，如有特殊需要，须报经上级主管部门批准，可在指定地点查阅，归还时要清点。查阅会计档案人员，不许在会计档案上做任何记录、勾、划和涂改，更不能抽撤单据，违者应视情节轻重进行严肃处理。

（三）会计档案的鉴定与销毁

1. 会计档案的鉴定

会计档案的保管期满，需要销毁时，由本单位档案部门提出销毁意见，会同财务会计部门共同鉴定，严格审查，编制会计档案销毁清册。机关、团体和事业单位报本单位领导批准后销毁，国有企业经企业领导审查，报经上级主管部门批准后销毁。对于其中未了结的债权、债务的原始凭证，应单独抽出，另行立卷，由档案部门保管到结清债权、债务时为止，建设单位在建设期间的会计档案，不能销毁。

2. 会计档案的销毁

各单位按规定销毁会计档案时，应由档案部门和财务会计部门共同派人员监督销毁。各级主管部门销毁会计档案时，还应由同级财政部门、审计部门派人员参加监销。各级财政部门在销毁会计档案时，由同级审计机关参加监销。监销人在销毁会计档案以前，应当认真清点核对，销毁后，在销毁清册上签名盖章，并将销毁情况报告本单位领导。

【例 9-5】 杨××原是浙江××造纸厂厂长，曾先后两次召集该造纸厂的有关负责人共同销毁会计资料，20×0 年 3 月销毁了审核过的上一年度该厂劳动服务公司的财务支出流水账、凭证等会计资料，20×1 年 4 月 5 日，销毁了审核过的上一年度的该厂劳动服务公司的财务支出流水账、凭证等会计资料，共涉及金额为 567 952.52 元。因此，构成了严重的违法行为。法院考虑到杨××有悔罪表现，从轻处罚，判决结果为：犯销毁会计资料罪，判处有期徒刑一年，缓刑一年，并处罚金 5 万元。（资料来源：http://www.bossedu.com）

【分析】 该案例中，杨××没按规定年限销毁会计资料，同时触犯会计法和刑法的规定，受到了应有的惩罚。在现实当中，出于隐瞒会计造假或非法交易行为的销毁会计资料的行为更是错上加错。例如美国最大的能源贸易商安然公司由于造假破产倒闭，承担其会计业务的国际五大会计师事务所之一的安达信公司被牵连其中，由于安达信被揭露为造假蓄意销毁会计资料而使丑闻升级并最终破产。

练习题

一、目的：练习实际工作中如何更好地管理和组织会计工作。

二、资料：立明眼镜公司成立于1997年，是一家主要从事眼镜零售业务的外资公司。公司董事长兼总经理李先生在国外长期从事商品零售服务的管理及研究工作，有着丰富的实践经验。在他的管理下，公司飞速成长，由原来的一个店已发展成为具有八个大型分店眼镜连锁店。跃居当地眼镜行业的龙头老大。虽然业务量急剧扩大，但财务人员始终没有增加。为了能按时结账和出报表，财务人员不得不将所有的分店统一核算。李先生显然对此很不满意，财务报表只能反映整个公司的经营情况，无法知道每个连锁店的经营情况，从而无法考核各店长的经营业绩。由于“商品销售成本”没有按商品种类设置明细账，李先生无法知道各商品确切的毛利，也就无法对商品销售组合进行准确的决策。

前一段时间公司连续发生几起内部人员舞弊事件，使得李先生不得不加紧内部管理。具体的舞弊事件是：①公司出纳私自将巨额公款存入其男友所在的银行；②分店里的几个营业员共同将一些销售收入私分。为了加紧内部控制，李先生收回了一切财务收支审批权，规定公司的费用支出不论金额大小一律由其审批后方可支付。由于李先生经常出差在外，员工只得通过电子邮件方式进行资金使用申请。李先生自认为一直都在及时地审批每一项支出，但员工依然抱怨很大。还有四件事李先生始终不明白：①在“管理费用”明细账中，“其他”项目的金额大得惊人，既然金额如此之大，为何放在“其他”项目里？②公司一直在赢利，为何老是缺钱用？③各店已经对库存商品进行了详细分析，为何经常出现一部分商品积压，而另一部分商品缺货？④为何每年做的计划和预算实际总是完成不了？事实上，这些计划和预算并不是高不可攀的。最近，李先生到国外寻求新的供货商，三个月后李先生满载而归，可是回来后的第一天就让李先生大为恼火：①上午接到一名老顾客的投诉，该顾客订货已经一个月过去了，但公司却迟迟没有回复；②公司开会时没有人知道进口的数码相机放在何处，而这样的数码相机公司一共有六部；③开票员重复给顾客开具销售发票；④日终盘点之前，李先生故意趁人不注意时拿走两副贵重眼镜，但该店交上来的盘点报告表却显示正常。

三、要求：请结合上面所述的事实，结合会计工作组织与管理的学习内容，对该公司存在的问题向李先生提供一套有效的解决方案。

第十章　会计行为约束系统

本章学习提示

本章重点：会计规范体系、会计准则的概念、我国会计准则体系的构成
本章难点：国际财务报告(会计)准则、美国会计准则的产生与发展

第一节　会计规范体系

一、会计行为与会计规范

会计作为一门实用性科学，从 15 世纪末卢卡·帕乔利总结复式记账基本原理起，至今已有五百多年，但真正确立理论体系是 19 世纪以来的一百多年时间。随着社会组织和经济结构的日趋复杂，对会计的研究由重视会计纯技术的“商业语言”转移到人文性、社会性的行为科学上来，即转移到对会计行为的研究上来。

从本质上来看会计行为是一种受特定目的制约的社会性实践活动，也是内外会计环境、人的主观能动性和人与环境的博弈过程。

在市场经济条件下，由于会计行为的结果具有明显的经济后果，即在其他条件不变的情况下，会计行为产生的信息一旦公布，将会引起社会资源的重新配置和社会财富的重新分配，因而影响会计信息利用者的决策行动。所以，对会计行为必须进行规范，这已成为国际通行的惯例。

规范是指通过约束限制使之符合某种标准的要求，也可指这种标准或要求的本身。会计规范简单来说，就是指约束或限制会计行为的标准。由于会计规范实质上是对会计行为所提出的标准，所以会计规范实质上是指会计行为规范，即对会计行为主体（会计机构和会计人员）运用一定的会计行为方式（会计确认、计量、记录与报告等），作用于会计行为客体（会计主体所发生的交易或事项所引起的财务报表要素的变化），最终形成会计信息的全部行为过程所制定的一系列法规、准则以及形成的惯例的总称。制定和实施会计规范具有重要的意义。

（1）为会计行为主体从事会计活动提供了所应共同遵守、执行的标准。会计行为规范确立了对会计行为进行评价、监督的依据，减少了对会计行为后果评价、制裁的不确定性，降低了监督评价的交易成本，提供了优化会计行为的一种机制，弥补了在会计信息生成过程中的制度缺陷，为会计信息质量控制设置了必要的防线。

（2）有利于宏观调控的实施。我国会计规范的制定和实施，一定要有利于政府对经济实施宏观调控。这是我国制定会计规范的目标与美国等实行充分竞争的市场经济体制国家有较大区别的地方。我国的会计环境更类似于法国等欧洲大陆国家的会计环境，法国制定全国统一会计制度取代会计总方案的成熟做法值得我们深入研究、借鉴。在我国，政府更有条件通过对统一会计核算制度的制定施加影响来促使会计规范朝着有利于宏观调控的方向发展。

（3）实现会计信息生产的标准化。会计是信息的生产者，信息是一种产品和资源，任何信息使用者都期望自己所得到的是对自己决策有效的信息，而信息的使用者很多，包括投资者、债权人、企业经营管理者、政府管理部门等，不同的信息使用者对信息的数量、质量、形式等的需求是不同的，而且外界的信息使用者与企业存在着信息不对称，这将危害在信息占有上处于劣势的一方以致违反公平原则。可靠、全面和及时的会计信息披露直接关系到市场经济公开、公平和公正原则的体现和维护，从而能为企业营造一个良好的市场竞争环境。因此，会计规范的主要作用是实现会计信息生产的标准化。

（4）有利于加强经济监督，维护财经法纪。会计规范的实施应当有利于严肃财经纪律，惩治腐败，扼制腐败现象的滋生蔓延；有利于统一考评，完善管理和监督；有利于保障社会公平公正，促进依法治国，维护社会安定团结。会计规范也是社会审计的依据，会计规范的制定应促进我国经济监督制度，尤其是独立审计事业的发展，为市场经济体制的发展创造更好的条件。

（5）符合国际资本流动和企业国际经济交往的需要。对外开放是我国的一项基本国策。会计是国际通用的商业语言，一个国家的经济要国际化离不开会计。为了吸引外资、对外投资和开展国际贸易、国际经济技术合作等国际经济交往活动，我国会计规范的制定一定要考虑与国际惯例相协调，走国际化的道路。我国会计制度改革的最终目标是要建立适应中国市场经济发展的特点、与国际会计惯例相协调的会计规范体系。

另外，会计规范对于推动资本市场（主要是证券市场）、保证会计信息在资源配置方面的正确导向作用、促进收入分配的合理化等方面也有直接或间接的作用。

二、会计规范体系的特征

会计规范体系是指由存在内在联系，既相互制约又相辅相成的各项会计规范所构成的有机整体，是由若干层次的会计行为规范（子系统）构成的集合系统。在这个系统中，作为子系统的各项会计行为规范都有其特定的作用，分别用来解决某一方面或某几方面的会计行为问题，但它们之间又具有一定的结构层次和内在联系，受到外部环境的影响。

（一）权威性

会计规范作为评价会计行为合理、合法的有效标准，必然具有充分的影响力和威望，能够让会计人员信服。而不管这种承认是自发的还是强制的，也不管这种规范是成文的还是惯例性的，通过这种标准，让人明白哪些行为是符合规范的，哪些行为是不符合规范的。权威性可以来自于会计规范的制定机关，如国家立法机关和行政机关，也可以来自社会的广泛支持。

（二）统一性

会计规范体系在一定范围之内是统一的，适用的对象不是针对具体和特定的某一单位、某一企业，而是广泛适用于社会经济运行的各个领域；不是针对某一具体和特定的业务，而是适用于任何会计行为。当然，会计规范的适用也有一定的范围限制，如地方性会计法规只能适用于本地区，企业内部的会计管理制度在本企业内部具有较强的约束力。

（三）科学性

会计是一门科学，会计规范体系更是需要有科学合理的特征。科学性是指会计规范体系能够体现会计工作的内在规律和内在要求。只有会计规律与会计所处的客观环境、条件实现有机结合，才能体现高度科学性。

（四）相对稳定性

会计规范体系在一定时期、一定客观环境下是相对稳定的，但并不是一成不变的。随着社会政治经济条件的发展变化，一些会计规范可能不再适用，或变得过时而予以修正甚至放弃，而一些新的会计规范逐渐被建立、被接受。因此，会计规范体系的建立和发展是一个动态的演进过程。

三、我国会计规范体系的构成

会计规范体系是指各种会计规范的有机构成。在我国的经济体制由计划经济向市场经济转变的过程中，企业会计规范建设也取得了很大的发展。到目前为止，我国已建立了比较完整的会计规范体系。为了更好地理解我国的会计规范体系，可以按照不同的标准对其进行分类。

（一）按照会计规范的对象分类

会计规范的对象就是指会计规范的标的物。由于会计行为包括会计行为主体、会计行为客体和会计行为方式，所以，按会计规范的对象划分可分为以下几类。

1. 会计行为主体规范

会计行为主体规范是指对会计机构和会计人员所构成的"会计人"所进行的规范。主要包括对会计机构设置、会计人员配备、会计人员从业资格、会计人员职业道德、会计人员继续教育等的规范。例如我国《会计法》和《会计基础工作规范》中有关会计机构和会计人员的法律、制度的规定，《中华人民共和国总会计师条例》(以下简称《总会计师案例》)、《会计从业资格管理办法》、《中国注册会计师职业道德规范指导意见》、《会计人员继续教育暂行规定》、《代理记账管理办法》等。

2. 会计行为客体规范

会计行为客体规范是指对会计主体所发生的交易或事项引起的财务报表要素的变化及其形成的会计信息进行的规范。主要包括财务会计概念框架以及各种财务报表要素具体内容的确认、计量和报告的规定。例如我国的《企业财务会计报告条例》、新修订的《企业会计准则——基本准则》(类似于财务会计概念框架)、38 项企业具体会计准则、《事业单位会计准则》、《会计档案管理办法》、《会计电算化管理办法》以及各种会计制度等。

3. 会计行为方式规范

会计行为方式规范是指对会计确认、计量、记录、报告等会计行为方式及其选择所进行的规范。主要包括对交易或事项所引起的财务报表要素具体内容的变化进行会计确认的标准、会计计量的属性及计量方法的选择、会计政策选择、会计记录中有关会计凭证和账簿等会计信息载体的设计与运用、会计报告中会计信息披露等的规范。由于这些内容都与会计行为主体和客体密切相关，是会计行为主体作用于会计行为客体过程中体现出来的，难以独立存在，因此，相关规范都具体体现在上述的规范之中。

（二）按照会计规范的方式分类

会计规范的方式是指会计规范在法律上的表现形式。据此可分为法律规范和道德规范。

1. 会计法律规范

会计法律规范是指通过政府制定会计法律、法规而对会计进行的规范，也是指调整会计行为过程中所形成的权利义务关系的法律、法规的总称。根据会计法律、法规的制定权限以及所产生的法律强制程度不同，又可以将其分为以下四个层次。

(1) 会计法律。会计法律是指由国家最高权力机关——全国人民代表大会及其常务委员会制定颁布，用来调整经济生活中会计关系的法律总规范。这是会计法律规范的最高层次，在我国，属于这个层次的有《会计法》和《中华人民共和国注册会计师法》。其中《会计法》是会计规范体系中权威性最高、最具法律效力的规范，是制定其他各层次会计规范的依据，是会计工作的根本大法。

新中国成立后的第一部《会计法》是 1985 年 1 月 21 日经第六届全国人民代表大会常务委员会第九次会议通过，并于 1985 年 5 月 1 日实施的。此后，在 1993 年 12 月 29 日第八届全国人民代表大会常务委员会第五次会议上，对其进行了第一次修订。随着社会的发展和经济环境的变化，1999 年 10 月 31 日召开的第九届全国人民代表大会常务委员会第十二次会议对《会计法》进行了第二次修订，从 2000 年 7 月 1 日起施行，也就是现行的《会计法》。

《会计法》的制定与实施对我国会计工作具有重大而现实的意义：它用法律形式确定了会计工作的地位、作用；确立了会计工作的管理体制是统一领导和分级管理；规定了会计机构和会计人员的主要职责是进行会计核算和实行会计监督并对会计核算和会计监督的内容、原则和程序，以及与此相联系的会计机构设置、会计人员的配备和要求做了比较具体的规定；明确了会计人员的职权和行使职权的法律保障。特别是新《会计法》的制定与实施，在新形势下，对于开创我国会计工作的新局面必将起到重要的作用。它将保障会计人员依法行使职权，使会计工作能够按照规定程序进行，发挥会计工作在维护社会主义市场经济秩序、加强经济管理、提高经济效益中的重要作用。

(2) 会计行政法规。行政法规是指由国家最高行政机关——国务院制定发布的。会计行政法规是由国务院制定或国务院有关部门拟订经国务院批准发布，用来调整经济生活中某些方面会计关系的法律规范，一般称之为“条例”。

目前，在我国的会计规范体系中，属于会计行政法规的有《企业财务会计报告条例》和《总会计师条例》。

《企业财务会计报告条例》是国务院于 2000 年 6 月 21 日发布的，自 2001 年 1 月 1 日起

实施。它共分6章46条，主要对企业财务报告的构成、编制、对外提供和法律责任等做出了规定。

《总会计师条例》是国务院于1990年12月31日发布并施行的。它共分5章23条，主要对总会计师的职责、总会计师的权限、任免与奖惩等做出了规定。该条例颁布后的十多年来，我国的市场经济体制改革已经发生了巨大变化，会计工作的作用和影响力越来越强，导致其中的许多内容难以适应社会发展的现实需要，因此，目前国务院有关部门会同财政部正在组织对《总会计师条例》进行修订。

(3) 会计部门规章。会计部门规章是指由国务院主管全国会计工作的行政部门——财政部以及其他部委制定发布，对会计工作某些具体方面的内容进行的规范。

制定会计部门规章必须依据会计法律和会计行政法规的规定。包括国家统一的会计核算制度、国家统一的会计监督制度、国家统一的会计机构和会计人员制度以及国家统一的会计工作管理制度等。

国家统一的会计核算制度是有关会计确认、计量和报告的标准、范围、程序和方法等方面规则的组合，具体包括会计准则和会计制度两个方面。会计准则是对交易或事项引起的财务报表要素变化进行会计确认、计量、报告的会计规范。我国的企业会计准则包括基本准则、具体准则、应用指南和解释公告四个层次。会计制度是关于会计核算的制度规范。会计准则和会计制度具有法规性和强制性，体现中国特色。目前我国会计制度模式的改革已经形成以会计准则为核心内容的模式，具体的会计核算制度越来越少，主要是针对一些特殊的业务而制定的。

国家统一的会计监督制度是在会计部门规章中有关会计监督的规定，如《会计基础工作规范》中对于会计监督的规定。

国家统一的会计机构和会计人员制度包括《会计从业资格管理办法》和《会计人员继续教育规定》等。

国家统一的会计工作管理制度包括《会计档案管理办法》和《会计电算化管理办法》等。

(4) 地方性会计法规。地方性会计法规是由各省、自治区、直辖市根据会计法律、会计行政法规和会计部门规章的规定，结合本地区的实际情况，指定在本地行政区域之内实施的地方性会计法规。

2. 会计道德规范

道德规范是指在一定经济基础上形成的，以善恶、是非、诚伪等范畴为评价标准，借助社会舆论、传统习俗和内心观念的约束力量，实现调整人与人之间以及个人与社会之间关系的行为规范的总和。

会计道德规范实质上是对会计行为主体在道德层面上进行的规范，所以也将其称为会计职业道德规范,即从事会计工作的人员所应该遵守的具有本职业特征的道德准则和行为规范的总称,是一般社会道德规范在会计职业行为活动中的具体体现。

采用道德的形式对会计人员进行理性规范,促使会计人员确立正确的人生观、价值观,使会计行为符合社会习俗和惯例,如公正、客观、真实、忠诚、工作胜任、保守秘密等。会计职业道德规范是对会计人员的一种隐性规范,它不强制会计人员遵守,但能铸造会计人员的情操和坚持原则、实事求是的品质。它的强制性较弱,但约束范围却极为广泛。目前,我国非常重视会计职业道德建设,也在逐步建立健全这方面的规范。

第二节　会计准则

一、会计准则的发展历程

会计准则又称会计标准,是指对交易或事项引起的财务报表要素变化进行会计确认、计量和报告所依据的标准和规则,是会计核算工作的基本规范。

会计准则是随着社会经济发展的需要而发展起来的,在会计准则乃至整个会计理论的产生与发展过程中,始终贯穿着强烈的经济色彩。经济发展对会计的影响不仅仅体现于会计方法的发展,更体现在会计准则的发展上。

(一) 国际会计准则的产生与发展

国际贸易活动和国际投资活动产生了对国际通用会计准则的需要。经济全球化不断缩小了国家之间的距离,如果所有的国家都遵循某一套通行的惯例,无疑对外交往的成本会显著降低。1973 年 6 月,经澳大利亚、加拿大、法国、德国、日本、墨西哥、荷兰、英国和美国等 9 个国家的 16 个主要会计职业团体发起,在伦敦成立了国际会计准则委员会(International Accounting Standard Committee,IASC),并开始从事制定国际会计准则的工作。从 1973 年起至 2001 年 IASC 被正式改组为止,IASC 及其准则大致经历了四个发展阶段。

(1) 1973 年至 1988 年,汇集与借鉴各国会计准则和会计惯例的阶段。在此阶段,IASC 共制定了 26 项国际会计准则。但当时的指导思想是尽量兼顾各国的会计实务,因此,当时所制定的准则在某种程度上只是对各国会计实务的汇集,企业有很大的选择余地。

(2) 1989 年至 1994 年,实施"可比性和改进计划"(Comparability/Improvement Projects)的阶段。在此阶段,为了减少会计备选方法,提高财务报表的可比性,IASC 将修订的国际会计准则中可选择的会计处理方法从原来的 38 个减少到 15 个,并首次划分了"基准处理法”和“备选处理法”。

(3) 1995年至2000年,制定“核心准则”(Core Standards)的阶段。从20世纪90年代中期开始,在国际证监会组织(International Organization of Securities Commissions, IOSCO)的支持下,IASC致力于制定一套可以在全球资本市场上使用的“核心准则”,1998年12月,40项“核心准则”宣告全部完成。2000年5月,IOSCO宣布,已经完成了其中30项“核心准则”的评审工作,目前正向世界各主要资本市场推荐使用。

(4) 2001年至今,国际会计准则趋同阶段。在制定“核心准则”的过程中,IASC所处的外部环境发生了许多的变化,迫使其开始考虑进行改组。1998年,IASC的“战略工作小组”(Strategy Working Party,SWP)提出了“塑造IASC的未来”的报告,建议对IASC进行全面改组,并将IASC的基本目标从原先的“协调与改进各国会计准则”变成“制定全球会计准则”(Developing Global Accounting Standards)。随后,IASC修改章程,改组组织架构,2001年成功完成改组工作,新成立了由14人组成的国际会计准则理事会(International Accouting Standards Board,IASB),并开始以“本着公众利益,制定一套要求通用财务报表中的信息透明和可比的高质量的全球性会计准则”为目标加紧运作,将原来的“国际会计准则”改名为“国际财务报告准则”,这一总称下涵盖了国际会计准则和解释公告。2003年6月发布首项准则——《国际财务报告准则第1号——首次采用国际财务报告准则》,截至2004年3月31日共制定了5项国际财务报告准则、修订完成了31项国际会计准则和11项解释公告,并汇集出版成《国际财务报告准则2004》。澳大利亚、欧盟等35个国家或地区要求上市公司自2005年1月1日起全部采用。我国在制定会计准则的过程中大量借鉴了国际财务报告准则的内容,基本上实现了会计准则的国际趋同。

(二)美国会计准则的产生与发展

美国围绕市场经济发展的要求,是世界上采用会计准则体系比较早的国家。以独立的会计准则规范会计,形成了数量庞大、规定细致的准则体系,法律对会计不直接具有约束力。美国财务会计准则委员会(FASB)拥有由美国证券交易委员会(Securities and Exchange Commission,SEC)赋予的准则制定权,其权威性依赖于SEC的支持,它的突出特点是机构独立性、广泛代表性、程序充分性和重视会计理论研究。美国会计准则的产生与发展大致经历了以下两个阶段。

(1) 会计准则研究的初级阶段(1933~1973年)。1933年美国政府颁布《证券法》,1934年又颁布《证券交易法》,规定凡证券上市的公司,都必须提供标准一致的会计报告,并授权证券交易委员会(SEC)负责制定统一会计准则。1936年,美国会计师协会所属专门委员会在提出题为《财务报表检查》的报告中,第一次使用了“公认会计原则(Generally Accepted Accounting Principles,GAAP)”这个名词。同年,该协会又成立了一个“会计程序委员会

(Committee on Accounting Procedures,CAP)”,1938 年该委员会被授权发布有关会计原则和会计程序的通告。1959 年“会计原则委员会”的成立标志着对会计原则问题的研究进入了一个新的时期,它从解决个别的会计问题转到建立基本原理和重要原则的研究。然而,会计原则委员会由于无力协调会计职业界中对实际问题处理方法的差异,也受到证券交易委员会和其他政府机构的责难,很难开展工作,因而最终被财务会计准则委员会所代替。

(2) 会计准则研究的完善阶段(1973 年至今)。1973 年经美国公证会计师协会批准,财务会计准则委员会宣告成立。该委员会是一个独立性较强的私立机构,它们既不隶属美国公证会计师协会,也不受美国政府管辖,独立地行使它们对整个社会各个有关部门负责的职责。财务会计准则委员会建立了完善的会计准则制定机构,有一套严谨的会计准则发布程序,所建立的会计准则内容更系统、更完善。比如制定了有关会计基础理论的框架性文告《财务会计概念框架》以及随着经济的发展,制定了适应新情况、解决新问题的会计准则,如研究与开发费用、物价变动、衍生金融工具及套期业务的会计处理等公告。

除美国之外,英国也是以独立的会计准则规范会计,法律对会计不直接具有约束力。但是英国受公司法制约制定的会计准则数量较少,规定较粗,重视运用会计人员的专业判断。德国、法国是以法令形式规范会计,会计信息的可比性较强。法国由政府统一颁布会计制度,德国会计制度则分散于各种法律。随着欧共体第 4 号、第 7 号和第 8 号会计指令的颁布,英国、法国和德国不断修改本国相关会计法规,逐渐向协调化方向发展。日本则是在大藏省下设置会计准则委员会,负责会计准则的制定发布,属于政府型组织的会计准则制定发布体系,其约束力较强。

(三) 我国企业会计准则的产生与发展

我国会计准则的研究起步于 1987 年,但真正实现会计制度模式由原来的制度模式向准则模式转变,是从 1992 年年末开始的,至今历经曲折已有二十年,大致可以划分为四个阶段。

(1) 1992 年至 1998 年,会计准则的初步探索阶段。我国开始对会计制度进行全面改革,在保留原来会计制度体系的基础上,采纳国际惯例制定会计准则。其主要标志是 1992 年年末“两则两制”的推出并于 1993 年 7 月 1 日起在全国施行,“两则”是指《企业会计准则》和《企业财务通则》,“两制”是指 13 个行业的会计制度和 13 个行业的财务制度;1994 年 4 月 21 日、1995 年 7 月 12 日和 9 月 27 日财政部分别发布了三辑 31 项《具体会计准则征求意见稿》白皮书;1997 年 5 月 22 日,中国第一个具体会计准则——《关联方关系及其交易的披露》正式出台并于当年开始在上市公司执行。这些都标志着我国企业会计核算模式从传统的计划经济模式开始向社会主义市场经济模式转换,初步实现了与国际会计惯例的接轨。

（2）1998年至2000年，会计准则的初步建立阶段。其主要标志是1998年10月经政府批准，在财政部下正式成立会计准则委员会；1998年3月～2000年4月间陆续制定发布了现金流量表等九项具体会计准则，并于2000年2月29日按照新修订的《会计法》的要求，制定出台了全国统一的《企业会计制度》，取消了原来按行业划分的会计制度体系。这个时期的显著特点是公允价值的引入，资产重组、资产置换当期损益的确认以及“八项资产减值准备”的计提。

（3）2001年至2005年，会计准则的大力发展阶段。其主要标志是2001年对已发布的五项具体会计准则进行了修订，并新发布了六项具体会计准则；2003年3月会计准则委员会进行了成功改组，主要由政府有关部门、理论界、会计职业团体、中介机构、企业实务界等方面的20名人员组成等。这一阶段最显著的特点是我国监管部门对会计公允价值计量的废除，同时各项资产重组、资产置换等收益不得确认为当期收益，而规定计入“资本公积”等。

（4）2006年以后，会计准则体系正式建立完成的阶段。主要标志是2006年2月15日财政部正式发布的包括1项基本准则和38项具体准则在内的完整的企业会计准则体系，并于2006年10月31日发布了32项会计准则应用指南以及会计科目和主要账务处理。这表明我国的会计改革已达到一个全新的阶段和较高的水平，基本上已经实现与国际会计准则的趋同。

二、会计准则的基本功能

会计准则作为适应市场经济发展要求的模式，其基本功能可以概括为“指导、约束、评价和鉴证”等。即作为权威性的会计概念解释和会计确认与计量方法，可以用来指导会计实务，并为会计信息利用者阅读理解会计信息提供理论诠释；作为一套标准化的程序，可以用来约束会计行为能够客观公正地履行；作为一种公认的会计标准，可以用来评价会计信息质量的高低，并能对会计处理中出现的偏差和不正当做出修正；作为一种会计信息质量标准，可以用来鉴证会计信息的客观、公允和真伪。

三、我国现行的企业会计准则体系

现行企业会计准则体系由基本准则、具体准则、企业会计准则应用指南和企业会计准则解释公告等组成（见图10-1），其中，基本准则在整个企业会计准则体系中扮演概念框架的角色，是具体准则、会计准则应用指南和解释公告等的制定依据。

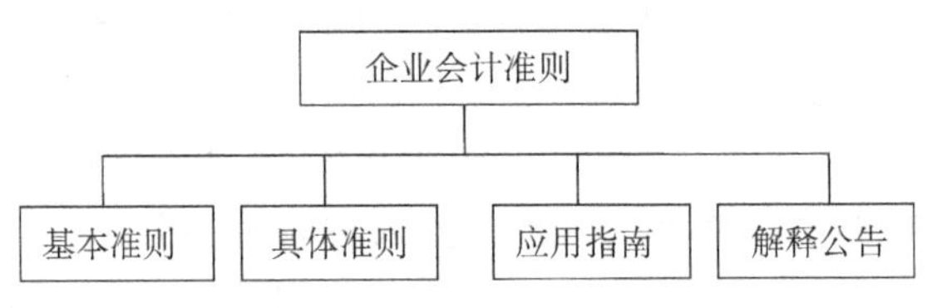

图 10-1 企业会计准则体系图

（一）基本准则

基本准则是指导性会计准则，概括性强、适应面广。基本准则在整个准则体系中起统驭作用，是具体准则的制定依据，主要规范了财务报告目标、会计基础、会计基本假设、会计信息质量要求、会计要素及其确认与计量原则、财务报告等内容，类似于国际财务报告准则中的《编制财务报告的框架》。

（二）具体准则

具体准则是在基本准则的规范下，对交易或事项引起的财务报表要素中某一特定内容进行的具体规范，属于针对性、可操作性、具体应用性会计准则。我国新的会计准则体系中具体会计准则包括存货、固定资产、无形资产等38项准则，主要规范企业发生的具体交易或者事项的会计确认、计量与报告，为企业处理会计实务问题提供具体而统一的标准，分为一般业务处理准则、特殊行业和特定业务准则以及报告准则三类。

(1) 一般业务处理准则。主要规范各类企业普遍适用的一般经济业务的确认与计量，包括存货、长期股权投资、固定资产、无形资产、投资性房地产、职工薪酬、收入、建造合同、所得税、股份支付、政府补助、外币折算、借款费用、资产减值、每股收益、企业合并、企业年金基金、资产负债表日后事项、会计政策、会计估计变更和前期差错更正、首次执行企业会计准则等21项。

(2) 特殊行业和特定业务准则。主要规范特殊行业和特定交易或事项的确认与计量，包括金融工具确认与计量、金融资产转移、金融工具列报、债务重组、非货币性资产交换、租赁、或有事项、套期保值、原保险合同、再保险合同、生物资产和石油天然气开采等12项。

(3) 报告准则。主要规范普遍适用于各类企业通用的财务会计报告类的准则，包括财务报表列报、现金流量表、合并财务报表、中期财务报告和分部报告等五项。

（三）企业会计准则应用指南

企业会计准则应用指南是根据基本准则和具体准则制定的，帮助理解会计准则的有关内容，并用来指导会计实务操作的细则，如表 10-1 所示。包括两大部分内容：一是具体准则应用指南，主要对各项准则的重点、难点和关键点进行具体解释和说明；二是会计科目和主要账务处理，主要根据具体准则中涉及确认和计量的要求，规定了 156 个会计科目及主要账务处理，基本涵盖了所有企业的各类交易或事项。会计科目和主要账务处理是以会计准则中确认、计量原则及其解释为依据所做的一般性规定，对涉及商业银行、保险公司和证券公司的专用科目做了特别注明，即会计科目和主要账务处理规范的是会计确认、计量、记录和报告中的"记录"。因此，会计科目和报表说明赋予企业一定的灵活性，即在不违反准则及其解释的前提下，企业可根据实际需要设置会计科目及明细科目。

表 10-1　　我国企业会计准则及应用指南一览表

具体准则及应用指南	企业会计准则第 1 号——存货及应用指南
	企业会计准则第 2 号——长期股权投资及应用指南
	企业会计准则第 3 号——投资性房地产及应用指南
	企业会计准则第 4 号——固定资产及应用指南
	企业会计准则第 5 号——生物资产及应用指南
	企业会计准则第 6 号——无形资产及应用指南
	企业会计准则第 7 号——非货币性资产交换及应用指南
	企业会计准则第 8 号——资产减值及应用指南
	企业会计准则第 9 号——职工薪酬及应用指南
	企业会计准则第 10 号——企业年金基金及应用指南
	企业会计准则第 11 号——股份支付及应用指南
	企业会计准则第 12 号——债务重组及应用指南
	企业会计准则第 13 号——或有事项及应用指南
	企业会计准则第 14 号——收入及应用指南
	企业会计准则第 15 号——建造合同
	企业会计准则第 16 号——政府补助及应用指南
	企业会计准则第 17 号——借款费用及应用指南
	企业会计准则第 18 号——所得税及应用指南
	企业会计准则第 19 号——外币折算及应用指南
	企业会计准则第 20 号——企业合并及应用指南
	企业会计准则第 21 号——租赁及应用指南
	企业会计准则第 22 号——金融工具确认和计量及应用指南
	企业会计准则第 23 号——金融资产转移及应用指南
	企业会计准则第 24 号——套期保值及应用指南
	企业会计准则第 25 号——原保险合同
	企业会计准则第 26 号——再保险合同
	企业会计准则第 27 号——石油天然气开采及应用指南

续表

具体准则及应用指南	企业会计准则第 28 号——会计政策、会计估计变更和差错更正及应用指南
	企业会计准则第 29 号——资产负债表日后事项
	企业会计准则第 30 号——财务报表列报及应用指南
	企业会计准则第 31 号——现金流量表及应用指南
	企业会计准则第 32 号——中期财务报告
	企业会计准则第 33 号——合并财务报表及应用指南
	企业会计准则第 34 号——每股收益及应用指南
	企业会计准则第 35 号——分部报告及应用指南
	企业会计准则第 36 号——关联方披露
	企业会计准则第 37 号——金融工具列报及应用指南
	企业会计准则第 38 号——首次执行企业会计准则及应用指南

（四）企业会计准则解释公告

解释公告是随着企业会计准则的贯彻实施，就实务中遇到的实际问题，我国以财政部规范性文件的方式发布解释公告，对会计准则做出的具体解释说明。

四、我国现行会计准则体系的特点

（一）科学性

现行会计准则体系的科学性主要体现在两个方面：在会计理念上，现行会计准则体系更加关注企业资产的质量、企业的赢利模式和资产的营运效率（不仅仅是营运效果），更加强调对企业资产负债表日财务状况进行真实公允的反映、强化了为投资者和社会公众提供有用会计信息的新理念，实现了与国际会计惯例趋同，首次构建了比较完整的会计准则体系；在结构方面，现行会计准则是由基本会计准则、具体会计准则和应用指南构成的一个有机整体，体例合理、定义科学、表述清楚。整个准则体系既体现了与国际会计准则趋同，又考虑了中国的国情。

（二）全面性

现行会计准则体系从纵向看，是由基本会计准则、具体会计准则、应用指南和解释公告四个层次构成的一个有机整体；从横向看，38 项具体会计准则和应用指南基本上涵盖了各类企业的主要经济业务，既有各类企业一般的、共同的会计业务处理规范，又有特殊行业和特殊业务的会计处理规范。有了这套新会计准则系统，对于即使现在没有，将来可能出现的新会计业务，也可以根据基本会计准则进行判断和处理。

（三）可操作性

从1992年颁布《企业会计准则》和《企业财务通则》起至2005年年底，我国先后颁布了16个具体会计准则，最终在2006年确立了现行的会计准则体系。在此期间有的具体会计准则还进行了修订，如债务重组、资产负债表日后事项、现金流量表等；企业会计制度也经历了从13个行业会计制度、股份公司会计制度和外商投资企业会计制度统一为三个企业会计制度，即《企业会计制度》、《小企业会计制度》和《金融企业会计制度》，还发布了《财务会计报告条例》和一些补充规定，使得实际工作中的会计人员刚刚熟悉旧规定的一些内容，又因为频繁变动而处于无所适从的局面。对会计教学和会计人员的继续教育都带来了诸多的不便，实际工作中经常遇到会计政策变更要调账、调表问题，增加了会计人员实务操作的难度，使得处理出来的会计信息由于经常调整，其严肃性也大打折扣。现行会计准则对这一现象做了彻底的改观，不仅对会计要素的确认、计量、记录和报告提供了一般原则指导，而且对如何运用会计准则提供了操作指南。由于此次会计准则体系出台，经过了较长时间的思考和完善，其科学性有助于该准则的运用在较长时间内保持稳定性。

第三节　会计职业道德

一、会计职业道德的意义

道德是社会调节人际关系的行为规范的总和。职业道德是指人们在职业生活中应遵循的基本道德，即一般社会道德在职业生活中的具体体现，是职业品德、职业纪律、专业胜任能力以及职业责任等的总称，属于自律范畴，它通过公约、守则等对职业生活中的某些方面加以规范。职业道德既是本行业人员在职业活动中的行为规范，又是行业对社会所负的道德责任和义务。

会计职业道德作为调整会计人员与社会、会计人员与不同利害关系团体以及会计人员之间关系和行为的规范，是在会计职业活动中应当遵循的、体现会计职业特征的、调整会计职业关系的职业行为准则和规范。会计职业道德作为意识形态范畴，其影响因素是多方面的，如民族文化、传统习俗、价值标准等，因此会计职业道德规范的作用也是其他会计规范所不能取代的。我国素有“礼仪之邦”的美称，有悠久漫长的历史和辉煌灿烂的文化，“仁、义、礼、智、信”已经成为我国人民普遍遵循、崇尚的行为准则。早在革命根据地时期，中国共产党就注意到会计职业道德建设。我国会计界老前辈潘序伦先生创办了立信会计学校，造就了立信精神，构造了立信会计模式，“信以立志，信以守身，信以处世，信以待人，毋忘立信，当必有成”。“立信”乃会计之本，没有信用就没有会计。一些国际会计组织和先进发达国家对会计职业道德都有比较明确的规定，如 1980 年 7 月，国际会计师联合会职业道德委员会拟订并经国际会计师联合会理事会批准，公布了《国际会计职业道德准则》，规定了正直、客观、独立、保密、技术标准、业务能力和道德自律等七个方面的职业道德内容。1983 年 6 月 1 日，美国管理会计师协会的管理会计事务委员会发表一份公告，概括了管理会计师的职业道德行为准则，包括：正直、客观、独立、遵从、保密、披露相关性、职业的胜任能力。2001 年秋，我国前任国务院总理朱镕基为新成立的北京国家会计学院做了四句庄严题词：“诚信为本，操守为重，坚持准则，不做假账”。党和政府对会计职业道德的重视程度和要求可见一斑。

会计职业道德是一种非强制性的规范，与会计法律等强制性规范不同，它是依靠会计人员乃至全体国民的信念、习俗、传统、教育和素质的力量来维持的，是依靠会计职业界自身以及社会舆论来实行监督的。会计人员在其工作过程中，会计职业道德规范和其他会计规范相互补充、相互联系，共同构成会计规范体系，规范着会计工作。我国的会计历史悠久，会计职业道德源远流长，但对会计职业道德的研究却远未达到同会计法律相适应的程度，因此在一定程度上影响着会计人员的工作及其质量。所以，加强会计职业道德的研究和对会计人员进行会计职业道德的教育，对发挥会计的作用、保证会计工作的质量特别是保证会计信息的质量都具有现实的意义。对内而言，构成引导、制约、调节会计行为的道德准则；对外而言，它代表着整个会计职业界对社会所承担的道德责任和义务，是对会计人员的一种主观心理素质的要求，控制和掌握着会计管理行为的方向和合理化程度。会计道德规范虽然不具有法律的强制约束力，但是在职业分工背景下，良好的会计职业道德可以树人、增效、减低交易费用。

二、我国会计职业道德的内容

会计职业道德的内容是对会计人员有关职业道德方面所提出的具体要求。关于会计人员的职业道德，应该说在不同的历史时期，其内涵有所不同。但其基本要求是忠于职守，所有从事会计工作的人员在其会计岗位上，应当恪守职业道德，履行自身所承担的工作职责，完成会计工作所应完成的各项任务。

我国财政部在 1996 年发布的《会计基础工作规范》中对新时期的会计职业道德规范做了具体的规定，包括政治思想、专业知识、业务修养等各个方面，规定了会计人员职业道德的内容为：敬业爱岗、熟悉法规、依法办事、客观公正、提高技能、搞好服务。其具体内容如下：

(1) 会计人员应热爱本职工作，努力钻研业务，使自己的专业知识和技能适应所从事工作的要求。

(2) 会计人员应当遵纪守法，坚决执行国家的有关法律、法规和制度，在日常工作中，对处理的各项财务收支业务要严格审查，把好关口，堵塞漏洞。

(3) 会计人员应当按照会计法律、法规和国家统一会计制度规定的程序和要求开展会计工作，保证所提供的会计信息合法、真实、准确、及时、完整。

(4) 会计人员办理会计事务应当实事求是、客观公正。

(5) 会计人员应当熟悉本单位的生产经营和业务管理情况，利用现代科学技术，采用新方法，服务于会计工作，为改善本单位内部经营管理、提高经济效益服务。

(6) 会计人员应当保守本单位的商业秘密。除法律规定和单位领导人同意外，不能私自向外界提供或者泄露本单位的会计信息。

(7) 会计人员应当树立全局观念，在工作中自觉维护社会利益、国家利益、整体利益和长远利益。

随着我国经济的发展，根据我国会计工作、会计人员的实际情况，结合《公民道德建设实施纲要》和国际上会计职业道德的一般要求，我国会计职业道德规范的主要内容可归纳为："爱岗敬业，诚实守信，廉洁自律，客观公正，坚持准则，提高技能，参与管理和强化服务"几个方面。

(1) 爱岗敬业。要求会计人员热爱会计工作，安心本职岗位，忠于职守，尽心尽力，尽职尽责。

(2) 诚实守信。要求会计人员做老实人，说老实话，办老实事，执业谨慎，信誉至上，不为利益所诱惑，不弄虚作假，不泄露秘密。

(3) 廉洁自律。要求会计人员公私分明、不贪不占、遵纪守法、清正廉洁。

(4) 客观公正。要求会计人员端正态度，依法办事，实事求是，不偏不倚，保持应有的独立性。

(5) 坚持准则。要求会计人员熟悉国家法律、法规和国家统一的会计制度，始终坚持按法律、法规和国家统一的会计制度的要求进行会计核算，实施会计监督。

(6) 提高技能。要求会计人员增强提高专业技能的自觉性和紧迫感，勤学苦练，刻苦钻研，不断进取，提高业务水平。

(7) 参与管理。要求会计人员在做好本职工作的同时，努力钻研相关业务，全面熟悉本单位经营活动和业务流程，主动提出合理化建议，协助领导决策，积极参与管理。

(8) 强化服务。要求会计人员树立服务意识，提高服务质量，努力维护和提升会计职业的良好社会形象。

一、目的:通过练习认识会计工作规范、会计职业道德的作用。

二、资料:余明和曹红是同一个单位的会计和出纳,平时一向关系很好。曹红的一个朋友开了一家超市,因其资金不足,向曹红求助,曹红想到了单位账户的存款,于是,就私自填写了一张票面金额为40 000元的现金支票,并趁余明不在办公室时,偷偷将余明保管的印鉴加盖在现金支票上,从银行提取了现金。几天后,曹红又将朋友归还的40 000元现金填写了一张现金缴款单存入单位银行账户。余明在月末对账时,发现了此事,并和曹红私下说:"这事做得不对,以后坚决不能再做。"

三、要求:根据上述资料,回答下列问题。

1. 曹红和余明在这一事件中各自存在什么错误?

2. 如果你是余明,发现了此事应该如何处理?

3. 从这一事件中,该单位应吸取什么教训?如何进一步规范会计工作?

参考文献

[1] 财政部．企业会计准则(2006)．北京：经济科学出版社，2006

[2] 财政部．企业会计准则应用指南(2006)．北京：中国财经出版社，2006

[3] 财政部会计司．企业会计准则讲解(2010)．北京：人民出版社，2010

[4] 财政部会计司．企业会计准则第30号——财务报表列报(征求意见稿)．2012年5月17日发布

[5] 葛家澍，刘峰．会计学导论(第2版)．上海：立信会计出版社，1999

[6] 国际会计准则理事会(IASB)，美国财务会计准则委员会(FASB)．财务报告概念框架(第一章 通用目的财务报告的目标、第二章 报告主体、第三章 有用财务信息的质量特征)．2010年9月28日发布

[7] 国际会计准则理事会(IASB)．国际会计准则第1号——财务报表的列报．2007年9月发布

[8] 胡燕灵，魏玉瑛．基础会计学．北京：清华大学出版社，2011

[9] 孙凤琴，谢新安．会计学基础．北京：中国人民大学出版社，2011

[10] 吴国萍．基础会计学．上海：上海财经大学出版社，2011

[11] 盛明泉．基础会计学．北京：经济科学出版社，2010

教学支持说明

尊敬的老师：

您好！为方便教学，我们为采用本书作为教材的老师提供教学辅助资源。鉴于部分资源仅提供给授课教师使用，请您填写如下信息，发电子邮件或传真给我们，我们将会及时提供给您教学资源或使用说明。

（本表电子版下载地址：http://www.tup.com.cn/sub_press/3/）

课程信息

书　　名			
作　　者		书号（ISBN）	
课程名称		学生人数	
学生类型	□本科　□研究生　□MBA/EMBA　□在职培训		
本书作为	□主要教材　□参考教材		

您的信息

学　　校			
学　　院		系/专业	
姓　　名		职称/职务	
电　　话		电子邮件	
通信地址		邮　　编	
对本教材建议			
有何出版计划			

________年____月____日

清华大学出版社

E-mail: tupfuwu@163.com
电话：8610-62770175-4903
地址：北京市海淀区双清路学研大厦 B 座 506 室
网址：http://www.tup.com.cn/
传真：8610-62775511
邮编：100084

财务会计（英文版·第 11 版）

本书特色

经典的财务会计教材，配有中文翻译版，课件齐全。

教辅材料

课件、习题库

书号：9787302561934
作者：[美]沃尔特·小哈里森 查尔斯·亨格瑞 威廉·托马斯 温迪·蒂兹
定价：115.00 元
出版日期：2020.9

任课教师免费申请

财务会计（第 11 版）

本书特色

经典的财务会计教材，配有英文影印版，教辅资源丰富，有中文课件。

教辅材料

课件、习题库、习题答案

书号：9787302508038
作者：[美]沃尔特·小哈里森 等 著，赵小鹿 译
定价：109.00 元
出版日期：2018.9

任课教师免费申请

数字财务

本书特色

内容前沿，案例丰富，四色印刷，实操性强。

教辅材料

教学大纲、课件

书号：9787302562931
作者：彭娟 陈虎 王泽霞 胡仁昱
定价：98.00 元
出版日期：2020.10

任课教师免费申请

财务会计学（第二版）

本书特色

体现最新会计准则和会计法规，实用性强，习题丰富，内容全面，课件完备。

教辅材料

教学大纲、课件

书号：9787302520979
作者：王秀芬 李现宗
定价：55.00 元
出版日期：2019.3

任课教师免费申请

中级财务会计（第二版）

本书特色

教材内容丰富，语言通俗易懂。编者均为教学第一线且教学经验丰富的教师，善于用通俗的语言阐述复杂的问题。教材的基本概念源于企业会计准则，比较权威，并根据作者的知识和见解加以诠释。

教辅材料

课件、习题

书号：9787302566793
作者：潘爱玲主编，张健梅 副主编
定价：69.00 元
出版日期：2021.11

任课教师免费申请

中级财务会计

本书特色

“互联网+”教材，按照新准则编写，结构合理，形式丰富，课件齐全，便于教学。

教辅材料

教学大纲、课件

书号：9787302532378
作者：仲伟冰 赵洪进 张云
定价：59.00 元
出版日期：2019.8

任课教师免费申请

中级财务会计

本书特色

根据最新会计准则编写，应用型高校和高职适用教材，案例丰富，结构合理，课件齐全。

教辅材料

课件、教学大纲、习题答案

书号：9787302505099
作者：曹湘平 陈益云
定价：52.50 元
出版日期：2018.7

任课教师免费申请

中级财务会计实训教程

本书特色

“互联网＋”教材，课件齐全，便于教学。

书号：9787302564089
作者：郑卫茂 郭志英 章雁
定价：55.00 元
出版日期：2020.9

任课教师免费申请

中级财务会计（全两册）

本书特色

国家和北京市一流专业建设点所在团队编写，基于最新会计准则和税收法规，全书包含教材和习题共两册，内容全面，提供丰富的教辅资源，便于教学。

教辅材料

教学大纲、课件

获奖信息

国家级一流专业、国家级一流课程建设成果，北京高等学校优质本科教材课件

书号：9787302543015
作者：毛新述
定价：88.00 元
出版日期：2020.2

任课教师免费申请

高级财务会计

本书特色

应用型本科教材，篇幅适中，课件齐全，销量良好。

教辅材料

教学大纲、课件

书号：9787302525042
作者：田翠香、李宜
定价：49.00 元
出版日期：2019.6

任课教师免费申请

高级财务会计理论与实务（第 2 版）

本书特色

“互联网＋”教材，配套课件及案例完备，结构合理，应用性强，多次重印。

教辅材料

课件

书号：9787302518617
作者：刘颖斐 余国杰 许新霞
定价：45.00 元
出版日期：2019.3

任课教师免费申请

高级财务会计

本书特色

“互联网＋”教材，应用性强，篇幅适中，结构合理，课件完备，便于教学。

教辅材料

课件

书号：9787302525721
作者：游春晖 王菁
定价：45.00 元
出版日期：2019.4

任课教师免费申请

高级财务会计

本书特色

国家级一流专业、国家级一流课程建设成果、北京市优质教材、应用型本科教材，"互联网+"新形态教材，内容丰富，案例新颖，篇幅适中，结构合理，课件完备，便于教学。

教辅材料

课件

获奖信息

国家级一流专业、国家级特色专业建设成果

书号：9787302564621
作者：张宏亮
定价：59.00元
出版日期：2021.11

任课教师免费申请

会计综合技能实训（第二版）

本书特色

应用性强、篇幅适中、结构合理、课件完备，便于教学。

教辅材料

教学大纲、课件

书号：9787302537885
作者：马智祥 郑鑫 等
定价：28.00元
出版日期：2019.11

任课教师免费申请

企业会计综合实训（第二版）

本书特色

定位高职，实用性强，案例丰富，课件齐全。

教辅材料

教学大纲、课件

书号：9787302571155
作者：刘燕 等
定价：20.00元
出版日期：2021.1

任课教师免费申请

成本会计实训教程

本书特色

应用型创新实践实训教材，注重实际操作，有效提升会计操作技能，提供教学课件、数据和参考答案，方便教学和自学。

教辅材料

教学大纲、课件

书号：9787302571490
作者：徐梅鑫 余良宇
定价：45.00元
出版日期：2021.1

任课教师免费申请

管理会计导论（第16版）

本书特色

全球最畅销管理会计教材，原汁原味地反映了最新的会计教育理念，无任何删减，教辅资料配套齐全，使于教学使用。

教辅材料

教学大纲、课件

书号：9787302487111
作者：亨格瑞 著，刘俊勇 译
定价：88.00元
出版日期：2019.1

任课教师免费申请

管理会计实践教程

本书特色

"互联网+"教材，课件齐全，便于教学。

书号：9787302570394
作者：肖康元
定价：50.00元
出版日期：2021.1

任课教师免费申请

管理会计

本书特色

“互联网+”教材，配套资源丰富，课程思政特色鲜明，增设在线测试题。

教辅材料

教学大纲、课件

书号：9787302574897
作者：高樱 徐琪霞
定价：49.00元
出版日期：2021.3

任课教师免费申请

会计信息系统（第二版）

本书特色

应用型本科教材，“互联网+”教材，郭道扬推荐，内容丰富，案例新颖，篇幅适中，结构合理，习题丰富，课件完备，便于教学。

教辅材料

教学大纲、课件、习题答案、试题库、模拟试卷、案例解析

书号：9787302553069
作者：杨定泉
定价：49.80元
出版日期：2020.6

任课教师免费申请

会计学教程（第二版）

本书特色

浙江大学名师之作，“互联网+”教材，畅销教材，习题丰富，课件完备。

教辅材料

教学大纲、课件、习题答案、试题库、模拟试卷

书号：9787302548881
作者：徐晓燕 车幼梅
定价：49.80元
出版日期：2020.6

任课教师免费申请

会计学（第三版）

本书特色

畅销教材，按新准则升级，新形态教材，南开大学倾力打造，教辅齐全，形式新颖。

教辅材料

教学大纲、课件、习题答案

获奖信息

国家级精品课配套教材

书号：9787302536574
作者：王志红 周晓苏
定价：59.00元
出版日期：2019.9

任课教师免费申请

资产评估模拟实训

本书特色

“互联网+”教材，案例丰富新颖，教辅材料齐全，便于教学。

教辅材料

教学大纲、课件、习题答案、试题库、模拟试卷、案例解析、其他素材

书号：9787302558811
作者：闫晓慧 王琳 范雪梅 张莹
定价：52.00元
出版日期：2020.9

任课教师免费申请

会计学原理

本书特色

“互联网+”教材，应用型本科教材，内容丰富，案例新颖，篇幅适中，结构合理，习题丰富，课件完备，便于教学。

教辅材料

课件

书号：9787302527169
作者：何玉润
定价：59.00元
出版日期：2019.5

任课教师免费申请

基础会计学（第二版）

本书特色

应用型本科教材，内容丰富，案例新颖，篇幅适中，结构合理，课件完备，便于教学。

教辅材料

教学大纲、课件

书号：9787302545545
作者：李迪等
定价：48.00元
出版日期：2019.12

任课教师免费申请

基础会计（第二版）

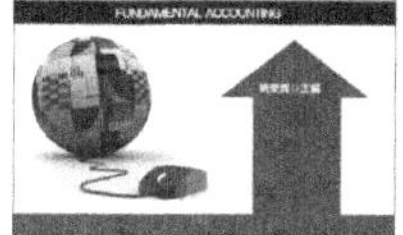

本书特色

刘永泽总主编，畅销教材，云南省精品教材，内容丰富，案例新颖，篇幅适中，结构合理，习题丰富，课件完备，便于教学。

教辅材料

教学大纲、课件、习题答案、试题库、模拟试卷

获奖信息

云南省精品课程配套教材

书号：9787302550846
作者：姚荣辉
定价：49.80元
出版日期：2020.4

任课教师免费申请

基础会计实训教程

本书特色

应用型本科教材，内容丰富，案例新颖，篇幅适中，结构合理，课件完备，便于教学。

教辅材料

教学大纲、课件

书号：9787302520047
作者：李红萍
定价：45.00元
出版日期：2019.1

任课教师免费申请

基础会计

本书特色

应用型本科教材，内容丰富，案例新颖，篇幅适中，结构合理，课件完备，便于教学。

教辅材料

教学大纲、课件

书号：9787302520030
作者：李红萍
定价：48.00元
出版日期：2019.1

任课教师免费申请

审计学原理

本书特色

定位高职，实用性强，案例丰富，课件齐全。

教辅材料

教学大纲、课件

书号：9787302556978
作者：祁红涛 等
定价：49.80元
出版日期：2020.7

任课教师免费申请

审计学

本书特色

国家级一流专业、国家级一流课程建设成果，应用型本科教材，"互联网+"教材，内容丰富，案例新颖，篇幅适中，结构合理，课件完备，便于教学。

教辅材料

课件

获奖信息

国家级一流专业、国家级特色专业建设成果。

书号：9787302563396
作者：赵保卿 主编，杨克智 副主编
定价：69.00元
出版日期：2021.1

任课教师免费申请

审计学（第二版）

本书特色

应用型本科教材，“互联网+”教材，郭道扬推荐，内容丰富，案例新颖，篇幅适中，结构合理，习题丰富，课件完备，便于教学。

教辅材料

教学大纲、课件、习题答案、试题库、模拟试卷

书号：9787302553076
作者：叶忠明
定价：49.80 元
出版日期：2020.6

任课教师免费申请

税务会计（第三版）

本书特色

新形态教材，依据最新税收法规制度编写，配有丰富的教学资源。案例丰富，习题丰富，课件齐全。

教辅材料

课件、教学大纲、习题及答案、试题库、模拟试卷、案例解析、其他素材

书号：9787302556671
作者：王迪 臧建玲 马云平 华建新
定价：49.00 元
出版日期：2020.8

任课教师免费申请

银行会计

本书特色

根据最新会计准则编写，应用型高校和高职适用教材，案例丰富，结构合理，课件齐全。

教辅材料

课件

书号：9787302501008
作者：汪运栋
定价：57.00 元
出版日期：2018.6

任课教师免费申请

预算会计

本书特色

应用型本科教材，篇幅适中，课件齐全，销量良好。

教辅材料

教学大纲、课件

书号：9787302529064
作者：王悦 张南 焦争昌 赵士娇 刘亚芬 隋志纯 赵玉荣
定价：49.00 元
出版日期：2019.6

任课教师免费申请

新编政府与非营利组织会计

本书特色

“互联网+”教材，配套资源丰富，增设在线测试题。

教辅材料

教学大纲、课件

书号：9787302558729
作者：董普 王晶
定价：49.00 元
出版日期：2020.7

任课教师免费申请

商业伦理与会计职业道德

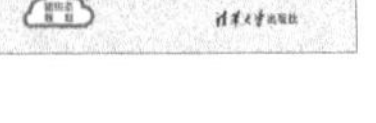

本书特色

时效性强，名师佳作，配套资源丰富，课程思政特色突出。

教辅材料

教学大纲、课件

书号：9787302557807
作者：叶陈刚 叶康涛 干胜道 王爱国 李志强
定价：49.00 元
出版日期：2020.7

任课教师免费申请